실전!
RAG 기반
생성형 AI 개발

라마인덱스,
딥 레이크, 파인콘으로
나만의 검색 증강 생성
파이프라인 만들기

실전!
RAG 기반
생성형 AI 개발

라마인덱스,
딥 레이크, 파인콘으로
나만의 검색 증강 생성
파이프라인 만들기

지은이 데니스 로스먼

옮긴이 307번역랩, 류광

펴낸이 **박찬규** 엮은이 **전이주** 디자인 **북누리** 표지디자인 **Arowa & Arowana**

펴낸곳 **위키북스** 전화 **031-955-3658, 3659** 팩스 **031-955-3660**

주소 경기도 파주시 문발로 115, 311호 (파주출판도시, 세종출판벤처타운)

가격 32,000 페이지 412 책규격 175 x 235mm

초판 발행 2025년 03월 18일
ISBN 979-11-5839-591-9 (93000)

등록번호 제406-2006-000036호 등록일자 2006년 05월 19일
홈페이지 wikibook.co.kr 전자우편 wikibook@wikibook.co.kr

Copyright ©Packt Publishing 2024.
First published in the English language under the title
'RAG-Driven Generative AI – (9781836200918)'

실전!
RAG 기반
생성형 AI 개발

라마인덱스,
딥 레이크, 파인콘으로
나만의 검색 증강 생성
파이프라인 만들기

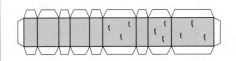

데니스 로스먼 지음
307번역랩, 류광 옮김

위키북스

저자 소개

데니스 로스먼^{Denis Rothman}

데니스 로스먼은 소르본 대학교(Sorbonne Université)와 파리디드로 대학교 (Université Paris-Diderot; 파리 제7대학교)를 졸업했다. 학생 시절에 초창기 word2vector 임베딩과 단어 조각 토큰화(word piece tokenization) 솔루션 중 하나를 개발해서 특허를 등록했다. AI 배포에 중점을 둔 회사를 설립해서 초창기 AI 인지 NLP 챗봇 중 하나를 개발했는데, 그 챗봇은 모엣 & 샹동(LVMH 계열사)의 언어 교육 도구로 쓰였다. 이후 로스먼은 설명 가능한 AI(explainable AI) 전문가로 빠르게 성장해서, 항공우주와 의류, 공급망 분야의 주요 기업 프로젝트에서 해석 가능하고 수용성 기반의 설명 데이터와 인터페이스를 솔루션에 통합했다. 다른 사람에게 어떤 것을 가르쳐 봐야만 그것을 진정으로 알 수 있다는 신념을 지니고 있다.

감수자 소개

알베르토 로메로^{Alberto Romero}는 어릴 때부터 기술과 오픈소스에 대한 열정이 있었다. 90년대에 12살의 나이로 프로그래밍을 시작했고 14살에는 리눅스 커널을 해킹할 정도였다. 2017년에 AI 스타트업을 공동 설립하고 6년간 CTO로 재직하며 수상 경력이 있는 InsurTech 플랫폼을 처음부터 구축했다. 지금은 금융 서비스 분야에서 생성형 AI 플랫폼을 계속 설계하고 구축하며 이 분야의 여러 이니셔티브를 주도하고 있다. 의사결정 프로세스를 자동화하고 개선하는 AI 제품을 여럿 개발하고 상용화했는데, 수천 명의 이용자가 그 제품들을 사용하고 있다. 예측 ML과 생성형 AI를 활용해 현대 기업의 데이터 보안 문제를 해결하는 첨단 데이터 보안 및 거버넌스 스타트업의 자문을 맡고 있다.

> 이 책을 검토하는 과정에서 변함없는 지원을 해준 아내 알리시아와 딸 아드리아나, 카탈리나에게 깊은 감사를 전한다. 그들의 인내와 격려, 사랑은 매우 소중했으며 그들이 곁에 있어 진정으로 행복하다.

슈밤 가르그^{Shubham Garg}는 아마존의 선임 응용 과학자로 **대규모 언어 모델**(LLM)과 **시각-언어 모델**(VLM) 개발을 전문으로 한다. 아마존과 IBM에서 알렉사의 번역 기능 개발, 동적 프롬프트 구성, AI 도구 최적화 등 혁신적인 프로젝트를 주도했다. NLP, 다국어 모델, AI 기반 솔루션 발전에 기여했다. 주요 NLP 콘퍼런스에서 논문을 발표했고, 학회와 저널의 심사위원으로 활동했으며 특허도 보유하고 있다. AI 기술에 대한 깊은 전문성을 바탕으로 이 책의 감수에 임해서 소중한 통찰을 제공했다.

타밀셀반 수브라마니안^{Tamilselvan Subramanian}은 텍스트와 이미지 분야의 생성형 AI를 전문으로 하는 베테랑 AI 리더이자 두 번의 창업 경험이 있는 기업가이다. 멸종 위기종을 보호하기 위한 AI 보존 플랫폼, 의료 영상 진단 플랫폼, AI 기반 전기차 대여 플랫폼, 기업용 AI 플랫폼 등 AI 기반 제품을 처음부터 구축하고 확장했다.

의학 저널에 여러 AI 관련 논문을 발표했으며 AI와 이미지 처리 분야에서 두 개의 특허를 보유하고 있다. 유럽, 미국, 호주의 금융 및 에너지 기업들의 기술 설계자이자 컨설턴트로 일했고 IBM과 Wipro에서도 근무했다. 현재는 컴퓨터비전, 텍스트, 생성형 AI의 첨단 응용 분야에 집중하고 있다.

이 책의 감수를 위한 개인 시간을 허락해 준 아내 수간티, 아들 산지브, 그리고 부모님의 변함없는 지원에 특별한 감사를 전한다.

옮긴이의 글

인공지능 기술의 발전은 우리 일상에 큰 변화를 가져왔습니다. 특히 LLM(대규모 언어 모델)의 등장은 혁명적이었습니다. 하지만 초기 LLM들은 챗GPT의 '세종대왕 맥북프로 던짐 사건'으로 대표되는 환각 현상에 시달렸고, 그래서 LLM에 대한 회의론이 대두되기도 했습니다. LLM을 그저 허언증 있는 수다쟁이 친구 정도로 생각하는 사람들도 생겨났습니다.

다행히 RAG(검색 증강 생성)의 도입으로 LLM의 환각 문제가 크게 개선되었습니다. RAG는 언어 모델 바깥에 있는 최신 정보를 바탕으로 응답을 생성함으로써 AI의 답변이 현실과 괴리되는 문제를 효과적으로 해결하는 기술입니다. 최근 오픈AI o3-미니와 구글 제미나이 2.0 같은 주요 LLM 모델의 오답률(환각 비율)이 1% 미만이 될 정도로(2025년 2월 HHEM 리더보드 기준: https://huggingface.co/spaces/vectara/leaderboard 참고) AI의 정확성이 비약적으로 향상되었는데, 전적으로 RAG 덕분은 아니겠지만 RAG가 정확성 향상에 큰 도움이 되었음을 부인하는 사람은 없을 것입니다.

소프트웨어 개발자의 관점에서 RAG는 LLM의 응용 가능성을 무한히 확장해 주는 기술이기도 합니다. LLM을 직접 만드는 데에는 엄청난 비용과 자원이 필요하기 때문에 개인 개발자는 물론이고 웬만한 규모의 기업도 엄두를 내기 어렵지만, 이미 만들어진 기초(foundation) 모델에 RAG를 적용하는 것은 상대적으로 쉽고 비용 효율적입니다. RAG를 통해 특정 도메인의 지식을 LLM에 주입하거나 실시간으로 변화하는 정보를 AI 시스템에 반영함으로써, 다양한 산업 분야에서 맞춤형 AI 솔루션을 개발할 수 있게 되었습니다.

RAG의 개념 자체는 그리 어렵지 않지만, 실제로 의미 있게 구현하고 적용하려면 다양한 기술적 난제들을 해결해야 합니다. 이 책 《실전! RAG 기반 생성형 AI 개발》은 바로 그러한 실질적인 문제들을 다루고 있습니다. 효율적인 벡터 데이터베이스 구축 방법, 적절한 임베딩 모델 선택, 효과적인 프롬프트 엔지니어링 기법 등을 다양한 파이썬 예제를 통해서 설명하는 이 책이 RAG를 배우고 실무에 적용하고자 하는 독자들에게 크게 도움이 되길 희망합니다.

개인적으로도 관심이 많은 주제이고 많은 독자에게 도움이 될 책을 번역하게 되어서 기쁠 따름입니다. 사람이 하는 일이다 보니 오역과 오탈자가 남아 있을 것입니다. 오탈자/오역 보고, 정오표, 기타 참고 자료 및 정보 공유를 위한 웹페이지를 제 웹사이트 **류광의 번역 이야기**(https://occamsrazr.net/)에 마련해 두었으니 활용해 주시기 바랍니다. '번역서 정보' 섹션에 그 웹페이지로 가는 링크가 있습니다.

감사의 말로 옮긴이의 글을 마무리하고자 합니다. 의미 있는 책을 제게 맡겨 주신 위키북스 김윤래 팀장님과 꼼꼼한 교정·교열로 원고의 품질을 높여 주신 전이주 편집자님, 보기 좋고 읽기 좋게 책을 조판해 주신 북누리 분들께 감사드립니다. 또한 독자적인 프롬프트 엔지니어링으로 고품질의 초벌 번역 원고를 준비해서 저의 번역 생산성을 크게 향상한 307번역랩을 비롯해 이 책의 출간에 기여한 모든 분께 감사드립니다. 마지막으로, 번역 과정 내내 저를 응원하고 일상을 유지해 준 아내 오현숙에게 사랑과 감사의 마음을 보냅니다.

재미있게 읽으시길!

– 옮긴이 류광

옮긴이 소개

307번역랩

전문 번역가의 효율적인 번역 작업을 위해 초벌 번역 및 자료 정리 서비스를 제공하는 번역 엔지니어 집단이다. 급변하는 IT 분야의 가치 있는 외국 서적을 발빠르게 국내 독자에게 전달하는 데 보람을 느낀다.

류광

커누스 교수의《컴퓨터 프로그래밍의 예술》시리즈를 비롯해 90여 권의 다양한 IT 전문서를 번역한 전문 번역가이다. 이 책과 연관된 번역서로는《딥러닝을 위한 수학》《파이썬으로 배우는 자연어 처리 인 액션》《마스터링 트랜스포머》 등이 있으며, Manning 출판사의《LLMs in Production》을 번역 중이다. 홈페이지 **류광의 번역 이야기**(https://occamsrazr.net)와 IT 및 게임 개발 정보 공유 사이트 *GpgStudy*(https://gpgstudy.com)를 운영한다.

서문

통제되고 신뢰할 수 있는 다중 모달 생성형 AI 파이프라인을 설계하고 관리하는 것은 복잡한 일이다. 이 책《실전! RAG 기반 생성형 AI 개발》은 성능과 비용의 균형을 맞추는 효과적인 LLM, 컴퓨터비전, 생성형 AI 시스템을 구축하기 위한 로드맵을 제시한다.

이 책은 다양한 RAG 응용 방법을 기초 개념부터 복잡한 구현까지 상세하게 설명한다. RAG를 통해서 AI 시스템의 출력을 개선하는 방법은 물론이고 최종 출력으로부터 원본 문서를 추적함으로써 AI 시스템을 제어하는 방법도 이야기한다. 이러한 RAG의 추적 능력은 지속적인 개선을 위한 인간의 피드백을 가능하게 하여 AI의 부정확성과 환각, 편향을 최소화한다. 이 책은 또한 벡터 저장소, 청킹, 색인화, 순위 매기기에 관한 실용적 지식을 제공하며, RAG 프레임워크를 처음부터 끝까지 구축하는 방법을 보여준다. 성능과 비용을 최적화하는 기술, 인간 피드백을 통합해서 모델 정확도를 개선하는 방법, 미세조정이 필요한 시점을 고려한 비용 균형, 임베딩되고 색인화된 지식 그래프를 활용한 정확도와 검색 속도 향상 방법도 이 책에서 배울 수 있다.

더 나아가 라마인덱스, 파인콘, 딥 레이크 같은 프레임워크와 오픈AI, 허깅 페이스 같은 생성형 AI 플랫폼을 이용한 풍부한 실습 예제들이 이론을 보완한다.

이 책을 통해 지능형 솔루션을 구현하는 기술을 습득한다면, 프로덕션에서 고객 서비스까지 그 어떤 프로젝트 분야에서도 경쟁력을 유지할 수 있을 것이다.

이 책의 대상 독자

이 책은 LLM과 컴퓨터 비전 프로젝트에서 RAG를 실제 응용 분야에 적용하고 배우고자 하는 데이터 과학자, AI 엔지니어, 머신러닝(기계학습) 엔지니어, MLOps

엔지니어는 물론이고 솔루션 설계자, 소프트웨어 개발자, 제품 및 프로젝트 관리자들에게도 적합하다. 또한 대규모 언어 모델(LLM)과 텍스트 생성을 연구하는 연구원과 자연어 처리 전문가들에게도 유용한 책이다.

이 책의 구성

1장 'RAG(검색 증강 생성)가 필요한 이유'에서는 RAG의 기본 개념을 소개하고 다양한 데이터 유형에 대한 RAG의 적응성을 설명한다. 또한 기존 AI 플랫폼에 RAG 프레임워크를 통합할 때 따르는 어려움들도 개괄한다. 1장에서 독자는 RAG의 기본 개념을 확실하게 이해하게 될 것이며, 파이썬을 이용해서 기본형, 고급형, 모듈형 RAG의 기본적인 틀을 직접 구현해 볼 것이다. 이러한 이해와 실습 경험은 이후 장들의 고급 응용을 위한 바탕이 된다.

2장 '딥 레이크와 오픈AI를 활용한 RAG 임베딩 벡터 저장소'에서는 임베딩 벡터와 그 저장 솔루션에 초점을 두고 RAG 기반 생성형 AI의 복잡한 세부사항을 자세히 살펴본다. 액티브루프 딥 레이크와 오픈AI 모델을 이용해서 원시 데이터를 조직화된 벡터 저장소로 전환하는 방법을 소개하고, 텍스트에 담긴 깊은 의미를 포착하는 임베딩을 생성하고 관리하는 과정을 상세히 설명한다. RAG 생태계를 독립적인 구성요소들로 분해해서 Python으로 확장 가능한 다중 팀용 RAG 파이프라인을 처음부터 끝까지 구축해 본다. 2장을 통해서 독자는 문서 벡터 임베딩으로 생성형 AI 출력을 개선하는 방법과 정교한 검색 기능으로 대규모 데이터셋을 다루는 방법을 배우게 될 것이다.

3장 '라마인덱스, 딥 레이크, 오픈AI를 활용한 색인 기반 RAG 구축'에서는 색인을 통해 AI의 정확성과 속도, 투명성을 향상하는 데 초점을 둔 색인 기반 RAG를 자세히 살펴본다. 라마인덱스, 딥 레이크, 오픈AI를 통합해서 추적 가능하고 효율적인 RAG 파이프라인을 구축해 본다. 드론 기술이라는 특정 도메인에 대한 프로젝트를 포함한 실제 예제를 통해 색인 기반 검색 시스템을 관리하고 최적화하는 방법을 배운다. 3장을 통해 독자는 다양한 색인 유형을 사용하는 데 능숙해지고, AI 출력의 데이터 무결성과 품질을 향상하는 방법을 이해하게 된다.

4장 '드론 기술을 위한 다중 모달 모듈형 RAG'는 드론 기술에 맞게 설계된 다중 모달 모듈형 RAG 프레임워크를 소개함으로써 모든 생성형 AI 애플리케이션의 수준을 한 단계 높인다. 텍스트 정보뿐만 아니라 고급 이미지 인식 기능도 통합하는 생성형 AI 시스템을 개발한다. 라마인덱스, 딥 레이크, 오픈AI 같은 도구를 이용해서 파이썬 기반 다중 모달 모듈형 RAG 시스템을 구축하고 최적화해서 사용자의 질문에 깔린 맥락을 인식하는 풍부한 응답을 생성하는 방법을 배운다.

5장 '전문가의 피드백을 이용한 RAG 성능 향상'에서는 생성형 AI 프로세스에 인간 피드백을 통합함으로써 표준 RAG를 개선한, 혁신적인 적응형 RAG를 소개한다. 전문가 피드백을 직접 통합하는 하이브리드 적응형 RAG 시스템을 파이썬으로 구현하면서, 데이터를 지속적으로 개선하고 AI 응답의 관련성과 정확도를 높이기 위해 인간 피드백 루프를 통합하는 방법을 탐구한다.

6장 '파인콘을 이용한 RAG 은행 고객 데이터 확장'에서는 캐글의 한 데이터셋을 이용해서 은행 고객 이탈을 최소화하기 위한 추천 시스템을 처음부터 끝까지 구축한다. 데이터 획득과 탐색적 분석에서 시작해서 파인콘과 오픈AI의 기술로 대용량 데이터를 임베딩하고 업서트하는 과정을 거쳐, 마지막에는 GPT-4o가 고객에 적합한 추천 메시지를 작성하게 한다. 6장을 통해서 독자는 고객 유지 전략을 강화하기 위해 고급 벡터 저장 기술과 AI 기반 분석을 구현하는 방법을 배우게 될 것이다.

7장 '위키백과 API와 라마인덱스를 활용한 확장 가능한 지식 그래프 기반 RAG 구축'에서는 위키백과에서 데이터를 수집하는 파이프라인과 딥 레이크 벡터 저장소를 채우는 파이프라인, 그리고 지식 그래프 색인에 기반해서 RAG를 수행하는 파이프라인으로 구성된 지식 그래프 기반 RAG 시스템을 구축해 본다. 데이터 검색 및 준비 작업을 자동화하고, 복잡한 데이터 관계를 시각화하는 지식 그래프를 만들고 쿼리하고(query) [1], 정형 데이터로부터 얻은 통찰로 AI 생성 응답을 개선하는 방법을 배운다. 7장을 통해서 독자는 정확하고 맥락을 인식하는 출력을 제공하는 지식 그래프 기반 RAG 시스템을 구축하고 관리하는 능력을 갖추게 될 것이다.

8장 '크로마와 허깅 페이스 라마를 이용한 동적 RAG'에서는 크로마와 허깅 페이스의 라마 기술을 이용한 동적 RAG를 탐구한다. 특정 회의나 작업에 맞게 임시로 일일 데이터 컬렉션을 만들어서 장기 데이터 저장 문제를 피한다는 개념을 소개하고, 그러한 임시 데이터셋을 효율적으로 관리하고 검색함으로써 임의의 회의나 의사결정 시점에서 가장 관련성 높고 최신의 정보를 제공하는 파이썬 프로그램을 구축한다. 8장을 통해서 독자는 데이터 중심 환경에서 응답성과 정확성을 높이는 동적 RAG 시스템을 구현하는 능력을 갖추게 될 것이다.

9장 'AI 모델의 역량 강화: RAG 데이터와 인간 피드백의 미세조정'에서는 RAG 데이터를 간소화하는 미세조정 기법들을 살펴본다. 특히, 광범위한 비매개변수적 원시 데이터를 훈련된 가중치들로 구성된, 지속적인 AI 상호작용에 적합한 매개변수적 데이터로 변환하는 방법에 중점을 둔다. 오픈AI의 도구를 이용해서 데이터를 머신러닝을 위한 프롬프트와 응답(대화 완성) 쌍으로 변환하는 데이터셋 준비와 미세조정 과정을 살펴본다. 또한 9장에서는 오픈AI의 GPT-4o-mini 모델을 미세조정에 사용하고 그 효율성과 비용 효과성을 평가하는 방법도 소개한다.

10장 '파인콘과 오픈AI를 활용한 동영상 스톡 제작용 RAG 시스템'에서는 동영상 스톡 제작 예제를 통해서 인간의 창의성과 AI 기반 자동화를 결합하는 RAG 접근 방식을 탐구한다. 오픈AI의 텍스트 기반 동영상 생성(text-to-video) 및 컴

---

1 (옮긴이) query는 원가를 검색 또는 질의하는 행위를 뜻하기도 하고, 검색할 문구 자체를 뜻하기도 한다. 이 번역서에서 전자는 '쿼리'로 표기하고 "쿼리하다", "쿼리를 실행/수행하다" 등으로 활용한다. 후자는 '쿼리문'으로 표기한다. 참고로 query의 발음은 쿼리보다는 '쿼어리'나 '퀴리'에 가깝지만, 이 책에서는 일반적으로 통용되는 '쿼리'를 사용하기로 한다.

퓨터비전 모델과 파인콘의 벡터 저장 기능을 이용해서 동영상 콘텐츠를 제작, 설명, 레이블링하는 AI 시스템을 구축하는 과정을 상세하게 살펴본다. 동영상에 대한 기술적 해설 작성에서 파인콘 벡터 저장소 내의 임베딩된 비디오 데이터 관리, LLM을 이용한 동영상 해설 개선 방법 등을 배우게 될 것이다.

이 책을 최대한 활용하려면

이 책을 최대한 활용하려면 기본적인 **자연어 처리**(Natural Language Processing, NLP) 지식과 파이썬 경험이 필요하다. 이 책의 예제 프로그램 대부분은 구글 코랩[Google Colab]에서 실행할 수 있는 주피터 노트북의 형태로 제공된다. 무료 구글 지메일[Gmail] 계정만 있으면 누구나 구글 코랩의 무료 VM(virtual machine; 가상 기계)에서 노트북을 실행할 수 있다. 단, 예제에 따라서는 오픈AI나 액티브루프, 파인콘의 API 키가 필요하다.

다음은 이 책의 예제에 필요한 파이썬 모듈들이다. [2]

```
┆ 모듈 ┆ 버전
┆ deeplake ┆ 3.9.18 (Pillow 포함)
┆ openai ┆ 1.40.3 (정기적 업그레이드 필요)
┆ transformers ┆ 4.41.2
┆ numpy ┆ >=1.24.1 (chex 호환을 위해 업그레이드됨)
┆ deepspeed ┆ 0.10.1
┆ bitsandbytes ┆ 0.41.1
┆ accelerate ┆ 0.31.0
┆ tqdm ┆ 4.66.1
┆ neural_compressor ┆ 2.2.1
┆ onnx ┆ 1.14.1
┆ pandas ┆ 2.0.3
┆ scipy ┆ 1.11.2
```

---

2 (옮긴이) 모든 예제에서 이 모듈들이 동시에 필요한 것은 아니다. 패키지/모듈 설치를 비롯한 환경 설치 방법은 각 장에서 좀 더 구체적으로 설명한다.

```
¦ beautifulsoup4 ¦ 4.12.3
¦ requests ¦ 2.31.0
```

예제 코드 파일 다운로드

이 책의 예제 코드와 관련 자료는 아래 사이트에서 내려받을 수 있다.

위키북스 깃허브
https://github.com/wikibook/rag-ai

위키북스 홈페이지
https://wikibook.co.kr/rag-ai/

원서 깃허브
https://github.com/Denis2054/RAG-Driven-Generative-AI

조판 관례

다음은 이 책에 쓰인 조판 관례이다.

본문 안 코드: 본문 문단 안의 코드 식별자나 데이터베이스 테이블 이름, 폴더명, 파일명, 파일 확장자, 경로명, 더미 URL, 사용자 입력 등은 **고정폭 글꼴**로 표시한다. 예: "다음 코드는 콘텐츠 생성을 위한 **openai** 모듈과 요청 처리에 걸리는 시간을 측정하기 위한 **time** 모듈을 임포트한다."

코드 블록은 다음과 같이 표시한다.

```
# 코사인 유사도
score = calculate_cosine_similarity(query, best_matching_record)
print(f"Best Cosine Similarity Score: {score:.3f}")
```

명령줄 입력이나 출력은 다음과 같이 표시한다.

```
Best Cosine Similarity Score: 0.126
```

굵은 글씨: 새로운 용어나 중요한 단어, 화면에 나오는 UI 요소는 **굵은 글자**로 표시한다. 예: "흔히 **RAG**랙그라고 부르는 **검색 증강 생성**(Retrieval Augmented Generation, **RAG**)은 생성형 모델에 …"

 팁이나 중요한 참고 사항은 이런 글 상자로 표시한다.

01

RAG (검색 증강 생성)가 필요한 이유

가장 발전된 생성형 AI 모델조차도 훈련에 쓰인 데이터로만 응답을 생성할 수 있다. 학습 데이터에 포함되지 않은 정보에 대해서는 정확한 답변을 제공할 수 없다. 생성형 AI 모델은 자신이 모른다는 것조차 알지 못한다. 이 때문에 부정확하거나 부적절한 답을 출력한다. 이를 환각(hallucination) 또는 편향(bias)이라고 부르기도 하는데, 간단히 말해서 AI가 헛소리(nonsense)를 하는 것이다.

흔히 RAG^{래그 1}라고 부르는 **검색 증강 생성**(Retrieval Augmented Generation)은 생성형 모델에 검색 기반 접근 방식을 결합함으로써 이러한 한계를 해결하는 하나의 틀(프레임워크)이다. RAG는 외부 출처(source)에서 실시간으로 검색한 관련 데이터를 이용해서 더 정확하고 맥락에 맞는 응답을 생성한다. RAG 검색기(retriever)와 통합된 생성형 AI 모델은 전례 없는 효율성과 성능으로 이 분야에 혁신을 일으키고 있다. RAG의 주요 강점 중 하나는 적응성이다. RAG는 텍스트, 이미지, 오디오 등 모든 유형의 데이터에 원활하게 적용할 수 있다. RAG 생태계(ecosystem)[2]가 생성형 AI 기능을 효율적으로 향상해 주는, 신뢰할 수 있는 수단으로 자리 잡고 있는 것은 이런 다재다능함 덕분이다.

하지만 프로젝트 관리자들은 이미 허깅 페이스^{Hugging Face}, 구글 버텍스 AI^{Vertex AI}, 오픈 AI^{OpenAI}, 랭체인^{LangChain} 등 다양한 생성형 AI 플랫폼과 프레임워크, 모델을 접하고 있다. 여기에 파인콘^{Pinecone}, 크로마^{Chroma}, 액티브루프^{Activeloop}, 라마인덱스^{LlamaIndex} 등 새로운 RAG 프레임워크와 플랫폼이 더해지면서 복잡성만 가중된다. 이러한 생성형 AI와 RAG 프레임워크들은 종종 기능이 겹치며, 둘 이상을 함께 사용하려 하면 엄청나게 많은 조합이 만들어진다. 따라서 특정 프로젝트에 맞는 모델과 RAG 자원(resource)의 올바른 조합과 구성을 찾는 것은 프로젝트 관리자에게 쉽지 않은 일이다. 문제를 단번에 해결해 주는 은탄환(silver bullet)[3] 같은 것은 없다. 어려운 문제지만, 성공적으로 해결했을 때의 보상 또한 막대하다!

---

1 (옮긴이) RAG를 알-에이-지로 읽는 경우도 있으나, 이 책에서는 영어권 개발자들의 관례를 반영한 '래그'를 사용하기로 한다.

2 (옮긴이) 이 책에서 말하는 RAG 생태계는 소프트웨어 및 하드웨어 구성요소들뿐만 아니라 개발자, 사용자, 전문가 등의 인적 요소를 포함한다. 그래서 단순히 '시스템' 또는 '플랫폼'이라고 부르는 것보다는 범위가 넓은 개념이다. 그러나 하나의 회사 또는 조직으로 한정된다는(비록 외부 서비스를 사용하긴 하지만) 점에서는 IT 분야에서 흔히 말하는 생태계(파이썬 생태계 등)보다는 범위가 좁다.

3 (옮긴이) '은탄환'은 소프트웨어 공학에서 자주 등장하는 용어로, 어려운 문제를 단번에 해결하는 마법 같은 해결책을 의미한다. 늑대인간은 은탄환으로만 죽일 수 있다는 전설에서 유래했다. 모든 문제에 효과가 있는 해결책을 뜻하는 '만병통치약'과는 다른 개념이다.

이 장에서는 먼저 RAG 프레임워크를 고수준에서 정의한다. 그런 다음 단순 RAG(naïve RAG), 고급 RAG(advanced RAG), 모듈형 RAG(modular RAG)라는 세 가지 주요 RAG 구성을 설명한다. RAG와 미세조정(fine-tuning)을 비교하고, 두 접근 방식을 각각 언제 사용하는 게 바람직한지 알아본다. RAG는 생태계 안에서만 존재할 수 있으므로, 이번 장에서 RAG를 위한 생태계 하나를 설계하고 설명할 것이다. RAG를 위해서는 어딘가에서 데이터를 구해야 한다. 검색을 위해서는 데이터를 검색할 수 있는 체계적인 환경이 필요하다. 그리고 생성형 AI 모델의 입력에는 제약이 있다.

이런 기본 사항들을 살펴본 후에는, 드디어 실질적인 응용으로 들어간다. 이번 장에서는 키워드 검색 및 매칭matching(부합)을 이용한 초급 수준의 단순 RAG를 파이썬으로 구현해 본다. 벡터 검색과 색인 기반 검색을 활용한 고급 RAG 시스템도 만들어 볼 것이다. 마지막으로는 단순 RAG와 고급 RAG를 모두 고려한 모듈형 RAG를 구축한다. 이번 장을 마치면 RAG 프레임워크에 대한 이론적 이해와 RAG 기반 생성형 AI 프로그램을 구축한 실전 경험을 얻게 될 것이다. 이 실습 예제들은 이번 장 앞부분에서 이야기한 이론을 좀 더 확실하게 이해하는 데 도움이 된다. 또한 이후의 장들을 위한 준비 운동이기도 하다.

정리하자면, 이번 장에서 다룰 주제는 다음과 같다.

- RAG 프레임워크의 정의
- RAG 생태계
- 키워드 검색 및 매칭을 이용한 단순 RAG 구현(파이썬)
- 벡터 검색과 색인 기반 RAG를 이용한 고급 RAG 구현(파이썬)
- 모듈형 RAG 프로그램 구축

그럼 RAG의 정의로 시작하자.

1.1 RAG란 무엇인가?

생성형 AI 모델이 정확한 답변을 하지 못하는 것을 두고 "환각을 일으켰다" 또는 "편향된 결과를 생성했다"라고 말하기도 한다. 쉽게 말해 그저 헛소리를 하는 것이다. 근본 원인은, 통상적인 모델의 훈련 과정에 포함된 정보의 범위에서 벗어나는 정보를 사용자가 요청했기 때문이다. 이 경우 모델은 정확한 답을 제시하지 못한다. 대신 확률적으로 가장 그럴듯한 출력을 무작위로 생성하게 된다. 사용자의 관점에서는 모델이 아무 말이나 하는 것처럼 보일 만하다.

RAG는 LLM 모델에 없는 정보를 보충함으로써 그러한 생성형 AI의 한계를 극복한다. RAG는 LLM을 위해 설계되었다(Lewis 외, 2020). RAG 프레임워크는 최적화된 정보 검색 작업을 수행하고, 생성 생태계(generation ecosystem)는 이 정보를 입력(사용자 쿼리문 또는 자동 프롬프트)에 추가해서 향상된 출력을 생성한다. 그림 1.1은 RAG 프레임워크를 고수준에서 개괄한 것이다.

그림 1.1 RAG 기반 생성형 AI의 두 가지 주요 구성요소

여러분이 도서관에서 RAG에 관한 에세이(소논문)를 쓴다고 상상하자. 챗GPT[ChatGPT]나 다른 AI 코파일럿[4]처럼 여러분도 읽고 쓰는 법을 배웠다. 여타의 **대규모 언어 모델**(Large

---

4 (옮긴이) 여기서 코파일럿은 MS나 깃허브 등의 특정 서비스가 아니라 인간의 작업을 돕는 일반적인 AI 보조 기능을 말한다.

Language Model, **LLM**)처럼 여러분은 고급 정보를 읽고, 요약하고, 콘텐츠를 작성할 만큼 충분히 훈련되어 있다. 하지만 허깅 페이스나 버텍스 AI, 오픈AI^OpenAI 5가 제공하는 초인적인 AI들처럼 여러분은 모르는 것이 많다.

검색(retrieval) 단계에서 여러분은 필요한 주제에 관한 책을 도서관에서 찾는다(그림 1.1의 왼쪽). 그런 다음 자리로 돌아와 혼자 또는 동료 학생과 함께 검색 작업을 수행하고 책에서 필요한 정보를 추출한다. **생성**(generation) 단계에서는 에세이를 쓰기 시작한다(그림 1.1의 오른쪽). 이런 시나리오에서 여러분(인간)을 RAG 기반 생성형 인간 에이전트(RAG-driven generative human agent)라고 부를 수 있을 것이다. 여러분(인간)의 소프트웨어 버전이 바로 이 책에서 논의하는 RAG 기반 생성형 AI(RAG-driven generative AI) 프레임워크이다.

RAG에 관한 에세이를 계속 쓰다 보면 어려운 주제들을 만나게 된다. 관련 정보가 많다고 해도, 그 모든 정보를 살펴볼 시간이 없을 것이다. 생성형 인간 에이전트가 겪는 이 문제는 생성형 AI 모델도 겪게 된다. 생성형 AI 모델이 의미 없는 헛소리를 출력하듯이, 여러분은 억지로라도 뭔가를 써보려 할 것이다. 하지만 누군가 에세이를 교정하고 점수를 매겨 등급을 매기기 전까지는, 여러분은 자신이 쓴 내용이 정확한지 알지 못한다. 생성형 AI 모델도 마찬가지이다.

이 시점에서 한계에 도달했음을 깨닫고, 정확한 답변을 얻기 위해 RAG 생성형 AI 코파일럿을 활용하기로 한다. 하지만 수많은 LLM 모델과 RAG 설정에 당황하게 된다. 제대로 활용하려면 어떤 자원들을 사용할 수 있는지, RAG가 어떻게 구성되는지부터 알 필요가 있다. 그럼 주요 RAG 구성(configuration)들을 살펴보자.

1.2 단순, 고급, 모듈형 RAG 구성

RAG 프레임워크는 반드시 검색기(retriever)와 생성기(generator)라는 두 가지 주요 구성요소를 포함한다. 생성기는 LLM이나 파운데이션 다중 모달 AI 플랫폼 또는 기타 모델이 될

---

5 (옮긴이) 소프트웨어 제품명이나 회사명 같은 고유명사는 흔히 통용되는 발음에 따라 한글 음차로 표기하되, 오픈AI의 예에서 보듯이 머리글자는 원래대로 표기했다. 한편, Cohere 등 이 책에 그리 자주 나오지 않거나 다소 생소한 일부 고유명사는 가독성과 검색 편의성을 고려해서 원문을 그대로 적었다.

수 있다. GPT-4나 제미니^{Gemini}, 라마^{Llama} 또는 초기 아키텍처의 수백 가지 변형 등 생성기로 사용할 수 있는 구성요소는 아주 다양하다. 검색기 역시 다양한 옵션이 존재한다. 액티브루프나 파인콘, 라마인덱스, 랭체인, 크로마 등 새롭게 등장하는 프레임워크, 방법, 도구를 사용할 수 있다.

이 시점에서 여러분이 할 일은 세 가지 유형의 RAG 프레임워크(Gao 외, 2024) 중 여러분의 프로젝트에 가장 적합한 것을 고르는 것이다. 세 유형은 다음과 같다.

- **단순 RAG(naïve RAG):** 복잡한 데이터 임베딩과 색인화(indexing)를 포함하지 않는 RAG 프레임워크이다. 이를테면 사용자 입력을 증강해서 만족스러운 응답을 얻는 등으로 키워드를 통해 적절한 양의 데이터에 접근하는 데 효율적이다.
- **고급 RAG(advanced RAG):** 벡터 검색과 색인 기반 검색 등 좀 더 복잡한 시나리오를 위한 프레임워크이다. 고급 RAG는 다양한 방법으로 구현할 수 있으며, 정형 또는 비정형의 여러 데이터 유형과 다중 모달(multimodal) 데이터를 처리할 수 있다.
- **모듈형 RAG(modular RAG):** 좀 더 넓은 범위의 프레임워크이다. 단순 RAG와 고급 RAG는 물론 각종 머신러닝(기계학습) 기법 등 프로젝트를 완성하는 데 필요한 모든 알고리즘을 포함한다.

그런데 더 나아가기 전에 좀 더 근본적인 질문을 던져보자. RAG를 반드시 구현해야 할까? RAG까지 가지 않고 그냥 모델을 미세조정하는 것으로 문제가 해결될 수도 있다.

1.3 RAG 대 미세조정

RAG가 항상 미세조정(fine-tuning)의 대안이 되는 것은 아니며, 미세조정이 RAG를 완전히 대체할 수도 없다. RAG 데이터셋에 너무 많은 데이터가 쌓이면 시스템 관리가 어려워질 수 있다. 반면 일일 날씨 예보, 주식 시장 가치, 기업 뉴스 등 동적으로 계속 변화하는 데이터는 미세조정으로 처리할 수 없다.

RAG 구현과 모델 미세조정 중 어떤 것을 선택할지는 매개변수적 정보와 비매개변수적 정보의 비율에 따라 결정된다. 다음은 처음부터 훈련하거나 미세조정한 모델과 RAG의 근본적인 차이를 매개변수적 정보 대 비매개변수적 정보의 관점에서 정리한 것이다.

- **매개변수적 정보(parametric information)** [6]: RAG 기반 생성형 AI 생태계에서 매개변수적 부분은 훈련 데이터를 통해 학습된 생성형 AI 모델의 매개변수(가중치)들을 의미한다. 모델의 지식은 이러한 학습된 가중치들과 편향 값(bias)들에 저장되어 있다. 원본 훈련 데이터는 매개변수적 표현(parametric representation)이라 부르는 수학적 형태로 변환된다. 모델은 데이터에서 배운 내용을 '기억'하지만, 데이터 자체를 명시적으로 저장하지는 않는다.

- **비매개변수적 정보(non-parametric information)**: 반면 RAG 생태계의 비매개변수적 부분은 직접 접근할 수 있는 명시적 데이터를 저장하는 것과 관련이 있다. RAG에서는 데이터를 필요할 때마다 조회할 수 있게 유지한다. 지식이 가중치들에 간접적으로 내장(임베딩)되는 매개변수적 모델과 달리, RAG의 비매개변수적 데이터는 각 출력에 대한 실제 데이터를 확인하고 사용할 수 있게 한다.

RAG와 미세조정의 차이는 생성형 AI 모델이 처리해야 할 정적(매개변수적) 데이터와 동적(비매개변수적)으로 진화하는 데이터의 양에 달려 있다. RAG에 너무 의존하는 시스템은 과부하가 걸리고 관리하기 어려워질 수 있다. 반면에 생성 모델의 미세조정에 과도하게 의존하는 시스템은 일일 정보 업데이트에 적응하지 못하는 한계를 보일 것이다.

그림 1.2는 RAG 기반 생성형 AI 프로젝트 관리자의 RAG 대 미세조정 선택과 관련한 의사결정 임곗값(threshold)을 보여준다. 관리자는 생태계의 훈련된 매개변수적 생성형 AI 모델과 RAG 구성요소의 잠재력을 신중하게 평가해서 비매개변수적(명시적 데이터) RAG 프레임워크의 구현 여부나 구현 수준을 결정한다.

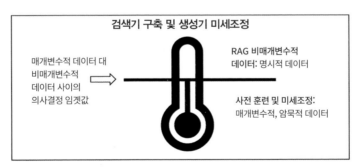

그림 1.2 RAG 강화와 LLM 미세조정 사이의 의사결정 임곗값

---

6 (옮긴이) 현재의 AI 기술과 관련이 아주 깊은 통계학에서는 parametric/non-parametric을 '모수적'/'비모수적'이라고 부르지만, 이는 모집단에 대한 분포를 가정하느냐의 여부를 나타내는 것이므로 여기서 논의하는 것과는 의미가 다르다. 여기서 말하는 parametric/non-parametric은 정보가 모델 내부에 매개변수(parameter; 즉 가중치)들의 집합으로 저장되어 있는지의 여부를 나타낸다.

RAG 기반 생성형 AI 생태계에서 검색기와 생성기 사이의 균형은 궁극적으로 프로젝트의 특정 요구사항과 목표에 따라 결정된다. RAG와 미세조정이 상호 배타적이지 않음을 주의하자.

RAG와 미세조정을 함께 이용해서 모델의 전반적인 효율성을 개선하는 것이 가능하다. 이때 미세조정은 RAG 프레임워크 안에서 검색과 생성 컴포넌트 모두의 성능을 향상하는 수단으로 작용한다. **9장 'AI 모델의 역량 강화: RAG 데이터와 인간 피드백의 미세조정'**에서 검색 데이터의 일부를 미세조정해 볼 것이다.

그럼 RAG 기반 생성형 AI가 다양한 구성요소를 가진 하나의 생태계와 어떻게 연관되는지 살펴보자.

1.4 RAG 생태계

RAG 기반 생성형 AI는 다양한 구성으로 구현할 수 있는 프레임워크다. 그림 1.3에서 보듯이 RAG 프레임워크는 광범위한 하나의 생태계 안에서 작동한다. 하지만 여러분이 접했거나 접하게 될 수많은 검색 및 생성 프레임워크는 결국 다음 네 영역의 질문으로 귀결된다.

- **데이터:** 데이터는 어디서 오는가? 신뢰할 수 있는가? 충분한가? 저작권, 개인정보보호, 보안 문제는 없는가?
- **저장소(storage):** 데이터를 처리 전후에 어떻게 저장할 것인가? 얼마나 많은 데이터를 저장할 것인가?
- **검색:** 사용자 입력을 충분히(생성 모델이 올바른 응답을 생성할 정도로) 증강하는 데 적합한 데이터를 어떻게 검색할 것인가? 어떤 유형의 RAG 프레임워크가 프로젝트에 성공적일 것인가?
- **생성:** 선택한 RAG 프레임워크 유형에 어떤 생성형 AI 모델이 적합할 것인가?

데이터나 저장소, 생성 도메인은 선택한 RAG 프레임워크 유형에 크게 좌우된다. RAG 프레임워크를 선택하려면 먼저 구현하려는 생태계의 매개변수적 지식과 비매개변수적 지식의 비율을 평가해야 한다. 그림 1.3은 구현할 구체적인 RAG 프레임워크의 유형과 무관하게 공통으로 중요한 구성요소들로 이루어진 RAG 생태계를 나타낸 것이다.

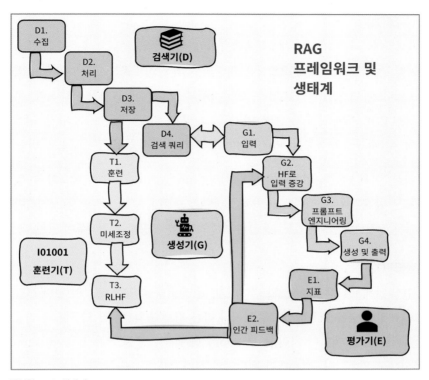

그림 1.3 생성형 RAG 생태계

- **검색기(Retriever, D)**는 데이터의 수집, 처리, 저장, 검색을 담당한다.

- **생성기(Generator, G)**는 입력 증강, 프롬프트 엔지니어링, 출력 생성을 담당한다.

- **평가기(Evaluator, E)**는 수학적 지표(metrics), 인간 평가, 피드백을 담당한다.

- **훈련기(Trainer, T)**는 초기 사전훈련 모델과 모델 미세조정을 담당한다.

이 네 가지 구성요소는 각각의 생태계에 의존한다. 그 네 생태계가 전체적인 RAG 기반 생성형 AI 파이프라인을 구성한다. 이어지는 절들에서는 이 네 영역을 간단히 D, G, E, T로 지칭할 것이다. 먼저 검색기(D)부터 시작하자.

1.4.1 검색기(D)

RAG 생태계의 검색기 구성요소는 데이터의 수집, 처리, 저장, 검색을 담당한다. RAG 생태계의 출발점은 데이터 '입수(ingestion)'로 시작하는 데이터 수집(collecting) 단계이다.

데이터 수집(D1)

오늘날의 AI 데이터는 미디어 재생목록만큼이나 다양하다. 블로그 포스트의 텍스트 조각('청크')부터 밈, 심지어 헤드폰으로 스트리밍되는 최신 히트곡까지 무엇이든 AI의 데이터가 될 수 있다. 게다가 데이터를 담은 파일 자체도 그 형식과 크기가 다양하다. 온갖 세부 사항이 담긴 PDF, 웹페이지, 간단명료한 텍스트 파일, 잘 정리된 JSON 파일, 귀에 꽂히는 MP3 음악, MP4 형식의 동영상, PNG와 JPG 형식의 이미지 등을 생각해 보기 바란다.

더 나아가서, 이런 데이터의 상당 부분은 비정형(unstructured)이며, 예측할 수 없고 복잡한 방식으로 발견된다. 다행히도 파인콘, 오픈AI, 크로마, 액티브루프 등 복잡다단한 데이터를 처리하고 저장하는 데 바로 사용할 수 있는 도구를 제공하는 플랫폼이 많이 나와 있다.

데이터 처리(D2)

데이터 수집 단계(D1)에서는 텍스트, 이미지, 동영상 등 다양한 유형의 멀티 모달 데이터를 웹 스크래핑 기술을 이용해서 추출하거나 다른 정보 출처로부터 획득한다. 이렇게 수집한 데이터 객체들을 데이터 처리(processing) 단계에서 균일한 특징 표현(feature representation)으로 변환한다. 이를테면 데이터의 청킹^{chunking}(작은 조각으로 분할)과 임베딩(벡터로 변환), 검색 가능성과 검색 효율을 높이기 위한 색인화 등을 이 단계에서 수행한다.

이러한 기법들을 이번 장의 §1.5 '단순, 고급, 모듈형 RAG의 파이썬 구현'에서 간단하게 소개하고, 이후의 장들에서 좀 더 복잡한 데이터 처리 함수들을 만들어 나갈 것이다.

데이터 저장(D3)

인터넷에서 동영상, 사진, 텍스트 등 다양한 데이터를 대량으로 수집하고 처리했다면, 다음으로 할 일은 그 모든 데이터를 유용하게 사용할 수 있도록 적절한 방식으로 저장(storage)하는 것이다.

이때 요긴한 것이 딥 레이크, 파인콘, 크로마 같은 벡터 저장소(vector store)이다. 이들은 단순히 데이터를 저장하는 것을 넘어 데이터를 수학적 개체인 벡터로 변환해서 강력한 연산을 가능하게 하는 매우 똑똑한 라이브러리라고 할 수 있다. 또한 이들은 빠른 접근을 위해 다양한 색인화 방법과 기타 기법들도 적용한다.

RAG를 위해서는 데이터를 정적인 스프레드시트와 파일로 보관하는 대신, 챗봇에서 검색 엔진에 이르기까지 다양한 용도로 활용할 수 있는 동적이고 검색할 수 있는 시스템으로 전환할 필요가 있다.

검색 쿼리(D4)

검색 프로세스는 사용자 입력이나 자동화된 입력(G1)에 의해 시작된다.

앞의 단계들에서 우리는 빠른 데이터 검색을 위해 데이터를 적절한 형식으로 변환한 후 벡터 저장소와 데이터셋에 적재해 두었다. 검색 쿼리(retrieval query) 단계에서는 키워드 검색, 스마트 임베딩, 색인화를 조합해서 효율적으로 데이터를 검색한다. 예를 들어 코사인 유사도(cosine similarity)는 밀접하게 연관된 항목을 찾아 검색 결과가 빠를 뿐만 아니라 매우 관련성이 높도록 보장한다.

검색으로 얻은 데이터는 다음 단계에서 입력을 증강하는 데 쓰인다.

1.4.2 생성기(G)

그림 1.3의 RAG 프레임워크 및 생태계 도식에서 보듯이, RAG 생태계에서 입력과 검색 사이의 경계는 모호하다. 입력(G1)은 사용자의 직접적인 입력일 수도 있고 자동화된 입력일 수도 있다. 어떤 경우이든 입력은 검색 쿼리(D4)를 통해 증강된 후에 모델에 전송된다.

생성적 흐름(generative flow)은 입력이 마련된 후에 시작된다.

입력(G1)

입력은 일련의 자동화된 작업(예: 이메일 처리)일 수도 있고 **사용자 인터페이스**(User Interface, UI)를 통한 인간의 프롬프트일 수도 있다. AI를 다양한 전문 환경에 원활하게 통합해서 여러 산업 분야에서 생산성을 높일 수 있는 것은 이러한 유연성 덕분이다.

인간 피드백으로 증강한 입력(G2)

잠시 후 §1.4.3 '평가기(E)'의 **인간 피드백**(E2) 항목에서도 이야기하겠지만, 입력에 사람이 제공한 피드백, 즉 인간 피드백(human feedback, HF)을 추가할 수 있다. 인간 피드백은 RAG 생태계를 상당히 적응력 있게 만들고, 데이터 검색과 생성 AI 입력을 인간이 완전히 통제할 수 있게 한다. §1.5 '단순, 고급, 모듈형 RAG의 파이썬 구현'에서 인간 피드백으로 입력을 증강해 볼 것이다.

프롬프트 엔지니어링(G3)

검색기(D)와 생성기(G) 모두 생성 AI 모델이 처리할 표준 메시지와 증강된 메시지를 준비하기 위해 프롬프트 엔지니어링prompt engineering에 크게 의존한다. 프롬프트 엔지니어링은 검색기의 출력과 사용자 입력을 하나로 통합한다.

생성과 출력(G4)

생성을 위한 AI 모델로 어떤 것을 선택할지는 프로젝트의 목표에 따라 달라진다. 라마나 제미니, GPT 같은 모델은 다양한 요구에 적합한 능력을 갖추고 있다. 하지만 프롬프트는 각 모델의 명세를 충족해야 한다. 랭체인 같은 프레임워크는 적응형 인터페이스와 도구를 제공한다. 이런 프레임워크를 이용하면 다양한 AI 모델을 애플리케이션에 통합하는 과정이 간단해진다.

1.4.3 평가기(E)

생성형 AI 모델의 성능을 평가(evaluation)할 때는 수학적 지표들에 자주 의존한다. 하지만 그런 지표들은 전체 그림의 일부만을 보여준다. AI의 효과성에 대한 궁극적인 판정은 인간의 평가에 달려 있다는 점을 명심하자.

지표(E1)

다른 AI 시스템과 마찬가지로, 코사인 유사도 같은 수학적 지표(metrics)[7] 없이는 모델을 평가할 수 없다. 이러한 지표들은 검색된 데이터의 관련성(relevance; 또는 유관성, 유관적합성)과 정확성을 보장한다. 데이터 포인트 간의 관계와 관련성을 수치화함으로써 이 지표들은 모델의 성능과 신뢰성을 평가하는 탄탄한 근거를 제공한다.

---

7 (옮긴이) metrics를 수학 용어로는 '계량'이라고 하지만(대한수학회 용어집 기준), 이 책에서는 좀 더 일반적인 '지표'를 사용하기로 한다.

인간 피드백(E2)

RAG가 주도하든 아니든, 또는 수학적 지표가 적절하든 아니든, 모든 생성형 AI 시스템은 인간의 평가를 거친다. 인간 사용자를 위해 설계된 시스템이 수용될지 거부될지, 칭찬받을지 비판받을지는 결국 인간의 평가에 달려있다.

적응형 RAG(adaptive RAG)는 RAG 기반 생성형 AI 생태계를 개선할 수 있는 인간의 실제적이고 실용적인 피드백 요소를 도입한다. 적응형 RAG는 5장 '전문가의 피드백을 이용한 RAG 성능 향상'에서 구현해 본다.

1.4.4 훈련기(T)

표준적인 생성형 AI 모델은 방대한 양의 범용 데이터로 사전 훈련된다. 그런 다음에는 도메인별 데이터로 모델을 미세조정(fine-tuning, T2)할 수 있다.

9장 'AI 모델의 역량 강화: RAG 데이터와 인간 피드백의 미세조정'에서는 정적 RAG 데이터를 미세조정 과정에 통합하는 방법을 다룬다. 또한 인간 피드백 기반 강화학습(Reinforcement Learning from Human Feedback, RLHF)의 한 변형으로서, 가치 있는 정보를 제공하는 인간 피드백을 미세조정 과정에 통합하는 방법도 살펴본다.

이제 초급 수준의 단순 RAG, 고급 RAG, 모듈형 RAG를 파이썬으로 코딩할 준비가 되었다.

1.5 단순, 고급, 모듈형 RAG의 파이썬 구현

이번 절에서는 기초적인 교육용 파이썬 예제를 통해서 단순, 고급, 모듈형 RAG를 소개한다. 키워드 매칭, 벡터 검색, 색인 기반 검색 기능을 갖춘 예제 프로그램을 파이썬 노트북의 형태로 구현해 볼 것이다. 이 예제는 오픈AI의 GPT 모델을 이용해서, 입력 쿼리문과 검색된 문서를 기반으로 응답을 생성한다.

이 예제 노트북의 목표는 대화형 에이전트가 RAG에 대한 일반적인 질문에 답하도록 하는 것이다. 파이썬을 이용해서 검색기를 처음부터 구현하고, 오픈AI GPT-4o 모델을 이용해서 생성기를 실행한다. 코드는 총 8개 섹션으로 구성된다. 여덟 섹션은 다음 두 파트로 나뉜다.

파트 1: 기초와 기본 구현

1. 오픈AI API 통합을 위한 **환경** 설정

2. GPT-4o를 이용하는 **생성기** 함수

3. 문서 목록(db_records)을 포함한 **데이터** 설정

4. 사용자 입력을 위한 **쿼리문**

파트 2: 고급 기법과 평가

1. 검색 응답을 측정하기 위한 **검색 지표**

2. 키워드 검색 및 매칭 함수를 갖춘 **단순 RAG**

3. 벡터 검색과 색인 기반 검색을 갖춘 **고급 RAG**

4. 유연한 검색 방법을 구현하는 **모듈형 RAG**

이 예제를 따라하려면 원서 깃허브 저장소에서 내려받은 Chapter01/RAG_Overview.ipynb를 열기 바란다. 이 노트북 파일의 구조는 이번 절의 구조와 일치한다. 그럼 예제의 기반과 기본 구현을 다루는 파트 1부터 시작하자.

1.5.1 파트 1: 기초와 기본 구현

예제의 파트 1에서는 환경을 설정하고, 생성기용 함수를 만들고, 형식이 지정된 응답을 출력하는 함수를 정의하고, 사용자 쿼리문을 정의한다.

첫 단계는 환경을 설치하는 것이다.

 이 노트북의 섹션 제목과 코드 블록들은 이번 절의 구조와 일치하므로 책을 읽는 순서대로 노트북 코드 블록들을 실행해 나가면 된다. 절 제목 다음에 괄호로 노트북의 파트별 섹션 번호를 병기해 두었다.

환경(섹션 1)

API를 통해 GPT-4o에 접근하기 위해 오픈AI 패키지를 설치한다.

```
!pip install openai == 1.40.3
```

설치할 오픈AI 패키지의 버전을 명시했음을 주목하자. RAG 프레임워크 생태계에서 고급 RAG 구성을 실행하려면 다양한 패키지를 설치해야 한다. 설치가 안정화되면 구현하는 라이브러리와 모듈 간의 잠재적 충돌을 최소화하기 위해 설치된 패키지의 버전을 이처럼 고정하는 것이 바람직하다.

그런데 오픈AI의 API를 사용하려면 먼저 오픈AI 플랫폼에 로그인해서 API 키를 생성해야 한다.[8] 오픈AI API는 유료이므로, 예제를 실행하기 전에 비용과 요금제를 꼭 확인하기 바란다.

키를 생성했다면 안전한 곳에 잘 보관하자. 예를 들어 구글 드라이브의 한 파일에 저장해 두어도 좋을 것이다. 그런 경우 먼저 다음과 같이 구글 드라이브를 노트북 환경에 마운트한다.

```
# API 키
# 파일에 저장해 둔 키를 불러온다(이렇게 하지 않고 노트북의 관련 코드에 API 키를 직접
# 입력해도 된다. 단, 그러면 다른 사람이 키를 볼 수 있음을 주의하자.)
from google.colab import drive
drive.mount('/content/drive')
```

그런 다음에는 다음과 같이 구글 드라이브의 파일에서 키를 불러와서 환경 변수 OPENAI_API_KEY에 설정한다. 구글 드라이브 대신 지역 파일에 저장해서 불러오거나 환경 변수를 직접 설정해도 된다.

```
f = open("drive/MyDrive/files/api_key.txt", "r")
API_KEY=f.readline().strip()
f.close()

# 오픈AI API 키
import os
import openai
os.environ['OPENAI_API_KEY'] = API_KEY
openai.api_key = os.getenv("OPENAI_API_KEY")
```

---

8 (옮긴이) 오픈AI API 키를 생성하는 방법은 웹에서 어렵지 않게 찾을 수 있다. 이를테면 https://wikidocs.net/196075를 참고하기 바란다.

이것으로 프로젝트의 주요 자원(resource)들을 설정했다. 다음으로는 오픈AI 모델을 위한 생성기(generator) 함수를 작성할 것이다.

생성기(섹션 2)

다음 코드는 콘텐츠 생성을 위한 openai 모듈과 요청 처리에 걸리는 시간을 측정하기 위한 time 모듈을 임포트한다.

```
import openai
from openai import OpenAI
import time

client = OpenAI()
gptmodel="gpt-4o"
start_time = time.time()  # 요청 전에 타이머를 시작한다.
```

다음으로, LLM 모델을 호출해서 응답을 생성하는 함수를 정의한다. 이 함수는 먼저 주어진 입력 텍스트 앞에 적절한 지시문(instruction)을 붙여서 프롬프트를 만든다.

```
def call_llm_with_full_text(itext):
    # 모든 행을 하나의 문자열로 연결한다
    text_input = '\n'.join(itext)
    # 프롬프트: "다음 내용을 상세히 설명하세요"
    prompt = f"Please elaborate on the following content and tralsate the
result:\n{text_input}"
```

이제 프롬프트와 추가 정보를 설정해서 gpt-4o 모델을 호출한다. [9]

```
try:
    response = client.chat.completions.create(
        model=gptmodel,
        messages=[
            # 시스템 메시지: "당신은 전문적인 자연어 처리 실습 전문가입니다."
            {"role": "system", "content": "You are an expert Natural Language Processing
exercise expert. "},
```

---

9 (옮긴이) 프롬프트를 한국어로 작성하거나 프롬프트 끝에 "Answer in Korean" 또는 "한국어로 답해 주세요" 같은 문구를 붙이면 한국어로 된 결과가 생성되지만, 아쉽게도 이 책의 예제들에서는 저자가 의도한 것과 구조나 내용이 조금 다른 응답이 나올 때가 있다. 적어도 이 책의 예제들에서는, 프롬프트를 번역해서 처음부터 한국어로 된 응답을 얻는 것보다는 모든 과정을 마친 최종 결과를 한국어로 번역하는(역시 LLM을 이용해서) 것이 더 나은 선택으로 보인다.

```
            # 어시스턴트 메시지: "1.입력을 읽고 상세히 답변하세요."
            {"role": "assistant", "content": "1.You can explain read the input and
    answer in detail"},
            {"role": "user", "content": prompt}
        ],
        temperature=0.1  # 여기서 온도 등 여러 모델 매개변수를
                         # 필요에 따라 설정한다
        )
    return response.choices[0].message.content.strip()
    except Exception as e:
        return str(e)
```

이 시나리오에서는 모델의 유연성을 유지하기 위해 지시문과 시스템 메시지를 다소 범용적인 형태로 유지한다. 온도(temperature) 값은 0.1로 낮게 설정했다. 이렇게 하면 모델은 좀더 정확한 응답을 생성한다. 시스템이 더 창의적인 응답을 하길 원한다면 온도 값을 0.7과 같이 높게 설정하면 된다. 하지만 이 책의 목적에서는 정확한 응답을 요청하는 것이 좋다.

필수 사항은 아니지만, 생성형 AI 모델의 응답을 문단(paragraph) 형태로 보기 좋게 포매팅하면 편할 것이다. 이를 위해 **textwrap** 패키지를 위한 함수를 하나 정의한다.

```
import textwrap
def print_formatted_response(response):
    # 줄 바꿈. 너비를 정의한다
    wrapper = textwrap.TextWrapper(width=80)  # 80자로 설정. 필요에 따라 변경할 것
    # 포매팅한 응답을 헤더, 푸터와 함께 출력
    print("Response:")
    print("---------------")
    print(wrapped_text)
    print("---------------\n")
```

 이제 필요할 때마다 호출할 수 있는 생성기가 만들어졌다. 생성형 AI 모델의 확률적 특성상 호출할 때마다 다른 출력이 나올 수 있음을 기억하기 바란다.

다음으로, 데이터 검색 기능을 구현하자.

데이터(섹션 3)

수집할 데이터에는 텍스트, 이미지, 오디오, 동영상(비디오)이 포함된다. 이 예제 노트북은 데이터 수집보다는 단순/고급/모듈형 구성을 통한 **데이터 검색**(data retrieval)에 초점을 맞춘다. 데이터 수집과 임베딩은 2장 '**딥 레이크와 오픈AI를 활용한 RAG 임베딩 벡터 저장소**'에서 자세히 다룰 것이다. 여기서는 필요한 데이터를 수집, 처리, 정제해서 문장 단위로 분할했으며, 그 문장들을 db_records라는 파이썬 목록(list) 객체에 설정했다고 가정한다.

이 접근 방식은 §1.4와 그림 1.3에서 설명한 다음 세 가지 시스템 구성요소를 보여준다.

- **검색기**(retriever, D)는 **수집**(D1), **처리**(D2), **저장**(D3)이라는 세 가지 **데이터 처리** 요소로 구성된다. 이들은 검색기의 준비 단계들에 해당한다.
- 따라서 **검색기 쿼리**(D4)는 검색기의 처음 세 단계(수집, 처리, 저장)와는 독립적이다.
- 2장부터 구현할 데이터 처리 단계는 대개 검색기 쿼리를 활성화하기 전에 독립적으로 수행된다.

이 예제에서는 데이터 처리가 완료되고 데이터셋이 준비되었다고 가정한다. 다음은 준비된 db_records 목록이다.

```
db_records = [
    "Retrieval Augmented Generation (RAG) represents a sophisticated hybrid approach in
the field of artificial intelligence, particularly within the realm of natural language
processing (NLP).",
.../...
```

이 문장들을 textwrap을 이용해서 문단 형태의 문자열로 합친다.

```
import textwrap
paragraph = ' '.join(db_records)
wrapped_text = textwrap.fill(paragraph, width=80)
print(wrapped_text)
```

다음의 출력 예에서 보듯이 이 코드는 db_records의 문장들을 연결해서 표시용 문자열을 만든다. db_records 자체는 변경되지 않는다.

```
Retrieval Augmented Generation (RAG) represents a sophisticated hybrid approach in the
field of artificial intelligence, particularly within the realm of natural language
processing (NLP)...
```

이제 검색 쿼리를 처리할 준비가 끝났다.

쿼리(섹션 4)

검색기(retriever, 그림 1.3의 D4)의 구체적인 쿼리 처리 방식은 데이터 처리 방법에 따라 달라진다. 쿼리문(query; 또는 질의문) 자체는 사용자 입력이나 다른 AI 에이전트의 자동화된 입력일 뿐이다. 모든 개발자는 사용자들이 최적의 입력을 해주기를 바라지만, 안타깝게도 현실에서는 예상치 못한 입력이 예측할 수 없는 동작을 유발한다. 따라서 부정확한 입력을 고려해서 시스템을 구축해야 한다.

이번 예제가 가정하는 시나리오는 이런 것이다. 여러분 회사의 직원 수백 명이 'LLM' 및 '벡터 저장소'와 관련해서 'RAG'라는 용어를 들어본 적이 있으며, 자신의 부서에 배포되는 대화형 에이전트를 이해하기 위해 이러한 용어들의 의미를 알고 싶어 한다. 며칠이 지나 기억이 흐릿해진 후, 그들은 대화형 에이전트인 GPT-4o에게 자신들이 기억하는 것을 설명해 달라고 다음과 같이 요청한다.

```
query = "defin a rag store" # "RAG 저장소를 정의해 주세요"
```

이 예제에서는 쿼리문을 그냥 query 변수에 저장한다. 이 query는 검색기와 생성기 사이의 연결점에 해당한다. 이 쿼리에 의해 해당 구성(단순, 고급, 모듈형)의 RAG 작동이 촉발된다. 어떤 구성을 선택할지는 프로젝트의 구체적인 목표에 따라 달라진다.

이제 쿼리문을 GPT-4o 모델에 보내고, 그 응답을 적절한 형식으로 변환해서 출력한다.

```
# 생성 함수를 호출하고 결과를 출력한다.
llm_response = call_llm_with_full_text(query)
print_formatted_response(llm_response)
```

다음은 GPT-4o의 출력인데, 대단히 시사적이다. 이 출력은 가장 강력한 생성형 AI 모델조차도 AI에 관해 아무것도 모르는 사용자가 정말로 알고 싶어 한 것이 무엇인지를 제대로 짚어내지 못했다. [10]

```
Response:
---------------
네, 제공해주신 내용은 "define a rag store"라는 문구를 구성하는 문자들의 나열인 것
같습니다. 단계별로 분석해 보겠습니다.
... 이것은 자음으로 시작하는 단어 앞에 사용되는 부정관사입니다. - rag: 이것은 일반적으로
낡고 종종 찢어진 천 조각을 가리키는 명사입니다. - store: 이것은 상품이 판매되는 장소를
가리키는 명사입니다. 4. 문맥적 의미: - "Define a rag store": 이 문구는 "rag store"가
무엇인지 설명이나 정의를 요구하는 것입니다. 5. 가능한 정의: - "rag store"는 넝마를
전문적으로 판매하는 가게 또는 소매점일 수 있습니다...
---------------
```

이 출력이 환각처럼 보일 수 있지만, 정말 그럴까? 사용자는 새로운 주제를 배우려는 초보자의 선한 의도로 쿼리문을 작성했다. [11] GPT-4o도 선의를 가지고 제한된 문맥 안에서 확률적 알고리즘으로 할 수 있는 최선을 다했다. 생성형 AI의 특성상 독자의 실행 결과는 이와는 좀 다를 수도 있다. 어쨌든 GPT-4o는 쿼리문에 대해 신중한 태도를 보인다. 쿼리문이 명확하지 않았기 때문에 다음과 같이 사용자에게 더 많은 맥락을 요청하기도 한다.

이것에 대해 더 자세한 정보나 다른 종류의 설명을 원하시나요?

그러면 사용자는 어리둥절해하면서 손을 멈추고, GPT-4o는 그저 추가 지시를 기다릴 뿐이다. 여러분의 소프트웨어 팀이 무언가 조처해야 할 시점이다.

 생성형 AI는 확률적 알고리즘을 기반으로 한다. 따라서 제공되는 응답은 실행할 때마다 달라질 수 있으며, 유사하지만 동일하지는 않은 응답을 제공한다.

---

10 (옮긴이) 이 응답을 비롯해서 이 책에서 소개하는 대부분의 생성형 LLM 모델 응답은 원래의 영문 응답을 한국어로 번역한 것이다. 이는 한국어 독자의 이해를 돕기 위한 것일 뿐만 아니라 이것이 더 현실적이고 유용한 접근 방식일 수 있기 때문이다. '생성기(섹션 2)' 절의 역주에서도 이야기했듯이, 한국어 프롬프트로 시작하는 것보다는 전체 과정을 영어로 진행한 후 최종 출력만 한국어로 번역하는 것이 적어도 이 책의 목적에서는 더 효과적이다. 그리고 훈련이든 증강이든 한국어 자료보다 영어 자료가 훨씬 더 많다는 점을 생각하면, 실제 프로젝트에서도 이 접근 방식이 더 효과적일 가능성이 크다. 응답 번역문은 현실감을 위해 LLM을 이용한 것임을 밝혀 둔다.

11 (옮긴이) 쿼리문에 'rag'가 아니라 대문자 'RAG'를 사용했다면 실제로 검색 증강 생성과 관련한 응답이 나오기도 한다. 하지만 초보자는 용어를 부정확하게 입력하기도 한다는 점에서 이것이 더 현실적인 쿼리문이라고 할 수 있다.

이런 상황에서 구원자가 되는 것이 바로 RAG이다. 이 쿼리문을 노트북 전체에서 그대로 유지하면서, RAG 기반적 GPT-4o 시스템이 더 나은 성과를 낼 수 있는지 살펴보자.

1.5.2 파트 2: 고급 기법과 평가

파트 2에서는 단순, 고급, 모듈형 RAG를 소개한다. 목표는 복잡한 문서를 처리하는 것이 아니라 이 세 가지 구성을 소개하는 것이다. 복잡한 문서의 처리는 이 책의 이후 장들에서 구현한다.

먼저 검색하는 문서의 정확도를 측정하기 위한 검색 지표를 정의해보자.

검색 지표(섹션 1)

여기서는 여러 검색 지표를 살펴본다. 먼저 텍스트 문서들의 관련성을 평가하는 데 중요한 코사인 유사도(cosine similarity)를 살펴보고, 동의어 확장과 텍스트 전처리를 통합해서 텍스트 간 유사도 계산의 정확도를 높이는 향상된 유사도 지표를 구현한다.

7장 '위키백과 API와 라마인덱스를 활용한 확장 가능한 지식 그래프 기반 RAG 구축'의 '지표 계산 및 표시' 절에서 좀 더 많은 지표를 소개할 것이다.

그럼 코사인 유사도가 무엇이고 어떻게 쓰이는지 살펴보자.

코사인 유사도

코사인 유사도는 두 벡터 사이 각도의 코사인값이다. 지금 예에서 두 벡터는 사용자 쿼리문과 말뭉치(corpus)의 특정 문서이다. 두 벡터의 각도가 작을수록 쿼리문과 해당 문서가 비슷한 것이다.

먼저 필요한 클래스와 함수를 임포트한다. [12]

```
from sklearn.feature_extraction.text import TfidfVectorizer
from sklearn.metrics.pairwise import cosine_similarity
```

---

12 (옮긴이) 먼저 ! pip install scikit-learn 등으로 scikit-learn 패키지를 설치해야 한다. 이후에도 추가적인 라이브러리나 패키지를 요구하는 코드 예제가 등장하는데, 대부분의 경우 코드 처음 부분의 import 문을 참고해서 적절한 라이브러리를 설치하면 된다. scikit-learn처럼 패키지 이름과 import 문의 모듈 이름이 다른 경우도 있지만, 웹(특히 https://pypi.org/)을 검색하면 어렵지 않게 찾을 수 있을 것이다.

TfidfVectorizer는 텍스트 문서를 TF-IDF 특징 행렬로 변환하는 기능을 제공하는 클래스이다. **단어 빈도-역문서 빈도**(Term Frequency-Inverse Document Frequency, **TF-IDF**)는 전체 문서 모음에서 특정 문서에 대한 특정 단어의 관련성을 수치화한 것으로, 특정 텍스트에 중요한 단어들을 일반적인(덜 중요한) 단어들과 구분하는 데 유용하다. 좀 더 구체적으로, TF-IDF는 문서 내 빈도(frequency)와 말뭉치 전체의 역빈도(inverse frequency)를 이용해서 문서에서 단어의 관련성을 수치화한다. cosine_similarity는 벡터 간 유사도를 계산하는 함수이다.

다음으로, 쿼리문(text1)과 데이터셋의 개별 레코드(text2) 사이의 코사인 유사도를 계산하는 calculate_cosine_similarity(text1, text2)라는 함수를 정의한다.

이 함수는 먼저 주어진 쿼리문 텍스트(text1)와 데이터셋의 개별 레코드(text2)를 TfidfVectorizer를 이용해서 벡터로 변환한다. 그런 다음 두 벡터 간의 코사인 유사도를 계산해서 돌려준다.

```python
def calculate_cosine_similarity(text1, text2):
    vectorizer = TfidfVectorizer(
        stop_words='english',
        use_idf=True,
        norm='l2',
        ngram_range=(1, 2),   # 유니그램과 바이그램을 사용한다
        sublinear_tf=True,    # 아선형 TF 비례를 적용한다
        analyzer='word'       # 'char'나 'char_wb'로 설정해서
                              # 문자 수준 특징들을 시험해 볼 수도 있다
    )
    tfidf = vectorizer.fit_transform([text1, text2])
    similarity = cosine_similarity(tfidf[0:1], tfidf[1:2])
    return similarity[0][0]
```

이 함수의 주요 매개변수와 이 호출에 쓰인 인수는 다음과 같다.

- stop_words='english': 의미 있는 내용에 집중하기 위해 일반적인 영어 단어를 무시한다.

- use_idf=True: 역문서 빈도 가중치를 활성화한다.

- norm='l2': 각 출력 벡터에 L2 정규화를 적용한다.

- ngram_range=(1, 2): 단일 단어와 두 단어 조합을 모두 고려한다.

- sublinear_tf=True: 로그 단어 빈도 비례(scaling)를 적용한다. [13]

- analyzer='word': 텍스트를 단어 수준에서 분석한다.

코사인 유사도가 그리 적합하지 않은 경우도 있음을 주의하자. 코사인 유사도는 텍스트의 벡터 표현 간 각도만을 엄격하게 측정하기 때문에 중의적인 쿼리문을 다룰 때는 제한이 있다. 이번 예제처럼 사용자가 rag가 무엇인지 물었을 때 데이터베이스에 AI의 '검색 증강 생성(retrieval−augmented generation)'으로서의 'RAG'에 관한 정보만 있고 '헝겊(rag cloth)'에 관한 정보는 없다면 코사인 유사도가 낮게 나올 수 있다. 이러한 낮은 점수는 수학적 모델이 'rag'의 다른 의미를 구별할 수 있는 맥락적 이해가 부족하기 때문에 발생한다. 그런 모델은 사용자의 의도나 쿼리문의 더 넓은 맥락을 파악하지 않고 텍스트에서 유사한 단어의 존재와 빈도만을 기준으로 유사도를 계산한다. 따라서 사용 가능한 데이터셋 내에서 기술적으로 정확한 답변이 제공되더라도, 쿼리문의 맥락이 데이터에 잘 표현되어 있지 않다면 코사인 유사도가 문장들의 관련성을 정확하게 반영하지 못할 수 있다.

그럼 이 점을 고려해서 유사도 지표를 개선해 보자.

개선된 유사도

자연어 처리(NLP) 기법들을 활용해서 단어들 사이의 의미 관계를 좀 더 잘 포착하는 계산 방식을 도입한다면 유사도를 좀 더 개선할 수 있다. 좀 더 구체적으로, spaCy나 NLTK 같은 라이브러리로 텍스트 전처리를 수행해서 잡음(noise)을 줄이고, WordNet에서 동의어를 추가하고, 확장된 어휘의 의미적 풍부함을 바탕으로 유사도를 계산한다. 이 방식은 일반적인 직접 비교 방식보다 더 넓은 맥락을 고려해서 두 텍스트 간의 유사도 평가 정확도를 높이는 것을 목표로 한다.

개선된 유사도를 위한 코드는 다음 네 가지 주요 함수로 구성된다.

- get_synonyms(word): WordNet에서 주어진 단어의 동의어를 가져온다.

- preprocess_text(text): 모든 텍스트를 소문자로 변환하고, 표제어 추출(단어의 어근 추출)을 수행하며, 불용어(일반적인 단어)와 문장부호를 제거한다.

---

13 (옮긴이) sublinear_tf의 sublinear(아선형)는 선형에 못미친다는 뜻의 수학 용어이다. 실제로 로그 함수는 선형함수(1차함수)보다 증가가 느리다.

- expand_with_synonyms(words): 동의어를 추가해서 단어 목록을 확장한다.

- calculate_enhanced_similarity(text1, text2): 전처리 및 동의어 확장을 거친 텍스트 벡터들의 코사인 유사도를 계산한다.

calculate_enhanced_similarity(text1, text2) 함수는 주어진 두 텍스트를 처리하고 동의어를 확장한 후 코사인 유사도를 계산해서 돌려준다. 이 유사도 점수는 의미적 내용과 확장된 단어 집합을 기반으로 텍스트 간의 유사도를 수치화한 것이다.

다음은 필요한 라이브러리들을 임포트하고 데이터와 모델을 다운로드한 후 조금 전에 소개한 네 함수를 정의하는 코드이다.

```python
import spacy
import nltk
nltk.download('wordnet')
from nltk.corpus import wordnet
from collections import Counter
import numpy as np

# spaCy 모델을 적재한다.
nlp = spacy.load("en_core_web_sm")

def get_synonyms(word):
    synonyms = set()
    for syn in wordnet.synsets(word):
        for lemma in syn.lemmas():
            synonyms.add(lemma.name())
    return synonyms

def preprocess_text(text):
    doc = nlp(text.lower())
    lemmatized_words = []
    for token in doc:
        if token.is_stop or token.is_punct:
            continue
        lemmatized_words.append(token.lemma_)
    return lemmatized_words
```

```
def expand_with_synonyms(words):
    expanded_words = words.copy()
    for word in words:
        expanded_words.extend(get_synonyms(word))
    return expanded_words

def calculate_enhanced_similarity(text1, text2):
    # 텍스트를 전처리하고 토큰화한다.
    words1 = preprocess_text(text1)
    words2 = preprocess_text(text2)

    # 동의어들로 확장한다.
    words1_expanded = expand_with_synonyms(words1)
    words2_expanded = expand_with_synonyms(words2)

    # 단어 빈도를 센다.
    freq1 = Counter(words1_expanded)
    freq2 = Counter(words2_expanded)

    # 중복 없는 단어 집합을 만든다.
    unique_words = set(freq1.keys()).union(set(freq2.keys()))
    # 빈도 벡터들을 생성한다.
    vector1 = [freq1[word] for word in unique_words]
    vector2 = [freq2[word] for word in unique_words]
    # 파이썬 목록을 넘파이 배열로 변환한다.
    vector1 = np.array(vector1)
    vector2 = np.array(vector2)
    # 코사인 유사도를 계산한다.
    cosine_similarity = np.dot(vector1, vector2) \
        / (np.linalg.norm(vector1) * np.linalg.norm(vector2))
    return cosine_similarity
```

이 개선된 유사도는 지표의 측면에서 한 단계 더 나아간 것에 해당한다. RAG를 생성형 AI와 통합할 때는 이와 비슷한 여러 난제를 해결해야 한다.

어떤 유사도 지표를 구현하든, 다음과 같은 한계에 부딪힐 수 있음을 주의하자.

- **입력과 문서 길이:** 일반적으로 사용자의 쿼리문은 짧지만 검색된 문서는 길고 풍부하다. 그래서 둘의 유사도를 직접적으로 평가하기가 쉽지 않다.

- **창의적 검색:** 시스템이 사용자 기대에 부합하는 긴 문서를 창의적으로 선택한다고 해도 예상치 못한 내용 정렬(content alignment) 때문에 지표가 낮게 나올 수 있다.

- **인간 피드백의 필요성:** 검색된 내용의 관련성과 효과를 정확히 평가하려면 인간의 판단이 중요하다. 자동화된 지표로는 사용자 만족도를 완전히 포착하지 못할 수 있기 때문이다. 이에 관해서는 **5장 '전문가의 피드백을 이용한 RAG 성능 향상'**에서 좀 더 자세히 다룰 것이다.

수학적 지표와 인간 피드백 사이에서 항상 적절한 균형을 찾아야 한다.

이제 세 가지 RAG 구성을 구현할 준비가 끝났다. 단순 RAG부터 보자.

단순 RAG(섹션 2)

키워드 검색(keyword search) [14]과 매칭^{matching}(부합)을 사용하는 단순 RAG는 법률 문서나 의료 문서와 같이 잘 정의된 조직 내부 문서에서 효율적일 수 있다. 이러한 문서들은 보통 제목이나 이미지 레이블이 명확하다. 이번 예제의 단순 RAG 함수는 키워드 검색 및 매칭을 구현한다. 키워드 검색 및 매칭과 관련해서 이 함수가 하는 일은 다음과 같다.

1. 쿼리문을 개별 키워드들로 분할한다.
2. 데이터셋의 각 레코드를 키워드들로 분할한다.
3. 공통된 매치^{match}(부합한 부분문자열)들의 개수를 구한다.
4. 이를 바탕으로 점수가 가장 높은 레코드를 선택한다.

키워드 검색 및 매칭을 마친 후에는 그에 기반해서 다음과 같은 방식으로 응답을 생성하고 표시한다.

- 사용자 입력을 검색 쿼리 결과로 증강한다.
- 생성형 모델(이번 예제의 경우 `gpt-4o`)에 생성을 요청한다.
- 생성된 응답을 표시한다.

그럼 키워드 검색 및 매칭을 위한 함수를 정의하자.

---

14 (옮긴이) 특별히 구분이 필요하지 않은 한 이 책에서는 retrieval과 search를 둘 다 '검색'으로 옮긴다. 구분이 필요한 경우에는 search를 '탐색'이나 '찾기' 등으로 차별화한다.

키워드 검색 및 매칭

키워드 검색 및 매칭을 위한 find_best_match_keyword_search 함수는 먼저 최고 점수를 초기화한다.

```python
def find_best_match_keyword_search(query, db_records):
    best_score = 0
    best_record = None
```

그런 다음, 주어진 쿼리문과 레코드를 각자 키워드들로 분할해서 공통의 키워드들을 찾고 그 개수를 측정해서 최적의 매치를 찾는다.

```python
    # 쿼리문을 개별 키워드들로 분할한다.
    query_keywords = set(query.lower().split())

    # db_records의 각 레코드에 대해:
    for record in db_records:
        # 레코드를 키워드들로 분할한다.
        record_keywords = set(record.lower().split())
        # 공통 키워드 개수를 센다.
        common_keywords = query_keywords.intersection(record_keywords)
        current_score = len(common_keywords)
        # 현재 점수가 최고 점수보다 높으면 최고 점수를 갱신한다.
        if current_score > best_score:
            best_score = current_score
            best_record = record

    return best_score, best_record
```

이제 이 함수를 호출하고 응답을 포맷해서 출력해보자.

```python
# 노트북의 이전 셀들에서 'query'와 'db_records'를 정의했다고 가정한다.
best_keyword_score, best_matching_record = find_best_match_keyword_search(
    query, db_records)
print(f"Best Keyword Score: {best_keyword_score}")
#print(f"Best Matching Record: {best_matching_record}")
print_formatted_response(best_matching_record)
```

이 노트북 전체에서 query는 항상 "rag 저장소(rag store)를 정의해 주세요"이다. 각 RAG 방식이 쓸 만한 출력을 생성하는지를 동일한 쿼리문을 이용해서 확인한다.

키워드 검색은 데이터셋의 문장 목록에서 최적의 레코드를 찾는다.

```
Best Keyword Score: 3
Response:
---------------
A RAG vector store is a database or dataset that contains vectorized data points.
---------------
```

그럼 지표들을 살펴보자.

지표

다음 코드는 '검색 지표' 절(섹션 2)에서 만든 코사인 유사도 지표 함수를 이용해서 쿼리문과 최적 레코드의 유사도 점수를 계산한다.

```
# 코사인 유사도
score = calculate_cosine_similarity(query, best_matching_record)
print(f"Best Cosine Similarity Score: {score:.3f}")
```

둘의 유사도는 높지 않다. '검색 지표'에서 설명했듯이 사용자 입력(쿼리문)은 짧은 반면에 응답은 더 길고 완전하기 때문이다.

```
Best Cosine Similarity Score: 0.126
```

개선된 유사도 지표는 어떨까?

```
# 개선된 유사도
response = best_matching_record
print(query,": ", response)
similarity_score = calculate_enhanced_similarity(query, response)
print(f"Enhanced Similarity:, {similarity_score:.3f}")
```

계산 방식을 향상한 덕분에 더 높은 점수가 나왔다.

```
define a rag store: RAG 벡터 저장소는 벡터화된 데이터 포인트를 포함하는 데이터베이스 또는
데이터셋입니다.
Enhanced Similarity:, 0.642
```

이제 쿼리 결과를 이용해서 사용자 입력을 증강한다.

입력 증강

사용자 입력과 키워드 검색으로 찾은 데이터셋의 최적 매칭 레코드를 연결해서 입력을 증강한다.

```
augmented_input = query +    " :    " + best_matching_record
```

증강된 입력을 확인해 보자(이렇게 출력해 두면 디버깅이나 유지보수 작업에 유용할 수 있다).

```
print_formatted_response(augmented_input)
```

다음 출력에서 보듯이, 증강된 입력은 사용자 입력과 생성형 모델에게 힌트가 될 추가 정보로 이루어진다.

```
Response:
---------------
define a rag store: RAG 벡터 저장소는 벡터화된 데이터 포인트를 포함하는 데이터베이스
또는 데이터셋입니다.
---------------
```

이렇게 해서 생성 과정을 위한 입력이 마련되었다.

생성

이제 GPT-4o를 호출하고 그 응답을 적절히 포매팅해서 출력한다.

```
llm_response = call_llm_with_full_text(augmented_input)
print_formatted_response(llm_response)
```

다음은 출력의 일부인데, GPT-4o가 마치 입력을 정말로 이해한 듯이 흥미롭고 적절한 응답을 제공했다. 사용자가 알고 싶어 한 rag store가 헌 옷과는 무관한 RAG vector store임을 GPT-4o가 알아챈 것으로 보인다.

Response:

알겠습니다! 제공된 내용을 분석하고 자세히 설명해 드리겠습니다. ### RAG 저장소 정의: **RAG(검색 증강 생성) 벡터 저장소**는 벡터화된 데이터 포인트를 저장하고 관리하도록 설계된 특수한 유형의 데이터베이스 또는 데이터셋입니다...

이 정도의 단순 RAG로도 충분한 상황이 많다. 하지만 문서의 양이 너무 많아지거나 내용이 더 복잡해지면 고급 RAG 구성이 더 나은 결과를 제공할 것이다. 이제 고급 RAG를 살펴보자.

고급 RAG(섹션 3)

데이터셋이 커질수록 키워드 검색 방식은 실행 시간이 너무 오래 걸릴 수 있다. 예를 들어 수백 개의 문서가 있고 각 문서에 수백 개의 문장이 포함되어 있다면, 키워드 검색만으로는 무리가 될 것이다. 색인(index)을 이용하면 전체 데이터의 일부만 사용하면 되므로 계산 부담이 줄어든다.

이 섹션에서는 단순한 문자열 기반 키워드 검색에서 벗어나서, 텍스트 데이터를 수치 표현으로 변환함으로써 검색 효율성과 처리 속도를 향상하는 방법을 살펴본다. 텍스트를 직접 파싱[parsing](구문 분석)하는 전통적인 방식과 달리 RAG는 먼저 문서와 사용자 쿼리문을 벡터[vector]라는 수치 형태로 변환해서 계산 속도를 높인다. 간단히 말해 벡터는 텍스트의 다양한 특징(feature)들을 나타내는 수치 배열이다. 단순한 벡터는 단어 출현 빈도를 세지만, 임베딩[embedding]이라고 하는 더 복잡한 벡터는 더 깊은 언어적 패턴을 포착한다.

이 섹션에서 구현할 벡터 검색과 색인 기반 검색을 간단히 소개하면 다음과 같다.

- **벡터 검색(Vector Search)**: 데이터셋의 각 문장을 수치 벡터로 변환한다. 쿼리문 벡터(사용자 쿼리문)와 이러한 문서 벡터 간의 코사인 유사도를 계산해서 가장 관련성 높은 문서를 빠르게 찾을 수 있다.
- **색인 기반 검색(Index-Based Search)**: 모든 문장을 TF-IDF(Term Frequency-Inverse Document Frequency, 단어 빈도-역문서 빈도)를 이용해서 벡터로 변환한다. TF-IDF는 문서 집합에서 특정 단어가 얼마나 중요한지 평가하는 통계적 측정치이다. 이러한 벡터들은 행렬의 색인(첨자) 역할을 한다. 이 덕분에 각 문서를 완전히 파싱하지 않고도 빠른 유사도 비교가 가능하다.

그럼 벡터 검색부터 살펴보자.

벡터 검색(섹션 3.1)

벡터 검색은 사용자 쿼리문과 문서를 벡터라는 수치 배열로 변환해서 수학 계산에 사용한다. 이 덕분에 **대용량 데이터를 다룰 때 관련 데이터를 더 빠르게 검색할 수 있다.**

예제 프로그램은 데이터셋의 레코드들을 훑으면서 쿼리문 벡터와 각 레코드 사이의 코사인 유사도를 계산해서 서로 가장 잘 부합하는 레코드를 찾는다. 다음은 이를 수행하는 함수이다.

```
def find_best_match(text_input, records):
    best_score = 0
    best_record = None
    for record in records:
        current_score = calculate_cosine_similarity(text_input, record)
        if current_score > best_score:
            best_score = current_score
            best_record = record
    return best_score, best_record
```

이 함수는 최적의 레코드와 함께 최고의 점수를 돌려준다. 예제는 이 함수를 다음과 같이 호출해서 최적의 레코드를 찾고 그 내용을 출력한다.

```
best_similarity_score, best_matching_record = find_best_match(
    query, db_records)
print_formatted_response(best_matching_record)
```

결과는 만족스럽다. 사용자 입력과 잘 부합하는 레코드(RAG 벡터 저장소를 설명하는 문장)가 선택되었다.

```
Response:
---------------
RAG 벡터 저장소는 벡터화된 데이터 포인트를 포함하는 데이터베이스 또는 데이터셋입니다.
```

단순 RAG에서도 이 문장이 최적의 레코드로 선택되었었다. 이는 '은탄환' 같은 것은 없으며, 단순 RAG가 반드시 고급 RAG보다 나쁘지는 않음을 말해준다. 각 RAG 기법에는 장단점이 있다. 지표들을 살펴보면 이 점이 확인될 것이다.

지표

단순 RAG와 동일한 문서(레코드)가 검색되었으므로 코사인 유사도는 단순 RAG에서와 동일하다.

```
print(f"Best Cosine Similarity Score: {best_similarity_score:.3f}")
```

출력은 다음과 같다.

```
Best Cosine Similarity Score: 0.126
```

개선된 유사도 역시 단순 RAG에서와 같을 수밖에 없다.

```
# 개선된 유사도
response = best_matching_record
print(query,": ", response)
similarity_score = calculate_enhanced_similarity(query, best_matching_record)
print(f"Enhanced Similarity:, {similarity_score:.3f}")
```

실제로 출력을 보면 이전과 동일하다.

```
define a rag store :   RAG 벡터 저장소는 벡터화된 데이터 포인트를 포함하는 데이터베이스 또는
데이터셋입니다.
Enhanced Similarity:, 0.642
```

단순 RAG와 같은 결과를 낸다면 굳이 벡터 검색을 사용할 필요가 있을까? 이번 예제의 데이터셋은 비교적 작다는 점에 주의하자. 작은 데이터셋에서는 모든 것이 쉬워 보인다. 하지만 수백만 개의 복잡한 문서를 다룰 때는 키워드 검색으로는 벡터가 포착할 수 있는 미묘한 차이를 잡아내기 어렵다. 더 큰 규모의 예제에서는 벡터 검색의 장점이 좀 더 확실하게 드러났을 것이다. 그럼 검색된 레코드를 이용해서 사용자 입력을 증강하자.

입력 증강

검색된 정보를 사용자 입력에 그대로 이어 붙여서 입력을 증강하고 출력한다.

```
# 입력을 증강하고 출력한다
augmented_input=query+": "+best_matching_record
print_formatted_response(augmented_input)
```

사용자 쿼리문과 검색된 정보 사이에 공백만 추가했을 뿐이다. 출력은 다음과 같다.

```
Response:
---------------
define a rag store: RAG 벡터 저장소는 벡터화된 데이터 포인트를 포함하는 데이터베이스
또는 데이터셋입니다.
---------------
```

증강된 입력에 대해 생성형 AI 모델이 어떻게 반응하는지 살펴보자.

생성

다음 코드는 증강된 입력으로 GPT-4o를 호출하고 응답을 포매팅해서 출력한다.

```
# 생성기 함수를 호출하고 그 결과를 표시한다
augmented_input=query+best_matching_record
llm_response = call_llm_with_full_text(augmented_input)
print_formatted_response(llm_response)
```

다음은 출력의 일부이다. 이전처럼 적절한 응답이 만들어졌다.

```
Response:
---------------
알겠습니다! 제공된 내용을 분석하고 자세히 설명해 드리겠습니다. ### RAG 저장소 정의:
**RAG(Retrieval-Augmented Generation, 검색 증강 생성) 벡터 저장소**는 벡터화된 데이터
포인트를 저장하고 관리하도록 설계된 특수한 유형의 데이터베이스 또는 데이터셋입니다...
```

벡터 검색은 각 레코드를 순차적으로 처리해서 관련 문서를 찾는 과정을 크게 가속한다. 하지만 데이터셋이 더욱더 커지면 효율성이 떨어질 수 있다. 이러한 확장성(scalability; 규모 가변성) 문제의 해결책 하나가 색인 기반 검색이다. 그럼 색인 기반 검색이 어떻게 문서 검색을 가속하는지 살펴보자.

색인 기반 검색(섹션 3.2)
색인 기반 검색은 사용자 쿼리문의 벡터를 문서 내용의 직접적인 벡터와 비교하지 않는다. 대신 해당 내용을 대표하는, 색인화된 벡터(indexed vector)와 비교한다.

이제 예제 프로그램의 색인 기반 검색 기능을 구현해 보자. 먼저 필요한 클래스와 함수를 임포트한다.

```
from sklearn.feature_extraction.text import TfidfVectorizer
from sklearn.metrics.pairwise import cosine_similarity
```

TfidfVectorizer는 텍스트 문서를 TF-IDF 특징 행렬로 변환하는 기능을 제공하는 클래스이다. TF-IDF는 특정 단어의 관련성을 문서들에서의 출현 빈도를 이용해서 수치화한 것이다. 다음의 find_best_match 함수는 이전에 정의한 코사인 유사도 함수로 쿼리문과 행렬의 가중치 벡터 간 유사도를 계산해서 가장 잘 부합하는 레코드(문서)를 찾되, 그 레코드의 내용이 아니라 색인을 돌려준다.

```
def find_best_match(query, vectorizer, tfidf_matrix):
    query_tfidf = vectorizer.transform([query])
    similarities = cosine_similarity(query_tfidf, tfidf_matrix)
    best_index = similarities.argmax()  # 유사도가 가장 높은 레코드의 색인
    best_score = similarities[0, best_index]
    return best_score, best_index
```

이 함수의 주요 작업은 다음과 같다.

- **쿼리문 변환:** 입력 쿼리문을 제공된 벡터화 객체(vectorizer)를 이용해서 TF-IDF 벡터 형식으로 변환한다.
- **유사도 계산:** 쿼리문 벡터와 tfidf_matrix에 담긴 각 벡터의 코사인 유사도를 계산한다.
- **최적 매치 식별:** 유사도 점수가 가장 높은 벡터를 찾아서 그 색인을 기록한다(best_index).
- **최고 점수 추출:** 코사인 유사도 최고 점수(best_score)도 기록한다.

함수는 찾아낸 최적 레코드 벡터의 색인과 유사도 점수를 돌려준다.

이제 이 함수를 사용하는 코드를 보자. 다음 코드는 먼저 데이터셋을 위한 벡터화 객체를 준비하고, 이 함수를 호출해서 최적 매칭 벡터의 점수와 색인을 구한 후 색인을 이용해서 해당 레코드를 얻는다.

```
vectorizer, tfidf_matrix = setup_vectorizer(db_records)
best_similarity_score, best_index = find_best_match(
```

```
      query, vectorizer, tfidf_matrix)
  best_matching_record = db_records[best_index]
```

마지막으로, 그 레코드의 내용을 포매팅해서 출력한다.

```
  print_formatted_response(best_matching_record)
```

출력은 다음과 같다. 이번에도 사용자의 입력 쿼리문과 가장 유사한 문서를 찾아냈다.

```
Response:
---------------
RAG 벡터 저장소는 벡터화된 데이터 포인트를 포함하는 데이터베이스 또는 데이터셋입니다.
---------------
```

원래의 사용자 쿼리문은 다소 중의적이었지만, GPT-4o가 환각에 빠지지 않게 하는 데 적합한 힌트를 검색 단계에서 성공적으로 찾아냈다.

최적 레코드가 단순 RAG 및 벡터 검색 고급 RAG의 경우와 동일하므로, 두 지표(코사인 유사도와 개선된 유사도) 역시 이전과 동일하다. 사용자가 입력한 쿼리문과 가장 가까운 문서를 찾아냈으므로 당연한 일이다. **2장 '딥 레이크와 오픈AI를 활용한 RAG 임베딩 벡터 저장소'**에서부터 좀 더 복잡한 문서들을 RAG로 처리하는 방법을 살펴볼 것이다. 지금은 문서의 단어들을 벡터로 표현하는 방식에 영향을 미치는 특징들을 살펴보자.

특징 추출
이 문서로 입력을 증강하기 전에, `setup_vectorizer(records)`가 돌려준 특징 행렬 `tfidf_matrix`가 어떤 형태인지 잠깐 살펴보자.

```
  # TF-IDF 행렬을 편하게 살펴보기 위해 판다스 데이터프레임으로 변환
  tfidf_df = pd.DataFrame(tfidf_matrix.toarray(),
      columns=vectorizer.get_feature_names_out())

  # 데이터프레임을 출력한다.
  print(tfidf_df)
```

그림 1.4는 한 문장 안에 있는 단어 'accurate'와 'adapt', 'additional'에 관한 행렬 성분들이다.

```
          accurate      adapt    additional
          0.000000   0.000000      0.000000
          0.214779   0.000000      0.000000
          0.000000   0.000000      0.000000
          0.000000   0.000000      0.000000
          0.000000   0.000000      0.236328
```

그림 1.4 TF–IDF 행렬의 형태

이제 입력을 증강해 보자.

입력 증강

이번에도 그냥 쿼리 다음에 최적 레코드를 연결하고 그 결과를 출력한다.

```
augmented_input=query+": "+best_matching_record
print_formatted_response(augmented_input)
```

증강된 입력은 벡터 검색의 것과 같다. 차이는 해당 최적 레코드를 좀 더 빨리 찾아냈다는 것이다.

```
Response:
---------------
define a rag store: RAG 벡터 저장소는 벡터화된 데이터 포인트를 포함하는 데이터베이스
또는 데이터셋입니다.
---------------
```

이제 증강된 입력을 생성형 AI 모델에 넣어서 응답을 생성해 보자.

생성

다음 코드는 증강된 입력으로 GPT−4를 호출하고 출력을 표시한다.

```
# 생성기 함수를 호출하고 그 결과를 출력한다.
llm_response = call_llm_with_full_text(augmented_input)
print_formatted_response(llm_response)
```

원래의 중의적인 쿼리문을 작성한 사용자가 원했던 RAG(헌 옷이 아니라)에 관한 정보가 출력되었다.

```
Response:
---------------
알겠습니다! 주어진 내용을 분석하고 자세히 설명해 드리겠습니다. --- **RAG 저장소 정의:**
**RAG 벡터 저장소**는 **벡터화된 데이터 포인트**를 포함하는 **데이터베이스** 또는
**데이터셋**입니다. --- ### 상세 설명: 1. **RAG 저장소**: - **RAG**는 **Retrieval-
Augmented Generation(검색 증강 생성)**의 약자입니다. 자연어 처리(NLP)에서 사용되는
기술로, 모델이 생성 능력을 향상시키기 위해 데이터베이스 또는 데이터셋에서 관련 정보를
검색합니다...
```

이런 접근 방식은 특정 도메인(문제 영역) 안의 조직 내부 폐쇄 환경에서 좋은 성과를 낸 바 있다. 개방적인 환경이라면 사용자가 쿼리문을 좀 더 공들여서 작성해야 비슷한 결과를 얻을 수 있을 것이다.

이번 섹션에서 우리는 문서 벡터들을 미리 계산해서 TF-IDF 행렬을 만들어 두면 반복적인 벡터 변환 없이 더 빠른 동시 비교가 가능함을 보았다. 벡터 검색과 색인 기반 검색이 최적 레코드 검색을 어떻게 개선하는지도 확인했다. 그런데 하나의 프로젝트에서 반드시 한 종류의 RAG만 사용할 필요는 없다. 검색할 문서의 특성에 따라 단순 RAG나 고급 RAG를 선택적으로 적용할 수 있다. 그럼 모듈형 RAG를 이용해서 그런 방식으로 예제 프로그램을 개선해 보자.

모듈형 RAG(섹션 4)

RAG를 구현할 때 키워드 검색, 벡터 검색, 색인 기반 검색 중 무엇을 사용해야 할까? 각 접근 방식에는 장점이 있다. 선택은 여러 요인에 달려있다.

- **키워드 검색**은 단순 검색에 적합하다.
- **벡터 검색**은 의미론적으로 풍부한 문서에 이상적이다.
- **색인 기반 검색**은 대규모 데이터에서 빠른 속도를 제공한다.

중요한 것은, 세 방법을 하나의 프로젝트 안에서 조화롭게 사용할 수 있다는 점이다. 예를 들어 데이터를 미리 처리하기 전이라도, PDF 파일 제목이나 레이블이 붙은 이미지처럼 명확하게 정의된 문서 레이블은 키워드 검색만으로 찾아낼 수 있다. 일단 키워드 검색으로 관련 문서들을 찾은 다음에는 색인 기반 검색을 그 문서들에 적용해서 후보 문서들을 더 줄인다. 마지막으로는 그 문서들에 벡터 검색을 적용해서 가장 관련성 높은 문서 하나를 찾는다.

이번 섹션에서는 프로젝트의 각 단계에서 필요한 작업을 수행하는 데 사용할 RetrievalComponent 클래스를 정의한다. 이 클래스는 이번 장에서 지금까지 구현한 세 가지 방법을 종합한 것이다. 세 가지 방법이 RetrievalComponent의 세 메서드에 구현되어 있다.

다음은 클래스의 생성자이다. 인스턴스를 초기화하고, 필요한 경우에는 벡터화 객체를 준비한다. 파이썬에서 self는 클래스의 현재 인스턴스를 가리킨다. 클래스 안에서 인스턴스 자신의 속성(멤버 변수)이나 메서드(멤버 함수)에 접근할 때 이 self를 사용한다.

```python
def __init__(self, method='vector'):
    self.method = method
    if self.method == 'vector' or self.method == 'indexed':
        self.vectorizer = TfidfVectorizer()
        self.tfidf_matrix = None
```

생성자의 둘째 인수를 생략하면 기본적으로 벡터 검색이 활성화된다.

다음은 fit 메서드이다. 이 메서드는 주어진 레코드들로 TF–IDF 행렬을 생성하고, 벡터 검색 또는 색인 기반 검색을 적용한다.

```python
def fit(self, records):
    if self.method == 'vector' or self.method == 'indexed':
        self.tfidf_matrix = self.vectorizer.fit_transform(records)
```

retrieve 메서드는 현재 인스턴스의 검색 방법을 이용해서 검색을 수행한다.

```python
def retrieve(self, query):
    if self.method == 'keyword':
        return self.keyword_search(query)
    elif self.method == 'vector':
        return self.vector_search(query)
    elif self.method == 'indexed':
        return self.indexed_search(query)
```

keyword_search 메서드는 키워드 검색을 수행한다. 즉, 쿼리문과 문서의 공통 키워드 개수를 세어서 최적의 매칭을 찾는다.

```python
def keyword_search(self, query):
    best_score = 0
    best_record = None
    query_keywords = set(query.lower().split())
    for index, doc in enumerate(self.documents):
        doc_keywords = set(doc.lower().split())
        common_keywords = query_keywords.intersection(doc_keywords)
        score = len(common_keywords)
        if score > best_score:
            best_score = score
            best_record = self.documents[index]
    return best_record
```

vector_search 메서드는 벡터 검색을 수행한다. 쿼리문의 TF−IDF와 문서 행렬 간 유사도를 계산해서 최적의 매칭을 반환한다.

```python
def vector_search(self, query):
    query_tfidf = self.vectorizer.transform([query])
    similarities = cosine_similarity(query_tfidf, self.tfidf_matrix)
    best_index = similarities.argmax()
    return db_records[best_index]
```

indexed_search 메서드는 색인 기반 검색을 수행한다. 미리 계산된 TF−IDF 행렬을 이용해서 최적 매칭 문서를 빠르게 검색한다.

```python
def indexed_search(self, query):
    query_tfidf = self.vectorizer.transform([query])
    # 이미 fit 메서드를 호출해서 TF-IDF 행렬을 생성했다고 가정한다.
    similarities = cosine_similarity(query_tfidf, self.tfidf_matrix)
    best_index = similarities.argmax()
    return db_records[best_index]
```

이제 모듈형 RAG 전략을 구현할 준비가 끝났다.

모듈형 RAG 전략

`RetrievalComponent` 클래스 덕분에, 필요에 따라 적절한 RAG 구성의 검색 방법을 선택해서 실행할 수 있다.

```
# 사용 예
retrieval = RetrievalComponent(method='vector')  # 'keyword', 'vector', 'indexed' 중 하나
retrieval.fit(db_records)
best_matching_record = retrieval.retrieve(query)
print_formatted_response(best_matching_record)
```

이 예는 벡터 검색 방법을 선택했다.

'벡터 검색' 절(섹션 3.1)에서처럼 최적의 레코드를 선택해서 입력을 증강한 후 생성 모델을 호출하면 다음과 같은 결과가 출력된다.

```
Response:
----------------
네, 알겠습니다. 제공된 내용을 분석하고 자세히 설명해 드리겠습니다. **RAG (Retrieval-
Augmented Generation) 저장소**란 정보의 검색 및 생성을 지원하도록 설계된 특수한 유형의
데이터 저장 시스템입니다...
```

이상으로 우리는 키워드, 벡터, 색인 기반 등 서로 다른 검색 방법을 효과적으로 통합한 하나의 RAG 시스템을 만들었다. 각 검색 방법은 나름의 장단점이 있다. 각자 데이터 검색 맥락에서 고유한 요구사항을 해결한다. 데이터셋 크기, 쿼리 유형, 성능 요구사항에 따라 적절한 방법을 선택해야 하는데, 다음 장에서 자세히 살펴볼 것이다.

이제 이번 장의 내용을 정리하고 다음 단계로 넘어갈 시간이다!

요약

생성형 AI를 위한 RAG는 검색기와 생성기라는 두 가지 주요 구성요소에 의존한다. 검색기는 데이터를 처리하고 검색 방법(문서 레이블의 키워드 검색 등)을 정의한다. 생성기는 LLM이 담당한다. LLM의 입력을 검색 결과로 증강한 덕분에 LLM은 사용자가 원하는 것에 좀 더 가까운 응답을 생성한다. 이러한 구성요소들의 선택에 따라 RAG 프레임워크의 구성

은 크게 세 가지 유형으로 분류된다. 키워드와 기본적인 검색 방법으로 데이터셋에 접근하는 단순 RAG, 임베딩과 색인으로 검색 방법을 개선하는 고급 RAG, 그리고 단순 RAG와 고급 RAG 및 다른 ML 방법들을 결합할 수 있는 모듈형 RAG가 그것이다.

RAG 프레임워크는 동적 데이터를 포함할 수 있는 데이터셋에 의존한다. 생성형 AI 모델은 가중치 집합의 형태로 존재하는 매개변수적 데이터에 의존한다. 이 두 접근 방식은 상호 배타적이지 않다. RAG 데이터셋 접근 방식이 부담스러운 경우에는 미세조정이 유용할 수 있다. 반대로 미세조정된 모델이 일상적인 정보에 대응하지 못할 때는 RAG가 편리하다. RAG 프레임워크는 또한 시스템 작동에 필수적인 기능을 제공하는 생태계에 크게 의존한다. 이번 장에서는 검색기부터 생성기까지 RAG 생태계의 주요 구성요소들을 살펴보았는데, 여기에는 트레이너와 평가기가 꼭 필요하다. 마지막으로 이번 장에서는 키워드 매칭, 벡터 검색, 색인 기반 검색을 이용해서 GPT-4의 입력을 증강하는 기초적인 단순, 고급, 모듈형 RAG 프로그램을 파이썬으로 구축했다.

2장 '딥 레이크와 오픈AI를 활용한 RAG 임베딩 벡터 저장소'에서는 데이터를 벡터 집합 안에 임베딩(내장)한다. RAG 생태계의 검색 기능 속도와 정확도를 높이기 위해 이 벡터들을 벡터 저장소에 저장할 것이다.

연습문제

다음 질문에 **그렇다** 또는 **아니다**로 답하라.

1. RAG는 생성형 AI 모델의 정확도를 높이기 위해 설계되었는가?

2. 단순 RAG 구성은 복잡한 데이터 임베딩에 의존하는가?

3. 미세조정이 RAG를 사용하는 것보다 항상 더 나은 선택인가?

4. RAG는 응답을 향상하기 위해 외부 소스에서 실시간으로 데이터를 검색하는가?

5. RAG는 텍스트 기반 데이터에만 적용할 수 있는가?

6. RAG의 검색 프로세스는 사용자나 자동화된 입력에 의해 시작되는가?

7. 코사인 유사도와 TF-IDF는 모두 고급 RAG 구성에 쓰이는 지표들인가?

8. RAG 생태계의 구성요소는 데이터 수집과 생성 두 가지뿐인가?

9. 고급 RAG 구성은 이미지와 오디오 같은 다중 모달 데이터를 처리할 수 있는가?

10. 인간 피드백은 RAG 시스템 평가와 무관한가?

참고문헌

- Patrick Lewis, Ethan Perez, Aleksandra Piktus 외, *Retrieval-Augmented Generation for Knowledge-Intensive NLP Tasks*: https://arxiv.org/abs/2005.11401

- Yunfan Gao, Yun Xiong, Xinyu Gao 외, *Retrieval-Augmented Generation for Large Language Models: A Survey*: https://arxiv.org/abs/2312.10997

- 오픈AI 모델들: https://platform.openai.com/docs/models

더 읽을거리

- RAG 기반 생성형 AI의 투명성이 권장되는 이유를 이해하려면 다음을 참조하자. https://hai.stanford.edu/news/introducing-foundation-model-transparency-index

디스코드 커뮤니티

다음은 이 책의 디스코드^{Discord} 공간이다. 원서 저자 및 다른 독자와 토론할 수 있다.

02

딥 레이크와
오픈AI를 활용한
RAG 임베딩 벡터 저장소

RAG 기반 생성형 AI를 구현하다 보면 프로젝트를 실행하기가 아주 복잡해지는 시점이 오게 된다. 임베딩^{embedding} 기법을 이용해서 정형(structured) 혹은 비정형(unstructured)의 방대한 텍스트를 의미론적 본질을 담은 작고 고차원적인 벡터로 변환하면 정보를 좀 더 빠르고 효율적으로 검색할 수 있다. 하지만 데이터셋이 계속 커지면서 문서 임베딩의 생성과 저장을 위한 비용 및 공간 문제가 대두된다. 이 시점에서 "임베딩 대신 그냥 키워드 검색을 사용하는 것이 낫지 않을까?"라는 의문이 들 수 있다. 답은 간단하다. 임베딩은 더 많은 저장 공간을 필요로 하지만, 경직된 단순 매칭 방식의 키워드와 달리 텍스트의 더 깊은 의미를 파악하고 더 섬세하고 맥락을 이해하는 검색이 가능하다. 이는 더 나은, 더 적절한 검색 결과로 이어진다. 따라서 임베딩을 버릴 수는 없다. 대신 임베딩을 체계적으로 정리해서 빠르게 접근할 수 있는 벡터 저장소(vector store)를 활용하는 것이 바람직하다.

이번 장에서는 먼저 원시 데이터(raw data)를 오픈AI 임베딩 모델을 이용해서 액티브루프 딥 레이크 벡터 저장소로 변환하는 방법을 살펴본다. 이를 위해서는 여러 크로스 플랫폼 패키지를 설치하고 구현해야 한다. 이번 장에서는 그런 시스템들의 아키텍처도 논의한다. 또한 이번 장에서는 하나의 RAG 파이프라인을 독립적인 여러 구성요소로 나누어 구성한다. 그렇게 하면 여러 팀이 동시에 프로젝트를 진행할 수 있게 된다. 그런 다음에는 RAG 기반 생성형 AI 파이프라인의 청사진을 제시한다. 마지막으로 액티브루프^{Activeloop}의 딥 레이크 $^{Deep\ Lake}$와 오픈AI의 LLM 모델, 그리고 우리가 직접 작성한 맞춤형 함수들을 이용해서 3개의 구성요소로 이루어진 RAG 파이프라인을 처음부터 구축해 본다.

예제 코드와 관련해서 파이썬의 크로스 플랫폼 환경 문제, 특히 패키지와 의존성 문제도 언급할 것이다. 또한 데이터 청킹, 벡터 임베딩, 벡터 저장소 적재와 관련한 어려운 문제들도 설명한다. 예제 프로젝트는 사용자 입력을 검색 쿼리 결과로 증강해서 GPT-4o 모델에 입력함으로써 견실한 응답을 생성한다. 이번 장을 마치면 생성형 AI를 위한 벡터 저장소의 임베딩된 문서의 힘을 활용하는 방법을 완전히 이해하게 될 것이다.

요약하자면, 이번 장에서 다루는 주제는 다음과 같다.

- 문서 임베딩과 벡터 저장소 소개
- RAG 파이프라인을 독립적인 구성요소로 분해하는 방법

- 원시 데이터에서 액티브루프 딥 레이크까지 이르는 RAG 파이프라인 구축

- 크로스 플랫폼 패키지와 라이브러리의 환경 관련 문제 해결

- 오픈AI 임베딩 모델로 데이터를 임베딩하는 LLM의 능력 활용

- 사용자 입력을 증강하기 위한 액티브루프 딥 레이크 벡터 저장소 쿼리

- 오픈AI GPT-4o로 견실한 증강 출력 생성

그럼 원시 데이터에서 출발해서 벡터 저장소까지 도달하는 경로부터 살펴보자.

2.1 원시 데이터에서 벡터 저장소의 임베딩으로

임베딩은 모든 형태의 데이터(텍스트, 이미지, 오디오)를 실수(real number) 수치들로 변환한다. 간단히 말해서 문서(document)를 벡터^{vector}로 변환하는 것이다. 문서를 수학적 벡터들로 표현하면 선형대수 연산을 통해서 문서 간의 거리를 계산하고 유사한 데이터를 검색할 수 있다.

먼저 원시 데이터(책, 기사, 블로그, 사진, 노래)를 수집하고 정제(cleaning)해서 잡음을 제거한다. 그런 다음에는 정제된 데이터를 오픈AI의 `text-embedding-3-small` 같은 모델에 입력해서 임베딩들을 생성한다. 예를 들어 이번 장의 실습 예제에서 사용하는 액티브루프 딥 레이크는 텍스트를 미리 정의된 크기(문자 개수)의 청크^{chunk}들로 분할한다. 청크의 크기는 이를테면 1,000자이다. 필요하면 이러한 청킹을 더욱 최적화할 수 있는데, 이에 관해서는 다음 장의 §3.3.2 '최적화된 청킹'에서 설명한다. 텍스트를 이처럼 청크들로 나누면('청킹') 대량의 데이터를 더 쉽게 처리하고 문서의 더 상세한 임베딩을 제공할 수 있다.

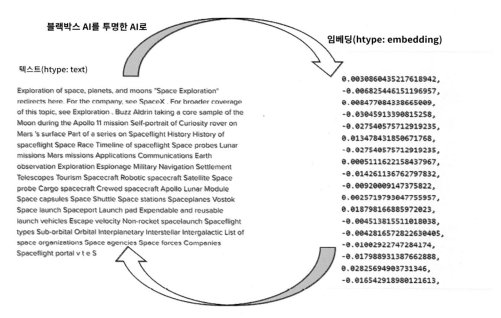

블랙박스 AI를 투명한 AI로

임베딩(htype: embedding)

텍스트(htype: text)

Exploration of space, planets, and moons "Space Exploration" redirects here. For the company, see SpaceX . For broader coverage of this topic, see Exploration . Buzz Aldrin taking a core sample of the Moon during the Apollo 11 mission Self-portrait of Curiosity rover on Mars 's surface Part of a series on Spaceflight History History of spaceflight Space Race Timeline of spaceflight Space probes Lunar missions Mars missions Applications Communications Earth observation Exploration Espionage Military Navigation Settlement Telescopes Tourism Spacecraft Robotic spacecraft Satellite Space probe Cargo spacecraft Crewed spacecraft Apollo Lunar Module Space capsules Space Shuttle Space stations Spaceplanes Vostok Space launch Spaceport Launch pad Expendable and reusable launch vehicles Escape velocity Non-rocket spacelaunch Spaceflight types Sub-orbital Orbital Interplanetary Interstellar Intergalactic List of space organizations Space agencies Space forces Companies Spaceflight portal v t e S

```
0.0030860435217618942,
-0.006825446151196957,
0.008477084338665009,
-0.03045913390815258,
-0.027540575712919235,
0.013478431850671768,
-0.027540575712919235,
0.0005111622158437967,
-0.01426113676279 7832,
-0.00920009147375822,
0.0025719793047755957,
0.018798166885972023,
-0.004513815511018038,
-0.0042816572822630405,
-0.0100292274 7284174,
-0.017988931387662888,
0.02825694903731346,
-0.016542918980121613,
```

그림 2.1 액티브루프 벡터 저장소 데이터셋 레코드의 일부

매개변수적(parametric) AI 모델이 등장한 이래로 투명성(transparency)은 AI의 성배였다. 모델이 학습한 정보가 매개변수들에 묻혀 있기 때문에 AI 시스템이 속을 알 수 없는 블랙 박스가 되어 버리기 때문이다. 그림 2.1에서 보듯이 RAG는 이런 상황을 완전히 바꾸어 버린다. RAG에서는 모든 콘텐츠를 추적할 수 있기 때문이다.

- **왼쪽(텍스트)**: RAG 프레임워크에서는 생성된 모든 콘텐츠를 원본 데이터까지 추적할 수 있어 출력의 투명성을 보장한다. 오픈AI 생성형 모델은 증강된 입력을 고려해서 응답한다.
- **오른쪽(임베딩)**: 데이터 임베딩이 텍스트와 직접 연결되어 눈으로 확인할 수 있다. 이는 데이터의 출처가 모델 매개변수들 안에 인코딩되는 매개변수적 모델과는 대조적이다.

텍스트로부터 임베딩들을 만들었다면, 다음 단계는 빠른 검색을 위해 임베딩을 효율적으로 저장하는 것이다. 여기서 벡터 저장소(vector store)가 등장한다. 벡터 저장소는 임베딩과 같은 고차원 데이터를 다루도록 설계된 특수 데이터베이스이다. 그림 2.2처럼 액티브루프 같은 서버리스 플랫폼에 데이터셋들을 호스팅할 수 있다. 이번 장의 §2.4 'RAG 파이프라인 구축하기'는 액티브루프의 API를 이용해서 코드 안에서 데이터셋을 생성하고 접근한다.

벡터 저장소의 또 다른 특징은 최적화된 방법으로 데이터를 검색할 수 있다는 점이다. 벡터 저장소는 강력한 색인 방법들을 내장하고 있는데, 다음 장에서 자세히 살펴볼 것이다. 이러한 검색 능력 덕분에 RAG 모델은 생성 단계에서 가장 관련성 높은 임베딩을 빠르게 찾아 사용자 입력을 증강함으로써 모델의 고품질 출력 생성 능력을 높일 수 있다.

이제 데이터 수집부터 처리, 검색, 증강된 입력 생성에 이르는 RAG 파이프라인을 어떻게 구성하는지 살펴보자.

2.2 RAG 시스템을 하나의 파이프라인으로 구성

일반적인 RAG 파이프라인은 데이터를 수집하고 정제한 후 문서를 청크들로 나누고 임베딩해서 벡터 저장소 데이터셋에 저장한다. 사용자 입력이 주어지면 벡터 데이터셋을 검색한 결과로 입력을 증강해서 생성형 AI 모델의 출력을 생성한다. 하지만 벡터 저장소를 사용할 때는 이러한 RAG 과정을 하나의 프로그램 안에서 실행하는 것은 절대로 바람직하지 않다. 전체 과정을 최소한 다음 세 구성요소로 분할해야 한다.

- 데이터의 수집 및 준비(전처리)
- 데이터 임베딩 생성과 벡터 저장소 데이터셋 저장
- 벡터화된 데이터셋 쿼리를 통해 증강한 입력으로 생성형 AI 모델의 응답 생성

이렇게 분할하는 것이 바람직한 주된 이유는 다음과 같다.

- **전문화**: 데이터 수집과 정제, 임베딩 모델 실행, 벡터 저장소 관리, 생성형 AI 모델 조정 등을 여러 팀원에 나누어 배정함으로써 팀원들이 각자 잘하는 일에 집중할 수 있다.

- **확장성**: 기술이 발전함에 따라 개별 구성요소를 쉽게 업그레이드하고 전문적인 방법으로 확장할 수 있다. 예를 들어 시스템의 규모가 커짐에 따라 조직 내부 서버에 저장하던 원시 데이터를 클라우드 플랫폼으로 이전하는 것이 가능하다.

- **병렬 개발**: 각 팀이 다른 팀을 기다리지 않고 자신의 속도로 진행할 수 있다. 다른 구성요소의 프로세스를 방해하지 않으면서 한 구성요소를 지속적으로 개선할 수 있게 된다.

- **유지보수**: 구성요소들의 유지보수 역시 개별적이다. 한 팀이 시스템의 다른 부분에 영향을 주지 않고 자신의 구성요소를 갱신하거나 수정하는 것이 가능하다. 예를 들어 RAG 파이프라인이 운영 중일 때 한 팀이 데이터 수집 구성요소를 수정해도 사용자들은 계속해서 벡터 저장소를 통해 쿼리하고 생성형 AI를 실행할 수 있다.

- **보안**: 팀별로 인증 및 인가, 접근 권한, 역할 등을 따로 관리할 수 있으므로 보안과 개인정보 보호 문제가 최소화된다.

실제로, 기업들의 프로덕션 환경이나 대규모 프로젝트에서는 전체 프로세스를 하나의 프로그램으로 실행하거나 하나의 팀이 관리하는 경우가 드물다. 그럼 이번 장에서 파이썬으로 구축할 RAG 파이프라인의 청사진을 그려보자.

2.3 RAG 기반 생성형 AI 파이프라인

이번 절에서는 실제 RAG 파이프라인이 어떤 모습인지 자세히 살펴본다. 몇 주 안에 전체 시스템을 구축해야 하는 팀이 있다고 가정하자. 당장 다음과 같은 질문들이 쏟아질 것이다.

- 누가 데이터를 수집하고 정제할 것인가?
- 누가 오픈AI의 임베딩 모델 설정을 담당할 것인가?
- 누가 임베딩을 실행하고 벡터 저장소를 관리하는 코드를 작성할 것인가?
- 누가 GPT-4 연동을 구현하고 출력을 관리할 것인가?

몇 분 안에 모든 팀원이 걱정스러운 표정을 짓기 시작한다. 모든 작업이 너무 벅차게 느껴진다. 이 모든 일을 혼자 감당하려 들 사람은 없을 것이다.

그래서 전체 팀을 세 팀으로 쪼개서 그림 2.3처럼 전체 파이프라인의 세 부분을 담당하기로 결정한다.

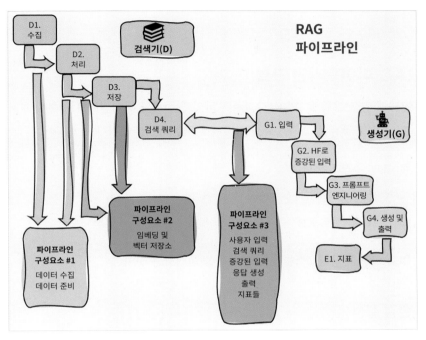

그림 2.3 RAG 파이프라인의 구성요소들

세 팀은 각자 하나의 구성요소를 구현한다.

- **데이터 수집과 전처리(D1, D2):** 한 팀이 데이터 수집과 정제를 담당한다.
- **데이터 임베딩과 저장(D2, D3):** 또 다른 팀은 오픈AI의 임베딩 모델을 통해 데이터를 처리하고 이 벡터들을 액티브루프 딥 레이크 데이터셋에 저장한다.
- **증강 생성(D4, G1~G4, E1):** 마지막 팀은 사용자 입력과 검색 쿼리를 기반으로 GPT-4 모델을 이용해서 콘텐츠를 생성하는 큰 작업을 처리한다. 작업량이 많아 보이지만, 다른 팀을 기다릴 필요 없이 컴퓨터로 계산을 수행하고 그 출력을 평가하기만 하면 되므로 실제로는 더 쉽다.

이렇게 분할하고 보니 갑자기 프로젝트가 그리 두렵지 않게 느껴진다. 모든 사람이 자신의 역할에 집중할 수 있고, 다른 팀에 방해받지 않고 일할 수 있다. 이렇게 하면 일반적으로 진행을 늦추는 지연 없이 더 빠르게 작업을 완료할 수 있을 것이다.

그림 2.3의 프로젝트 구성은 1장 'RAG(검색 증강 생성)가 필요한 이유'의 그림 1.3에 나온 RAG 생태계 프레임워크의 변형이다.

그럼 세 구성요소로 이루어진 RAG 파이프라인을 구축해 보자.

2.4 RAG 파이프라인 구축

이제 앞에서 설명한 그림 2.3의 RAG 파이프라인을 실제로 파이썬으로 구현해 보자. 세 팀 (**팀 #1, 팀 #2, 팀 #3**)이 각 구성요소를 병렬로 구현하고 관리한다고 가정한다.

- 팀 #1: 데이터 수집과 준비
- 팀 #2: 데이터 임베딩과 저장
- 팀 #3: 입력 증강과 응답 생성

우선 할 일은 이러한 구성요소들을 위한 환경을 설정하는 것이다.

2.4.1 환경 설정

실제 구현으로 들어가기 전에, 의존성(dependency)을 가진 크로스 플랫폼/크로스 라이브러리 패키지들을 설치하는 것이 꽤 어려울 수 있다는 현실을 직시해야 한다. 관련한 복잡한 문제들을 고려해서 환경을 잘 준비해야 한다. 각 패키지에는 그 패키지의 실행에 꼭 필요한 의존요소[15]들이 존재하며, 그 의존요소들에도 각자 다른 의존요소들이 존재한다. 그런데 패키지들이 공통으로 요구하는 의존요소의 버전이 서로 달라서 문제가 생기거나, 버전을 잘 조정한다고 해도 프로그램이 예상대로 작동하지 않을 수 있다. 따라서 패키지와 의존요소들의 올바른 버전을 설치하는 데 시간을 투자해야 한다.

세 구성요소 모두에 대한 환경을 이번 절에서 한 번만 설명하고, 필요할 때마다 이번 절을 참조할 것이다.

---

15 (옮긴이) dependency가 '다른 패키지나 라이브러리에 의존하는 성질 또는 관계'를 의미할 때는 '의존성'으로, '실행에 필요한 다른 패키지나 라이브러리 등의 구체적인 소프트웨어 구성요소'를 의미할 때는 의존요소로 옮기기로 한다.

설치 패키지와 라이브러리

이번 예제의 RAG 파이프라인을 구축하려면 여러 패키지가 필요하다. 의존성 충돌과 라이브러리 작동상의 문제를 방지하려면 패키지들의 버전을 고정하는 것이 바람직하다. 예상할 수 있는 문제들은 다음과 같다.

- 의존요소 버전 간 충돌이 발생할 수 있다.
- 프로그램 실행을 위해 라이브러리 중 하나를 업데이트해야 할 때 버전 충돌이 발생할 수 있다. 예를 들어 2024년 8월을 기준으로 딥 레이크 패키지(deeplake)를 설치하려면 Pillow 버전 10.x.x가 필요하지만, 구글 코랩이 제공하는 버전은 9.x.x였다. 그래서 딥 레이크 패키지를 설치하기 전에 Pillow를 제거하고 최신 버전으로 재설치해야 했다. 조만간 구글 코랩이 Pillow를 업데이트하겠지만, 빠르게 변화하는 시장에서는 이처럼 사용자가 직접 손을 봐야 하는 경우가 많이 생긴다.
- 버전을 너무 오래 고정하면 일부 기능이 폐기 예정(deprecation)으로 바뀔 수 있다.
- 버전을 너무 오래 고정하면 버그가 수정되지 않아서 문제가 발생할 수 있다.

정리하자면, 버전 고정은 프로그램을 일정 기간 안정적으로 유지할 수 있지만, 너무 오래 고정하면 다른 문제가 발생한다. 반대로 버전을 너무 빨리 업그레이드하면 충돌이 생겨서 다른 라이브러리들이 작동하지 않게 될 가능성이 커진다. 이는 하나의 확실한 정답이 있는 문제가 아니라, 지속적인 품질 관리 문제임을 기억하기 바란다.

이번 예제에서는 의존 패키지들의 버전을 고정하기로 한다. 그럼 구체적인 환경 설치 및 설정으로 들어가자.

예제 환경을 위한 의존요소 설치

이번 장의 각 노트북에는 *Environment* 혹은 *Installing the environment* 같은 제목의 섹션이 있다. 모든 노트북에서 모든 의존요소를 설치하지는 않는다. 다음은 각 노트북에서 설치하는 패키지들이다.

파이프라인의 첫 구성요소인 **데이터 수집과 준비**(`Chapter02/1_Data_collection_preparation.ipynb`)에서는 BeautifulSoup 모듈과 Requests 모듈만 설치하면 된다.

```
!pip install beautifulsoup4==4.12.3
!pip install requests==2.31.0
```

이처럼 딱 필요한 패키지만 설치하면 되는 것은 파이프라인을 여러 구성요소로 분리하는 것이 바람직한 이유이기도 하다. 데이터 수집과 준비는 웹과 상호작용하는 인터페이스 만들기를 즐기는 개발자라면 익숙한 작업이다. 또한 데이터 수집과 분석에 참여하고 싶어 하는 주니어 개발자에게도 완벽하게 적합하다.

파이프라인의 다른 두 구성요소인 2. **데이터 임베딩과 저장**과 3. **입력 증강과 응답 생성**에서도 비슷한 방식으로 필수 의존요소들을 설치하는데, 잠시 후에 이야기하겠다. 우선 환경 설정의 다음 작업으로 넘어가자.

드라이브 마운트하기

이 예제에서는 오픈AI 모델에 접근하기 위한 오픈AI API 키와 액티브루프 딥 레이크 데이터셋에 접근하기 위한 액티브루프 API 토큰을 구글 드라이브에 안전하게 보관한다고 가정한다. 키와 토큰을 읽으려면 먼저 구글 드라이브를 마운트해야 한다.

```
# API 키들이 구글 드라이브에 저장되어 있다고 가정한다.
# 필요하다면 여러분의 지역 파일에 키를 담아 두고 읽어 들일
# 수도 있다(노트북의 관련 코드에 API 키를 직접 입력해도 되지만,
# 그러면 옆 사람이 키를 볼 수 있음을 주의하자).
from google.colab import drive
drive.mount('/content/drive')
```

키와 토큰을 다른 곳에 저장할 수도 있다. 중요한 것은 안전한 장소에 보관하는 것이다.

subprocess를 이용한 GitHub 파일 다운로드

다음으로, GitHub에서 grequests.py라는 파일을 내려받아야 한다. 다음은 명령줄 프로그램 curl을 이용해서 웹의 파일을 내려받는 코드이다.

```
import subprocess
url = "https://raw.githubusercontent.com/Denis2054/RAG-Driven-Generative-AI/main/
commons/grequests.py"
output_file = "grequests.py"

# curl 명령과 인수들을 준비한다.
curl_command = [
```

```
    "curl",
    "-o", output_file,
    url
]

# curl 명령을 실행한다.
try:
    subprocess.run(curl_command, check=True)
    print("Download successful.")
except subprocess.CalledProcessError:
    print("Failed to download the file.")
```

grequests.py 파일에는 필요한 경우 비공개 토큰이나 curl 명령으로 데이터를 가져올 때 자격 증명이 필요한 다른 보안 시스템을 받을 수 있는 함수가 포함되어 있다. grequests. py의 전체 코드는 다음과 같다.

```
import subprocess
import os
# 필요하다면 파일명 다음에 비공개 토큰을 추가할 것
def download(directory, filename):
    # 깃허브 저장소 이미지 파일들의 기준 URL
    base_url = 'https://raw.githubusercontent.com/Denis2054/RAG-Driven-Generative-
AI/main/'
    # 지정된 파일의 URL을 완성한다
    file_url = f"{base_url}{directory}/{filename}"

    # curl을 이용해서 해당 파일을 내려받는다. 비공개 토큰은
    # Authorization 헤더로 전송한다.
    try:
        # Authorization 헤더를 포함한 curl 명령
        # curl_command = f'curl -H "Authorization: token {private_token}" -o {filename}
{file_url}'
        curl_command = f'curl -H -o {filename} {file_url}'

        # curl 명령을 실행한다
        subprocess.run(curl_command, check=True, shell=True)
        print(f"Downloaded '{filename}' successfully.")
```

```
except subprocess.CalledProcessError:
    print(f"Failed to download '{filename}'. Check the URL, your internet
connection, and if the token is correct and has appropriate permissions.")
```

필수 의존요소 설치

구성요소 #2와 #3에서는 액티브루프 딥 레이크와 오픈AI의 기능을 사용한다. 이를 위해 필요한 의존요소는 다음 두 가지뿐이다.

```
!pip install deeplake==3.9.18
!pip install openai==1.40.3
```

2024년 8월 현재 구글 코랩의 Pillow 버전은 deeplake 패키지와 충돌한다. 하지만 deeplake 설치 패키지가 이를 자동으로 처리한다. 세션을 다시 시작하고 실행만 하면 된다. 딥 레이크를 필요로 하는 노트북에서 항상 pip install deeplake==3.9.18로 딥 레이크를 설치하는 것은 이 때문이다.

필수 의존요소들을 설치한 후에는 다음 코드를 실행해야 한다. 이 코드는 액티브루프를 위해 공인(public) DNS 서버를 활성화한다.

```
# 구글 코랩과 액티브루프(deeplake 라이브러리)에 필요함.
# 이 코드는 문자열 "nameserver 8.8.8.8"을 파일에 기록한다.
# 이것은 시스템이 사용할 DNS 서버 주소를 정한다. 8.8.8.8은
# 구글의 공인 DNS 서버 IP 주소의 하나이다.
with open('/etc/resolv.conf', 'w') as file:
    file.write("nameserver 8.8.8.8")
```

인증 과정

오픈AI API 키를 얻으려면 https://openai.com/에서 계정을 만들어야 한다. 오픈AI의 API 키는 유료이므로 사용하기 전에 가격 정책을 반드시 확인하기 바란다. 여기서는 여러분이 API 키를 성공적으로 생성해서 구글 드라이브의 한 파일(files/api_key.txt)에 저장했다고 가정한다. 다음은 그 파일에서 키를 읽어서 활성화하는 코드이다.

```
# 오픈AI API 키를 읽어온다.
f = open("drive/MyDrive/files/api_key.txt", "r")
API_KEY=f.readline().strip()
f.close()

# 오픈AI API 키를 활성화한다.
import os
import openai
os.environ['OPENAI_API_KEY'] =API_KEY
openai.api_key = os.getenv("OPENAI_API_KEY")
```

다음으로, 딥 레이크를 위한 액티브루프 API 토큰도 같은 방식으로 활성화한다.

```
# 액티브루프 API 토큰을 읽어온다.
f = open("drive/MyDrive/files/activeloop.txt", "r")
API_token=f.readline().strip()
f.close()
ACTIVELOOP_TOKEN=API_token
os.environ['ACTIVELOOP_TOKEN'] =ACTIVELOOP_TOKEN
```

액티브루프 API 토큰을 얻으려면 액티브루프에 가입해야 한다. [16] 다양한 요금제가 있으니 가입과 토큰 생성 전에 가격 정책을 꼭 확인하기 바란다.

환경 설정을 마쳤다면 그림 2.4에서처럼 서 보듯이 *Installing the environment* 셀들을 아예 숨기면 좋을 것이다. 그러면 파이프라인 구성요소들의 실제 구현에 집중할 수 있다.

그림 2.4 설치 셀 숨기기

그림 2.5에서 보듯이 설치 셀은 숨겨져 있지만 여전히 실행할 수 있다.

---

16 (옮긴이) https://app.activeloop.ai/에서 계정을 만들고 로그인한 후 Create API Token 버튼을 클릭해서 간단한 절차를 따르면 된다.

숨겨진 셀도 실행할 수 있다.

그림 2.5 숨겨진 셀 실행

이제부터는 파이프라인의 각 구성요소에 집중한다. 편의상 전체 RAG 파이프라인의 세 구성요소를 간단하게 **파이프라인 1**, **파이프라인 2**, **파이프라인 3**으로 칭하기로 한다. 데이터 수집과 준비를 위한 파이프라인 1부터 시작하자.

2.4.2 구성요소 1: 데이터 수집과 준비

앞에서 설명했듯이 첫 구성요소는 데이터 수집과 준비를 담당한다. 그림 2.6에 이 구성요소가 나와 있다. 이 구성요소는 **팀 #1**이 전담한다.

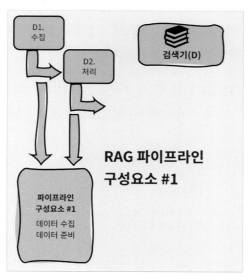

그림 2.6 파이프라인 구성요소 #1: 데이터 수집과 준비

여러분이 **팀 #1**의 팀장이 되어서 직접 구현해 보자. 수월한 구현을 위해서는 이 예제가 수행하고자 하는 작업을 좀 더 구체적으로 정의할 필요가 있다. 예제 파이프라인은 우주 탐사의 다양한 측면을 포괄적으로 보여주는 위키백과 문서 10개를 검색하고 처리하고자 한다.

- **우주 탐사:** 우주 탐사의 역사, 기술, 임무, 계획에 관한 개괄적인 정보(https://en.wikipedia.org/wiki/Space_exploration)

- **아폴로 프로그램:** 최초로 인류를 달에 착륙시킨 NASA 프로그램과 주요 임무에 대한 상세 내용(https://en.wikipedia.org/wiki/Apollo_program)

- **허블 우주 망원경:** 수많은 천문학적 발견에 결정적 역할을 한 가장 중요한 망원경 중 하나에 관한 정보(https://en.wikipedia.org/wiki/Hubble_Space_Telescope)

- **화성 탐사 로버:** 화성의 표면과 환경을 연구하기 위해 보낸 로버들에 관한 통찰(https://en.wikipedia.org/wiki/Mars_rover)

- **국제우주정거장(ISS):** ISS의 건설, 국제 협력, 우주 연구에서의 역할에 관한 상세 내용(https://en.wikipedia.org/wiki/International_Space_Station)

- **SpaceX:** 가장 영향력 있는 민간 우주비행 기업 중 하나인 SpaceX의 역사, 성과, 목표(https://en.wikipedia.org/wiki/SpaceX)

- **주노(우주선):** 목성과 그 구조, 위성들을 궤도에서 연구하는 NASA 우주 탐사선에 대한 정보(https://en.wikipedia.org/wiki/Juno_(spacecraft))

- **보이저 프로그램:** 외부 태양계와 성간 공간을 이해하는 데 기여한 보이저 임무의 상세 내용(https://en.wikipedia.org/wiki/Voyager_program)

- **갈릴레오(우주선):** 목성과 그 위성들을 연구해서 가스 거성과 그 시스템에 대한 귀중한 데이터를 제공한 임무에 관한 개괄적인 정보(https://en.wikipedia.org/wiki/Galileo_(spacecraft))

- **케플러 우주 망원경:** 태양 이외의 별을 공전하는 지구 크기 행성들을 발견하기 위해 설계된 우주 망원경에 관한 정보(https://en.wikipedia.org/wiki/Kepler_Space_Telescope)

역사적 프로그램부터 현대의 기술 발전과 임무에 이르기까지 우주 탐사의 다양한 주제를 다루는 이 문서들이 우리의 원시 데이터이다.

그럼 데이터 수집부터 시작하자. 관련 노트북은 원서 깃허브 저장소의 `Chapter02/1-Data_collection_preparation.ipynb`이다.

데이터 수집

먼저 필요한 모듈들을 임포트한다. 데이터 수집을 위해서는 HTTP 요청을 위한 **requests**와 HTML 파싱을 위한 **BeautifulSoup**의 **bs4**, 그리고 정규표현식(regular expression)을 위한 **re**만 있으면 된다.

```python
import requests
from bs4 import BeautifulSoup
import re
```

다음으로, 위키백과 문서 URL들을 설정한다.

```python
# 위키백과 문서 URL들
urls = [
    "https://en.wikipedia.org/wiki/Space_exploration",
    "https://en.wikipedia.org/wiki/Apollo_program",
    "https://en.wikipedia.org/wiki/Hubble_Space_Telescope",
    "https://en.wikipedia.org/wiki/Mars_over",
    "https://en.wikipedia.org/wiki/International_Space_Station",
    "https://en.wikipedia.org/wiki/SpaceX",
    "https://en.wikipedia.org/wiki/Juno_(spacecraft)",
    "https://en.wikipedia.org/wiki/Voyager_program",
    "https://en.wikipedia.org/wiki/Galileo_(spacecraft)",
    "https://en.wikipedia.org/wiki/Kepler_Space_Telescope"
]
```

여기서는 파이썬 코드 자체에서 URL들을 설정했지만, 실제 응용에서는 데이터베이스나 파일, JSON 등 다른 형식으로 저장해 두고 읽어올 수도 있다. 이제 데이터를 준비해 보자.

데이터 준비

먼저 정제 함수를 작성한다. 이 함수는 정규표현식을 이용해서 주어진 텍스트에서 [1], [2] 같은 참조 번호를 제거한 텍스트를 반환한다.

```python
def clean_text(content):
    # 참조 마크업(흔히 [1], [2] 등)을 삭제한다.
    content = re.sub(r'\[\d+\]', '', content)
    return content
```

다음으로 문서에서 필요한 내용을 추출하고 정제해서 깔끔한 텍스트를 반환하는 함수를 작성한다. 표준적인 가져오기-정제(fetch and clean) 함수이다.

```python
def fetch_and_clean(url):
    # URL의 내용을 가져온다.
    response = requests.get(url)
    soup = BeautifulSoup(response.content, 'html.parser')

    # 문서의 주 내용을 찾는다. 표제나 글 상자는 무시한다.
    content = soup.find('div', {'class': 'mw-parser-output'})

    # 참고문헌 섹션을 제거한다. 영문 위키백과의 경우 일반적으로
    # "References"나 "Bibliography" 같은 표제 아래가 참고문헌이다.
    for section_title in ['References', 'Bibliography', 'External links',
                          'See also']:
        section = content.find('span', id=section_title)
        if section:
            # 이 섹션에서 문서 끝까지의 모든 내용을 삭제한다.
            for sib in section.parent.find_next_siblings():
                sib.decompose()
            section.parent.decompose()

    # 텍스트를 추출하고 정제한다.
    text = content.get_text(separator=' ', strip=True)
    text = clean_text(text)
    return text
```

마지막으로, 추출하고 정제한 텍스트를 llm.txt 파일에 저장한다. 데이터 임베딩과 저장을 담당하는 팀이 이 파일을 사용할 것이다.

```python
# 정제된 텍스트를 파일에 기록한다.
with open('llm.txt', 'w', encoding='utf-8') as file:
    for url in urls:
        clean_article_text = fetch_and_clean(url)
        file.write(clean_article_text + '\n')

print("Content written to llm.txt")
```

다음과 같이 텍스트를 llm.txt 파일에 저장했다는 메시지가 출력되었다면 잘 된 것이다.

```
Content written to llm.txt
```

프로젝트의 구체적인 요구에 따라서는 이와는 다른 형식이나 다른 장소에 데이터를 저장해야 할 수도 있다. 다음 구성요소로 넘어가기 전에 파일의 내용을 확인해 보자.

```
# 파일을 열고 행들을 읽어 들인다.
with open('llm.txt', 'r', encoding='utf-8') as file:
    lines = file.readlines()
    # 처음 20행을 출력한다.
    for line in lines[:20]:
        print(line.strip())
```

처리할 문서의 처음 20행이 출력된다.

```
Exploration of space, planets, and moons "Space Exploration" redirects here. For the
company, see SpaceX . For broader coverage of this topic, see Exploration . Buzz Aldrin
taking a core sample of the Moon during the Apollo 11 mission...
```

이 데이터 수집 및 준비 구성요소는 웹이나 기업 내 데이터 환경에서 문서를 검색하는 것을 즐기는 팀에게 맡기면 좋을 것이다. 이 팀은 프로젝트에 가장 적합한 문서를 식별하는 경험을 쌓을 것이며, 그런 역량은 모든 RAG 프레임워크의 토대에 해당한다.

이제 **팀 #2**가 문서를 임베딩하고 저장하는 작업을 시작할 수 있다.

2.4.3 구성요소 2: 데이터 임베딩과 저장

팀 #2는 파이프라인의 둘째 구성요소를 맡는다. 이들은 주어진 데이터를 처리하고 저장하는 데 집중한다(그림 2.7). 데이터는 **팀 #1**이 수집하고 준비한 것이다. 그리고 검색은 **팀 #3**이 맡으므로 이 팀은 신경 쓰지 않는다.

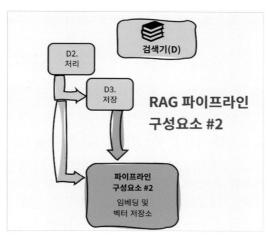

그림 2.7 파이프라인 구성요소 #2: 데이터 임베딩과 저장

이제 **팀 #2**의 작업을 도와보자. 해당 노트북은 Chapter02/2-Embeddings_vector_store. ipynb이다. 여기서는 **팀 #1**이 준비한 문서들을 가져와서 임베딩하고 저장한다.

준비된 문서 배치 가져오기

팀 #1이 계속 문서를 준비해서 제공한다고 가정한다. 다음은 그중 첫 배치[batch]인 우주 탐사 파일을 서버에서 다운로드한다.

```
from grequests import download
source_text = "llm.txt"

directory = "Chapter02"
filename = "llm.txt"
download(directory, filename)
```

source_text = "llm.txt"는 이후 벡터 저장소에 데이터를 추가하는 함수에서 사용한다. **팀 #1**이 이미 파일 내용을 검증했지만, 확실히 하기 위해 문서를 간단히 확인해 보자.

```
# 파일을 열고 행들을 읽어 들인다.
with open('llm.txt', 'r', encoding='utf-8') as file:
    lines = file.readlines()
    # 처음 20행을 출력한다.
    for line in lines[:20]:
        print(line.strip())
```

다음은 출력의 일부이다. 우주 탐사에 관한 위키백과 문서의 일부임을 확인할 수 있다.

```
Exploration of space, planets, and moons "Space Exploration" redirects here.
```

이제 이 데이터를 여러 청크로 나눈다. 여기서는 청크 크기(문자 개수)를 CHUNK_SIZE = 1000으로 고정하지만, 좀 더 동적인 전략을 사용할 수도 있다. **7장 '위키백과 API와 라마 인덱스를 활용한 확장 가능한 지식 그래프 기반 RAG 구축'**에서는 자동화된 이음매 없는 (seamless) 청킹 기법을 이용해서 청크 크기를 좀 더 최적화하는 방법을 논의한다.

데이터 처리를 최적화하려면 청킹이 필요하다. 청킹은 텍스트 선택, 임베딩, 데이터 로딩을 용이하게 한다. 또한 임베딩된 데이터셋의 검색을 쉽게 만든다. 다음 코드는 문서를 고정된 크기의 청크들로 나눈다.

```python
with open(source_text, 'r') as f:
    text = f.read()

CHUNK_SIZE = 1000
chunked_text = [text[i:i+CHUNK_SIZE] for i in range(0,len(text), CHUNK_SIZE)]
```

이제 데이터를 벡터화하거나 기존 벡터 저장소에 추가할 준비가 끝났다.

벡터 저장소 존재 여부 확인 및 생성

먼저, 데이터셋의 존재 여부와 관계없이 액티브루프 벡터 저장소 경로를 정의해야 한다.

```python
vector_store_path = "hub://denis76/space_exploration_v1"
```

 hub://denis76/space_exploration_v1을 여러분의 계정과 데이터셋에 맞게 수정하기 바란다. [17]

---

17 (옮긴이) 처음이라면 새로운 경로명을 지정하면 된다. 존재하지 않는 경로이면 딥 레이크가 데이터셋을 자동으로 생성해 주므로 액티브루프 웹 인터페이스에서 데이터셋을 미리 생성할 필요는 없다.

이제 주어진 경로의 데이터셋을 담은 벡터 저장소 객체를 생성한다. 존재하지 않는 벡터 저장소이면 딥 레이크가 해당 데이터셋을 자동으로 생성해 준다.[18]

```
from deeplake.core.vectorstore.deeplake_vectorstore import VectorStore
import deeplake.util

try:
    # 벡터 저장소를 생성해 본다. 처음이면 벡터 저장소 데이터셋이 자동으로 만들어진다.
    vector_store = VectorStore(path=vector_store_path)
    print("Vector store exists")
except FileNotFoundError:
    print("Vector store does not exist. You can create it.")
    # 어떠한 문제로 벡터 저장소 생성이 실패했다. 오류 메시지를 참고해서 적절히 해결하자.
```

벡터 저장소용 데이터셋이 새로 생성된 경우에는 다음과 같은 메시지가 출력된다.

```
Your Deep Lake dataset has been successfully created!
Vector store exists
```

이제 임베딩을 처리하는 함수를 작성해 보자.

임베딩 함수

임베딩 함수는 생성한 데이터 청크를 벡터로 변환해 벡터 기반 검색을 가능하게 한다. 이 프로그램에서는 문서 임베딩을 위해 text-embedding-3-small 모델을 사용한다.

오픈AI는 다른 임베딩 모델도 제공한다. https://platform.openai.com/docs/models/ embeddings를 참고하자. **6장 '파인콘을 이용한 RAG 은행 고객 데이터 확장'의 임베딩** 섹션에 다른 모델을 이용한 임베딩 코드가 나온다. 어떤 경우이든, 프로덕션에서 사용할 모델을 선택할 때는 먼저 여러 모델을 잘 평가해 보아야 할 것이다. 오픈AI 웹사이트에 나온 각 임베딩 모델의 특성, 특히 길이와 용량을 잘 살펴보기 바란다. 이번 예제에서 text-embedding-3-small은 효율성과 속도 면에서 탁월한 선택이다.

---

18 (옮긴이) 생성된 데이터셋은 https://app.activeloop.ai/datasets/mydatasets/에서 확인할 수 있다.

```python
def embedding_function(texts, model="text-embedding-3-small"):
    if isinstance(texts, str):
        texts = [texts]
    texts = [t.replace("\n", " ") for t in texts]
    return [data.embedding for data in openai.embeddings.create(
        input = texts, model=model).data]
```

오픈AI의 **text-embedding-3-small** 텍스트 임베딩 모델은 일반적으로 제한된 수의 차원 (dimension)을 가진 임베딩을 사용한다. 이는 임베딩의 세부 정보를 충분히 확보하면서도 큰 계산 부하와 저장 공간을 균형 있게 조절하기 위함이다. 코드를 실행하기 전에, 모델 소개 페이지(https://platform.openai.com/docs/guides/embeddings/embedding-models)에 나온 가격 정보를 반드시 확인하기 바란다.

이제 벡터 저장소를 채울 준비가 되었다.

벡터 저장소에 데이터 추가

다음은 데이터를 벡터 저장소에 추가하는 코드이다. 데이터 추가 여부를 나타내는 add_to_vector_store가 True로 설정된 경우에만 실행된다.

```python
add_to_vector_store=True
if add_to_vector_store == True:
    with open(source_text, 'r') as f:
        text = f.read()
        CHUNK_SIZE = 1000
        chunked_text = [text[i:i+1000] for i in range(0, len(text), CHUNK_SIZE)]

        vector_store.add(text = chunked_text,
                        embedding_function = embedding_function,
                        embedding_data = chunked_text,
                        metadata = [{"source": source_text}]*len(chunked_text))
```

이 코드는 source_text로 지정된 텍스트를 임베딩해서 저장한다. 앞에서 source_text = "llm.txt"로 설정했음을 기억할 것이다. 다음은 이 코드의 출력으로, 데이터의 구조를 요약해서 보여준다. 출력에서 보듯이 데이터셋이 잘 추가되었다.

```
Creating 839 embeddings in 2 batches of size 500:: 100%|████████| 2/2 [01:44<00:00,
52.04s/it]
Dataset(path='hub://denis76/space_exploration_v1', tensors=['text', 'metadata',
'embedding', 'id'])

  tensor      htype        shape       dtype   compression
  -------    -------      -------     -------   -------
   text       text        (839, 1)      str       None
  metadata    json        (839, 1)      str       None
  embedding  embedding   (839, 1536)  float32     None
    id        text        (839, 1)      str       None
```

이 데이터셋에는 4개의 텐서가 있다.

- embedding: 데이터의 각 청크가 하나의 벡터로 임베딩된다.

- id: 청크를 고유하게 식별하는 문자열 ID이다.

- metadata: 데이터의 출처 등을 포함한 메타데이터이다. 이 경우 출처는 llm.txt 파일이다.

- text: 청크의 실제 텍스트이다.

4장 '드론 기술을 위한 다중 모달 모듈형 RAG'에서 보겠지만, 이러한 데이터셋의 구체적인 구조는 프로젝트마다 다를 수 있다. 필요하다면 언제든 데이터셋의 구조를 시각화할 수 있는데, 다음과 같은 코드를 실행하면 앞에 나온 요약 정보가 표시된다.

```
# 벡터 저장소의 요약 정보를 출력한다.
print(vector_store.summary())
```

원하면 벡터 저장소 정보도 시각화할 수 있다. 다음 절에서 간단히 살펴보겠다.

2.4.4 벡터 저장소 정보

액티브루프의 API 레퍼런스 문서(https://docs.deeplake.ai/en/latest/)는 데이터셋을 관리하는 데 필요한 모든 정보를 제공한다. 또한, https://app.activeloop.ai/datasets/mydatasets/에 로그인하면 데이터셋을 시각화할 수 있다.

데이터셋을 적재(로드)하는 데에는 한 줄의 코드로 충분하다.

```
ds = deeplake.load(vector_store_path)
```

출력은 다음과 같다. 노트북에서 데이터셋을 시각화하는 방법과 온라인에서 데이터셋을 시각화하고 검색할 수 있는 웹페이지의 URL을 알려준다.

```
This dataset can be visualized in Jupyter Notebook by ds.visualize() or at
https://app.activeloop.ai/denis76/space_exploration_v1
hub://denis76/space_exploration_v1 loaded successfully.
```

액티브루프에 로그인된 상태에서 해당 URL에 접속하면 그림 2.8과 같은 사용자 인터페이스가 나올 것이다. 이 온라인 도구에서 데이터셋을 둘러보거나 검색할 수 있다.

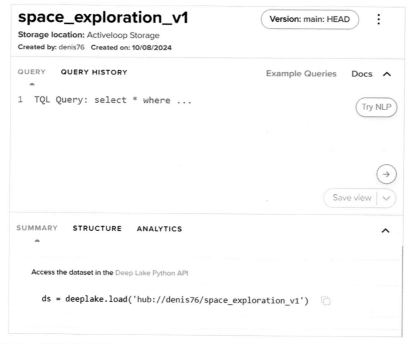

그림 2.8 딥 레이크 데이터셋을 검색하고 둘러볼 수 있는 온라인 도구

딥 레이크 데이터셋 객체는 다양한 기능을 제공한다. 다음은 데이터셋의 예상 크기를 확인하는 예이다.

```
# 데이터셋의 크기(바이트 단위)를 추정한다.
ds_size=ds.size_approx()
```

이 크기는 바이트 단위이다. 사람이 보기 편하도록 메가바이트와 기가바이트 단위로 변환해 보자.

```
# 바이트 단위를 MB 단위로 변환. 소수점 아래 5자리로 한정한다.
ds_size_mb = ds_size / 1048576
print(f"Dataset size in megabytes: {ds_size_mb:.5f} MB")

# 바이트 단위를 GB 단위로 변환. 소수점 아래 5자리로 한정한다.
ds_size_gb = ds_size / 1073741824
print(f"Dataset size in gigabytes: {ds_size_gb:.5f} GB")
```

다음과 같이 메가바이트 단위와 기가바이트 단위의 데이터셋 크기가 출력된다.

```
Dataset size in megabytes: 55.31311 MB
Dataset size in gigabytes: 0.05402 GB
```

팁 #2의 데이터 임베딩 및 저장 파이프라인 구성요소가 잘 구현된 것 같다. 그럼 입력을 증강하고 응답을 생성하는 단계로 넘어가자.

2.4.5 구성요소 3: 입력 증강과 응답 생성

파이프라인의 셋째 구성요소는 입력 증강과 응답 생성(줄여서 증강과 생성)이다. 여기서는 사용자 입력을 적절히 처리해서 벡터 저장소를 검색하고, 그 결과로 사용자 입력은 증강하고, 증강된 입력으로 gpt-4-turbo 모델을 호출한다(그림 2.9).

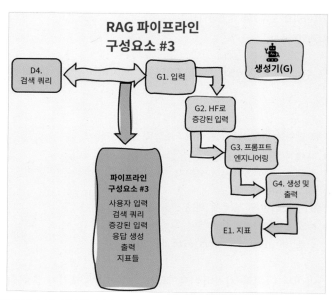

그림 2.9 파이프라인 구성요소 #3: 입력 증강과 응답 생성

그림 2.9에서 보듯이 이 구성요소야말로 **검색 증강 생성**(Retrieval Augmented Generation, RAG)이라는 이름에 걸맞은 구성요소이다. 하지만 증강된 입력 콘텐츠를 생성하는 데 필요한 정보를 제공하기 위한 **팀 #1**과 **팀 #2**의 작업이 없었다면 이 구성요소를 실행하는 것은 불가능했을 것이다.

그림 **팀 #3**의 구성요소 #3 구현을 살펴보자. 해당 노트북은 Chapter02/3-Augmented_Generation.ipynb이다. §2.4.1 '환경 설정'에서 설명했듯이, 노트북의 *Installing the environment* 섹션에 있는 벡터 저장소 경로를 여러분의 것으로 수정하기 바란다.

```
vector_store_path = "hub://denis76/space_exploration_v1"
```

이제 벡터 저장소에서 데이터셋을 불러온다.

```
from deeplake.core.vectorstore.deeplake_vectorstore import VectorStore
import deeplake.util
ds = deeplake.load(vector_store_path)
```

벡터 저장소가 존재한다는 확인 메시지가 출력될 것이다. **팀 #2**가 모든 것을 잘 준비했으므로 지체 없이 작업을 진행하자.

```
vector_store = VectorStore(path=vector_store_path)
```

벡터 저장소에 딥 레이크 데이터셋이 존재하며, 적재하고 있다는 메시지가 출력된다.

```
Deep Lake Dataset in hub://denis76/space_exploration_v1 already exists, loading from the
storage
```

§2.4.3 '#2 데이터 임베딩 및 저장'에서처럼 **팀 #2**가 벡터 저장소에 우주 탐사 문서들로 저장소를 채웠으며 쿼리가 가능한지도 확인했다고 가정하고 사용자 입력 처리로 넘어가자.

입력 및 검색 쿼리

우선, 사용자 입력을 임베딩하는 함수가 필요하다.

```
def embedding_function(texts, model="text-embedding-3-small"):
    if isinstance(texts, str):
        texts = [texts]
    texts = [t.replace("\n", " ") for t in texts]
    return [data.embedding for data in openai.embeddings.create(
        input = texts, model=model).data]
```

입력과 벡터 데이터셋 간의 완벽한 호환성을 보장하기 위해 데이터 임베딩 및 저장 구성요소에서 사용한 것과 동일한 임베딩 모델인 text-embedding-3-small를 사용한다는 점에 주목하자.

이제 챗봇 같은 사용자 인터페이스에서 입력된 사용자 입력이나 미리 배치[batch] 형태로 만들어진 다수의 사용자 입력을 임베딩할 준비가 되었다. 여기서는 사용자 인터페이스에 입력된 하나의 사용자 입력을 처리한다고 가정한다.

다음은 사용자 입력을 정의하는 코드이다. 사용자에게 프롬프트를 입력받는 함수를 정의하긴 했지만, 이후 진행의 편의를 위해 미리 정해진 문장을 사용하기로 한다.

```
def get_user_prompt():
    # 검색할 쿼리문을 사용자에게 입력받아서 돌려준다.
    return input("Enter your search query: ")

# 사용자로부터 쿼리문을 입력받는다.
# user_prompt = get_user_prompt()

# 예제 사용자 입력: "달과 화성에 대한 우주 탐사에 관해 말해주세요."
user_prompt="Tell me about space exploration on the Moon and Mars."
```

사용자가 입력한 프롬프트로 벡터 저장소를 검색하고, 그 결과를 search_results에 저장한다.

```
search_results = vector_store.search(embedding_data=user_prompt,
                                     embedding_function=embedding_function)
```

사용자 프롬프트와 search_results의 내용을 확인해보자. 먼저 사용자 프롬프트를 출력한다.

```
print(user_prompt)
```

검색 결과가 다소 길고 복잡할 수 있으므로, 보기 좋게 포매팅하는 함수부터 정의한다.

```
# 특정 너비에 맞게 텍스트의 줄을 바꾸는 함수
def wrap_text(text, width=80):
    lines = []
    while len(text) > width:
        split_index = text.rfind(' ', 0, width)
        if split_index == -1:
            split_index = width
        lines.append(text[:split_index])
        text = text[split_index:].strip()
    lines.append(text)
    return '\n'.join(lines)
```

상위 검색 결과 중 하나만 출력해 보자.

```
import textwrap

# 검색 결과들이 상위 결과부터 정렬되어 있다고 가정한다.
top_score = search_results['score'][0]
top_text = search_results['text'][0].strip()
top_metadata = search_results['metadata'][0]['source']

# 최상위 검색 결과 하나만 출력한다.
print("Top Search Result:")
print(f"Score: {top_score}")
print(f"Source: {top_metadata}")
print("Text:")
print(wrap_text(top_text))
```

출력은 다음과 같다. 달과 화성에 대한 우주 탐사를 묻는 프롬프트에 잘 부합하는 문서가
선택되었음을 확인할 수 있다.

```
Top Search Result:
Score: 0.6016581654548645
Source: llm.txt
Text:
Exploration of space, planets, and moons "Space Exploration" redirects here.
For the company, see SpaceX . For broader coverage of this topic, see
Exploration . Buzz Aldrin taking a core sample of the Moon during the Apollo 11 mission
Self-portrait of Curiosity rover on Mars 's surface Part of a series on...
```

이제 검색된 추가 정보로 입력을 증강할 준비가 되었다.

입력 증강

증강은 아주 간단하다. 다음과 같이 최상위 검색 결과 텍스트를 사용자 프롬프트에 덧붙
인다.

```
augmented_input=user_prompt+" "+top_text
print(augmented_input)
```

증강된 입력은 다음과 같다.

```
Tell me about space exploration on the Moon and Mars. Exploration of space, planets ...
```

그럼 증강된 입력으로 GPT-4o 모델을 호출해서 응답을 생성하는 과정을 살펴보자. 이전처럼 오픈AI 클라이언트 객체를 준비한다. 단, 이전과는 달리 처리 시간 측정을 위해 시작 시각을 기록한다는 점도 주목하기 바란다.

```python
from openai import OpenAI
client = OpenAI()
import time

gpt_model = "gpt-4o"
start_time = time.time()  # 시간 측정을 위해 요청 직전의 시각을 저장
```

다음은 주어진 입력과 기타 매개변수들을 적절히 설정해서 모델을 호출하는 함수이다.

```python
def call_gpt4_with_full_text(itext):
    # 모든 행을 연결해서 하나의 문자열로 만든다.
    text_input = '\n'.join(itext)
    prompt = f"Please summarize or elaborate on the following content:\n{text_input}"

    try:
        response = client.chat.completions.create(
            model=gpt_model,
            messages=[
                # 시스템 메시지: "당신은 우주 탐사 전문가입니다."
                {"role": "system",
                 "content": "You are a space exploration expert."},
                # 어시스턴트 메시지: "입력을 읽고 상세히 답변하세요."
                {"role": "assistant",
                 "content": "You can read the input and answer in detail."},
                {"role": "user", "content": prompt}
            ],
            temperature=0.1  # 필요에 따라 매개변수들을 조정할 것
        )
        return response.choices[0].message.content.strip()
    except Exception as e:
        return str(e)
```

이제 증강된 입력으로 이 함수를 호출하고, 그 결과를 응답에 걸린 시간과 함께 출력한다.

```
gpt4_response = call_gpt4_with_full_text(augmented_input)

response_time = time.time() - start_time  # 응답 시간 측정
print(f"Response Time: {response_time:.2f} seconds")  # 응답 시간 출력

print(gpt_model, "Response:", gpt4_response)
```

출력은 다음과 같다. GPT-4o 모델의 응답과 함께 응답에 걸린 시간도 표시되었다.

```
Response Time: 8.44 seconds
gpt-4o Response: 달과 화성 탐사는 유인 우주 비행과 로봇 임무의 중요한 초점이 되어
왔습니다. 다음은 자세한 요약입니다...
```

textwrap 패키지를 이용해서 출력을 좀 더 보기 좋게 포매팅해 보자. print_formatted_response(response) 함수는 주어진 응답에 마크다운 패턴이 포함되어 있는지 확인해서, 있으면 응답을 HTML로 변환하고, 없으면 그냥 표준적인 방식(특정 너비에 맞게 줄 바꿈)으로 포매팅한다.

```
import textwrap
import re
from IPython.display import display, Markdown, HTML
import markdown

def print_formatted_response(response):
    # 헤더, 볼드, 불릿 목록 같은 패턴을 이용해서 마크다운 여부를 판정
    markdown_patterns = [
        r"^#+\s",            # 헤더
        r"^\*+",             # 불릿 목록
        r"\*\*",             # 볼드
        r"_",                # 이탤릭
        r"\[.+\]\(.+\)",     # 링크
        r"-\s",              # 대시 목록
        r"\`\`\`"            # 코드 블록
    ]
```

```
    # 패턴이 존재한다면 마크다운 포맷으로 HTML로 변환한다.
    if any(re.search(pattern, response, re.MULTILINE)
            for pattern in markdown_patterns):
        # 마크다운 패턴이 검출되었다. 보기 좋게 HTML로 변환한다.
        html_output = markdown.markdown(response)
        display(HTML(html_output))  # 코랩에서는 실제로 HTML 문서로 표시됨
    else:
        # 마크다운 패턴이 없으므로 보통의 텍스트로 간주해서
        # 간단하게 줄 바꿈 한다.
        wrapper = textwrap.TextWrapper(width=80)
        wrapped_text = wrapper.fill(text=response)

        print("Text Response:")
        print("-------------------")
        print(wrapped_text)
        print("-------------------\n")

print_formatted_response(gpt4_response)
```

달 탐사와 화성 탐사에 관한 GPT-4o의 응답이 보기 좋게 출력된다.

달 탐사
    과거 임무:
    1. 아폴로 계획: NASA의 아폴로 계획, 특히 아폴로 11호는 1969년 최초의 유인 달
착륙을 달성했습니다. 버즈 올드린과 같은 우주 비행사들은 핵심 샘플을 수집하고 실험을
수행했습니다.
    2. 달 탐사 임무: 여러 국가의 로봇 착륙선과 궤도선을 포함하여 달을 탐사하기 위한
다양한 임무가 수행되었습니다.
    과학적 목표:
    3. 지질학 연구: 달의 구성, 구조 및 역사를 이해합니다.
    4. 자원 활용: 헬륨-3 및 물 얼음과 같은 자원 채굴 가능성을 조사합니다.
    향후 계획:
    1. 아르테미스 계획: 2020년대 후반까지 인간을 달로 복귀시키고 지속 가능한 존재를
구축하기 위한 NASA의 계획입니다.
2. 국제 협력: 달 기지 건설 및 과학 연구 수행을 위한 다른 우주 기관 및 민간 기업과의
파트너십.
화성 탐사
    로봇 임무:

> 1. 로버: NASA의 큐리오시티와 퍼서비어런스 같은 로버는 화성 표면을 탐사하고, 토양 및 암석 샘플을 분석하고, 과거 생명체의 흔적을 찾고 있습니다.
> 2. 궤도선: 다양한 궤도선이 화성 표면을 지도화하고 대기를 연구하고 있습니다...

출력의 품질을 측정하기 위한 평가 지표를 도입해 보자.

2.5 코사인 유사도를 이용한 출력 평가

이번 절에서는 코사인 유사도(cosine similarity)를 구현해서 사용자 입력과 생성형 AI 모델 출력 간의 유사성을 측정한다. 또한 증강된 사용자 입력과 생성형 AI 모델의 출력 간의 유사성도 측정한다. 먼저 코사인 유사도 함수를 정의해 보자.

```python
from sklearn.feature_extraction.text import TfidfVectorizer
from sklearn.metrics.pairwise import cosine_similarity

def calculate_cosine_similarity(text1, text2):
    vectorizer = TfidfVectorizer()
    tfidf = vectorizer.fit_transform([text1, text2])
    similarity = cosine_similarity(tfidf[0:1], tfidf[1:2])
    return similarity[0][0]
```

이제 사용자 프롬프트와 GPT-4의 응답 간의 유사성을 측정한다. 유사도 점수가 높을수록 더 비슷한 것이다.

```python
similarity_score = calculate_cosine_similarity(user_prompt, gpt4_response)

print(f"Cosine Similarity Score: {similarity_score:.3f}")
```

우리가 보기에는 출력이 괜찮아 보였지만, 유사도 점수는 높지 않다.

```
Cosine Similarity Score: 0.396
```

우리가 뭔가 놓쳤거나 다른 지표를 선택해야 할 것 같다.

이번에는 증강된 입력과 GPT-4 응답 간의 유사도를 측정해 보자.

```
# 증강된 입력과 GPT-4 응답 사이의 유사도.
similarity_score = calculate_cosine_similarity(augmented_input, gpt4_response)

print(f"Cosine Similarity Score: {similarity_score:.3f}")
```

이전보다 훨씬 높은 점수가 나왔다.

```
Cosine Similarity Score: 0.857
```

다른 방법도 있을까? `calculate_cosine_similarity` 함수는 TF–IDF(Term Frequency–Inverse Document Frequency; 단어 빈도–역문서 빈도)를 이용하는데, 그런 경우 코사인 유사도는 정확한 어휘 중복에 크게 좌우되며, 단어의 의미와 동의어, 문맥적 용법과 같은 중요한 언어 특징이 반영된다. 따라서 뜻이 비슷해도 단어 선택이 다른 텍스트들에 대해서는 유사도 점수가 낮게 나올 수 있다.

TF–IDF 대신 임베딩들에 기반해서 유사도를 계산한다면 단어와 구문 간의 더 깊은 의미론적 관계를 포착할 수 있다. 텍스트 간의 문맥적, 개념적 유사성을 인식하는 데는 이 방법이 더 효과적이다. 그럼 SentenceTransformers 패키지를 이용해서 이 접근 방식을 시도해 보자.

먼저 SentenceTransformers를 설치한다.

```
!pip install sentence-transformers
```

노트북의 후반부에서 이렇게 새로이 라이브러리를 설치할 때는 주의해야 한다. RAG 파이프라인의 의존요소들과 충돌을 일으킬 수도 있기 때문이다. 프로젝트의 요구에 따라서는 다음 코드를 파이프라인의 개별적인 구성요소로 빼낼 수도 있을 것이다.

 2024년 8월 기준으로 허깅 페이스(Hugging Face) 토큰 사용은 선택사항이다. 허깅 페이스에서 토큰이 필요한 경우, 허깅 페이스에 가입해서 API 토큰을 발급받고 조건을 확인한 뒤 안내에 따라 키를 설정하면 된다.[19]

여기서는 MiniLM 아키텍처의 한 모델인 `all-MiniLM-L6-v2`를 이용해서 임베딩을 처리할 것이다. 이 모델은 우리가 사용 중인 허깅 페이스 모델 허브를 통해 제공된다. 허깅 페이스

---

19 (옮긴이) 예를 들어 메타의 라마 같은 통제 모델(gated model)을 사용하려면 토큰이 필요하다. 토큰은 https://huggingface.co/settings/tokens에서 만들 수 있다.

Transformers 라이브러리의 확장인 **sentence-transformers** 라이브러리를 이용하면 이 모델을 아주 편하게 사용할 수 있다. MiniLM 아키텍처의 이 모델을 선택한 이유는, 이것이 의미 있는 문장 임베딩을 빠르게 생성하는 데 강력한 성능을 보이는 컴팩트하고 효율적인 모델이기 때문이다. 다음은 임베딩 기반 코사인 유사도 계산 함수이다.

```
from sentence_transformers import SentenceTransformer
model = SentenceTransformer('all-MiniLM-L6-v2')

def calculate_cosine_similarity_with_embeddings(text1, text2):
    embeddings1 = model.encode(text1)
    embeddings2 = model.encode(text2)
    similarity = cosine_similarity([embeddings1], [embeddings2])
    return similarity[0][0]
```

이제 이 함수를 호출해서 증강된 사용자 입력과 GPT-4의 응답 사이의 유사도를 계산해 보자.

```
similarity_score = calculate_cosine_similarity_with_embeddings(
    augmented_input, gpt4_response)
print(f"Cosine Similarity Score: {similarity_score:.3f}")
```

출력은 다음과 같다. SentenceTransformer가 텍스트들의 의미적 유사성을 더 효과적으로 포착해서 비교적 높은 코사인 유사도 점수를 산출했다.

```
Cosine Similarity Score: 0.739
```

어떤 지표가 바람직한지는 프로젝트 각 단계의 구체적인 요구사항에 따라 달라진다. **3장 '라마인덱스, 딥 레이크, 오픈AI를 활용한 색인 기반 RAG 구축'**에서 색인 기반 RAG를 구현할 때 고급 지표들을 소개할 것이다. 일단 지금은 코사인 유사도로 만족하자. 이제 RAG 파이프라인의 세 구성요소가 성공적으로 구축되었다. 지금까지의 여정을 정리하고 다음 단계로 넘어가자!

요약

이번 장에서는 RAG 기반 생성형 AI를 사용할 때 발생하는 복잡한 문제들을 다루었다. 특히 대용량 데이터셋을 처리할 때 문서 임베딩(embedding)이 핵심적인 역할을 한다는 점에 초점을 두었다. 원시 텍스트를 임베딩으로 변환하고 이를 벡터 저장소(vector store)에 저장하는 방법을 살펴보았다. 액티브루프 딥 레이크 같은 벡터 저장소는 언제든지 임베딩된 텍스트를 확인할 수 있는 API 도구와 시각적 인터페이스를 제공한다. 이를 통해 기존의 매개변수적 생성형 AI 모델이 가진 블랙박스 같은 불투명성을 극복할 수 있다.

이번 장에서 설명한 RAG 파이프라인은 오픈AI 임베딩을 액티브루프 딥 레이크 벡터 저장소에 체계적으로 통합한다. 일반적으로 RAG 파이프라인은 분리된 다수의 구성요소로 구현되는데, 구체적으로 어떤 구성요소들을 어떻게 분리하는지는 프로젝트마다 다를 수 있다. 파이프라인을 여러 구성요소로 분리하면 다수의 팀이 의존성 없이 동시에 작업할 수 있어 개발 속도가 빨라지고, 데이터 수집, 임베딩 처리, 증강 생성 AI 프로세스를 위한 쿼리 생성과 같은 개별 측면에 각자 전문적으로 집중할 수 있게 된다.

이어서 우리는 특정 크로스 플랫폼 패키지의 필요성과 신중한 시스템 아키텍처 설계를 강조하면서 세 가지 구성요소로 이루어진 RAG 파이프라인을 구축했다. 구축에 사용한 자원은 우리가 직접 작성한 파이썬 함수, 벡터 저장소의 데이터셋에 임베딩을 조직하고 저장하기 위한 액티브루프 딥 레이크, 오픈AI 임베딩 모델, 그리고 오픈AI의 GPT-4 생성형 AI 모델 등이다. 환경 설정, 의존성 관리, 데이터 청킹(chunking)과 벡터 저장소 통합 같은 구현상의 문제들을 다루는 실질적인 실습 단계들을 통해서 세 부분으로 구성된 RAG 파이프라인을 파이썬으로 구축해 보았다.

이번 장의 여정을 통해 문서를 벡터 저장소에 임베딩하고 이를 활용하여 생성형 AI 출력을 향상하는 방법을 확실히 이해했을 것이다. 이러한 이해와 통찰은 여러분의 조직 안에서 프로세스를 잘 정리하고 그것을 팀의 실제 AI 애플리케이션에 적용하는 데 도움이 될 것이다. 벡터 저장소는 정보 검색의 정확성이 요구되는 문서 검색 작업의 품질을 높여준다. 색인화는 RAG를 한 단계 더 발전시켜 검색의 속도와 관련성을 향상한다. 다음 장에서는 고급 색인 방법을 소개하고, 입력을 검색하고 증강하는 방법을 더 자세히 알아볼 것이다.

연습문제

다음 질문에 **그렇다** 또는 **아니다**로 답하라.

1. 임베딩은 RAG의 더 빠른 검색을 위해 텍스트를 고차원 벡터로 변환하는가?

2. 상세한 의미 기반 검색에서 키워드 검색이 임베딩보다 더 효과적인가?

3. RAG 파이프라인을 독립적인 구성요소들로 분리하는 것이 권장되는가?

4. RAG 파이프라인의 주요 구성요소는 단 두 가지인가?

5. 액티브루프 딥 레이크는 임베딩과 벡터 저장 모두를 처리할 수 있는가?

6. 이번 장에서 오픈AI의 `text-embedding-3-small` 모델을 이용해서 임베딩을 생성했는가?

7. RAG 기반 시스템에서 데이터 임베딩을 확인하고 직접 추적할 수 있는가?

8. RAG 파이프라인을 별도의 구성요소로 분리하지 않아도 원활하게 실행할 수 있는가?

9. 임베딩과 저장을 위해 큰 텍스트를 작은 조각으로 나누는 것이 필요한가?

10. 검색된 정보의 관련성을 평가하는 데 코사인 유사도 지표가 쓰이는가?

참고문헌

- **오픈AI Ada 임베딩 문서:** https://platform.openai.com/docs/guides/embeddings/embedding-models

- **오픈AI GPT 콘텐츠 생성 문서:** https://platform.openai.com/docs/models/gpt-4-turbo-and-gpt-4

- **액티브루프 API 문서:** https://docs.activeloop.ai/

- **MiniLM 모델 레퍼런스:** https://huggingface.co/sentence-transformers/all-MiniLM-L6-v2

더 읽을거리

- **오픈AI의 임베딩 문서:** https://platform.openai.com/docs/guides/embeddings

- **액티브루프 문서:** https://docs.activeloop.ai/

디스코드 커뮤니티

다음은 이 책의 디스코드 공간이다. 원서 저자 및 다른 독자와 토론할 수 있다.

- https://www.packt.link/rag

03

라마인덱스, 딥 레이크,
오픈AI를 활용한
색인 기반 RAG 구축

색인(index)은 정확도와 속도를 높이는 것 이상의 가치를 제공한다. 무엇보다도 색인은 투명성(transparency) 계층을 추가한다. 이에 의해 검색 증강 생성형 AI가 한 수준 위로 진화한다. 색인을 통해 RAG 모델이 생성한 응답의 출처를 완벽히 추적할 수 있으므로, 사용된 데이터의 정확한 위치와 상세 내용을 확인하는 것이 가능해진다. 이는 편향과 환각 현상 같은 문제를 완화할 뿐 아니라 저작권과 데이터 무결성에 관한 우려도 해소한다.

이번 장에서는 데이터를 색인화함으로써 생성형 AI 애플리케이션을 우리가 좀 더 확실하게 통제하는 방법을 살펴본다. 색인을 통해 문제의 정확한 데이터 출처를 파악하고 검토할 수 있으므로 출력 결과가 만족스럽지 않을 때 그 이유를 쉽게 찾을 수 있다. 따라서 데이터 입력을 개선하고, 시스템 설정을 조정하거나 벡터 저장소 소프트웨어와 생성형 모델 같은 구성요소를 교체하여 더 나은 결과를 얻는 것이 가능해진다.

이번 장에서는 우선 속도, 정확도, 추적성(traceability; 또는 추적 가능성, 추적 능력)을 향상하는 색인 기반 RAG 파이프라인의 아키텍처를 살펴본다. 필요한 모든 기능을 우리가 직접 만드는 대신 라마인덱스LlamaIndex, 딥 레이크, 오픈AI의 서비스를 통합해서 좀 더 수월하게 구현할 것이다. 이에 의해 애플리케이션 구축을 위한 탄탄한 토대가 만들어진다. 그다음 벡터 색인, 트리 색인, 목록 색인, 키워드 색인 등 예제 프로그램에서 사용할 주요 색인 유형을 소개한다. 이어서 사용자와 상호작용할 수 있는 드론 기술 분야별 LLM RAG 에이전트를 구축한다. 화재 감지, 교통 정보, 스포츠 이벤트 등 모든 분야로 확장되고 있는 드론 기술을 예제로 선택했다. 이번 장의 목표는 드론 기술 LLM 데이터셋을 준비하는 것이다. 이 데이터셋을 다음 장에서 다중 모달 데이터로 확장한다. 이번 장에서는 또한 주요 색인화 유형들을 예제 코드와 함께 설명한다.

이번 장을 마치면 벡터 저장소, 데이터셋, LLM을 이용해서 색인 기반 RAG를 다루는 데 익숙해질 것이며, 검색 시스템을 최적화하고 완벽한 추적성을 보장하는 방법을 배우게 될 것이다. 또한 라마인덱스, 딥 레이크, 오픈AI를 결합한 통합 도구 모음이 기술적 복잡성을 단순화고 시간을 절약해 줄 뿐만 아니라 분석 기술을 개발하고 향상하는 데 도움이 되며, 그럼으로써 RAG 기반 생성형 AI를 더 깊이 이해할 수 있게 한다는 점을 알게 될 것이다.

이번 장에서 다룰 주제는 다음과 같다.

- 라마인덱스 프레임워크와 색인화 기능을 이용한 의미 검색 엔진 구축

- 딥 레이크 벡터 저장소 채우기

- 라마인덱스, 딥 레이크, 오픈AI의 통합

- 점수 순위와 코사인 유사도 지표

- 추적성을 위한 메타데이터 강화

- 쿼리 설정과 생성 구성

- 자동 문서 순위 매기기 소개

- 벡터, 트리, 목록, 키워드 색인 유형

3.1 색인 기반 RAG를 사용하는 이유

색인 기반 검색(index-based search)은 RAG 기반 생성형 AI를 한 단계 발전시킨다. 대용량 데이터를 다룰 때 검색 속도를 높여주며, 원시 데이터 청크를 조직화된 색인 노드로 변환함으로써 데이터 처리 과정에서 문서의 출처와 위치를 추적할 수 있게 한다.

그럼 색인 기반 RAG의 아키텍처를 살펴보자. 이를 통해서 벡터 기반 유사도 검색과 색인 기반 검색의 차이점을 알 수 있을 것이다.

3.1.1 아키텍처

RAG에서 색인 기반 검색이 벡터 기반 검색보다 빠른 이유는 색인 기반 검색에서는 색인을 이용해서 유관한(relevant) 데이터에 직접 접근하기 때문이다. 반면에 벡터 기반 검색은 모든 레코드의 임베딩을 차례로 비교하기 때문에 느리다. **2장 '딥 레이크와 오픈AI를 활용한 RAG 임베딩 벡터 저장소'**에서 구현한 벡터 기반 유사도 검색 프로그램의 아키텍처를 요약하면 다음과 같다(그림 3.1 참고).

- **파이프라인 구성요소 #1**에서는 데이터를 수집하고 준비한다.

- **파이프라인 구성요소 #2**에서는 데이터를 임베딩해서 벡터 저장소에 저장한다.

- **파이프라인 구성요소 #3**에서는 쿼리문을 검색하고 생성형 AI를 실행해서 사용자 입력을 처리하고, 벡터 유사도 검색 기반의 검색을 수행해서 입력을 증강하고, 응답을 생성한다. 또한 적절한 지표를 이용해서 성능을 평가한다.

이러한 접근 방식은 프로젝트 요구사항에 따라 각 구성요소를 다양한 방식으로 구현할 수 있어서 유연하다.

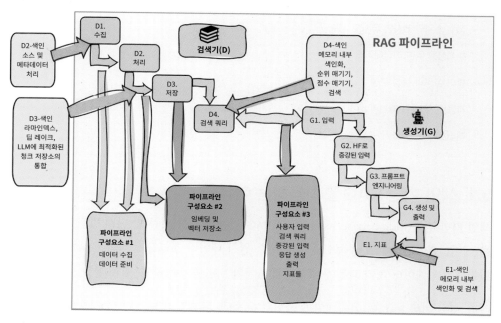

그림 3.1 2장에서 설명한 RAG 기반 생성형 AI 파이프라인에 색인 관련 기능이 추가된 아키텍처

여기에 색인 기반 검색을 구현하면 더 빠르고 정확하며 추적 가능한 AI의 미래로 나아갈 수 있다. 2장에서처럼 이번 장에서도 파이프라인을 세 개의 구성요소로 나누어서 개별 팀이 전담하게 한다. 이번 장의 파이프라인은 2장의 파이프라인에 그림 3.1과 같이 색인 관련 기능들을 추가한 것이다. 요약하면 다음과 같다.

- **파이프라인 구성요소 #1 및 D2—색인:** 데이터를 수집하고 전처리한다. 이번에는 데이터 원본(data source)을 한 번에 하나씩 준비해서 별도의 파일로 저장한다. 그런 다음 파일명과 위치를 메타데이터에 포함해서 벡터 저장소에 적재한다(load). 이러한 메타데이터는 생성된 응답으로부터 검색 함수가 처리한 구체적인 원본 파일까지 되짚어 추적하는 데 도움이 된다. 응답에서 출발해서 그 응답의 근거가 된 데이터에 도달할 수 있는 것이다.

- **파이프라인 구성요소 #2 및 D3—색인:** 여기서는 혁신적인 통합 패키지인 llama-index-vector-stores-deeplake를 이용해서 데이터를 벡터 저장소에 적재한다. 이 패키지는 최적화된 시작 시나리오에 필요한 청킹, 임베딩, 저장, LLM 통합까지 모든 기능을 제공한다. 이 패키지를 이용하면 몇 줄의 코드만으

로 색인 기반 RAG 작업을 시작할 수 있다! 이를 토대로 견고한 프로그램을 완성한 후에는 여러분의 요구에 맞게 파이프라인을 커스텀화하고(2장에서 LLM 모델과 청킹 크기를 명시적으로 선택한 것처럼) 확장하는 것이 가능하다.

- **파이프라인 구성요소 #3 및 D4—색인:** 여기에서도 `llama-index-vector-stores-deeplake` 패키지를 이용해서 데이터셋의 데이터를 적재한다. 이 패키지는 자동화된 순위 및 점수 매기기를 색인 기반 검색과 생성을 시작하는 데 필요한 모든 것도 제공한다. 이 과정은 매끄럽고 매우 생산적이다. 딥 레이크와 함께 라마인덱스를 활용해 정보 검색과 처리를 간소화한다. 통합 검색기는 딥 레이크 저장소에서 관련 데이터를 효율적으로 검색한다. LLM 에이전트는 검색된 정보를 지능적으로 합성하고(synthesize) 상호작용해서 의미 있는 통찰이나 행동을 생성한다. 애초에 색인은 빠른 검색을 위한 것이다. 이번 장에서 다양한 색인화 방법을 구현해 본다.
- **파이프라인 구성요소 #3 및 E1—색인:** 처리 시간을 측정해서 성능을 평가하고, 점수 지표를 이용해서 생성의 품질을 평가한다.

이전 장에서는 벡터 기반 유사도 검색을 구현했다. 벡터 기반 접근 방식에서는 문서 임베딩을 통해서 데이터를 고차원 벡터로 변환하고, 벡터 간 거리를 계산해 검색을 수행한다. 이번 장에서도 벡터 저장소(vector store)를 사용하지만, 이전보다 한 걸음 더 나아가서 여러 유형의 검색 색인화 기법을 이용해서 데이터셋을 재구성한다. 표 3.1은 벡터 기반 검색과 색인 기반 검색의 차이점을 정리한 것이다.

표 3.1 벡터 기반 검색과 색인 기반 검색의 특징

기능	벡터 기반 유사도 검색	색인 기반 벡터, 트리, 목록, 키워드 검색
유연성	높음	중간(사전 계산된 구조)
속도	대규모 데이터셋에서 더 느림	신속한 검색에 최적화되어서 빠름
확장성	실시간 처리로 제한됨	대규모 데이터셋으로의 확장성이 매우 높음
복잡성	단순한 설정	복잡함. 색인화 단계 필요
업데이트 빈도	쉽게 업데이트 가능	업데이트 시 재색인화 필요

이제부터 딥 레이크, 라마인덱스, 오픈AI를 이용해서 의미론적 색인 기반 RAG 프로그램을 만들어 보자.

3.2 드론 기술 정보를 위한 의미론적 검색 엔진과 생성형 에이전트 구축

이번 절에서는 딥 레이크 벡터 저장소, 라마인덱스, 오픈AI를 사용하여 의미론적 (semantic) 색인 기반 검색 엔진과 생성형 AI 에이전트 엔진을 구축한다. 앞에서 언급했듯이 드론drone 기술은 화재 감지나 교통 통제 같은 영역으로 확장되고 있다. 이번 예제 프로그램의 목표는 드론 기술 관련 질의응답(question answering)을 위한 색인 기반 RAG 에이전트를 제공하는 것이다. 이 RAG 에이전트는 예를 들어 드론이 어떻게 컴퓨터비전computer vision 기술을 이용해서 차량과 다른 사물을 식별하는지를 사용자에게 알려준다. 예제 파이프라인은 §3.1.1 '아키텍처'에서 설명한 그림 3.1의 아키텍처를 구현한다.

 이번 장 예제에 해당하는 노트북 파일은 Chapter03/2-Deep_Lake_LlamaIndex_OpenAI_ indexing.ipynb이다. 노트북의 섹션들은 이번 장의 절들과 동일한 순서이므로 차례대로 나아가면 된다.

편의상 전체 RAG 파이프라인의 세 구성요소를 간단하게 **파이프라인 1, 파이프라인 2, 파이프라인 3**으로 칭하기로 한다. 이번 장에서 구축할 세 파이프라인은 다음과 같다.

- **파이프라인 1**: 문서 수집과 준비. 색인화할 문서들을 깃허브와 위키백과 등의 출처에서 수집하고 정제한다.
- **파이프라인 2**: 벡터 저장소 준비. 딥 레이크 벡터 저장소를 생성하고 문서들로 채운다.
- **파이프라인 3**: 색인 기반 RAG. 쿼리를 처리하고 LLM으로 응답을 생성한다. 또한 처리 시간과 코사인 유사도 지표를 통해서 성능을 측정한다.

여러분도 가능하다면 이 예제처럼 프로젝트를 별도의 파이프라인으로 나누어 팀들이 병렬로 작업하게 하는 것이 바람직하다. 이번 장의 파이프라인들은 그런 접근 방식의 한 예일 뿐이고, 파이프라인의 분할 및 구성 방법은 프로젝트에 따라 다를 수 있음을 유념하기 바란다. 그럼 환경 설치부터 시작하자.

3.2.1 환경 설치

환경은 이전 장과 대부분 동일하다. 여기서는 라마인덱스, 딥 레이크용 벡터 저장소 기능, 오픈AI 모듈을 통합하는 패키지들에 초점을 둔다. 이러한 통합은 원활한 크로스 플랫폼 구현을 위한 중요한 진전이다.

```
!pip install llama-index-vector-stores-deeplake==0.1.6
```

이번에도 딥 레이크의 기능들이 필요하다.

```
!pip install deeplake==3.9.8
```

또한 라마인덱스의 기능들도 필요하다.

```
!pip install llama-index==0.10.64
```

의존요소들이 잘 설치되었는지 확인하기 위해 딥 레이크용 벡터 저장소를 비롯해 llama-index의 여러 모듈을 임포트해보자.

```
from llama_index.core import VectorStoreIndex, SimpleDirectoryReader, Document
from llama_index.vector_stores.deeplake import DeepLakeVectorStore
```

이것으로 환경 설치가 끝났다. 문서를 수집하고 준비하는 단계로 넘어가자.

3.2.2 파이프라인 1: 문서 수집과 준비

여기서는 드론 관련 문서들을 수집하고 준비한다. 이 파이프라인에서 특히 중요한 작업은 출처(원본) 추적에 필요한 메타데이터를 만드는 것이다. 생성된 응답의 내용에서 출발해서 원래의 데이터 청크를 역추적함으로써 출처를 찾아내는 것이 목표이다. 먼저 문서들을 저장할 디렉터리를 하나 만든다.

```
!mkdir data
```

이제 BeautifulSoup 패키지를 이용해서 드론 기술에 관한 데이터를 수집한다. 이를 위해 드론과 관련한 다양한 문서 출처들을 설정한다.

```
import requests
from bs4 import BeautifulSoup
import re
import os

urls = [
    "https://github.com/VisDrone/VisDrone-Dataset",
    "https://paperswithcode.com/dataset/visdrone",
    "https://openaccess.thecvf.com/content_ECCVW_2018/papers/11133/Zhu_VisDrone-DET2018
_The_Vision_Meets_Drone_Object_Detection_in_Image_Challenge_ECCVW_2018_paper.pdf",
    "https://github.com/VisDrone/VisDrone2018-MOT-toolkit",
    "https://en.wikipedia.org/wiki/Object_detection",
    "https://en.wikipedia.org/wiki/Computer_vision",...
]
```

드론뿐만 아니라 컴퓨터비전 및 관련 기술에 관한 사이트들도 포함했음을 주목하자. 또한,
https://keras.io/와 https://pytorch.org/ 등 드론과는 크게 관련이 없는 출처들도
포함했다. 이들은 우리가 찾는 분야의 정보에서 벗어난 '잡음(noise)' 역할을 한다.

 실제 프로젝트에서는 항상 완벽하고 유관하며 잘 구조화된 데이터를 다룰 수 있는 여유가 없다. 우리
의 RAG 파이프라인은 잡음 섞인 환경에서 유관 데이터를 검색할 수 있을 만큼 충분히 강력해야 한다.

이 예제는 드론 기술과 관련된 다양한 형식과 품질의 비정형(unstructured) 데이터를 다룬
다. 닫힌 환경에서는 문서를 생산하는 개인 또는 조직과의 협력을 통해서 특정 포맷을 따르
는 정형(structured) 데이터만 다룰 수 있겠지만, 빠르게 변화하는 디지털 세상에서는 모든
유형의 문서에 대비해야 한다.

다음은 데이터를 가져오고 정제하는 데 쓰이는 함수들이다. 2장의 함수들과 사실상 동일
하다.

```
def clean_text(content):
    # 참조 및 원하지 않는 문자 제거
    content = re.sub(r'\[\d+\]', '', content)   # 참조 제거
    content = re.sub(r'[^\w\s\.]', '', content) # 문장부호 제거 (마침표 제외)
    return content
```

```python
def fetch_and_clean(url):
    try:
        response = requests.get(url)
        response.raise_for_status()  # 나쁜 응답에 대한 예외 발생 (예: 404)
        soup = BeautifulSoup(response.content, 'html.parser')

        # "mw-parser-output"을 우선 사용하되 없으면 "content" 클래스를 사용
        content = soup.find('div', {'class': 'mw-parser-output'}) or soup.find('div',
{'id': 'content'})
        if content is None:
            return None

        # 중첩된 섹션들을 포함해서 특정 섹션들을 제거
        for section_title in ['References', 'Bibliography', 'External links',
                              'See also', 'Notes']:
            section = content.find('span', id=section_title)
            while section:
                for sib in section.parent.find_next_siblings():
                    sib.decompose()
                section.parent.decompose()
                section = content.find('span', id=section_title)

        # 텍스트 추출 및 정제
        text = content.get_text(separator=' ', strip=True)
        text = clean_text(text)
        return text
    except requests.exceptions.RequestException as e:
        print(f"Error fetching content from {url}: {e}")
        return None  # 오류 발생 시 None 반환
```

프로젝트마다 원본 데이터를 보관할 장소를 정해야 한다. 이번 예제의 경우에는 **data**라는 하위 디렉터리에 각 문서를 개별 파일로 저장한다. 파일명은 URL에서 추출한 문서 이름을 이용해서 만든다.

```python
# 출력 파일을 저장할 디렉터리
output_dir = './data/'
os.makedirs(output_dir, exist_ok=True)
```

```
# 각 URL의 문서를 내려받아서 정제하고 개별 파일로 저장한다.
for url in urls:
    article_name = url.split('/')[-1].replace('.html','')  # .html 확장자 제거
    filename = os.path.join(output_dir, article_name + '.txt')  # 문서 파일명 설정
    clean_article_text = fetch_and_clean(url)
    with open(filename, 'w', encoding='utf-8') as file:
        file.write(clean_article_text)

print(f"Content(ones that were possible) written to files in the '{output_dir}' directory.")
```

출력은 다음과 같다. 문서들이 ./data/ 디렉터리의 파일들로 저장되었다는 메시지와 함께, 일부 문서의 문자들이 제대로 디코딩되지 않아서 대체 문자로 치환되었다는 경고 메시지도 나왔다.

```
WARNING:bs4.dammit:Some characters could not be decoded, and were replaced with
REPLACEMENT CHARACTER.
Content(ones that were possible) written to files in the './data/' directory.
```

프로젝트의 목표에 따라서는 다음 단계로 넘어가기 전에 여기서 모든 문서가 제대로 다운로드되었는지, 사용자 쿼리문을 증강하기에 충분한 데이터가 수집되었는지 확인해야 할 것이다.

./data/ 디렉터리를 보면 각 문서가 개별 파일로 저장되었음을 확인할 수 있다.

```
data
    1804.06985.txt
    2202.11983.txt
    Computer_vision.txt
    Convolutional_neural_network.txt
    Object_detection.txt
    Unmanned_aerial_vehicle.txt
```

그림 3.2 준비된 문서들

다음으로, ./data/ 디렉터리에서 문서들을 불러온다.

```
# 문서들을 불러온다.
documents = SimpleDirectoryReader("./data/").load_data()
```

라마인덱스의 `SimpleDirectoryReader` 클래스는 비정형 데이터 처리를 위해 설계되었다. 이 클래스는 디렉터리를 재귀적으로 훑으면서 `.txt`, `.pdf`, `.docx` 등 지원되는 모든 파일 형식을 식별하고 불러온다. 그런 다음 각 파일에서 콘텐츠를 추출해서 문서 객체들의 목록을 만드는데, 각 문서 객체에는 텍스트(문서의 내용)뿐만 아니라 파일명, 파일 경로 같은 메타데이터도 포함된다. 각 문서 객체는 여러 필드로 구성된 딕셔너리^{dictionary}(사전) 객체이다. 문서 객체 목록의 첫 문서 객체를 살펴보자.

```
documents[0]
```

출력은 다음과 같다. `SimpleDirectoryReader`가 문서 내용뿐만 아니라 파일명 `1804.06985.txt`를 포함해서 데이터 원본에 관한 완전히 투명한 정보를 생성했음을 알 수 있다.

```
'/content/data/1804.06985.txt', 'file_name': '1804.06985.txt', 'file_type': 'text/
plain', 'file_size': 3698, 'creation_date': '2024-05-27', 'last_modified_date':
'2024-05-27'}, excluded_embed_metadata_keys=['file_name', 'file_type', 'file_size',
'creation_date', 'last_modified_date', 'last_accessed_date'], excluded_llm_metadata_
keys=['file_name', 'file_type', 'file_size', 'creation_date', 'last_modified_date',
'last_accessed_date'], relationships={}, text='High Energy Physics  Theory
arXiv1804.06985 hepth Submitted on 19 Apr 2018 Title A Near Horizon Extreme Binary
Black Hole Geometry Authors Jacob Ciafre  Maria J. Rodriguez View a PDF of the paper
titled A Near Horizon Extreme Binary Black Hole Geometry by Jacob Ciafre and Maria J.
Rodriguez View PDF Abstract A new solution of fourdimensional vacuum General Relativity
is presented...
```

그런데 이 문서는 우리가 찾고 있는 드론 기술 정보와 다소 무관하다.[20] 이런 '잡음' 데이터는 의도적이다. 이번 장의 실습 예제는 다음과 같은 목표를 가지고 있는데, 이를 위해서는 잡음 섞인 데이터가 필요하다.

---

20 (옮긴이) 출처는 https://arxiv.org/pdf/1804.06985로, 블랙홀 및 일반상대성원리와 관련된 물리학 논문이다.

- 구할 수 있는 모든 원시 비정형 드론 관련 데이터로 출발한다.

- 현업의 실제 프로젝트가 어떻게 시작되는지 시뮬레이션한다.

- 색인 기반 RAG 생성형 AI 프로그램이 까다로운 환경에서 얼마나 잘 수행되는지 평가해 본다.

이제 딥 레이크 벡터 저장소를 만들고 완전히 투명한 방식으로 채워보자.

3.2.3 파이프라인 2: 벡터 저장소 준비

이번 절에서는 딥 레이크 벡터 저장소를 만들고 문서의 데이터로 채울 것이다. 벡터 저장소의 텐서 구성(tensor configuration)은 다음과 같다. 표준적인 구성이다.

- text (str): 텍스트는 문서 목록에 나열된 텍스트 파일 중 하나의 내용이다. 이것은 이음매 없는 (seamless) 방식으로 처리된다. 텍스트를 의미 있는 청크들로 나누도록 청킹 과정을 최적화할 것이다.

- metadata(json): 완전한 투명성과 제어를 위해 각 텍스트 청크의 출처(파일명)를 메타데이터에 포함한다. 이후 예제 코드에서 이 정보에 접근하는 방법을 살펴볼 것이다.

- embedding (float32): 임베딩은 라마인덱스 패키지와 오픈AI 임베딩 모델을 이용해서 원활하게 처리한다.

- id (str): 각 청크에는 고유한 ID가 자동으로 배정된다. 벡터 저장소는 0부터 n까지의 색인도 포함하지만, 이 색인은 데이터셋을 수정할 때마다 바뀌므로 의미 있게 사용할 수 없다. 하지만 고유 ID 필드는 뒤에 나올 **파이프라인 3: 색인 기반 RAG**에서 볼 색인 기반 검색 전략으로 최적화하기로 결정할 때까지는 바뀌지 않는다.

다시 코드로 가서, 먼저 벡터 저장소와 데이터셋 경로를 정의한다.

```
from llama_index.core import StorageContext

vector_store_path = "hub://denis76/drone_v2"
dataset_path = "hub://denis76/drone_v2"
```

물론 벡터 저장소와 데이터셋의 경로를 여러분의 계정과 데이터셋 이름에 맞게 바꾸어야 한다.

```
vector_store_path = "hub://[독자의 벡터 저장소 경로]/
```

이제 벡터 저장소 객체를 생성하고, 문서들로 채우고, 문서들에 대한 색인을 만든다.

```
# overwrite=True로 설정하면 기존 내용을 덮어쓰고,
# False로 설정하면 기존 내용 다음에 덧붙인다.
vector_store = DeepLakeVectorStore(dataset_path=dataset_path, overwrite=True)
storage_context = StorageContext.from_defaults(vector_store=vector_store)
# 문서들 전체에 대한 색인 객체를 생한다.
index = VectorStoreIndex.from_documents(documents, storage_context=storage_context)
```

벡터 저장소 객체를 생성할 때 overwrite를 True로 설정하면 데이터가 기존 데이터셋을 덮어쓴다는 점에 주목하자. overwrite=False로 하면 기존 데이터셋에 추가된다.

생성한 색인은 이후 여러 색인화 방법에 따라 재구성할 것이다. 각 색인화 방법은 색인들을 재배치하며, 필요한 경우에는 새로운 색인도 생성한다. 어떤 경우이든, 응답으로부터 원본 데이터의 출처로 이어지는 추적성은 보장된다. 다음은 이 코드의 출력이다. 딥 레이크 데이터셋이 잘 생성되었으며 데이터가 그 데이터셋에 업로드되었다.

```
Your Deep Lake dataset has been successfully created!
Uploading data to deeplake dataset.
100%|████████████| 41/41 [00:02<00:00, 18.15it/s]
```

또한, 데이터가 다 채워지면 데이터셋의 구조도 출력된다.

```
Dataset(path='hub://denis76/drone_v2', tensors=['text', 'metadata', 'embedding', 'id'])
```

그림 3.3에서 보듯이, 데이터셋은 타입과 형태를 가진 텐서들로 구성된다.

```
  tensor       htype        shape      dtype   compression
 -------      -------      -------    -------   -----------
   text         text       (81, 1)       str          None
 metadata       json       (81, 1)       str          None
embedding   embedding    (81, 1536)   float32          None
     id         text       (81, 1)       str          None
```

그림 3.3 데이터셋의 구조

이제 이 데이터셋을 메모리에 적재한다.

```
import deeplake
ds = deeplake.load(dataset_path)  # 데이터셋을 불러온다.
```

다음은 이 코드의 출력이다. 링크를 클릭하면, 온라인으로 데이터셋을 시각화할 수 있는 웹 인터페이스가 열린다.

```
This dataset can be visualized in Jupyter Notebook by ds.visualize() or at
https://app.activeloop.ai/denis76/drone_v2
hub://denis76/drone_v2 loaded successfully.
This dataset can be visualized in Jupyter Notebook by ds.visualize() or at
https://app.activeloop.ai/denis76/drone_v1
hub://denis76/drone_v2 loaded successfully.
```

적재한 데이터셋을 좀 더 자세히 살펴보자. 먼저 데이터셋으로 판다스 데이터프레임을 만든다.

```
import json
import pandas as pd
import numpy as np

# 'ds'는 앞에서 적재한 딥 레이크 데이터셋이다.
# 데이터를 담을 빈 딕셔너리 객체를 생성한다.
data = {}

# 데이터셋의 각 텐서에 대해:
for tensor_name in ds.tensors:
    tensor_data = ds[tensor_name].numpy()

    # 다차원 텐서인지 점검한다.
    if tensor_data.ndim > 1:
        # 다차원 텐서를 1차원으로 평탄화(flattening)한다.
        data[tensor_name] = [np.array(e).flatten().tolist() for e in tensor_data]
    else:
        # 1차원 텐서를 직접 목록 객체로 변환하고 텍스트를 디코딩한다.
        if tensor_name == "text":
            data[tensor_name] = [t.tobytes().decode('utf-8')
                                 if t else "" for t in tensor_data]
```

```
    else:
        data[tensor_name] = tensor_data.tolist()

# 딕셔너리 객체로부터 판다스 데이터프레임을 생성한다.
df = pd.DataFrame(data)
```

다음으로, 하나의 레코드를 보기 좋게 출력하는 함수를 작성한다.

```
# 지정된 번호의 레코드를 출력하는 함수
def display_record(record_number):
    record = df.iloc[record_number]
    display_data = {
        "ID": record["id"] if "id" in record else "N/A",
        "Metadata": record["metadata"] if "metadata" in record else "N/A",
        "Text": record["text"] if "text" in record else "N/A",
        "Embedding": record["embedding"] if "embedding" in record else "N/A"
    }
```

마지막으로, 특정 레코드 번호를 지정해서 이 함수를 호출한다.

```
# 레코드 하나를 출력해 본다.
rec = 0   # 필요에 따라 다른 번호로 바꾸어 볼 것
display_record(rec)
```

다음은 출력의 처음 부분이다.

```
    ID:
['a89cdb8c-3a85-42ff-9d5f-98f93f414df6']
Metadata:
file_path: /content/data/1804.06985.txt
file_name: 1804.06985.txt
...
```

ID는 주어진 레코드를 고유하게 식별하는 문자열이다. 그다음에는 metadata 필드의 여러 정보가 나열된다. metadata는 원본 파일명과 경로를 비롯해 임베딩 벡터에서 원본에 이르기까지 출처를 추적하는 데 필요한, 그리고 이 레코드를 이해하는 데 필요한 모든 정보를

담고 있다. 또한 **파이프라인** 3에서 실행할 색인 엔진에 사용할 수 있는 레코드 데이터에서 생성된 노드 정보도 포함한다.

- file_path: 데이터셋의 파일 경로(/content/data/1804.06985.txt)

- file_name: 파일명(1804.06985.txt)

- file_type: 파일 형식(text/plain)

- file_size: 파일 크기(바이트 단위)(3700)

- creation_date: 파일 생성일자(2024-08-09)

- last_modified_date: 최종 수정 일자(2024-08-09)

- _node_content: 해당 노드의 상세한 내용. 다음과 같은 필드들을 포함한다.

  - id_: 노드의 고유 식별자(a89cdb8c-3a85-42ff-9d5f-98f93f414df6)

  - embedding: 텍스트와 관련한 임베딩(null)

  - metadata: 파일에 대한 중복된 메타데이터

  - excluded_embed_metadata_keys: 임베딩에 필요하지 않아서 임베딩 메타데이터에서 제외된 키

  - excluded_llm_metadata_keys: LLM에 필요하지 않아서 LLM 메타데이터에서 제외된 키

  - relationships: 다른 노드와의 관계 정보

  - text: 문서의 실제 텍스트 내용. 텍스트 자체일 수도 있고, 초록이나 요약 또는 검색 기능을 최적화하기 위한 다른 접근 방식일 수 있음

  - start_char_idx: 텍스트의 시작 문자 색인

  - end_char_idx: 텍스트의 끝 문자 색인

  - text_template: 메타데이터와 함께 텍스트를 표시하기 위한 템플릿

  - metadata_template: 메타데이터 표시용 템플릿

  - metadata_separator: 메타데이터 표시에 사용되는 구분자

  - class_name: 노드 클래스 이름(노드 유형에 해당. 예: TextNode)

- _node_type: 노드 유형(TextNode)

- document_id: 문서 식별자(61e7201d-0359-42b4-9a5f-32c4d67f345e)

- doc_id: 문서 ID, document_id와 동일

- ref_doc_id: 참조 문서 ID, document_id와 동일

그다음에는 text 필드의 내용이 출력되는데, 이 필드는 전체 원본 텍스트가 아니라 하나의
청크이다.

```
Text:
['High Energy Physics  Theory arXiv1804.06985 hepth Submitted on 19 Apr 2018 Title A
Near Horizon Extreme Binary Black Hole Geometry Authors Jacob Ciafre  Maria J. Rodriguez
View a PDF of the paper titled A Near Horizon Extreme Binary...
```

그다음에는 embedding 필드의 내용이 출력된다. 임베딩 벡터들의 성분들이다.

```
Embedding:
[-0.0009671939187683165, 0.010151553899049759, -0.010979819111526012,
-0.003061748342588544, -0.00865076668560505, 0.02144993655383587, -0.01412297785282135,
-0.02674516849219799, -0.008693241514265537, -0.03383851423859596,
0.011404570192098618, 0.015956487506628036, -0.013691147789359093,
0.008856062777340412,...]
```

RAG 데이터셋의 구조와 형식은 도메인이나 프로젝트마다 다르다. 이번 예제의 경우 데이
터셋의 다음 네 가지 열(필드)은 AI의 진화(evolution)를 위한 귀중한 정보를 제공한다.

- id: 이 필드는 데이터셋의 text 필드에 있는 텍스트 청크를 구성하는 데 사용할 색인이다. 청크는 원본 텍
스트, 원본 텍스트의 요약, 그리고 메타데이터 열에 저장된 출력에 사용된 데이터 소스와 같은 추가 정보를
포함할 수 있는 **노드**node로 변환된다. 이 색인은 앞에서 벡터 저장소 객체를 생성할 때 생성했다. 하지만 색
인이 없는 기존 데이터베이스를 이용해서 메모리 안에서 색인을 생성할 수도 있다. **4장 '드론 기술을 위한
다중 모달 모듈형 RAG'**에서 그런 방식으로 색인을 생성해 볼 것이다.

- metadata: 이 필드는 **파이프라인** 1에서 딥 레이크의 SimpleDirectoryReader를 이용해 원본 문서를 문
서 객체로 적재할 때, 그리고 벡터 저장소 객체를 생성할 때 자동으로 생성된 메타데이터이다. **2장 '딥 레이
크와 오픈AI를 활용한 RAG 임베딩 벡터 저장소'**에서는 데이터 원본 파일이 하나뿐이었지만, 이번에는 데
이터 출처(URL)마다 하나의 파일에 데이터를 저장했다.

- text: 2장의 '준비된 문서 배치 가져오기' 절에서는 청크 크기를 명시적으로 설정해서 데이터를 청킹했지
만, 이번에는 딥 레이크의 벡터 저장소 생성 기능을 이용해서 자동으로 데이터를 청킹했다. 이 과정이 이음
매 없이 매끄럽게 진행되었음을 주목하자. 잠시 후 **파이프라인 3**(§3.2.4)에서 이러한 지능형 청킹이 어떻게
수행되는지 살펴볼 것이다.

- embedding: 각 데이터 청크에 대한 임베딩 역시 자동으로 생성된다. 임베딩 모델을 우리가 직접 구성할 필요가 없다. 단, 필요하다면 2장의 §2.4.3 '#2. 데이터 임베딩과 저장'에서처럼 임베딩 모델을 직접 선택할 수도 있다. 거기서 우리는 임베딩 모델을 선택하고 함수를 작성했다. 하지만 지금 예제에서는 딥 레이크 패키지가 임베딩 모델을 선택하고 데이터를 임베딩하므로 단 한 줄의 코드도 작성할 필요가 없다.

이상의 논의에서 짐작했겠지만 액티브루프 딥 레이크나 라마인덱스, 오픈AI, 랭체인, 허깅페이스, 크로마 같은 플랫폼과 프레임워크는 임베딩, 청킹, 색인화, 기타 여러 데이터 처리 기능을 내장하고 있다. 생성형 AI 모델과 RAG의 초기 열광이 점차 사그라지면서 이런 플랫폼들이 산업화되고 캡슐화된 일반 구성요소로 자리 잡을 것이다. AI는 진화하고 있다. 효과적인 관행(practice)들을 바탕으로 기본 설정을 제공하는 플랫폼을 활용해서 기본적인 토대를 구축하고, 그 위에 프로젝트의 목표와 성격에 맞게 파이프라인을 커스텀화하고 확장하는 개발 방식이 유용할 것이다.

이제 색인 기반 RAG를 실행할 준비가 되었다.

3.2.4 파이프라인 3: 색인 기반 RAG

이번 절에서는 딥 레이크로 준비하고 처리한 데이터를 사용하는 색인 기반 RAG 파이프라인을 라마인덱스 패키지를 이용해서 구현한다. 이 RAG 파이프라인은 드론 관련 문서 모음에서 관련 정보를 검색하고 오픈AI의 LLM 모델을 통해 응답을 합성한다. 다양한 색인화 방법을 시험해 볼 것이다. 다음 네 가지 색인 엔진을 구현한다.

- **벡터 저장소 색인 엔진:** 문서에서 벡터 저장소 색인을 생성하여 효율적인 유사도 기반 검색을 가능하게 한다.
- **트리 색인:** 문서에서 위계적(hierarchical) 트리 색인을 구축해서 대안적인 검색 구조를 제공한다.
- **목록 색인:** 문서에서 간단한 목록 색인을 구성한다.
- **키워드 테이블 색인:** 문서에서 추출한 키워드를 기반으로 색인을 생성한다.

또한, LLM을 이용해서 쿼리를 구현한다.

- **입력 증강 및 응답 생성:** 사용자 입력으로 색인을 검색해서 찾은 문서를 출처 정보와 함께 이용해서 입력을 증강하고, 증강된 입력으로 생성하고 합성한 응답을 원본 정보와 함께 돌려준다.

마지막으로, 검색 및 유사도 점수를 기반으로 시간 가중 평균을 계산하는 **LLM 점수와 코사인 유사도를 이용한 시간 가중 평균 지표**로 응답의 품질을 측정한다. 확률적 알고리즘을 사용하기 때문에 구체적인 내용과 실행 시간은 실행할 때마다 달라질 수 있다.

사용자 입력과 쿼리 매개변수

이번 예제에서는 네 가지 색인 엔진과 쿼리 엔진을 구현한다. 색인 엔진들을 평가하기 위해 하나의 사용자 입력을 네 색인 엔진에 대한 공통의 기준 질문(reference question)으로 사용한다. 이후 색인 엔진의 검색 결과를 기반으로 각 응답을 평가하고 시간과 점수 비율을 사용하여 출력을 측정할 것이다.

사용자 입력은 다음과 같다.

```
# 공통 사용자 입력: "드론이 차량을 어떻게 식별하나요?"
user_input="How do drones identify vehicles?" #
```

네 가지 쿼리 엔진은 LLM(구체적으로는 오픈AI의 GPT 모델)에 기반하는데, 공통의 모델 매개변수들을 사용한다. 다음은 모델에 전달할 중요한 쿼리 매개변수 세 가지이다.

```
# similarity_top_k 매개변수의 값으로 쓰인다.
k=3
# temperature 매개변수의 값으로 쓰인다.
temp=0.1
# num_output 매개변수의 값으로 쓰인다.
mt=1024
```

각 매개변수를 간단히 설명하면 다음과 같다.

- k=3: k는 쿼리 엔진이 찾아야 할 가장 가능성이 높은 상위 응답들의 개수이다. 여기서는 3으로 설정한다. 이 k는 LLM이 상위 문서를 선택하도록 하는 순위 매기기 함수(ranking function)의 역할을 한다.
- temp=0.1: 온도를 0.1과 같이 낮게 설정하면 LLM은 좀 더 정확한 결과를 생성하는 쪽으로 작동한다. 반면에 온도를 예를 들어 0.9로 높이면 LLM은 좀 더 창의적인 응답을 생성하게 된다. 이 예제는 드론 기술에 관한 정확한 정보를 찾는 것이 목적이므로 0.1로 설정한다.
- mt=1024: 출력의 토큰 수이다. 이 예제에서는 1,024개로 제한한다.

이상의 사용자 입력과 매개변수 값들을 네 가지 색인 엔진에 공통으로 적용한다. 다음으로, 코사인 유사도 지표를 만들어 보자.

코사인 유사도 지표

코사인 유사도 지표는 2장의 §2.5 '코사인 유사도를 이용한 출력 평가'에서 설명했다. 필요하다면 해당 내용을 다시 살펴보기 바란다. 다음은 두 임베딩의 유사도를 측정하는 함수이다. 이 함수는 sklearn과 허깅 페이스의 SentenceTransformer를 사용한다.

```python
from sklearn.feature_extraction.text import TfidfVectorizer
from sklearn.metrics.pairwise import cosine_similarity

from sentence_transformers import SentenceTransformer
model = SentenceTransformer('all-MiniLM-L6-v2')

def calculate_cosine_similarity_with_embeddings(text1, text2):
    embeddings1 = model.encode(text1)
    embeddings2 = model.encode(text2)
    similarity = cosine_similarity([embeddings1], [embeddings2])
    return similarity[0][0]
```

이제 색인 엔진들로 넘어가서, 먼저 벡터 저장소 색인 엔진을 살펴보자.

3.3 벡터 저장소 색인 및 쿼리 엔진

VectorStoreIndex는 라마인덱스의 색인 타입 중 하나이다. 이것은 벡터 임베딩을 이용해서 문서의 정보를 표현하고 검색한다. 이전 장에서 살펴보았듯이 의미가 비슷한 문서들의 임베딩 벡터들은 벡터 공간에서 더 가까운 위치에 놓인다. 이전 장에서는 벡터 저장소를 자동으로 색인화했지만, 여기서는 VectorStoreIndex를 이용해서 메모리 내 벡터 색인을 새로 생성하고 문서를 다시 임베딩해서 색인 구조를 커스텀화한다. **4장 '드론 기술을 위한 다중 모달 모듈형 RAG'**에서 색인이나 임베딩이 없는 데이터셋을 구현할 때 이 접근 방식을 좀 더 자세히 살펴볼 것이다.

프로젝트에 적합한 색인화 방법을 결정하는 문제에는 보편적인 정답이 없다! 최선의 방법은 이번 장에서 소개한 벡터, 트리, 목록, 키워드 색인을 실제로 테스트해 보는 것이다.

먼저 벡터 저장소 색인을 생성한다.

```
from llama_index.core import VectorStoreIndex
vector_store_index = VectorStoreIndex.from_documents(documents)
```

생성된 벡터 저장소 색인을 확인해 보자.

```
print(type(vector_store_index))
```

출력은 다음과 같다. `VectorStoreIndex` 타입의 색인이 생성되었음을 확인할 수 있다.

```
<class 'llama_index.core.indices.vector_store.base.VectorStoreIndex'>
```

다음으로, LLM을 이용해서 문서들을 검색하고 합성하는 쿼리 엔진이 필요하다. 이 작업에는 오픈AI 모델이 쓰이는데, 모델 실행은 앞에서 설치하고 임포트한 llama-index-vector-stores-deeplake 패키지가 자동으로 처리해 준다.

```
vector_query_engine = vector_store_index.as_query_engine(
    similarity_top_k=k, temperature=temp, num_output=mt)
```

이전에 '사용자 입력과 쿼리 매개변수' 절에서 정의한 매개변수들을 호출에 사용했음에 주목하자. 이제 데이터셋을 검색해서 응답을 생성할 준비가 끝났다.

3.3.1 쿼리 응답과 출처 확인

먼저 쿼리를 관리하고 응답 내용에 대한 정보를 반환하는 함수를 정의해 보자.

```
import pandas as pd
import textwrap

def index_query(input_query):
    response = vector_query_engine.query(input_query)
```

```python
    # 포매팅된 응답을 출력한다(필요하지 않다면 다음 행은 삭제해도 된다).
    print(textwrap.fill(str(response), 100))

    node_data = []
    for node_with_score in response.source_nodes:
        node = node_with_score.node
        node_info = {
            'Node ID': node.id_,
            'Score': node_with_score.score,
            'Text': node.text
        }
        node_data.append(node_info)

    df = pd.DataFrame(node_data)

    # 응답을 출력하는 대신 데이터프레임과 response 객체를 반환
    return df, response,
```

index_query(input_query)는 벡터 쿼리 엔진을 이용해서 쿼리를 실행하고 결과를 구조화된 형식으로 포맷한다. 이 함수는 입력 쿼리문을 받아 관련 정보를 검색하고, 검색 결과 노드들을 모두 모아 판다스의 데이터프레임 객체로 변환해서 돌려준다. 각 노드는 청크 텍스트(Text 필드)뿐만 아니라 노드 ID, 점수, 파일 경로, 파일명(각각 Node ID, Score, File Path, Filename 필드) 같은 메타데이터도 담고 있다.

그럼 공통의 사용자 입력으로 이 함수를 호출해서 쿼리를 실행해 보자.

```python
import time
# 타이머 시작
start_time = time.time()
df, response = index_query(user_input)
# 타이머 중지
end_time = time.time()
# 실행 시간을 계산하고 출력한다.
elapsed_time = end_time - start_time
print(f"Query execution time: {elapsed_time:.4f} seconds")

# 데이터프레임을 마크다운 형식으로 출력한다.
print(df.to_markdown(index=False, numalign="left", stralign="left"))
```

이 코드는 쿼리 엔진이 관련 데이터를 검색하고 LLM(이 경우 오픈AI 모델)으로 응답을 취합하는 데 걸리는 시간을 측정한다. 출력의 처음 부분은 의미론적 검색에 기반한 쿼리의 결과인데, index_query 함수에서 출력한 것이다. 드론이 카메라를 이용해서 차량을 식별한다는 내용이 출력되었다.

```
Drones can automatically identify vehicles across different cameras with different
viewpoints and hardware specifications using reidentification methods.
```

그다음 부분은 쿼리에 소비된 시간이다.

```
Query execution time: 0.8831 seconds
```

출력의 마지막 부분은 검색된 노드들의 정보이다. 최상위 문서 세 개(k=3)의 노드 ID와 점수, 텍스트 청크를 확인할 수 있다(그림 3.4).

```
| Node ID                              | Score    | Text
|:-------------------------------------|:---------|:------------------------------------
| 4befdb13-305d-42db-a616-5d9932c17ac8 | 0.833274 | ['These activities can be carried out with
| bdefbbba-1b1a-4aea-812c-a2f6acb4dfb9 | 0.828414 | ['Degree of autonomy  edit  Drones could
| 381255c4-3bdb-455a-be73-d99cc6b46537 | 0.826526 | ['UAVs with generally nonlethal payloads
```

그림 3.4 노드 정보 출력

노드의 ID는 완전한 투명성을 보장한다. 색인 엔진이 데이터셋을 재색인화하더라도 노드 ID 덕분에 원본 문서를 추적할 수 있다. 예를 들어 다음은 첫 노드의 출처를 확인하는 코드이다.

```
nodeid=response.source_nodes[0].node_id
nodeid
```

첫 노드의 ID가 출력된다.

```
4befdb13-305d-42db-a616-5d9932c17ac8
```

좀 더 자세한 조사가 필요하다면 LLM이 합성한 문서를 포함한 노드의 전체 텍스트를 살펴보면 된다.

```
response.source_nodes[0].get_text()
```

다음은 출력의 일부이다.

```
['These activities can be carried out with different approaches that include photogrammetry
SfM thermography multispectral images 3D field scanning NDVI maps etc. Agriculture forestry
and environmental studies edit Main article Agricultural drone As global demand for food
production grows exponentially resources are depleted farmland is...
```

노드 객체의 다른 속성과 메서드들도 확인해 보기 바란다. 예를 들어 청크의 크기를 돌려주는 메서드도 있다.

3.3.2 최적화된 청킹

청크 크기를 우리가 직접 정의할 수도 있고, 라마인덱스에게 맡길 수도 있다. 후자의 경우에는 라마인덱스가 청크 크기를 자동으로 결정한다.

```
for node_with_score in response.source_nodes:
    node = node_with_score.node  # NodeWithScore 객체에서 Node 객체를 추출

    chunk_size = len(node.text)
    print(f"Node ID: {node.id_}, Chunk Size: {chunk_size} characters")
```

청크 크기를 자동으로 결정하게 하면 상황에 따라 청크 크기가 바뀐다는 장점이 생긴다. 지금 예에서 출력 노드의 청크 크기는 대체로 4,000~5,500자 범위이다.

```
Node ID: d2e9886a-1f98-45cd-b6d7-e9dd51208f5b, Chunk Size: 5020 characters
Node ID: 0c80c9ce-a945-461b-901d-e8e384d1402a, Chunk Size: 5104 characters
Node ID: 18fdd700-49bd-4bdc-a53a-3fec118e8046, Chunk Size: 5150 characters
```

내부적으로 청킹을 수행하는 함수는 주어진 내용을 선형적으로 자르는 대신, 의미론적 검색에 적합하도록 청크들을 최적화한다.

3.3.3 성능 지표

쿼리의 정확도와 소요 시간을 기반으로 성능 지표(performance metrics)도 구해 보자. 이를 위해 info_metrics라는 함수를 작성한다. 이 함수는 쿼리에 대한 성능 지표를 계산해서 실행 시간과 함께 출력한다. 기본적으로 이 성능 지표는 검색된 정보의 가중 평균 관련성 점수(weighted average relevance scores)를, 결과를 얻는 데 걸린 시간으로 나눈 것이다. 따라서 관련성 점수가 높을수록, 그리고 시간이 짧을수록 성능 지표가 높게 나온다(그리고 지표가 높을수록 성능이 좋은 것이다).

함수를 보자. 노드 점수들을 합산해서 가중 평균을 구하고, 그것을 쿼리 수행에 걸린 시간으로 나눈다.

```python
import numpy as np

def info_metrics(response):
  # 노드 점수들에 기반한 성능 지표 계산
  scores = [node.score for node in response.source_nodes
            if node.score is not None]
  if scores:  # 배열에 유효한 점수들이 들어 있는지 확인
      weights = np.exp(scores) / np.sum(np.exp(scores))
      perf = np.average(scores, weights=weights) / elapsed_time
  else:
      perf = 0  # 모든 점수가 None이면 0점 처리(또는 다른 기본값을 사용할 수도 있음)
```

이 함수의 핵심은 다음 행이다. 이 행은 점수들의 가중 평균을 경과 시간으로 나눈다.

```python
perf = np.average(scores, weights=weights) / elapsed_time
```

이제 함수를 호출해 보자.

```python
info_metrics(response)
```

출력은 다음과 같다. 마지막 값이 성능 지표인데, 응답의 품질을 추정한 수치로 간주할 수 있다.

```
Average score: 0.8374
Query execution time: 1.3266 seconds
Performance metric: 0.6312
```

이 성능 지표가 절댓값은 아니다. 단지 이 예제의 여러 색인 엔진을 비교하는 데 사용할 기준일 뿐이다. 머신러닝 알고리즘의 확률적 특성 때문에 실행할 때마다 성능 지표가 달라질 수 있다. 또한 출력의 품질은 사용자의 주관적 인식에 따라서도 다를 수 있다. 어쨌든 이 지표는 이번 장 쿼리 엔진들의 성능을 비교하는 데 도움이 될 것이다.

이번 예제 데이터셋은 이질적인 문서들로 구성되며, '잡음', 즉 도메인과는 무관한 문서들도 있다. 그럼에도 평균 점수가 비교적 높게 나왔다. 이는 만족스러운 결과이다. 라마인덱스, 딥 레이크, 오픈AI의 통합 검색기와 합성기가 매우 효과적으로 작동한다는 점이 입증되었다.

3.4 트리 색인 쿼리 엔진

라마인덱스의 트리 색인(tree index)은 텍스트 문서를 효율적으로 관리하고 쿼리할 수 있는 하나의 위계구조(hierarchy; 또는 계통구조)를 만든다. 하지만 전통적인 위계구조와는 좀 다르다는 점을 주의하자. 그림 3.5는 트리 색인 엔진이 노드들의 내용과 순서를 최적화해서 생성한 위계구조(트리)이다.

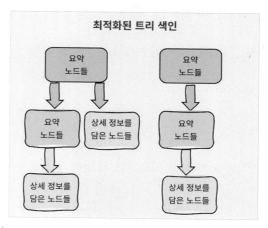

그림 3.5 최적화된 트리 색인

트리 색인은 문서를 트리 구조로 구성한다. 트리의 상위 수준에는 더 넓은 범위의 요약을 담은 노드들이 있다. 하위 수준으로 갈수록 노드가 더 상세해진다. 트리의 각 노드는 자신이 다루는 텍스트의 요약본을 담는다. 이러한 트리 색인은 대규모 데이터셋에 효율적이다. 문서들을 관리 가능한 크기로 최적화된 청크로 나누는 덕분에 대규모 문서 컬렉션을 빠르게 쿼리할 수 있다. 이렇게 최적화된 트리 구조에서는 유관한 노드들만 탐색할 수 있다. 무관한 노드들을 탐색하는 데 시간을 빼앗기지 않으므로 빠른 검색이 가능하다.

파이프라인의 이 부분을 구성하고 트리 깊이나 요약 방법 같은 매개변수를 조정하는 작업을 전담하는 팀원을 두는 것도 좋을 것이다. 프로젝트의 성격이나 작업량에 따라서는, 벡터 저장소를 만들고 채우는 **파이프라인 2**의 일부로 트리 구조 작업을 수행할 수도 있다. 또는 각 세션 시작 시 메모리에 트리 구조를 생성하는 방식도 가능하다. 트리 구조와 색인 엔진 구현 방식이 이처럼 유연하다는 점은 이와 관련한 작업을 RAG 기반형 생성형 AI 팀에서 매력적이고 가치 있는 전문 분야로 간주할 수 있다는 뜻이기도 하다.

트리 기반 색인 엔진에서 LLM(이 경우 오픈AI 모델)이 쿼리 중 최적의 노드를 선택하는 방식은 마치 우리가 객관식 문제를 푸는 것과 비슷하다.[21] LLM은 쿼리문을 분석하고 현재 노드의 하위 노드들의 요약본과 비교해서 가장 관련성 높은 정보로 이어질 만한 경로를 선택한다.

이번 장에서 다루는 라마인덱스-딥 레이크-오픈AI 통합 프로세스는 구성요소들을 이음매 없이 산업화(industrializing)해서 AI를 한 단계 높은 수준으로 끌어올린다. 이 맥에서 LLM 모델은 대화형 에이전트뿐만 아니라 임베딩이나 문서 순위 매기기에도 활용할 수 있음을 주목하자. 현재 시장에는 오픈AI, Cohere, AI21 Labs, 허깅 페이스 등 다양한 공급업체의 수많은 언어 모델이 나와 있다. LLM은 초기의 마법처럼 여겨지던 시절에서 훨씬 진화했다. 이제 LLM은 산업화되고, 다기능적이고, 더 넓은 AI 파이프라인과 이음매 없이 통합되는 구성요소로서 작동한다.

트리 색인을 만드는 데에는 코드 두 줄로 충분하다.

---

21 (옮긴이) '스무고개'를 연상하는 것이 도움이 될 것이다. 스무고개는 루트 노드가 식물성, 광물성, 동물성 같은 소수의 최상위 범주로 갈라지고, '예/아니요'에 따라 좀 더 세부적인 항목으로 분기하는 하나의 트리를 탐색하는 문제라고 볼 수 있다.

```
from llama_index.core import TreeIndex
tree_index = TreeIndex.from_documents(documents)
```

방금 생성한 트리 색인 객체의 클래스를 확인해 보자.

```
print(type(tree_index))
```

출력은 다음과 같다. 라마인덱스 패키지의 **TreeIndex** 클래스이다.

```
<class 'llama_index.core.indices.tree.base.TreeIndex'>
```

이 트리 색인을 쿼리 엔진으로 사용할 수 있다.

```
tree_query_engine = tree_index.as_query_engine(
    similarity_top_k=k, temperature=temp, num_output=mt)
```

이번에도 '사용자 입력과 쿼리 매개변수' 절에서 정의한 모델 매개변수들을 사용했음을 주목하기 바란다. 이제 쿼리를 실행해 보자. 이전처럼 경과 시간도 측정한다.

```
import time
import textwrap
# 타이머를 시작한다.
start_time = time.time()
response = tree_query_engine.query(user_input)
# 타이머를 중지한다.
end_time = time.time()
# 실행 시간을 계산해서 출력한다.
elapsed_time = end_time - start_time
print(f"Query execution time: {elapsed_time:.4f} seconds")

print(textwrap.fill(str(response), 100))
```

쿼리에 걸린 시간과 응답 둘 다 만족스럽다.

```
Query execution time: 4.3360 seconds
```
드론은 객체 탐지와 관련된 컴퓨터비전 기술을 사용하여 차량을 식별합니다. 이 기술은 디지털 이미지 및 비디오에서 차량과 같은 특정 클래스의 의미론적 객체 인스턴스를 감지하는 것을 포함합니다. 드론에는 COCO와 같은 데이터 세트로 훈련된 YOLOv3 모델과 같은 객체 탐지 알고리즘을 탑재하여 드론 카메라가 캡처한 시각적 데이터를 분석하여 실시간으로 차량을 탐지할 수 있습니다.

이 출력에 성능 지표를 적용해 보자.

3.4.1 성능 지표

이 성능 지표는 사용자 입력과 RAG 파이프라인의 응답 사이의 코사인 유사도를 경과 시간으로 나눈 것이다. 코사인 유사도는 '코사인 유사도 지표' 절에서 정의한 `calculate_cosine_similarity_with_embeddings` 함수로 구한다.

```
similarity_score = calculate_cosine_similarity_with_embeddings(
    user_input, str(response))
print(f"Cosine Similarity Score: {similarity_score:.3f}")
print(f"Query execution time: {elapsed_time:.4f} seconds")
performance=similarity_score/elapsed_time
print(f"Performance metric: {performance:.4f}")
```

출력을 보면 응답의 품질은 만족스럽지만 실행 시간이 느려서 성능 지표가 낮아졌음을 알 수 있다.

```
Cosine Similarity Score: 0.731
Query execution time: 4.3360 seconds
Performance metric: 0.1686
```

물론 실행 시간은 서버(계산 능력)와 데이터(잡음)에 따라 달라진다. 또한, 앞에서 언급했듯이 LLM에 깔린 확률적 알고리즘으로 인해 실행할 때마다 실행 시간이 다를 수 있다. 그리고 데이터셋의 크기가 증가하면 트리 색인뿐만 아니라 모든 색인 유형의 실행 시간이 달라질 수 있다는 점도 유념하기 바란다.

이 경우에는 목록 색인 쿼리 엔진이 더 나을 수도 있고 그렇지 않을 수도 있는데, 직접 실행해서 확인해 보자.

3.5 목록 색인 쿼리 엔진

목록 색인(list index)을 대표하는 클래스는 ListIndex이다. 그런데 이것은 단순한 노드 목록이 아니다. 쿼리 엔진은 사용자 입력과 개별 문서를 조합한 프롬프트로 LLM을 실행한다. 내부적으로 LLM은 문서와 쿼리 간의 의미론적 유사도 관계를 평가하여 노드들의 순위를 매겨서 가장 관련성 높은 노드를 선택한다. 라마인덱스는 얻어진 순위를 기반으로 문서를 필터링한다. 더 나아가서, 여러 노드와 문서의 정보를 종합하는 작업까지도 라마인덱스가 수행할 수 있다.

LLM을 이용한 선택 과정은 규칙 기반(rule-based)이 아니다. 미리 정의된 것은 전혀 없다. 선택은 전적으로 사용자 입력과 문서 모음을 조합한 프롬프트에 기반한다. LLM은 문서 목록의 각 문서를 **독립적으로** 평가해서 쿼리문과의 관련성을 기준으로 점수를 매긴다. 이 점수는 다른 문서들에 상대적인 수치가 아니다. 단지 LLM이 판단하기에 현재 문서가 질문에 얼마나 잘 답변하는지를 측정한 것일 뿐이다. 점수를 매긴 다음에는 최고 점수의 문서 하나만 쿼리 엔진에 사용할 수도 있고, 이번 절의 함수처럼 상위 k개의 문서를 사용할 수도 있다.

트리 색인처럼 목록 색인도 두 줄의 코드로 충분하다.

```
from llama_index.core import ListIndex
list_index = ListIndex.from_documents(documents)
```

어떤 클래스인지 확인해 보자.

```
print(type(list_index))
```

출력은 다음과 같다. list에서 파생된 SummaryIndex라는 클래스이다.

```
<class 'llama_index.core.indices.list.base.SummaryIndex'>
```

SummaryIndex라는 이름에서 짐작하듯이 목록 색인은 내부적으로 문서 요약(summary)을 통해서 색인을 최적화한다. 이제 라마인덱스가 제공하는 이음매 없는 프레임워크를 이용해서 이 색인을 쿼리 엔진으로 사용해 보자.

```
list_query_engine = list_index.as_query_engine(
    similarity_top_k=k, temperature=temp, num_output=mt)
```

여러 유형의 색인들을 비교하기 위해 LLM 매개변수들을 이전과 동일하게 설정했다. 다음은 쿼리를 실행하고 실행 시간과 응답을 적절한 형태로 출력하는 코드이다.

```
# 타이머 시작
start_time = time.time()
response = list_query_engine.query(user_input)
# 타이머 중지
end_time = time.time()
# 실행 시간을 계산하고 출력한다.
elapsed_time = end_time - start_time
print(f"Query execution time: {elapsed_time:.4f} seconds")
print(textwrap.fill(str(response), 100))
```

출력은 다음과 같다. 컴퓨터비전을 언급하는 적절한 응답이 출력되었다. 다만, 실행 시간은 이전보다 길다.

```
Query execution time: 16.3123 seconds
```
드론은 카메라에 촬영된 이미지 데이터를 처리하는 컴퓨터 비전 시스템을 통해 차량을 식별할 수 있습니다. 이러한 시스템은 객체 인식 및 탐지와 같은 기술을 사용하여 이미지를 분석하고 미 predefined된 모델이나 특징을 기반으로 차량과 같은 특정 객체를 식별합니다. 시각 데이터를 실시간으로 처리함으로써 드론은 주변의 차량을 효과적으로 식별할 수 있습니다.

실행 시간이 긴 것은 쿼리 과정에서 최적화된 트리가 아니라 목록을 훑어야 했기 때문일 것이다. 하지만 프로젝트마다, 심지어는 한 프로젝트의 하위 작업마다 요구사항이 다르기 때문에 이것만으로 결론을 내릴 수는 없다. 그럼 성능 지표를 적용해 보자.

3.5.1 성능 지표

트리 색인에서처럼 코사인 유사도를 이용해서 유사도 점수를 평가한다.

```
similarity_score = calculate_cosine_similarity_with_embeddings(
    user_input, str(response))
print(f"Cosine Similarity Score: {similarity_score:.3f}")
```

```
print(f"Query execution time: {elapsed_time:.4f} seconds")
performance=similarity_score/elapsed_time
print(f"Performance metric: {performance:.4f}")
```

실행 시간이 길어서 성능 지표가 트리 색인보다 낮다.

```
Cosine Similarity Score: 0.775
Query execution time: 16.3123 seconds
Performance metric: 0.0475
```

다시 한번 강조하지만, 내부적으로 확률적 알고리즘이 쓰이므로 실행 시간은 실행할 때마다 달라질 수 있다.

지금까지 시험해 본 색인 유형들의 성능 지표로 볼 때 가장 빠른 것은 벡터 저장소 색인이다. 하지만 성급하게 결론을 내리지는 말자. 프로젝트에 따라, 그리고 처리하는 데이터의 유형과 복잡도에 따라 의외의 결과가 나올 수 있다. 다음으로는 키워드 색인을 살펴보자.

3.6 키워드 색인 쿼리 엔진

KeywordTableIndex는 라마인덱스의 색인화 클래스 중 하나이다. 이 유형의 색인은 문서에서 키워드(핵심어)들을 추출해서 테이블table(표) 형태로 조직화한다. 이런 구조 덕분에 특정 키워드나 주제를 기반으로 관련 정보를 더 쉽게 탐색하고 검색할 수 있다. 이 키워드 색인이 단순히 문서에서 추출한 키워드들의 목록인 것은 아니다. 추출된 키워드들은 각 키워드가 ID를 통해서 관련 노드를 가리키는 테이블 형태로 구성된다.

키워드 색인 역시 두 줄의 코드로 생성할 수 있다.

```
from llama_index.core import KeywordTableIndex
keyword_index = KeywordTableIndex.from_documents(documents)
```

그럼 키워드 색인의 데이터를 판다스 데이터프레임 형태로 변환해서 키워드 색인의 구조를 살펴보자.

```
# 데이터프레임을 위한 데이터를 키워드 색인에서 추출한다.
data = []
for keyword, doc_ids in keyword_index.index_struct.table.items():
    for doc_id in doc_ids:
        data.append({"Keyword": keyword, "Document ID": doc_id})

# 데이터프레임을 만든다.
df = pd.DataFrame(data)
df
```

출력을 보면 각 키워드에 문서 또는 문서 요약문(둘 중 어느 것인지는 라마인덱스가 색인을 최적화하는 방식에 따라 결정된다)의 ID가 연관되어 있음을 알 수 있다(그림 3.6).

	Keyword	Document ID
0	black	48696b4b-978e-46b1-a5b3-f451d5265f42
1	asymptotically flat	48696b4b-978e-46b1-a5b3-f451d5265f42
2	high energy physics	48696b4b-978e-46b1-a5b3-f451d5265f42
3	entropy	48696b4b-978e-46b1-a5b3-f451d5265f42
4	extreme binary black hole geometry	48696b4b-978e-46b1-a5b3-f451d5265f42
...	...	...

그림 3.6 키워드와 연결된 문서 ID를 보여주는 데이터프레임

이 키워드 색인 역시 쿼리 엔진으로 사용할 수 있다.

```
keyword_query_engine = keyword_index.as_query_engine(
    similarity_top_k=k, temperature=temp, num_output=mt)
```

쿼리를 실행하고 실행 시간과 응답을 출력하자.

```
import time

# 타이머 시작
start_time = time.time()

# .query() 메서드를 이용해서 쿼리를 실행한다.
response = keyword_query_engine.query(user_input)
```

```
# 타이머 중지
end_time = time.time()

# 실행 시간을 계산하고 출력한다.
elapsed_time = end_time - start_time
print(f"Query execution time: {elapsed_time:.4f} seconds")

print(textwrap.fill(str(response), 100))
```

생성된 응답과 실행 시간 둘 다 만족스럽다.

```
Query execution time: 2.4282 seconds
드론은 다양한 방법을 통해 차량을 식별할 수 있습니다. 예를 들어, 온보드 카메라, 센서 및
이미지 처리 알고리즘을 사용한 시각적 인식이 있습니다. 또한 인공 지능 및 머신러닝과 같은
기술을 활용하여 차량의 모양, 크기 및 이동 패턴을 기반으로 차량을 분석하고 분류할 수
있습니다. 또한 드론에는 차량을 정확하게 식별하기 위한 객체 감지 및 추적 전문 소프트웨어를
장착할 수 있습니다.
```

이제 성능 지표를 이용해서 출력의 품질을 평가해 보자.

3.6.1 성능 지표

키워드 색인에 대해서도 트리 색인과 목록 색인에 사용한 것과 동일한 지표를 사용한다.

```
similarity_score = calculate_cosine_similarity_with_embeddings(user_input,
str(response))
print(f"Cosine Similarity Score: {similarity_score:.3f}")
print(f"Query execution time: {elapsed_time:.4f} seconds")
performance=similarity_score/elapsed_time
print(f"Performance metric: {performance:.4f}")
```

성능 지표는 수용 가능한 수준이다.

```
Cosine Similarity Score: 0.801
Query execution time: 2.4282 seconds
Performance metric: 0.3299
```

여전히 확정적인 결론을 내릴 수는 없다. 모든 색인 유형의 결과가 비교적 만족스럽다. 하지만 프로젝트마다 데이터셋의 복잡성과 가용 컴퓨터 성능이 다르다는 점과 확률적 알고리즘 때문에 실행할 때마다 실행 시간이 달라질 수 있다는 점을 기억하자.

지금까지 주요 색인 유형과 검색 전략 몇 가지를 살펴보았다. 이번 장을 요약하고, 다중 모달 모듈형 검색 및 생성 전략으로 넘어가자.

요약

이번 장에서는 RAG에서 색인 기반 검색이 가져온 혁신적인 영향과 **완전한 추적성**(full traceability)이라는 핵심적인 개선점을 살펴보았다. 문서를 데이터 청크와 메타데이터를 포함한 노드들로 조직화함으로써 쿼리문으로부터 원본 데이터까지 출처를 거슬러 추적할 수 있게 된다. 색인화는 또한 검색 속도를 높이는 효과도 낸다. 이 점은 데이터셋의 용량이 증가함에 따라 더 중요해진다. 또 다른 핵심적인 진보는 라마인덱스, 딥 레이크, 오픈AI 같은 기술들의 통합이다. 오픈AI GPT-4, 허깅 페이스, Cohere 같은 최첨단 AI 모델들은 마치 컴퓨터의 GPU처럼 RAG 기반 생성형 AI 파이프라인의 이음매 없는 **구성요소**로 진화하고 있다.

이번 장에서는 드론 기술에 관한 정보를 제공하는 고급 RAG 파이프라인을 예로 삼아서 색인 기반 RAG 생성형 AI 파이프라인의 아키텍처를 상세히 살펴보았다. 정교한 관련 기술들을 매끄럽게 통합해서 고급 색인 및 검색 시스템을 강화할 수 있음을 배웠다. AI 구현은 복잡하다. 그래서 대규모 데이터를 다루는 확장 가능한 프로젝트에서 팀이 병렬로 작업할 수 있도록 개별 파이프라인과 기능을 조직하는 쪽으로 개발 방식이 바뀌고 있다. 이번 장에서는 또한 응답의 생성에 사용된 정보의 기원과 정확성을 명확히 파악하기 위해 응답의 출처를 추적하는 방법도 살펴보았다.

이번 장에서는 벡터 저장소, 데이터셋, 청킹, 임베딩, 노드 생성, 순위 매기기, 색인화 방법 등 이러한 시스템을 구축하는 데 필요한 핵심 도구들을 소개했다. 라마인덱스 프레임워크, 딥 레이크 벡터 저장소, 오픈AI 모델을 통합한 시스템을 구축했으며, 데이터를 수집하고 중요한 메타데이터(데이터셋의 모든 데이터 청크의 출처를 정확히 파악하는 데 필요한)를 추가하는 파이썬 코드도 작성했다. 생성형 AI 애플리케이션을 더 정밀하게 제어하고 조정하는 데 있어 색인(벡터, 트리, 목록, 키워드 유형)의 핵심적인 역할을 강조했다.

이번 장에서는 색인 기반 RAG 파이프라인을 위한 예제 파이썬 노트북의 섹션들을 차례로 훑으면서 벡터 저장소 설정, 고급 쿼리 수행, AI 생성 응답의 추적성 보장 방법을 설명했다. 응답의 품질과 실행 시간에 기반한 성능 지표도 소개했다. 드론 기술에 관한 예제 RAG 파이프라인은 꽤 좋은 응답을 비교적 빠르게 출력했다. 예를 들어 드론이 차량을 식별하는 방법을 묻는 쿼리에 대해 컴퓨터비전 기술을 언급하는 정보를 제공했다.

다음 장에서는 데이터셋에 다중 모달 데이터를 추가해서 이번 장의 RAG를 다중 모듈형 RAG로 확장한다.

연습문제

다음 질문에 **그렇다** 또는 **아니다**로 답하라.

1. 색인은 RAG 기반 생성형 AI의 정확도와 속도를 높이는가?

2. 색인을 통해 RAG 출력 결과의 추적성을 확보할 수 있는가?

3. 대규모 데이터셋에서 색인 기반 검색이 벡터 기반 검색보다 느린가?

4. 라마인덱스는 딥 레이크 및 오픈AI와 이음매 없이 매끄럽게 통합되는가?

5. 트리, 목록, 벡터, 키워드 색인이 유일한 색인 유형인가?

6. 키워드 색인은 데이터 검색 시 의미론적 이해를 활용하는가?

7. 라마인덱스는 청킹과 임베딩을 자동으로 처리할 수 있는가?

8. 메타데이터를 개선하는 것이 RAG로 생성된 출력의 추적성 확보에 매우 중요한가?

9. 실시간 업데이트를 색인 기반 검색 시스템에 쉽게 적용할 수 있는가?

10. 이번 장에서 쿼리 정확도를 평가하는 데 사용된 지표는 코사인 유사도인가?

참고문헌

- **라마인덱스:** https://docs.llamaindex.ai/en/stable/
- **액티브루프 딥 레이크:** https://docs.activeloop.ai/
- **오픈AI:** https://platform.openai.com/docs/overview

더 읽을거리

- 라마인덱스의 High-Level Concepts(상위 수준 개념들) 문서: https://docs.llamaindex.ai/en/stable/getting_started/concepts/

디스코드 커뮤니티 참여

다음은 이 책의 디스코드 공간이다. 원서 저자 및 다른 독자와 토론할 수 있다.

- https://www.packt.link/rag

실전!
RAG 기반
생성형 AI 개발

라마인덱스,
딥 레이크, 파인콘으로
나만의 검색 증강 생성
파이프라인 만들기

04

드론 기술을 위한
다중 모달 모듈형 RAG

이번 장에서는 모듈형 RAG를 이용해서 생성형 AI를 한 단계 더 발전시킨다. 서로 다른 유형의 데이터와 작업을 처리하기 위해 다양한 구성요소 또는 모듈을 사용하는 시스템을 구축할 것이다. 이를테면 한 모듈은 이전 장까지 해왔던 것처럼 LLM을 이용해서 텍스트 정보를 처리하고, 다른 모듈은 이미지 데이터를 관리하고 이미지 내의 객체를 식별해서 레이블을 지정한다. 항공 사진, 효율적인 농업 모니터링, 효과적인 수색 및 구조 작업 등 다양한 산업에서 중요해진 드론에 이런 기술을 적용한다고 상상해 보기 바란다. 드론은 고급 컴퓨터비전 기술과 알고리즘으로 이미지를 분석해서 보행자, 자동차, 트럭 등 같은 객체를 식별한다. 이런 모듈들로 다중 모달 데이터를 준비한 다음에는, LLM 에이전트를 활성화하여 사용자의 질문을 검색하고, 증강하고, 응답한다.

이번 장에서는 여러 출처에서 수집한 텍스트 및 이미지 데이터를 활용해서 드론 기술에 관한 질문에 응답을 생성하는 다중 모달 모듈형 RAG(multimodal modular RAG) 프로그램을 구축한다. 먼저 모듈형 RAG, 다중 모달 데이터, 다중 원본 검색, 모듈형 생성 및 증강된 출력의 주요 측면을 정의한다. 그런 다음 라마인덱스와 딥 레이크, 오픈AI를 이용하여 드론 기술에 적용된 다중 모달 모듈형 RAG 기반 생성형 AI 시스템을 파이썬으로 구축한다.

이번 장의 예제 시스템은 두 가지 데이터셋을 사용한다. 첫 데이터셋은 이전 장에서 구축한 드론에 대한 텍스트 정보를 포함하고, 두 번째 데이터셋은 액티브루프의 드론 이미지와 레이블을 포함한다. 다중 모달 데이터의 처리에는 딥 레이크를 사용하고 색인 생성 및 검색에는 라마인덱스를, 생성형 쿼리에는 오픈AI의 LLM을 사용할 것이다. 텍스트와 이미지가 포함된 다중 모달 데이터로 출력을 증강한다. 마지막으로 텍스트 응답에 대한 성능 지표를 구축한다. 이번 장에는 오픈AI의 강력한 **다중 모달 LLM**(Multimodal LLM, **MMLLM**)인 GPT-4o를 이용한 이미지 식별 지표가 등장한다. 이번 장을 통해서 혁신적인 다중 모달 및 다중 원본 기능을 활용하는 다중 모달 모듈형 RAG 작업흐름(workflow)을 구축하는 방법을 익히게 될 것이다.

이번 장에서 다루는 주제는 다음과 같다.

- 다중 모달 모듈형 RAG
- 다중 원본 검색

- 오픈AI LLM 기반 다중 모달 다중 원본 검색

- 딥 레이크 다중 모달 데이터셋

- 이미지 메타데이터 기반 검색

- 증강된 다중 모달 출력

다중 모달 모듈형 RAG를 정의하는 것으로 시작하자.

4.1 다중 모달 모듈형 RAG란 무엇인가?

다중 모달 데이터는 텍스트, 이미지, 오디오, 동영상과 같은 다양한 형태의 정보를 결합한 것이다. 이에 의해 데이터의 분석과 해석이 풍부해진다. 한편, 모듈형 RAG 시스템이란 서로 다른 데이터 유형과 작업을 별도의 모듈로 처리하는 방식으로 구성된 RAG 시스템을 말한다. 각 모듈은 특정 작업에 특화되어 있다. 예를 들어 한 모듈은 텍스트에 집중하고 다른 모듈은 이미지에 집중한다. 이런 모듈들을 정교하게 통합함으로써, 검색된 다중 모달 데이터를 이용해서 좀 더 개선된 응답을 생성할 수 있다.

이번 장의 예제 프로그램은 두 개의 데이터셋을 이용한다. 그런 면에서 예제 프로그램은 다중 원본(multisource) 시스템에 해당한다. 한 데이터셋은 이전 장에서 구축한, 드론 기술에 대한 LLM 데이터셋이다. 다른 하나는 딥 레이크의 다중 모달 데이터셋인 VisDrone인데, 여기에는 드론으로 촬영한 수천 장의 이미지가 레이블과 함께 포함되어 있다.

예제로 드론을 선택한 이유는 드론이 다양한 산업 분야에서 중요해지고 있기 때문이다. 현재 드론은 항공 사진 촬영, 효율적인 농업 모니터링 및 효과적인 수색 및 구조 작업을 위한 향상된 기능을 제공한다. 또한 야생 동물 추적을 용이하게 하고, 상업적 배송을 간소화하며, 더 안전한 사회 기반 시설 검사를 가능하게 한다. 드론은 환경 연구, 교통 관리 및 소방 활동도 지원한다. 법 집행을 위한 감시를 강화하여 접근성, 안전성 및 비용 효율성을 개선함으로써 여러 분야에 혁신을 가져올 수 있다.

그림 4.1은 이번 장에서 구현할 파이프라인을 도식화한 것이다. 이 파이프라인은 **1장 'RAG(검색 증강 생성)가 필요한 이유'**의 그림 1.3에 나와 있는 생성형 RAG 프레임워크 및 생태계에 기반한다. 이전 장에서는 거기에 임베딩 및 색인화(indexing) 기능을 추가했지만, 이번 장에서는 검색 및 생성에 중점을 둔다. 이번 장의 노트북은 생성기(generator)를 검색(매끄러운 점수 매기기 및 순위 매기기)과 생성 모두에 사용한다. 따라서 이번 장의 예제 시스템에서는 검색과 생성의 경계가 다소 모호하다.

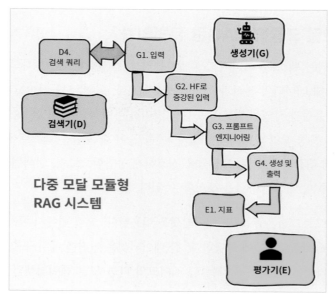

그림 4.1 다중 모달 모듈형 RAG 시스템

이번 장에서는 드론 기술에 중점을 둔 교육용 모듈형 RAG 질의응답 시스템 구축을 목표로 한다. 예제 시스템은 **2장 '딥 레이크와 오픈AI를 활용한 RAG 임베딩 벡터 저장소'**의 딥 레이크 벡터 저장소와 **3장 '라마인덱스, 딥 레이크, 오픈AI를 활용한 색인 기반 RAG 구축'**의 여러 색인 등 이전 장들의 노트북에서 구현한 기능을 활용한다. 필요한 경우에는 이전 장으로 돌아가서 해당 내용을 확인하기 바란다.

이번 장에서는 그림 4.1에 나온 다중 모달 다중 원본 모듈형 RAG 생태계를 살펴본다. 다음은 이 파이프라인의 단계들을 요약한 것이다. 괄호 안의 큰따옴표 문구는 해당 절의 제목이고 이탤릭체 영문 문구는 노트북의 해당 섹션 제목이다.

- D4에서는 3장에서 만든 드론 텍스트 데이터를 포함한 LLM용 데이터셋을 적재한다("LLM 데이터셋 적재", *Loading the LLM dataset*).

- D4에서는 또한 VectorStoreIndex를 이용하는 라마인덱스 벡터 저장소 색인을 쿼리 엔진으로 사용해서 쿼리 엔진을 초기화한다("LLM 쿼리 엔진 초기화", *Initializing the LLM Query Engine*). 이 부분은 검색기와 생성기 모두에 오픈AI GPT 모델을 사용하는 G4와 겹친다(overlap).

- G1에서는 LLM 쿼리 엔진(텍스트 데이터셋용)과 다중 모달 쿼리 엔진(VisDrone 데이터셋용)에 공통 인 사용자 입력을 적용한다("다중 모달 모듈형 RAG를 위한 입력", *User input for multimodular modular RAG*).

  여기서는 데이터셋들을 적재하고 쿼리 엔진을 생성한 후, 텍스트 데이터셋과 다중 모달 데이터셋에 공통인 사용자 입력을 이용해서 응답 생성 프로세스를 진행한다. 이 응답 생성은 3장에서 만든 드론 관련 텍스트 데이터셋에 기반한다.

- 텍스트 데이터셋 쿼리 과정에서 G1, G2, G4는 라마인덱스 프로세스를 이용해서 데이터를 검색하고 콘텐츠 를 생성한다. 이 과정에서 응답이 llm_response에 저장된다.

다음으로, 다중 모달 VisDrone 데이터셋을 메모리에 적재하고 쿼리에 사용한다.

- D4부터 다중 모달 프로세스가 시작된다('다중 모달 데이터셋 적재 및 시각화' 절, *Loading and visualizing the multimodal dataset*). 먼저 다중 모달 데이터셋들을 적재해서 구조를 살펴본다("다 중 모달 데이터셋 구조 살펴보기", *Navigating the multimodal dataset structure*). 이미지 하나 를 선택해서 표시하고("이미지 선택 및 표시", *Selecting an image*), 경계 상자들을 추가한 후 이미지를 저장한다("경계 상자 추가 및 이미지 저장", *Adding bounding boxes and saving the image*).

텍스트 데이터셋에 적용한 것과 동일한 프로세스가 VisDrone 다중 모달 데이터셋에도 적 용된다.

- 이어서 D4에서는 라마인덱스와 VectorStoreIndex를 이용해서 VisDrone 데이터 기반 벡터 저장소 색 인을 생성하고, 생성한 색인을 쿼리 엔진으로 전환해서 다중 모달 쿼리 엔진을 만든다("다중 모달 쿼리 엔 진 구축", *Building a multimodal search engine*). 이 부분은 검색기와 생성기 모두 오픈AI GPT 모 델을 사용하는 G4와 겹친다.

- G1의 다중 모달 검색 엔진용 사용자 입력은 LLM 쿼리 엔진(텍스트 데이터셋용)과 다중 모달 쿼리 엔진 (VisDrone 데이터셋용)의 것과 동일하다.

다중 모달 VisDrone 데이터셋을 적재하고 색인화해서 만든 다중 모달 쿼리 엔진에 사용자 입력(G1)을 넣으면 라마인덱스 쿼리 엔진은 LLM(이 경우 오픈AI 모델)을 이용해서 VisDrone에서 관련 문서를 검색한다. 그런 다음 검색 함수는 응답을 다중 모달 데이터셋의 원본을 역추적해서 원본 노드(source node)의 이미지를 찾는다. 이는 사실상 쿼리 엔진을 이용해서 텍스트 응답으로부터 원본 이미지에 도달하는 것이다.

- VisDrone 다중 모달 데이터셋에 대해 쿼리를 실행하는 과정에서 G1, G2, G4는 하나의 라마인덱스 쿼리로 이음매 없이 겹친다.
- 원본 노드를 찾고 이미지를 검색하기 위해 응답을 처리한(G4) 후 이미지 검색을 위해 D4로 돌아간다. 이를 통해 원본 노드의 이미지를 선택하고 처리할 수 있다.

여기까지 왔으면 텍스트 응답과 이미지 응답을 모두 확보한 것이다. 이제 남은 일은 두 응답을 결합한 하나의 다중 모달 응답을 출력하고, 각 단계에 걸린 시간과 정확도 성능 지표를 계산해서 표시하는 것이다.

- G4에서는 LLM 응답과 다중 모달 응답 이미지를 조합하고 요약한 하나의 다중 모달 응답을 출력한다(**다중 모달 모듈형 요약**, *Multimodal Modular Summary*).
- 마지막으로 E1에서는 LLM 성능 지표와 다중 모달 성능 지표를 구하고 그에 기반해서 다중 모달 모듈형 RAG의 성능 지표를 계산하고 출력한다("성능 지표", *Performance metric*).

이상의 다중 모달 모듈형 RAG 시스템에서 다음 두 가지 점을 유의하기 바란다.

- 이번 장에서 구축하는 시스템은 실제 프로젝트에서 RAG 기반 생성형 AI를 설계할 수 있는 여러 방법 중 하나일 뿐이다. 프로젝트마다 요구사항이 다르므로 이와는 다른 아키텍처나 구현 방법이 필요할 수도 있다.
- 비교적 단순한 생성형 AI에서 그보다 복잡한 RAG 기반 생성형 AI로 빠르게 진화함에 따라, 이번 장의 라마인덱스, 딥 레이크, 오픈AI처럼 이음매 없이 매끄럽게 통합되는 크로스 플랫폼 구성요소들의 개발이 절실해진다. 이런 플랫폼들은 다른 여러 프레임워크와도 통합되었다. 6장 '**파인콘을 이용한 RAG 은행 고객 데이터 확장**'에서 사용할 파인콘과 랭체인이 그러한 프레임워크의 예이다.

그럼 지금까지 소개한 다중 모달 모듈형 RAG 프로그램을 파이썬으로 만들어 보자.

4.2 드론 기술용 다중 모달 모듈형 RAG 프로그램 구축

이번 절부터는 다중 모달 모듈형 RAG 기반 생성 시스템을 단계별로 처음부터 구축한다. 다음과 같은 여러 구성요소를 만들고 통합할 것이다.

- 드론에 대한 텍스트를 처리하고 이해하기 위한 오픈AI LLM. 라마인덱스로 관리한다.
- 촬영된 드론 이미지의 이미지와 레이블을 포함하는 딥 레이크 다중 모달 데이터셋.
- 경계 상자(bounding box)를 이용해서 이미지를 표시하고 내부의 객체를 식별하는 함수들.
- 텍스트와 이미지를 모두 사용하여 드론 기술에 대한 질문에 답변할 수 있는 시스템.
- GPT-4o를 이용한 이미지 분석을 포함해 모듈형 다중 모달 응답의 정확도를 측정하는 성능 지표.

이번 장의 예제 프로그램은 2장에서 만든 LLM 데이터셋을 사용한다. 따라서 이번 장의 예제를 따라 하려면 2장의 예제 노트북을 실행해서 관련 저장소와 데이터셋을 준비해야 한다. 하지만 이번 절에는 노트북의 코드가 모두 포함되어 있으므로 원한다면 노트북을 실행하지 않고 설명과 코드만 봐도 된다. 그럼 구현으로 들어가자.

이번 예제에 해당하는 노트북은 Chapter04/Multimodal_Modular_RAG_Drones.ipynb이다. 설치할 패키지들은 3장 §3.2.1 '환경 설치'와 동일하므로 다시 설명하지 않겠다. LLM 데이터셋을 적재하는 부분부터 시작해서 다중 모달 모듈형 RAG 시스템을 구축하는 과정을 단계별로 살펴보자.

4.2.1 LLM 데이터셋 적재

먼저 **3장**에서 만든 드론 데이터셋을 적재한다(load). 코드의 액티브루프 데이터셋 경로를 여러분의 실제 경로에 맞게 코드를 수정하기 바란다.

```
import deeplake
dataset_path_llm = "hub://denis76/drone_v2"
ds_llm = deeplake.load(dataset_path_llm)
```

해당 데이터셋의 시각화를 위한 도움말 및 링크와 함께, 데이터셋이 잘 적재되었다는 메시지가 출력된다.

다음으로, 데이터셋을 좀 더 쉽게 다루기 위해 판다스 데이터프레임을 만든다. 루프를 통해서 데이터셋의 텐서들을 딕셔너리 객체에 채워 넣고 데이터프레임으로 변환한다.

```python
import json
import pandas as pd
import numpy as np

# 데이터를 담을 빈 딕셔너리 객체를 생성한다.
data_llm = {}

# 데이터셋의 각 텐서에 대해:
for tensor_name in ds_llm.tensors:
    tensor_data = ds_llm[tensor_name].numpy()
    # 다차원 텐서인지 점검한다.
    if tensor_data.ndim > 1:
        # 다차원 텐서를 1차원으로 평탄화(flattening)한다.
        data_llm[tensor_name] = [np.array(e).flatten().tolist()
                                 for e in tensor_data]
    else:
        # 1차원 텐서를 직접 목록 객체로 변환하고 텍스트를 디코딩한다.
        if tensor_name == "text":
            data_llm[tensor_name] = [t.tobytes().decode('utf-8') if t else ""
                                     for t in tensor_data]
        else:
            data_llm[tensor_name] = tensor_data.tolist()

# 딕셔너리 객체로부터 판다스 데이터프레임을 생성한다.
df_llm = pd.DataFrame(data_llm)
df_llm
```

그림 4.2는 출력의 일부이다. embedding(벡터), id(고유 문자열 식별자), metadata(이 경우 데이터 원본), text(텍스트 내용) 같은 필드들로 구성된 텍스트 데이터셋임을 확인할 수 있다.

	embedding	id	metadata	text
0	[-0.0009671939187683165, 0.010151553899049759,...	[a89cdb8c-3a85-42ff-9d5f-98f93f414df6]	[{'file_path': '/content/data/1804.06985.txt',...	[High Energy Physics Theory arXiv1804.06985 h...
1	[-0.015508202835917473, 0.017525529488921165, ...	[e9748376-1181-46a7-a376-d03b3baa82a5]	[{'file_path': '/content/data/2202.11983.txt',...	[Computer Science Computer Vision and Pattern...

그림 4.2 텍스트 데이터셋의 구조와 내용

다음으로는 LLM 쿼리 엔진을 초기화한다.

LLM 쿼리 엔진 초기화

3장 '라마인덱스, 딥 레이크, 오픈AI를 활용한 색인 기반 RAG 구축'에서처럼 벡터 저장소 색인을 초기화한다. 앞에서 만든 데이터프레임(df_llm)에서 텍스트 문서들만 추출해서 드론 문서 모음(documents_llm)을 만들고, VectorStoreIndex.from_documents() 메서드를 이용해서 벡터 저장소 색인 객체를 생성한다. 이 메서드는 벡터 유사도를 기반으로 문서 검색 속도를 높이는 색인을 생성해 준다.

```
# 'text' 필드가 문자열 타입이 되게 한다.
df_llm['text'] = df_llm['text'].astype(str)
# 문서 ID와 텍스트 내용을 포함한 문서 목록을 만든다.
documents_llm = [Document(text=row['text'], doc_id=str(row['id']))
                 for _, row in df_llm.iterrows()]

from llama_index.core import VectorStoreIndex
vector_store_index_llm = VectorStoreIndex.from_documents(documents_llm)
```

다음으로, as_query_engine() 메서드를 이용해서 이 색인을 쿼리 엔진으로 전환한다. 상위 문서 개수, 온도 등 모델 매개변수들도 적절히 설정한다. 이 쿼리 엔진은 벡터 저장소 색인에 기반해서 주어진 쿼리문과 가장 관련이 있는 문서를 찾는다.

```
vector_query_engine_llm = vector_store_index_llm.as_query_engine(
    similarity_top_k=2, temperature=0.1, num_output=1024)
```

이제 사용자 입력을 설정한다.

다중 모달 모듈형 RAG에 대한 사용자 입력

이 예제를 위한 사용자 입력은 다중 모달 모듈형 RAG 시스템의 능력과 한계를 잘 보여줄 수 있는, 다르게 말하면 텍스트 기반 기능과 이미지 기반 기능을 모두 활용하게 만드는 질문이어야 한다. 다음은 시스템이 다양한 정보 출처를 활용해서 상세하고 정확한 응답을 생성하게 만들 만한 사용자 입력이다.

```
# 사용자 입력: "드론은 어떻게 트럭을 식별하나요?"
user_input="How do drones identify a truck?"
```

이러한 맥락에서 이 사용자 입력은 시스템의 기능을 평가하는 데 사용할 하나의 **기준선** (baseline) 또는 출발점에 해당하는 표준 쿼리문에 해당한다. 이것은 시스템이 가용 자원 (다양한 데이터셋의 텍스트 및 이미지 데이터)을 활용하여 쿼리를 얼마나 잘 처리하고 응답하는지에 대한 초기 기준을 설정한다. 이후의 모든 평가는 이 기준에 근거한다. 이 질문 자체는 필자의 경험에 기반해서 만든 것이다.

텍스트 데이터셋 쿼리

3장에서처럼 벡터 쿼리 엔진을 실행한다.

```
import time
import textwrap
# 타이머 시작
start_time = time.time()
llm_response = vector_query_engine_llm.query(user_input)
# 타이머 중지
end_time = time.time()
# 실행 시간을 계산하고 출력한다.
elapsed_time = end_time - start_time
print(f"Query execution time: {elapsed_time:.4f} seconds")
print(textwrap.fill(str(llm_response), 100))
```

실행 시간은 만족스럽다.

```
Query execution time: 1.5489 seconds
```

출력 내용 또한 만족스럽다. 드론이 트럭을 식별하는 데 사용하는 방법이 언급되어 있다.

> 드론은 시각적 감지 및 추적 방법을 사용하여 트럭을 식별할 수 있으며, 여기에는 성능 벤치마킹을 위한 딥 뉴럴 네트워크가 포함될 수 있습니다.

이제 예제 프로그램은 다중 모달 드론 데이터셋을 적재한다.

4.2.2 다중 모달 데이터셋 적재 및 시각화

딥 레이크가 제공하는 공개 VisDrone 데이터셋(https://datasets.activeloop.ai/docs/ml/datasets/visdrone-dataset/)을 사용하기로 한다. 이 예제를 위해 벡터 저장소를 따로 생성하지는 않는다. 그냥 기존 데이터셋을 메모리에 불러온다.

```
import deeplake
dataset_path = 'hub://activeloop/visdrone-det-train'
ds = deeplake.load(dataset_path) # 딥 레이크 데이터셋을 메모리에 적재
                                 # 지역 파일로 데이터셋을 내려받지는 않는다.
```

출력은 다음과 같다. 딥 레이크가 제공하는 도구를 이용하여 SQL 또는 자연어 처리 명령으로 데이터셋을 탐색할 수 있는 온라인 페이지의 링크가 표시된다.

```
Opening dataset in read-only mode as you don't have write permissions.
This dataset can be visualized in Jupyter Notebook by ds.visualize() or at
https://app.activeloop.ai/activeloop/visdrone-det-train
hub://activeloop/visdrone-det-train loaded successfully.
```

코드에서 직접 데이터셋을 살펴보자. 다음과 같이 summary 메서드를 호출한다.

```
ds.summary()
```

다음과 같이 데이터셋의 구조에 관한 유용한 정보가 출력된다.

```
Dataset(path='hub://activeloop/visdrone-det-train', read_only=True, tensors=['boxes',
'images', 'labels'])
tensor    htype         shape         dtype       compression
```

```
 ------     -----         -----              -----       -----------
 boxes      bbox          (6471, 1:914, 4)   float32     None
 images     image         (6471, 360:1500,
                           480:2000, 3)       uint8       jpeg
 labels     class_label   (6471, 1:914)      uint32      None
```

출력에서 보듯이 이 데이터는 이미지뿐만 아니라 이미지에 있는 여러 객체(사물, 물체)의 경계 상자 및 이미지와 경계 상자를 설명하는 레이블도 들어 있다. 그럼 이 데이터셋을 시각화해보자.

```
ds.visualize()
```

그림 4.3은 출력의 일부이다. 이미지마다 이미지 안 물체의 경계 상자들이 표시되었음에 주목하기 바란다.

그림 4.3 경계 상자를 보여주는 출력

더 나아가서, 판다스 데이터프레임을 이용해서 이미지의 내용도 살펴보자.

```
import pandas as pd

# 적절한 구조의 빈 데이터프레임을 생성한다.
df = pd.DataFrame(columns=['image', 'boxes', 'labels'])

# enumerate 함수를 이용해서 예시 이미지들을 훑는다.
for i, sample in enumerate(ds):

    # 이미지 데이터(이미지 경로를 저장할 수도 있고
    # 압축된 이미지 데이터를 저장할 수도 있다.)
```

```
# df.loc[i, 'image'] = sample.images.path # 이미지 경로 저장
df.loc[i, 'image'] = sample.images.tobytes()  # 압축된 이미지 저장

# 경계 상자 데이터(목록들의 목록)
boxes_list = sample.boxes.numpy(aslist=True)
df.loc[i, 'boxes'] = [box.tolist() for box in boxes_list]

# 레이블 데이터(목록)
label_data = sample.labels.data()
df.loc[i, 'labels'] = label_data['text']
```

```
df
```

출력은 그림 4.4와 같다. 데이터셋의 내용이 표시되었다.

	image	boxes	labels
0	b'\xff\xd8\xff\xe0\x00\x10JFIF\x00\x01\x01\x00...	[[1221.0, 84.0, 16.0, 33.0], [1235.0, 71.0, 18...	[pedestrian, pedestrian, tricycle, pedestrian,...
1	b'\xff\xd8\xff\xe0\x00\x10JFIF\x00\x01\x01\x00...	[[351.0, 936.0, 305.0, 114.0], [0.0, 818.0, 22...	[car, car, car, car, car, car, car, car, ...
2	b'\xff\xd8\xff\xe0\x00\x10JFIF\x00\x01\x01\x00...	[[699.0, 716.0, 26.0, 54.0], [600.0, 604.0, 22...	[truck, car, van, car, car, car, car, car...
3	b'\xff\xd8\xff\xe0\x00\x10JFIF\x00\x01\x01\x00...	[[417.0, 77.0, 57.0, 54.0], [387.0, 109.0, 31...	[ignored regions, ignored regions, car, car, c...
4	b'\xff\xd8\xff\xe0\x00\x10JFIF\x00\x01\x01\x00...	[[791.0, 617.0, 97.0, 115.0], [803.0, 539.0, 7...	[car, car, car, car, car, car, car, car, ...
...	...	...	...
6466	b'\xff\xd8\xff\xe0\x00\x10JFIF\x00\x01\x01\x00...	[[683.0, 710.0, 7.0, 6.0], [681.0, 717.0, 5.0,...	[car, car, car, car, awning-tricycle, car, car...
6467	b'\xff\xd8\xff\xe0\x00\x10JFIF\x00\x01\x01\x00...	[[1761.0, 676.0, 207.0, 155.0], [1539.0, 648.0...	[car, car, car, car, van, car, car, car, ...
6468	b'\xff\xd8\xff\xe0\x00\x10JFIF\x00\x01\x01\x00...	[[0.0, 501.0, 105.0, 93.0], [412.0, 594.0, 172...	[car, van, pedestrian, pedestrian, pedestrian,...
6469	b'\xff\xd8\xff\xe0\x00\x10JFIF\x00\x01\x01\x00...	[[200.0, 604.0, 112.0, 64.0], [311.0, 560.0, 1...	[van, truck, van, car, car, van, others, car, ...
6470	b'\xff\xd8\xff\xe0\x00\x10JFIF\x00\x01\x01\x00...	[[60.0, 144.0, 16.0, 21.0], [51.0, 120.0, 15.0...	[people, pedestrian, others, people, people, m...

6471 rows × 3 columns

그림 4.4 VisDrone 데이터셋의 일부

이 데이터셋은 행이 6,471개, 열(필드)이 3개이다. 각 행은 이미지이고 열은 이미지의 세 가지 필드이다.

- image 필드는 이미지 데이터이다. 그림 4.4를 보면 b'\xff\xd8\xff\xe0\x00\x10JFIF\x00\x01\x01\x00...' 같은 바이트열(byte sequence)이 있는데, 이는 이 이미지 데이터가 JPEG 형식임을 말해 준다. 처음 네 바이트 b'\xff\xd8\xff\xe0'은 JPEG 이미지 파일의 헤더이다.

- boxes 필드는 이 이미지의 경계 상자들이다. 각 경계 상자는 [x, y, 너비, 높이]처럼 위치와 크기로 정의된다.

- labels 필드는 레이블들의 목록이다. 각 레이블은 boxes 필드의 각 경계 상자에 대응된다.

이미지의 레이블 목록을 살펴보자.

```
labels_list = ds.labels.info['class_names']
labels_list
```

다음과 같이 데이터셋의 범위(scope)를 정의하는 일단의 레이블들이 출력된다.

```
['ignored regions',
 'pedestrian',
 'people',
 'bicycle',
 'car',
 'van',
 'truck',
 'tricycle',
 'awning-tricycle',
 'bus',
 'motor',
 'others']
```

이상으로 데이터셋을 적재하고 그 구조와 내용을 확인했다. 다음으로는 특정한 이미지 하나를 통해서 다중 모달 데이터셋의 구조를 살펴보기로 하자.

4.2.3 다중 모달 데이터셋 구조

이번 절에서는 데이터셋의 images 목록에서 이미지 하나를 선택해서 화면에 표시한다. 그런 다음에는 특정 레이블에 속하는 물체의 경계 상자를 이미지 표시에 추가한다. 먼저 이미지를 선택해서 표시해보자.

이미지 선택 및 표시

데이터셋의 첫 이미지를 선택한다.

```
# 이미지 선택
ind=0
image = ds.images[ind].numpy() # 첫 이미지를 넘파이 배열로 변환
```

다음은 이 이미지를 화면에 표시하는 코드이다. [22] 경계 상자들은 표시하지 않는다.

```
import deeplake
from IPython.display import display
from PIL import Image
import cv2  # OpenCV 모듈을 임포트한다.

image = ds.images[0].numpy()

# BGR에서 RGB로 변환(필요하다면)
image_rgb = cv2.cvtColor(image, cv2.COLOR_BGR2RGB)

# PIL Image 객체를 생성해서 표시한다.
img = Image.fromarray(image_rgb)
display(img)
```

표시된 이미지에는 트럭과 보행자(pedestrian), 그리고 그 밖의 객체들이 포함되어 있다.

그림 4.5 다양한 객체들을 포함한 이미지

이렇게 해서 첫 이미지를 경계 상자들 없이 표시해 보았다. 그럼 여기에 경계 상자들을 추가해서 이미지를 표시해 보자.

---

22 (옮긴이) import cv2에서 오류가 발생한다면 !pip install opencv-python으로 OpenCV 패키지를 설치한 후 다시 시도해 보기 바란다.

경계 상자 추가 및 이미지 저장

우선 이 이미지에 대한 모든 레이블을 가져온다.

```
labels = ds.labels[ind].data()  # 선택된 이미지의 레이블들을 가져온다.
print(labels)
```

출력은 다음과 같다. value는 레이블 ID들이고 text는 해당 레이블의 텍스트 이름(분류명)이다.

```
{'value': array([1, 1, 7, 1, 1, 1, 1, 6, 6, 6, 6, 6, 6, 6, 6, 6, 6, 1, 6, 6, 6, 6,
       1, 1, 1, 1, 1, 1, 6, 6, 3, 6, 6, 1, 1, 1, 1, 1, 1, 1, 1, 1, 1, 1,
       1, 6, 6, 6], dtype=uint32), 'text': ['pedestrian', 'pedestrian', 'tricycle',
'pedestrian', 'pedestrian', 'pedestrian', 'pedestrian', 'truck', 'truck', 'truck',
'truck', 'truck', 'truck', 'truck', 'truck', 'truck', 'truck', 'pedestrian', 'truck',
'truck', 'truck', 'truck', 'pedestrian', 'pedestrian', 'pedestrian', 'pedestrian',
'pedestrian', 'pedestrian', 'truck', 'truck', 'bicycle', 'truck', 'truck',
'pedestrian', 'pedestrian', 'pedestrian', 'pedestrian', 'pedestrian', 'pedestrian',
'pedestrian', 'pedestrian', 'pedestrian', 'pedestrian', 'pedestrian', 'pedestrian',
'truck', 'truck', 'truck']]}
```

레이블 ID와 텍스트 레이블을 보기 좋게 두 열로 표시해 보자.

```
values = labels['value']
text_labels = labels['text']

# 포매팅을 위해 가장 긴 텍스트 레이블 길이를 구한다.
max_text_length = max(len(label) for label in text_labels)

# 헤더 출력
print(f"{'Index':<10}{'Label':<{max_text_length + 2}}")
print("-" * (10 + max_text_length + 2))  # 구분선을 추가한다.

# ID들과 텍스트 레이블들을 두 열로 출력한다.
for index, label in zip(values, text_labels):
    print(f"{index:<10}{label:<{max_text_length + 2}}")
```

출력은 이미지 레이블 내용을 명확하게 보여준다.

```
Index      Label
----------------------
1          pedestrian
1          pedestrian
7          tricycle
1          pedestrian
1          pedestrian
1          pedestrian
1          pedestrian
6          truck
6          truck    ...
```

이미지의 분류명(일반 텍스트 레이블)들을 그룹화해 보자.

```
ds.labels[ind].info['class_names'] # 선택된 이름의 분류명들
```

이제 이미지를 설명하는 모든 레이블을 그룹화해서 표시할 수 있다.

```
ds.labels[ind].info['class_names'] # 선택된 이미지의 분류명들
```

출력은 다음과 같다. 이미지에 포함된 모든 분류명이 나와 있다.

```
['ignored regions',
 'pedestrian',
 'people',
 'bicycle',
 'car',
 'van',
 'truck',
 'tricycle',
 'awning-tricycle',
 'bus',
 'motor',
 'others']
```

종종 사람이 눈으로 이미지에서 볼 수 있는 것보다 많은 수의 분류명이 나오기도 한다.

이제 경계 상자들을 추가해 보자. 다음은 이미지에 경계 상자를 추가하고 표시한 후 지역 파일로 저장하는 함수이다.

```python
def display_image_with_bboxes(image_data, bboxes, labels, label_name, ind=0):
    # 주어진 레이블에 해당하는 경계 상자들과 함께 이미지를 표시한다.

    image_bytes = io.BytesIO(image_data)
    img = Image.open(image_bytes)

    # 선택된 이미지의 모든 분류명(레이블)을 추출한다.
    class_names = ds.labels[ind].info['class_names']

    # 주어진 레이블에 해당하는 이미지들만 표시한다(해당하는 분류명이 없는
    # 경우에는 모든 이미지를 표시한다)
    if class_names is not None:
        try:
            label_index = class_names.index(label_name)
            relevant_indices = np.where(labels == label_index)[0]
        except ValueError:
            print(f"Warning: Label '{label_name}' not found. Displaying all boxes.")
            relevant_indices = range(len(labels))
    else:
        relevant_indices = []  # 레이블이 전혀 없음. 경계 상자는 표시되지 않는다.

    # 경계 상자들을 그린다.
    draw = ImageDraw.Draw(img)
    for idx, box in enumerate(bboxes):  # 각 경계 상자에 대해:
        if idx in relevant_indices:    # 주어진 레이블에 해당하는 상자인지 확인
            x1, y1, w, h = box
            x2, y2 = x1 + w, y1 + h
            draw.rectangle([x1, y1, x2, y2], outline="red", width=2)
            draw.text((x1, y1), label_name, fill="red")
    # 이미지를 파일로 저장한다.
    save_path="boxed_image.jpg"
    img.save(save_path)
    display(img)
```

이제 특정 레이블에 대한 경계 상자들을 이미지에 추가하는 함수가 갖추어졌다. 다음은
"truck" 레이블로 이 함수를 호출하는 코드이다.

```
import io
from PIL import ImageDraw
# 선택된 이미지의 레이블들과 이미지 데이터를 가져온다.
labels = ds.labels[ind].data()['value']
image_data = ds.images[ind].tobytes()
bboxes = ds.boxes[ind].numpy()
ibox="truck" # 이미지의 한 레이블
# 주어진 레이블에 해당하는 경계 상자들이 추가된 이미지를 표시하고 저장한다.
display_image_with_bboxes(image_data, bboxes, labels, label_name=ibox)
```

출력은 다음과 같다. 트럭을 감싼 경계 상자들이 표시되었다.

그림 4.6 경계 상자들이 표시된 출력

그럼 이상의 데이터셋에 기반한 쿼리 엔진을 만들어서 쿼리문을 검색하고 응답을 생성해
보자.

4.2.4 다중 모달 쿼리 엔진 구축

이번 절에서는 '다중 모달 모듈형 RAG에 대한 사용자 입력' 절에서 설정한 사용자 입력으
로 VisDrone 데이터셋을 검색해서 적절한 이미지를 찾아내는 과정을 살펴본다. 이를 위해
해야 할 일은 다음과 같다.

1. VisDrone 데이터셋의 이미지 데이터와 경계 상자, 레이블을 포함하는 df 데이터프레임의 각 행에 대한 벡터 색인을 생성한다.

2. 데이터셋의 텍스트 데이터를 검색해서 관련 이미지 정보를 찾고 텍스트 응답을 생성하는 쿼리 엔진을 만든다.

3. 응답의 노드를 파싱해서 사용자 입력과 관련된 키워드를 찾는다.

4. 응답의 노드를 파싱해서 원본 이미지를 찾는다.

5. 원본 이미지의 경계 상자들을 이미지에 추가한다.

6. 이미지를 저장한다.

벡터 색인 및 쿼리 엔진 생성

먼저, 다중 모달 드론 데이터셋을 위한 벡터 저장소 색인의 원본으로 사용할 문서를 준비한다. §4.2.2 '다중 모달 데이터셋 적재 및 시각화'에서 생성한 df 데이터프레임에는 고유한 색인이나 임베딩이 없다. 여기서 라마인덱스를 이용해서 메모리에 생성하기로 하자.

우선, 그 데이터프레임의 각 행에 고유 ID를 배정한다.

```
# df는 §4.2.2에서 만든 데이터프레임이다.
df['doc_id'] = df.index.astype(str)  # 행 색인들로부터 고유한 ID들을 만든다.
```

이 코드는 df 데이터프레임에 doc_id라는 새 필드(열)를 추가하고, 각 행에 고유한 ID를 배정한다. 고유 ID는 데이터프레임의 행 색인을 문자열로 변환한 것이다. 다음으로, 벡터 색인을 생성하는 데 사용할 documents라는 이름의 빈 목록을 초기화한다.

```
# 문서(이미지 레이블들을 합친 텍스트)들을 담을 목록
documents = []
```

iterrows() 메서드를 이용해서 데이터프레임의 행들을 훑으면서 색인과 행의 쌍(pair)을 documents에 추가한다.

```
for _, row in df.iterrows():
    text_labels = row['labels'] # 텍스트 레이블들을 추출해서
    text = " ".join(text_labels) # 하나의 문자열로 만든다.
```

```
        document = Document(text=text, doc_id=row['doc_id'])
        documents.append(document)
```

이제 데이터셋의 모든 레코드가 documents에 추가되었다.

추가된 레코드들로 GPTVectorStoreIndex 타입의 벡터 색인을 생성한다.

```
from llama_index.core import GPTVectorStoreIndex
vector_store_index = GPTVectorStoreIndex.from_documents(documents)
```

이제 이미지 레이블 문서들에 대한 색인이 만들어졌다. 색인의 구조를 확인해 보자.

```
vector_store_index.index_struct
```

다음 출력에서 보듯이, 데이터셋에 색인이 추가되었다.

```
IndexDict(index_id='4ec313b4-9a1a-41df-a3d8-a4fe5ff6022c', summary=None,
nodes_dict={'5e547c1d-0d65-4de6-b33e-a101665751e6': '5e547c1d-0d65-
4de6-b33e-a101665751e6', '05f73182-37ed-4567-a855-4ff9e8ae5b8c':
'05f73182-37ed-4567-a855-4ff9e8ae5b8c'
```

이제 다중 모달 데이터셋에 대해 쿼리를 실행할 준비가 끝났다.

VisDrone 다중 모달 데이터셋에 대한 쿼리 실행

이제 3장의 §3.3 '벡터 저장소 색인 및 쿼리 엔진'에서 했던 것처럼 vector_store_index를
쿼리 엔진으로 설정한다.

```
vector_query_engine = vector_store_index.as_query_engine(
    similarity_top_k=1, temperature=0.1, num_output=1024)
```

다음은 드론 이미지 데이터셋에 대해 쿼리를 실행하는 코드이다. 3장에서 LLM 데이터셋에
대해 했던 것과 사실상 동일한 방식이다.

```
import time
start_time = time.time()
response = vector_query_engine.query(user_input)
```

```
# 타이머 중지
end_time = time.time()
# 실행 시간을 계산하고 출력현다.
elapsed_time = end_time - start_time
print(f"Query execution time: {elapsed_time:.4f} seconds")
```

실행 시간은 만족스럽다.

```
Query execution time: 1.8461 seconds
```

텍스트 응답도 살펴보자.

```
print(textwrap.fill(str(response), 100))
```

드론이 카메라, LiDAR, GPS와 같은 다양한 센서를 사용하여 트럭 같은 물체를 식별하고 추적한다는 뜻의 논리적이고 만족스러운 응답이 출력된다.

드론은 카메라, LiDAR, GPS 등 다양한 센서를 사용하여 트럭과 같은 물체를 식별하고 추적합니다.

응답 처리

이제 이 응답의 노드들을 파싱해서 고유한 단어들을 찾아보자. 그중 하나를 이후의 처리에 사용할 것이다.

```python
from itertools import groupby

def get_unique_words(text):
    text = text.lower().strip()
    words = text.split()
    unique_words = [word for word, _ in groupby(sorted(words))]
    return unique_words

for node in response.source_nodes:
    print(node.node_id)
    # 노드 텍스트에서 고유한 단어들을 추출한다.
    node_text = node.get_text()
    unique_words = get_unique_words(node_text)
    print("Unique Words in Node Text:", unique_words)
```

출력은 다음과 같다. 이 이미지의 경우 고유한 단어는 'truck' 하나이다. 또한 그 단어(레이블)의 고유 ID도 출력되었다. 덕분에 이 응답을 생성한 노드의 원본 이미지를 즉시 찾을 수 있다.

```
1af106df-c5a6-4f48-ac17-f953dffd2402
Unique Words in Node Text: ['truck']
```

프로젝트의 목표나 성격에 따라서는 이미지들에 더 많은 종류의 레이블을 추가할 수도 있을 것이다. 그런 경우 이 함수도 적절히 수정해야 할 것이다.

이전 장의 §3.3.1 '쿼리 응답과 출처 확인'에서 LLM 데이터셋에 대해 했던 것처럼, 원본 노드를 이용해서 원본 이미지를 찾아보자. 다중 모달 벡터 저장소와 쿼리 프레임워크는 유연하다. LLM과 다중 모달 데이터셋에 대해 검색을 수행하는 방법을 한 번 배워 두면, 이후 여러분이 만날 거의 모든 상황에 잘 대처할 수 있을 것이다.

그럼 응답의 이미지와 관련한 정보를 선택해서 처리해 보자.

원본 노드의 이미지 선택 및 처리

이미지 검색 및 표시 함수를 호출하기 전에, '경계 상자 추가 및 이미지 저장' 절에서 저장한 이미지 파일을 지우는 게 좋겠다. 쿼리 실행으로 선택된 이미지를 새로이 저장해야 하기 때문이다. 다음 코드를 실행하면 된다.

```
# 이전에 저장한 이미지를 삭제한다.
!rm /content/boxed_image.jpg
```

다음은 응답 텍스트로부터 원본 이미지를 찾고 거기에 적절한 형태로 표시하는 process_and_display 함수이다. 이 함수는 내부적으로 앞의 display_image_with_bboxes 함수를 이용해서 이미지에 경계 상자들을 추가해서 표시하고 파일로 저장한다.

```
import io
from PIL import Image

def process_and_display(response, df, ds, unique_words):
    """"노드들을 처리해서 그에 대응되는 이미지들을 데이터셋에서 찾고,
    경계 상자들을 추가해서 표시한다.
```

```
Args:
    response: 원본 노드들을 담은 응답 객체
    df: doc_id 정보를 포함한 데이터프레임
    ds: 이미지들과 레이블들, 경계 상자들을 담은 데이터셋
    unique_words: 필터링을 위한 고유 단어 목록
    """
    ...

                if i == row_index:
                    image_bytes = io.BytesIO(sample.images.tobytes())
                    img = Image.open(image_bytes)

                    labels = ds.labels[i].data()['value']
                    image_data = ds.images[i].tobytes()
                    bboxes = ds.boxes[i].numpy()
                    ibox = unique_words[0]  # 이미지가 속한 분류명

                    display_image_with_bboxes(image_data, bboxes, labels, label_name=ibox)
```

다음은 쿼리 실행으로 얻은 응답의 키워드로 이 함수를 호출하는 코드이다.

```
# 'response', 'df', 'ds', 'unique_words' 객체들이 준비되었다고 가정한다.
process_and_display(response, df, ds, unique_words)
```

출력은 만족스럽다. 키워드 "truck"으로 검색해서 찾은 원본 이미지에 경계 상자들이 추가된 모습을 확인할 수 있다.

그림 4.7 트럭들이 강조된 원본 이미지

4.2.5 다중 모달 모듈형 쿼리 결과 요약

앞에서 우리는 다중 모달 모듈형 쿼리 프로그램을 단계별로 구축했다. 이제 주요 결과를 요약해 보자. 다음은 원래의 사용자 입력과 그에 대한 LLM의 응답, 그리고 응답으로부터 역추적한 원본 이미지를 출력하는 코드이다.

```
# 1. 사용자 입력
print(user_input)
# 2. LLM 응답
print(textwrap.fill(str(llm_response), 100))
# 3. 멀티 모달 응답
image_path = "/content/boxed_image.jpg"
display_source_image(image_path)
```

다음은 사용자 입력("드론은 어떻게 트럭을 식별하나요?")과 LLM의 응답이다.

How do drones identify a truck?
드론은 시각적 감지 및 추적 방법을 사용하여 트럭을 식별할 수 있으며, 성능 벤치마킹을 위해 딥 뉴럴 네트워크가 사용될 수 있습니다.

다음은 다중 모달 쿼리로 찾아낸 원본 이미지이다. 트럭에 대한 경계 상자들도 추가되었다.

그림 4.8 경계 상자들이 추가된 원본 이미지

지금까지 우리는 LLM의 응답에 이미지를 추가함으로써 출력을 증강했다. 이러한 다중 모달 RAG 출력 증강 접근 방식은 입력뿐만 아니라 출력에도 정보를 추가함으로써 생성형 AI를 풍부하게 만든다. 이전의 쿼리 엔진들에 했듯이 성능 지표를 설계하고 적용해 보자. 이번 경우에는 효율적인 이미지 인식 기능이 필요하다.

4.2.6 성능 지표

다중 모달 모듈형 RAG의 성능 측정에는 텍스트와 이미지 두 가지 유형의 측정이 필요하다. 텍스트 측정은 간단하지만 이미지 측정은 상당히 어렵다. 다중 모달 응답의 이미지 분석은 아주 다른 문제이다. 앞에서 우리는 다중 모달 쿼리 엔진에서 키워드를 추출하고 파싱해서 원본 이미지를 찾아냈다. 그런데 그 원본 이미지가 사용자 입력과 얼마나 관련이 있는지 평가하려면 이전의 텍스트 유사도 평가와는 차원이 다른 방법이 필요하다. 이미지 평가는 잠시 후에 이야기하고, LLM이 생성한 응답에 대한 성능 지표부터 살펴보자.

LLM 성능 지표

라마인덱스는 쿼리 엔진을 통해 GPT-4와 같은 오픈AI 모델을 이음매 없이 매끄럽게 호출해서 텍스트 응답을 돌려준다. 텍스트 응답에는 2장 §2.5 '코사인 유사도를 이용한 출력 평가'와 3장 §3.3 '벡터 저장소 색인 및 쿼리 엔진'에서와 동일한 코사인 유사도 지표를 적용한다.

다음은 sklearn과 sentence_transformers를 사용하여 두 텍스트(이 경우 입력과 출력) 간의 유사도를 계산하는 평가 함수이다.

```python
from sklearn.feature_extraction.text import TfidfVectorizer
from sklearn.metrics.pairwise import cosine_similarity

from sentence_transformers import SentenceTransformer
model = SentenceTransformer('all-MiniLM-L6-v2')

def calculate_cosine_similarity_with_embeddings(text1, text2):
    embeddings1 = model.encode(text1)
    embeddings2 = model.encode(text2)
    similarity = cosine_similarity([embeddings1], [embeddings2])
    return similarity[0][0]
```

이제 공통의 사용자 입력과 쿼리로 초기 LLM 응답 간의 유사도를 계산할 수 있다.

```python
llm_similarity_score = calculate_cosine_similarity_with_embeddings(
    user_input, str(llm_response))
print(user_input)
```

```
print(llm_response)
print(f"Cosine Similarity Score: {llm_similarity_score:.3f}")
```

사용자 입력과 텍스트 응답, 그리고 두 텍스트 간의 코사인 유사도가 출력된다.

```
How do drones identify a truck?
드론은 시각적 탐지 및 추적 방법을 사용하여 트럭을 식별할 수 있으며, 성능 벤치마킹을 위해
딥 뉴럴 네트워크가 사용될 수 있습니다.
Cosine Similarity Score: 0.691
```

출력은 만족스럽다. 이제 다중 모달 성능을 측정하는 방법을 설계해야 한다.

다중 모달 성능 지표

응답의 이미지를 평가하려면 데이터셋의 텍스트 레이블들만으로는 부족하다. 소규모 데이터셋이라면 이미지를 수동으로 확인할 수 있겠지만, 시스템 규모가 커지면 자동화가 필요하다. 이번 절에서는 GPT-4o의 컴퓨터비전 기능을 사용하여 이미지를 분석하고, 분석 결과를 파싱해서 원하는 물체를 찾고, 그에 기반해서 이미지에 관한 설명을 생성한다. 그런 다음 GPT-4o가 제공한 설명과 실제로 이미지에 포함되어야 할 레이블 텍스트의 코사인 유사도를 적용한다. GPT-4o는 다중 모달 생성형 AI 모델이다.

먼저 GPT-4o로의 데이터 전송을 간소화하기 위해 이미지를 인코딩한다. Base64 인코딩은 이미지 같은 이진 데이터를 표준 텍스트 문자인 ASCII 문자로 변환한다. HTTP 같은 프로토콜들은 텍스트 데이터를 원활하게 처리하도록 설계되었으므로 HTTP를 이용해서 이미지 데이터를 전송하려면 이러한 변환이 매우 중요하다. 이러한 변환은 또한 데이터 손상이나 해석 오류와 같은 이진 데이터 전송 관련 문제도 방지한다.

다음 코드는 파이썬의 **base64** 모듈을 이용해서 원본 이미지를 인코딩한다.

```
import base64

IMAGE_PATH = "/content/boxed_image.jpg"

# 이미지 파일을 열고 Base64 문자열로 인코딩한다.
def encode_image(image_path):
    with open(image_path, "rb") as image_file:
```

```
    return base64.b64encode(image_file.read()).decode("utf-8")

base64_image = encode_image(IMAGE_PATH)
```

이제 오픈AI 클라이언트를 생성하고 모델을 **gpt-4o**로 설정한다.

```
from openai import OpenAI
# API 키를 지정해서 OpenAI 클라이언트 객체를 생성한다.
client = OpenAI(api_key=openai.api_key)
MODEL="gpt-4o"
```

unique_words에는 응답을 파싱하여 얻은 다중 모달 데이터셋에 대한 LLM 쿼리의 결과가 들어 있다.

```
u_word=unique_words[0]
print(u_word)
```

이제 이미지를 오픈AI GPT-4o에 제출한다.

```
response = client.chat.completions.create(
    model=MODEL,
    messages=[
        # 시스템 메시지: "당신은 {u_word}가 담긴 이미지를 분석하는 유능한 어시스턴트입니다."
        {"role": "system", "content": f"You are a helpful assistant that analyzes images
that contain {u_word}."},
        # 사용자 메시지: "다음 이미지를 분석해서 하나 이상의 경계 상자에 {u_word}가 있는지
판별하고 설명하세요."
        {"role": "user", "content": [
            {"type": "text", "text": f"Analyze the following image, tell me if there is
one {u_word} or more in the bounding boxes and analyze them:"},
            {"type": "image_url", "image_url": {
                "url": f"data:image/png;base64,{base64_image}"}
            }
        ]}
    ],
    temperature=0.0,
)
response_image = response.choices[0].message.content
print(response_image)
```

이 코드는 이미지를 분석해서 목표 레이블인 u_word(이 경우 truck)를 찾게 하는 시스템 메시지(system)와 사용자 메시지(user)를 지정해서 모델을 실행한다. 이때 원본 노드 이미지도 함께 모델에 제출한다. 다음은 출력인데, 이미지 안의 트럭들을 식별해서 잘 설명했다는 점에서 만족스럽다.

> 이미지에는 경계 상자 안에 두 대의 트럭이 있습니다. 각 트럭에 대한 분석은 다음과 같습니다.
> 1. **첫 번째 트럭 (위쪽 경계 상자)**:
>   - 트럭은 평상형 트럭으로 보입니다.
>   - 다양한 자재, 아마도 건축 또는 산업 용품을 싣고 있습니다.
>   - 트럭은 다른 건축 자재와 장비가 있는 곳에 주차되어 있습니다.
> 2. **두 번째 트럭 (아래쪽 경계 상자)**:
>   - 이 트럭 또한 평상형 트럭으로 보입니다.
>   - 첫 번째 트럭과 유사하게 다양한 종류의 자재를 운반하고 있습니다.
>   - 트럭은 건축 자재와 장비로 둘러싸인 유사한 환경에 있습니다.
> 두 트럭 모두 건설 현장 또는 산업 지역에 있으며, 자재 및 장비 운반에 사용될 가능성이 높습니다.

이제 모델과 원래의 키워드(현재 truck) 사이의 코사인 유사도를 측정해 보자. 응답에 여러 대의 트럭이 있을 경우에 대비해 키워드에 "s"를 추가해서 복수형을 만든다는 점도 주목하기 바란다.

```
resp=u_word+"s"
multimodal_similarity_score = calculate_cosine_similarity_with_embeddings(
    resp, str(response_image))
print(f"Cosine Similarity Score: {multimodal_similarity_score:.3f}")
```

모델은 이미지를 잘 설명하는 응답을 생성했지만, 그 응답은 "truck" 외에도 많은 요소를 설명한다. 그래서 유사도 점수가 그리 높지 않다.

```
Cosine Similarity Score: 0.505
```

인간 관찰자라면 비록 코사인 유사도 점수가 0.5 수준이라도 이 이미지와 LLM 응답이 적절하다고 승인할 수 있을 것이다. 하지만 점수가 더 높게 나왔더라도 근본적인 문제는 남아 있다. 복잡한 이미지를 상세하고 정확하게 분석하는 것은 애초에 어려운 일이다(비록 관련 기술이 조금씩 발전하고는 있지만). 이제 시스템의 전반적인 성능을 측정해 보자.

다중 모달 모듈형 RAG 성능 지표

시스템의 전반적인 성능을 평가하기 위해 LLM 응답 성능 지표와 다중 모달 응답 성능 지표를 합하고 2로 나눈다.

```
score=(llm_similarity_score+multimodal_similarity_score)/2
print(f"Multimodal, Modular Score: {score:.3f}")
```

결과는 다음과 같다. 사람이 보기에는 만족스러운 응답이지만, 복잡한 이미지의 관련성을 자동으로 평가하기는 여전히 어렵다는 점을 잘 말해주는 수치이다.

```
Multimodal, Modular Score: 0.598
```

출력 이미지가 주어진 키워드와 관련이 있다는 사람의 판단을 이용해서 지표를 개선하는 것이 가능하다. 챗GPT나 제미니, MS 코파일럿^{Copilot}과 같은 최고의 AI 에이전트에 항상 엄지 올리기/내리기 같은 피드백 수단을 제공하는 이유가 바로 이것이다.

이것으로 이번 장을 마무리하겠다. 다음 장에서는 인간의 피드백을 통해 RAG를 더욱 개선하는 방법을 살펴본다.

요약

이번 장에서는 다양한 데이터 유형(텍스트 및 이미지)과 작업에 대해 서로 다른 모듈을 사용하는 다중 모달 모듈형 RAG의 세계를 소개했다. 이번 장에서도 앞 장에 나온 라마인덱스, 딥 레이크, 오픈AI의 기능을 활용했다. 예제에서는 드론의 이미지 분석 및 객체 식별을 위해 만들어진 데이터셋인 딥 레이크 VisDrone 데이터셋을 사용했다. 이 데이터셋에는 다양한 이미지와 함께 이미지 안 물체들을 서술하는 레이블과 경계 상자 정보가 포함되어 있다. 야생 동물 추적, 상업적 배송 간소화, 더 안전한 사회 기반 시설 검찰 등 여러 영역에서 드론을 활용할 수 있도록 드론 기술을 발전시키려면 다중 모달 데이터가 필요하다.

이번 장에서 우리는 다중 모달 모듈형 RAG 기반 생성형 AI 시스템을 구축했다. 첫 단계는 LLM과 다중 모달 쿼리 모두에 대한 공통의 사용자 쿼리문을 정의하는 것이었다. 쿼리문을 정의한 다음에는 3장에서 구현한 Deep Lake 텍스트 데이터셋에 쿼리를 실행했다. 라마인 덱스 덕분에 손쉽게 쿼리 엔진을 만들어서 응답을 검색하고, 증강하고, 생성할 수 있었다. 다음으로는 딥 레이크 VisDrone 데이터셋을 메모리에 적재하고 라마인덱스를 이용해 메모 리에 색인을 생성한 후 색인 기반 벡터 검색 파이프라인을 만들었다. 쿼리 실행 시 라마인 덱스는 내부적으로 GPT-4 같은 오픈AI 모델을 이용해서 텍스트 응답을 생성하고 키워드 를 파싱했다. 마지막으로, 응답의 원본 노드를 추적해서 원본 이미지를 찾고, LLM 응답과 이미지 응답을 병합해서 증강된 출력을 생성했다. 텍스트 응답의 품질은 이전처럼 코사인 유사도로 측정했다. 이미지 평가는 그보다 복잡했는데, 먼저 검색된 이미지에 대해 GPT-4o로 이미지 인식을 실행해서 이미지를 설명하는 텍스트를 얻고, 그것과 원래의 키워드 사 이의 코사인 유사도를 측정했다.

다중 모달 모듈형 RAG 기반 생성형 AI로의 여정을 통해서 최첨단 AI의 세계를 엿볼 수 있 었을 것이다. 또한, 이번 장에서 꽤 복잡한 예제 시스템을 구축해 본 것이 여러분의 실제 AI 프로젝트를 위한 좋은 연습이 되었을 것이다. 실제 AI 프로젝트에서는 이번 장의 예제처럼 다중 원본, 다중 모달, 비정형 데이터를 다루어야 하며, 자연스럽게 모듈형의 복잡한 시스 템으로 이어진다. 응답의 출처를 투명하게 추적하는 능력은 RAG의 복잡성을 활용하고, 제 어하고, 개선하는 데 도움이 된다. AI의 투명성과 정밀도에 관한 논의는 다음 장에서도 이 어진다. 다음 장에서는 응답 출처의 투명성을 활용해서 AI를 개선하기 위해 인간의 피드백 을 도입하는 방법을 살펴볼 것이다.

연습문제

다음 질문에 **그렇다** 또는 **아니다**로 답하라.

1. 다중 모달 모듈형 RAG는 텍스트와 이미지와 같은 다양한 유형의 데이터를 처리하는가?

2. 드론은 농업 모니터링과 항공 사진 촬영에만 사용되는가?

3. 이번 장의 예제에서 딥 레이크 VisDrone 데이터셋을 텍스트 데이터에만 사용했는가?

4. 트럭이나 보행자와 같은 객체를 식별하기 위해 드론 이미지에 경계 상자를 추가할 수 있는가?

5. 모듈형 시스템은 쿼리 응답을 위해 텍스트와 이미지 데이터를 모두 검색하는가?

6. 다중 모달 VisDrone 데이터셋을 쿼리하려면 벡터 색인을 꼭 구축해야 하는가?

7. 검색된 이미지를 레이블이나 경계 상자를 추가하지 않고 처리하는가?

8. 다중 모달 모듈형 RAG 성능 지표는 텍스트 응답만을 기반으로 하는가?

9. 이번 장에서 설명한 것과 같은 다중 모달 시스템은 드론 관련 데이터만 처리할 수 있는가?

10. 다중 모달 RAG에서 이미지를 평가하는 것이 텍스트를 평가하는 것만큼 쉬운가?

참고문헌

- **라마인덱스:** https://docs.llamaindex.ai/en/stable/

- **액티브루프 딥 레이크:** https://docs.activeloop.ai/

- **오픈AI:** https://platform.openai.com/docs/overview

더 읽을거리

- Yasunaga 외, *Retrieval-Augmented Multimodal Language Modeling* (2023), https://arxiv.org/pdf/2211.12561

디스코드 커뮤니티 참여

다음은 이 책의 디스코드 공간이다. 원서 저자 및 다른 독자와 토론할 수 있다.

- https://www.packt.link/rag

05

전문가의
피드백을 이용한
RAG 성능 향상

생성형 AI에서 **인간 피드백**(Human feedback, HF)은 단순히 유용한 것이 아니라 필수 요소이다. 특히 RAG를 사용하는 모델에서 더욱 그렇다. 생성형 AI 모델은 학습 과정에서 다양한 문서가 포함된 데이터셋의 정보를 활용한다. AI 모델을 훈련하는 데 쓰인 데이터는 모델의 매개변수들에 고정된다. 모델을 다시 훈련하지 않는 한 데이터를 변경할 수 없다. 하지만 검색 기반 텍스트 및 다중 모달 데이터셋에서는 정보를 우리가 확인하고 수정할 수 있다. 이때 필요한 것이 HF이다. AI 모델이 데이터셋에서 가져오는 정보에 대해 인간이 피드백을 제공함으로써 모델의 향후 응답 품질에 직접적인 영향을 미칠 수 있다. 이러한 인간 피드백을 통해서 사람은 RAG 발전의 적극적인 참여자가 되며, 이에 의해 AI 프로젝트에 적응형 RAG(adaptive RAG)라는 새로운 차원이 추가된다.

이전 장들에서는 기본형, 고급형, 모듈형 RAG를 탐구하고 구현했다. 이제 우리의 생성형 AI 도구 상자에 적응형 RAG를 추가할 것이다. 최고의 지표를 가진 최고의 생성형 AI 시스템이라도 사용자가 만족하지 않는다면 쓸모가 없다. 이번 장에서는 HF 루프가 포함된 적응형 RAG를 소개한다. 여기서 '적응형(adaptive)'은 검색에 사용되는 문서를 필요에 따라 업데이트함으로써 시스템을 새로운 정보와 상황에 적응시킨다는 뜻이다. 그리고 RAG에 HF를 통합함으로써, 자동화된 생성 프로세스에 인간이 개입하는 실용적인 하이브리드(혼합) 시스템이 만들어진다. 정리하자면, 이번 장에서는 HF를 활용하는 하이브리드 적응형 RAG 프로그램을 파이썬으로 처음부터 끝까지 구축한다. 그 과정에서 RAG 기반 생성형 AI 시스템을 구축하는 핵심 단계들을 차례로 설명할 것이다. 이번 장을 마치면 적응형 RAG 프레임워크에 대한 이론적 이해와 함께 HF 기반 AI 모델 구축에 대한 실제 경험도 얻게 될 것이다.

이번 장에서 다룰 주제는 다음과 같다.

- 적응형 RAG 생태계의 정의
- 증강된 검색 쿼리에 적응형 RAG 적용
- HF를 통한, 증강된 생성형 AI 입력 자동화
- 전문가 HF를 트리거하기 위한 최종 사용자 피드백 등급 자동화
- 인간 전문가를 위한 자동화된 피드백 시스템 만들기
- GPT-4o를 위한 적응형 RAG와 HF 통합

그럼 적응형 RAG가 무엇인지부터 정의해 보자.

5.1 적응형 RAG

RAG가 모든 문제와 과제를 해결할 수는 없다. RAG도 다른 생성형 모델처럼 부적절하고 잘못된 출력을 생성할 수 있다. 하지만 RAG는 생성형 AI 모델의 응답 생성에 도움이 되는 관련 문서를 제공한다는 점에서 유용한 옵션이 될 수 있다. 그렇긴 하지만 RAG 출력의 품질은 기반 데이터의 정확성과 관련성에 따라 달라진다. 따라서 검증이 필요하다. 여기서 적응형 RAG가 등장한다. 적응형 RAG는 인간의 피드백을 도입함으로써 RAG 기반 생성형 AI 생태계를 실질적으로 개선한다.

생성형 AI 모델의 핵심 정보는 가중치 집합의 형태로 모델에 저장된 매개변수적 데이터이다. **2장 '딥 레이크와 오픈AI를 활용한 RAG 임베딩 벡터 저장소'**에서 보았듯이 RAG의 맥락에서는 이 데이터를 우리가 시각화하고 제어할 수 있다. 그럼에도 문제는 남아 있는데, 예를 들어 최종 사용자가 모호한 쿼리문을 작성하거나 RAG 데이터 검색이 잘못되어서 그리 만족스럽지 않은 응답이 생성될 여지가 존재한다. 따라서 시스템의 신뢰성을 보장하기 위해서는 HF 프로세스가 강력히 권장된다.

1장 'RAG(검색 증강 생성)가 필요한 이유'의 그림 1.3은 완전한 RAG 프레임워크와 생태계를 보여준다. 이번 장은 적응형 RAG 생태계를 위한 주요 단계와 프로세스에 초점을 둔다.

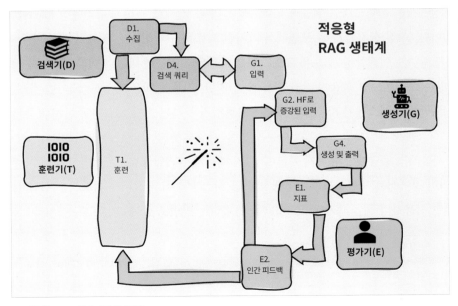

그림 5.1 적응형 RAG 생태계의 한 변형

이번 장에서 구축할 시스템은 적응형 RAG 생태계의 한 변형(variant)이다. 그림 5.1에서 보듯이 이 생태계는 다양한 구성요소를 포함한다. 우선 검색기(retriever)를 위한 구성요소들은 다음과 같다.

- **D1: 수집**과 **D2: 처리**에서는 LLM 관련 위키피디아 문서를 가져와서 정제한다.
- **D4: 검색 쿼리**에서는 증강용 데이터셋을 검색한다.

생성기(generator)의 구성요소는 다음과 같다.

- **G1: 입력**은 최종 사용자가 입력한 쿼리이다.
- **G2: HF로 입력 증강**에서는 사용자의 초기 입력을 인간 피드백으로 증강한다.
- **G3: 프롬프트 엔지니어링**에서는 GPT-4o 모델에 사용할 프롬프트를 설정한다(그림에는 없음).
- **G4: 생성 및 출력**에서는 생성형 AI 모델을 실행해서 응답을 얻는다.

평가기(evaluator)의 구성요소는 다음과 같다.

- **E1: 지표**에서는 코사인 유사도를 측정한다.
- **E2: 인간 피드백(HF)**에서는 최종 사용자와 전문가 피드백을 통해 시스템의 최종 지표를 평가한다.

이번 장에서는 하이브리드 적응형 RAG 프로그램을 실제로 구축해서 적응형 RAG를 설명할 것이다. 이전 장처럼 구글 코랩에서 파이썬 노트북을 사용한다. 적응형 RAG의 처리 과정을 명확하게 이해할 수 있도록 프로그램을 처음부터 만들어 나갈 것이다. 처리 과정의 세부사항은 프로젝트의 목표에 따라 다를 수 있지만, 기본 원칙은 동일하다. 이번 장의 실습 예제를 통해서 시스템이 사용자의 기대를 충족하지 못하는 기성 시스템의 한계를 극복하는 RAG 시스템을 개발하고 커스텀화하는 방법을 배우게 될 것이다. 성능 지표가 아무리 좋더라도 사용자가 응답에 만족하지 못할 수 있기 때문에 이러한 RAG 접근 방식이 매우 중요하다. 이번 장에서는 또한 RAG 기반 생성형 AI 시스템에 대한 전문가 피드백을 수집하기 위해 인간 사용자의 등급 평가(ranking)[23]를 통합하는 방법도 살펴볼 것이다. 마지막으로, 생

---

23 (옮긴이) 이 맥락에서 rank는 입력 증강에서 쿼리문과의 관련성에 따라 문서들에 부여하는 '순위'와는 조금 다른 개념으로, 영화 별점처럼 일정한 구간으로 나뉘는 점수에 해당한다. 불필요한 혼란을 피하기 위해 '등급'으로 옮겨서 차별화하기로 한다.

성 모델을 위한 사용자 입력 증강 방식을 결정하는 자동화된 등급 평가 시스템도 구현한다. 이를 통해서 RAG 기반 시스템을 기업에서 성공적으로 구현하는 방법에 대한 실질적인 통찰을 얻을 수 있을 것이다.

이번 장의 예제는 가상의 **C사**(Company C)가 개념 증명(proof of concept) 차원의 AI 제품을 개발한다는 가정을 깔고 있다. 좀 더 구체적으로, C사는 AI가 무엇인지 설명하는 대화형 에이전트를 배포하고자 한다. 목표는 이 회사의 직원들이 AI의 기본 용어, 개념, 응용 분야를 이해하도록 하는 것이다. 이 개념 증명 제품을 통해 회사 직원들이 AI를 좀 더 잘 알게된다면 이 개념 증명 제품의 개발을 이끄는 ML 엔지니어가 회사의 영업이나 생산, 배송 부문을 위한 실질적인 AI 프로젝트들을 개발할 기회를 얻을 수 있을 것이다.

C사는 현재 고객 지원과 관련하여 심각한 문제에 직면했다. 제품과 서비스가 늘어나면서 C-폰 시리즈 스마트폰 제품 라인에서 기술적 문제가 발생한 탓에 고객 지원 요청이 쇄도하고 있다. IT 부서는 이러한 고객들을 위한 대화형 에이전트를 설치하고자 한다. 하지만 다른 팀들은 확신하지 못하고 있다. 그래서 IT 부서는 우선 LLM이 무엇이고 C-폰 시리즈 고객 지원 서비스에서 어떻게 도움이 될 수 있는지를 설명하는 대화형 에이전트를 구축하기로 결정했다.

C사의 요구를 충족하려면 하이브리드이면서 적응형인 시스템이 필요하다.

- **하이브리드**: 현업의 실제 시나리오는 이론적인 틀이나 구성을 넘어서기 마련이다. 이 시스템이 하이브리드인 이유는 실시간으로 처리될 수 있는 인간 피드백(HF)을 검색 프로세스에 통합하기 때문이다. 하지만 키워드만으로 문서의 내용을 파싱하지는 않을 것이다. 문서(구체적으로는 위키피디아 URL)들에 레이블을 붙일 것인데, 이를 자동으로 수행할 수도 있고, 필요한 경우에는 인간이 통제하고 개선할 수 있다. 차차 보겠지만, 일부 문서는 인간 전문가의 피드백으로 대체되고 다시 레이블링된다. 이 프로그램은 인간 전문가 피드백 문서와 원시 검색 문서를 자동으로 검색하여 하이브리드(인간-기계) **동적**(dynamic) RAG 시스템을 형성한다.

- **적응형**: 인간 사용자 등급 평가, 전문가 피드백, 자동화된 문서 재순위화를 도입할 것이다. 이 인간 피드백 루프는 모듈형 RAG와 적응형 RAG의 깊은 부분까지 다룬다. 적응형 RAG는 쿼리에 대한 응답을 조정할 수 있는 RAG 시스템의 유연성을 활용한다. 특히, 인간 피드백을 통해서 출력 품질의 개선을 꾀한다.

실제 프로젝트에서는 ML 엔지니어가 미리 정해진 범주의 경계를 넘어설 수밖에 없다. 실용주의(Pragmatism)와 필요성은 창의적이고 혁신적인 해결책을 장려한다. 예를 들어, 시스템의 하이브리드, 동적, 적응형 측면을 위해 ML 엔지니어는 어떤 종류의 알고리즘으로도 작동하는 프로세스를 구상할 수 있다. 고전적인 소프트웨어 함수는 물론이고 ML 클러스터링 알고리즘 등 효과만 있다면 어떤 형태의 함수도 사용할 수 있는 것이다. 실제 AI에서는 작동하는(working) 것이 곧 정답이다!

이 개념 증명 제품을 잘 구축한다면 하이브리드 적응형 RAG 기반 생성형 AI가 C사의 팀들을 성공적으로 도울 수 있는지 경영진에게 보여줄 수 있을 것이다. 특히 다음과 같은 성과를 기대할 수 있다.

- 프로젝트의 확장과 투자에 앞서 AI가 실제로 잘 작동함을 입증한다.
- AI 시스템을 특정 프로젝트에 맞게 커스텀화할 수 있음을 보여준다.
- 모든 AI 과제에 대응할 수 있는 탄탄한 기반 기술을 확보한다.
- 회사의 데이터 거버넌스와 AI 시스템들의 통제 수단을 구축한다.
- 개념 증명 과정에서 발생하는 문제들을 해결해서 시스템 확장을 위한 견고한 기반을 마련한다.

그럼 키보드 앞으로 가서 실제로 만들어 보자!

5.2 파이썬을 이용한 하이브리드 적응형 RAG 시스템 구축

이제부터 하이브리드 적응형 RAG 기반 생성형 AI 구성의 개념 증명을 실제로 구현한다. 구글 코랩 등 노트북 환경에서 `Chapter05/Adaptive_RAG.ipynb` 파일을 열기 바란다. 인간 피드백에 초점을 맞출 것이므로 기존 프레임워크는 사용하지 않을 것이다. 우리만의 파이프라인을 구축하고 인간 피드백 구성요소를 도입하기로 한다.

앞에서 설명했듯이 이 프로그램은 크게 **검색기**, **생성기**, **평가기** 세 부분으로 구성된다. 실제 프로젝트의 파이프라인에서는 이들을 각각 별도의 에이전트로 둘 수도 있다. 한 프로젝트에서 여러 팀이 RAG 프레임워크의 서로 다른 측면을 병렬로 작업하게 될 수 있으므로 처음부터 이러한 구성요소들을 분리하는 것이 바람직하다.

다음 절들은 노트북 파일의 섹션들과 동일한 순서이다. 절 제목의 괄호 안에 노트북의 섹션 번호를 표시해 두었다.

5.2.1 검색기(섹션 1)

검색기부터 살펴보자. 우선 검색기를 위한 환경을 설정한다. 데이터의 검색과 처리를 용이하게 하는 필수 소프트웨어 구성요소와 라이브러리를 설치하고, 주요 파일과 데이터셋을 내려받는다. 그런 다음에는 데이터셋을 처리하고 사용자 입력을 준비한다.

검색기 환경 설치(섹션 1.1)

원서 깃허브 저장소의 commons 디렉터리에서 grequests.py를 다운로드하는 것부터 시작하자. 중복을 피하기 위해 이 책의 여러 예제 프로그램이 공통으로 사용하는 파일들을 commons 디렉터리에 넣어 두었다.

다운로드는 requests 라이브러리를 이용한다. 우선 파일의 URL과 그것을 저장할 파일명을 설정한다.

```
url = "https://raw.githubusercontent.com/Denis2054/RAG-Driven-Generative-AI/main/commons/
grequests.py"
output_file = "grequests.py"
```

앞에서 이야기했듯이 다른 프레임워크들에 의존하지 않고 처음부터 RAG 기반 생성형 AI 모델을 구축할 것이다. 그래서 검색기에는 두 개의 패키지만 필요하다. 설치할 패키지는 다음과 같다.

- Wikipedia 문서를 가져오기 위한 HTTP 라이브러리 requests:

    `!pip install requests==2.32.3`

- 웹페이지에서 정보를 스크래핑하기 위한 beautifulsoup4:

    `!pip install beautifulsoup4==4.12.3`

이제 데이터셋을 준비할 차례이다.

데이터셋 준비(섹션 1.2.1)

이 개념 증명을 위해, 미리 정한 URL들로 위키백과 문서를 스크래핑해서 데이터셋을 만든다. 데이터셋에는 문서뿐만 아니라 레이블도 포함된다. 레이블은 자동으로 부여할 수도 있고 사람이 직접 부여할 수도 있다. 이러한 레이블링은 데이터셋 문서의 색인화를 위한 첫 단계에 해당한다.

```python
import requests
from bs4 import BeautifulSoup
import re

# 위키백과 문서 URL과 키워드(레이블) 조합들
urls = {
    "prompt engineering": "https://en.wikipedia.org/wiki/Prompt_engineering",
    "artificial intelligence":"https://en.wikipedia.org/wiki/Artificial_intelligence",
    "llm": "https://en.wikipedia.org/wiki/Large_language_model",
    "llms": "https://en.wikipedia.org/wiki/Large_language_model"
}
```

각 URL에 하나 이상의 레이블이 붙어 있다. 비교적 작은 데이터셋에는 이런 접근 방식으로 충분할 것이다.

이 예제 개념 증명뿐만 아니라 여러분의 실제 프로젝트에서도 이 접근 방식은 순수한 RAG(키워드를 사용한 콘텐츠 검색)에서 색인(이 경우 레이블)을 사용한 데이터셋 검색으로 나아가는 탄탄한 첫걸음이 될 수 있을 것이다. 이제 데이터 처리로 넘어가자.

데이터 처리(섹션 1.2.2)

다음은 주어진 URL의 문서를 가져와서 텍스트를 정제하는 함수이다. 통상적인 스크래핑 함수라고 할 수 있겠다.

```python
def fetch_and_clean(url):
    # URL의 내용을 가져온다.
    response = requests.get(url)
    soup = BeautifulSoup(response.content, 'html.parser')
```

```python
# 문서의 주 내용 섹션을 찾는다. 기타 표제나 글 상자들은 무시한다.
content = soup.find('div', {'class': 'mw-parser-output'})

# "See also", "References" 등 덜 중요한 섹션은 제거한다.
for section_title in ['References', 'Bibliography', 'External links', 'See also']:
    section = content.find('span', {'id': section_title})
    if section:
        for sib in section.parent.find_next_siblings():
            sib.decompose()
        section.parent.decompose()

# <p> 태그의 텍스트만 추출하고 정제한다.
paragraphs = content.find_all('p')
cleaned_text = ' '.join(paragraph.get_text(separator=' ', strip=True)
                        for paragraph in paragraphs)
cleaned_text = re.sub(r'\[\d+\]', '', cleaned_text)  # [1], [2] 같은 인용 마크업은 제거
return cleaned_text
```

이 함수를 주어진 URL의 문서 내용을 가져와서 적절히 정제한다. 이 함수를 호출하는 곳에서는 키워드(레이블)를 통해서 URL을 선택한다. 이는 상당히 간단한 접근 방식이지만, 프로젝트의 목표에 따라서는 이 정도로 충분할 수 있다. ML 엔지니어나 개발자는 비용이 많이 들고 수익성이 없는 함수로 시스템에 과부하를 주지 않도록 항상 주의해야 한다. 또한, 이처럼 웹사이트 URL에 레이블을 연관시키면, 사용하는 기술(부하 분산, API 호출 최적화 등)에 관계없이 검색기 파이프라인이 올바른 위치에서 데이터를 처리하게 만들 수 있다. 결국 각 프로젝트나 하위 프로젝트는 그 특정한 필요에 따라 하나 또는 여러 기술을 요구하게 될 것이므로 미리부터 유연성을 고려하는 것이 바람직하다.

문서를 가져오고 정제하는 함수가 준비되었으므로 이제 사용자 입력에 대한 검색 프로세스를 구현할 수 있다.

사용자 입력에 대한 검색 프로세스(섹션 1.3)

검색 프로세스의 첫 단계는 사용자 입력에서 키워드를 식별하는 것이다. process_query 함수는 user_input과 num_words 두 개의 매개변수를 받는다. 후자는 검색할 단어의 수이다. 이 개수는 모델의 입력 제한, 비용 고려사항, 전반적인 시스템 성능과 같은 요인들에 의해 제한된다.

```python
import textwrap
def process_query(user_input, num_words):
    user_input = user_input.lower()
    # 지정된 키워드 중 하나라도 입력에 있는지 확인한다.
    matched_keyword = next((keyword for keyword in urls if keyword in user_input),
                           None)
```

사용자 입력의 키워드 중 하나라도 URL에 연관된 키워드와 부합하면 그 키워드에 연관된 URL의 문서를 가져와서 정제하고 단어들을 추출한다.

```python
if matched_keyword:
    print(f"Fetching data from: {urls[matched_keyword]}")
    cleaned_text = fetch_and_clean(urls[matched_keyword])

    # 정제된 텍스트에서 지정된 개수의 단어들만 추출한다.
    words = cleaned_text.split()  # 텍스트를 단어들로 분할
    # 처음 n개의 단어를 하나의 문자열로 연결한다.
    first_n_words = ' '.join(words[:num_words])
```

num_words 매개변수는 텍스트를 청킹하는 데 도움을 준다. 이런 기본적인 접근 방식은 다루어야 할 데이터가 적당한 크기일 때는 잘 작동하지만, 더 복잡한 시나리오에서는 데이터를 벡터로 임베딩하는 것이 권장된다.

마지막으로, 정제하고 일정 개수의 단어로 절단한 텍스트를 적절히 포매팅해서 출력한다.

```python
    # 표시를 위해 처음 n개 단어로 이루어진 텍스트를 80자 너비로 줄 바꿈 한다.
    wrapped_text = textwrap.fill(first_n_words, width=80)
    print("\nFirst {} words of the cleaned text:".format(num_words))
    print(wrapped_text)  # 줄 바꿈 된 텍스트를 출력한다.
    # GPT-4용 프롬프트도 동일한 방식으로 줄을 바꾸어 출력한다.
    prompt = f"Summarize the following information about {matched_keyword}:\n{first_n_words}"
    wrapped_prompt = textwrap.fill(prompt, width=80)  # 80자 너비로 줄 바꿈
    print("\nPrompt for Generator:", wrapped_prompt)

    # 처음 n개 단어로 이루어진 텍스트를 돌려준다.
    return first_n_words
else:
```

```
    print("No relevant keywords found. Please enter a query related to 'LLM', 'LLMs', or
'Prompt Engineering'.")
    return None
```

이 함수는 최종적으로 처음 n개의 단어로 이루어진 문자열을 반환한다. 이 텍스트는 사용자의 쿼리에 기반한 간결하고 관련성 높은 정보 조각에 해당한다. 이러한 설계는 시스템이 데이터 검색을 효율적으로 관리하면서도 사용자의 개입을 유지할 수 있게 해준다.

5.2.2 생성기(섹션 2)

생성기 생태계는 다음과 같은 여러 구성요소를 포함한다. 일부는 RAG 기반 생성형 AI 프레임워크의 검색기 기능 및 사용자 인터페이스와 겹친다.

- 인간 등급 평가에 기반한 적응형 RAG 선택(섹션 2.1): 이 부분은 사용자 패널의 누적된 평가에 기반한다. 실제 파이프라인에서는 이 부분을 별도의 프로그램으로 둘 수도 있다.

- 입력(섹션 2.2): 실제 프로젝트에서는 사용자의 쿼리문을 적절한 **사용자 인터페이스(UI)**로 입력받는다. 이 UI 및 관련 프로세스는 사용자들과의 워크숍을 통해 그들의 요구사항과 선호도를 충분히 파악해서 신중하게 설계할 필요가 있다.

- 평균 등급 시뮬레이션 시나리오(섹션 2.3): 사용자 평가 점수와 기능의 평균값을 계산한다.

- 생성기 실행 전 입력 확인(섹션 2.4): 미리 확인할 수 있도록 입력을 화면에 표시한다.

- 생성형 AI 환경 설치(섹션 2.5): 프로젝트 구성에 따라서는 생성형 AI 모델(이 예에서는 오픈AI의 모델)을 위한 환경이 검색기 기능과 독립적으로 다른 팀원들이 작업하고 구현하며 배포하는 파이프라인의 다른 환경의 일부일 수도 있다.

- 콘텐츠 생성(섹션 2.6): 오픈AI 모델이 입력을 처리해서 응답을 생성한다. 이후 인간 평가자 또는 평가기가 이 응답을 평가할 것이다.

그럼 적응형 RAG 선택 시스템부터 살펴보자.

문서 입력 증강을 위한 HF-RAG 통합(섹션 2.1)

정보 검색의 동적 특성과 생성형 AI 모델에서 맥락적으로 관련된 데이터 증강의 필요성 때문에 시스템은 입력 품질의 다양한 수준에 적응할 수 있는 유연성을 갖추어야 한다. 여기서는 RAG 생태계 안에서 문서 구현을 위한 최적의 검색 전략을 HF 점수를 이용해서 결정하는 **적응형 RAG 선택 시스템**(adaptive RAG selection system)을 소개한다. 이 시스템의 적응성 덕분에 이 개념 증명 예제는 단순 RAG를 넘어서 하이브리드 RAG 시스템이 된다.

인간 평가자(human evaluator)들은 문서의 관련성과 품질을 평가하기 위해 1에서 5까지의 평균 등급 점수를 문서에 배정한다. 이 점수에 따라 다음 세 가지 모드 중 하나가 선택된다.

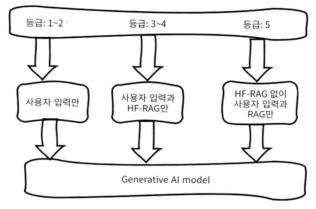

자동화된 적응형 검색 증강

인간 피드백 점수에 따라 특정 RAG 구성이 발동된다

그림 5.2 자동화된 RAG 트리거들

- 1~2점은 RAG 시스템의 보상 능력 부족을 나타내며, 유지보수나 모델 미세조정이 필요할 수 있음을 시사한다. 시스템이 개선될 때까지 RAG는 일시적으로 비활성화된다. 사용자 입력은 처리되지만 검색은 없다.

- 3-4점에서는 인간 전문가 피드백만 이용해서 입력을 증강하고, 플래시카드[flashcard 24]나 스니펫[snippet]을 활용해서 출력을 개선한다. 문서 기반 RAG는 비활성화한다.

- 5점에서는 필요한 경우 이전에 수집한 HF를 이용해서 개선된 키워드 검색 RAG를 실행하고, 플래시카드나 대상 정보 스니펫을 활용해서 출력을 개선한다. 이 경우 사용자는 새로운 피드백을 제공할 필요가 없다.

 이 프로그램은 많은 시나리오 중 하나를 구현한다. 구체적인 점수 시스템이나 등급 범위, 트리거 등은 프로젝트마다, 달성하고자 하는 구체적인 목표에 따라 다르다. 여러분의 조직에서 이 적응형 RAG 시스템의 구현 방법을 결정할 때는 사용자 패널과 함께 워크숍을 조직할 것을 강력히 권한다.

---

24 (옮긴이) 플래시카드는 이를테면 영어 단어를 외울 때 사용하는 단어장 같은 것인데, 이책에서는 길지 않은 분량의 핵심 정보 혹은 그런 정보를 담은 UI 요소를 가리킨다.

이 적응형 접근 방식은 자동화된 검색과 인간의 통찰력 사이의 균형을 최적화함으로써 생성형 모델이 가능한 한 최대의 관련성과 정확성을 가진 응답을 생성하게 하는 것을 목표로 한다. 이제 입력으로 들어가 보자.

입력(섹션 2.2)

다음은 C사의 사용자에게 질문을 입력받는 코드이다.

```
# 키워드 파싱을 위한 사용자 입력을 받는다.
user_input = input("Enter your query: ").lower()
```

이 예제의 이후 과정에서는 아래 출력에서처럼 사용자가 **"What is an LLM?"**(LLM이란 무엇인가?)라는 질문을 입력했다고 가정한다. user_input 변수에 저장된 이 질문을 이후 과정에서 일관되게 사용할 것이다.

```
enter your query: What is an LLM?
```

이 예제 프로그램은 C사의 사용자 패널을 위한 전략과 예시를 담은 개념 증명이다. 사용자 패널은 LLM을 좀 더 잘 알고 싶어 하는 사용자들로 구성된다. LLM 외에 다른 주제를 추가하거나 사용자들의 추가적인 요구사항을 충족하도록 프로그램을 확장할 수도 있다. 이런 부분들은 사용자 패널과 워크숍을 조직해서 결정하는 것이 바람직하다.

이제 환경 설정을 마쳤으니 RAG 시나리오를 실행해보자.

평균 등급 시뮬레이션 시나리오(섹션 2.3)

피드백을 제공하는 사용자 패널이 '사용자 평가'(섹션 3.2)와 '전문가 평가'(섹션 3.3)의 기능을 이용해서 하이브리드 적응형 RAG 시스템을 한동안 평가해 왔다고 가정하자. 사용자 피드백 패널이 여러 차례 응답에 대해 등급을 매기면 시스템은 자동으로 등급 점수들의 평균을 계산해서 ranking이라는 등급 변수에 저장한다. 이 ranking 점수는 관리팀이 문서의 등급을 낮출지, 높일지, 또는 수동이나 자동 기능을 통해 문서를 제외할지 결정하는 데 도움을 준다. '문서 입력 증강을 위한 HF-RAG 통합' 절(섹션 2.1)에서 설명한 시나리오 중 하나를 시뮬레이션할 수도 있다.

이 예제에서 등급 점수는 1에서 5까지이다. 먼저 ranking 변수를 인위적으로 1로 설정해서 RAG가 비활성화되어서 생성형 모델의 기본 응답이 생성되는 시나리오를 시험해 본다.

```
#1에서 5까지 중 한 값을 설정해서 시뮬레이션을 실행한다.
ranking=1
```

그런 다음에는 ranking=5로 값을 수정해서 추가적인 전문가 피드백 없이 RAG가 활성화되는 시나리오를 시험하고, 마지막으로 ranking=3으로 값을 수정해서 문서 검색 없이 사용자 피드백 RAG가 활성화되는 시나리오를 시험한다.

실제 환경에서는 사용자 피드백 패널 워크숍을 통해 시스템의 예상 동작을 정의한 후, '사용자 평가'(섹션 3.2)와 '전문가 평가'(섹션 3.3) 절에서 설명하는 기능을 통해 이 평균 등급이 자동으로 결정된다. '문서 입력 증강을 위한 HF-RAG 통합'(섹션 2.1)에서 설명한 세 가지 시나리오를 차례로 시뮬레이션할 때 생성형 모델이 응답을 처리하는 데 사용하는 text_input 변수를 매번 초기화하는 것을 잊지 말기 바란다.

```
# 생성형 AI 모델 시뮬레이션을 위한 텍스트를 초기화한다.
text_input=[]
```

시나리오를 전환할 때마다 text_input을 다시 초기화하지 않으면 의도와는 다른 결과가 나올 수 있음을 기억하자.

 확률적 특성 때문에 생성형 AI 모델은 실행할 때마다 출력이 다를 수 있다.

이제 '문서 입력 증강을 위한 HF-RAG 통합'(섹션 2.1)에서 설명한 세 가지 등급 범주를 살펴보자.

등급 1~2: RAG 없음

생성형 AI의 출력 등급이 매우 낮은 경우이다. 관리팀이 시스템을 분석하고 개선할 때까지 모든 RAG 기능이 비활성화된다. 이 경우 text_input은 user_input과 동일하다.

```
if ranking>=1 and ranking<3:
    text_input=user_input
```

이후 '내용 생성' 절(섹션 2.6)에서 생성형 AI 모델(구체적으로는 GPT-4o)은 다음과 같은 응답을 생성하게 된다.

```
GPT-4 Response:
---------------
"LLM"에 대해 질문하신 것 같은데, 이는 "대화 응용 프로그램을 위한 언어 모델(Language
Model for Dialogue Applications)" 또는 더 일반적으로 "대규모 언어 모델(Large Language
Model)"을 의미합니다.
LLM은 인간의 언어를 이해하고, 생성하며, 상호작용하기 위해 설계된 인공지능 모델의 한
종류입니다. 이러한 모델은 방대한 양의 텍스트 데이터를 학습하여 텍스트를 생성하고, 질문에
답변하며, 정보를 요약하고, 언어를 번역하는 등 다양한 언어 관련 작업을 수행할 수 있습니다.
LLM은 자연어 처리(NLP) 분야에서 혁신적인 결과를 가져온 트랜스포머(transformer)라는
머신러닝 모델의 하위 집합에 속합니다.
LLM의 예로는 OpenAI의 GPT(Generative Pre-trained Transformer) 시리즈와 Google의
BERT(Bidirectional Encoder Representations from Transformers)가 있습니다.
---------------
```

이것은 LLM에 관한 일반적인 내용일 뿐이므로 C사의 사용자 패널을 만족시키기 어렵다. 사용자 패널은 이 설명을 자신들의 고객 서비스 문제와 연관 지을 수 없다. 게다가 많은 사용자들은 관리팀에게 자신들의 요구사항을 이미 설명했고 적절한 응답을 기대하기 때문에 이 정도 결과로는 작업을 더 이상 진행하지 않게 될 가능성이 크다. 그럼 전문가 피드백 RAG는 어떤 결과를 제공하는지 살펴보자.

등급 3~4: 전문가 피드백 RAG

이 시나리오는 자동화된 RAG 문서(등급 5)와 RAG 없는 경우(등급 1~2)에서 사용자 피드백 평가가 좋지 않아서 전문가 피드백('전문가 평가' 절 참조)이 발동된 경우이다. 이 경우 전문가 패널이 작성한 플래시카드가 전문가급 RAG 문서로 저장된다.

프로그램은 먼저 등급을 확인하고 인간 피드백(HF) 검색을 활성화한다.

```
hf=False
if ranking>3 and ranking<5:
    hf=True
```

그런 다음 프로그램은 전문가 패널(기업 내 선별된 전문가들)이 준비한 데이터셋에서 키워드, 임베딩 또는 프로젝트 목표에 맞는 다른 검색 방법을 통해 적절한 문서를 가져온다. 다음 코드는 적절한 플래시카드를 찾았다고 가정하고 이를 다운로드한다.

```
if hf==True:
    from grequests import download
    directory = "Chapter05"
    filename = "human_feedback.txt"
    download(directory, filename, private_token)
```

다음으로, 파일이 존재하는지 확인하고 그 내용을 적재한 후 정제해서 content에 저장하고, GPT-4 모델을 위해 text_input에도 저장한다.

```
if hf==True:
    # 'human_feedback.txt'이 존재하는지 확인
    efile = os.path.exists('human_feedback.txt')

    if efile:
        # 파일의 내용을 읽어서 정제한다.
        with open('human_feedback.txt', 'r') as file:
            # 새 줄 문자와 주석들을 제거한다.
            content = file.read().replace('\n', ' ').replace('#', '')
            #print(content) # 디버깅 또는 유지보수 시에는 주석 기호를 제거할 것
        text_input=content
        print(text_input)
    else:
        print("File not found")
        hf=False
```

다음은 전문가 패널의 플래시카드 내용이다. 대규모 언어 모델(LLM)이 무엇인지, C사의 고객 지원 개선에 어떻게 도움이 되는지 설명한다.

대규모 언어 모델(LLM)은 방대한 양의 텍스트 데이터로 훈련된 고급 AI 시스템으로, 인간과 유사한 텍스트 응답을 생성합니다. 훈련 중 학습한 패턴과 정보를 기반으로 언어를 이해하고 생성합니다. LLM은 질문 답변, 추천, 대화 진행 등 다양한 언어 기반 작업에서 매우 효과적입니다. 새로운 정보로 지속해서 업데이트할 수 있으며 특정 분야 또는 산업을 이해하도록 훈련할 수 있습니다.

C-phone 시리즈 고객 지원에 LLM을 통합하면 서비스 품질과 효율성을 크게 향상시킬 수 있습니다. LLM 기반 대화형 에이전트는 고객 문의에 즉각적인 응답을 제공하여 대기 시간을 줄이고, 인간 상담원이 더 복잡한 문제에 집중할 수 있도록 합니다. C-phone 시리즈에 대한 일반적인 기술 질문 처리, 문제 해결, 설정 프로세스 안내, 기기 성능 최적화를 위한 팁 제공 등을 위해 프로그래밍할 수 있습니다. 또한, 고객 피드백을 수집하여 사용자 경험과 제품 성능에 대한 귀중한 통찰력을 제공할 수 있습니다. 이러한 피드백은 제품 및 서비스 개선에 활용될 수 있습니다.

더 나아가, LLM은 필요한 경우 문제를 인간 상담원에게 에스컬레이션하도록 설계되어 모든 단계에서 고객에게 최상의 지원을 제공할 수 있도록 합니다. 에이전트는 또한 사용 패턴과 선호도에 기반하여 고객에게 맞춤형 추천을 제공하여 사용자 만족도와 충성도를 높일 수 있습니다.

이제 노트북의 섹션 2.4와 2.5를 한 번 실행한 후 2.6 섹션을 실행해서 이 text_input을 기반으로 내용을 생성하면 다음과 같이 만족스러운 응답을 얻을 수 있다.

```
GPT-4 Response:
---------------
대규모 언어 모델(LLM)은 방대한 텍스트 데이터로 훈련된 정교한 AI 시스템으로, 사람과 같은 텍스트
응답을 생성합니다. 훈련 중에 학습한 패턴과 정보를 기반으로 언어를 이해하고 생성합니다. LLM은
질문 답변, 추천, 대화 진행과 같은 다양한 언어 기반 작업에 매우 효과적입니다. 새로운 정보로
지속해서 업데이트할 수 있으며 특정 도메인이나 산업을 이해하도록 훈련할 수 있습니다.
C-phone 시리즈 고객 지원의 경우 LLM을 통합하면 서비스 품질과 효율성을 크게 향상할 수 있습니다.
LLM 기반 대화형 에이전트는 고객 문의에 즉각적인 응답을 제공하여 대기 시간을 단축하고 상담원이
더 복잡한 문제를 처리할 수 있도록 지원합니다.
C-phone 시리즈에 대한 일반적인 기술 질문 처리, 문제 해결, 설정 프로세스 안내, 기기 성능
최적화를 위한 팁 제공 등을 위해 프로그래밍할 수 있습니다. 또한, 고객 피드백을 수집하여 사용자
경험과 제품 성능에 대한 귀중한 통찰력을 제공할 수 있습니다. 이러한 피드백은 제품 및 서비스
개선에 활용될 수 있습니다.
더 나아가, LLM은 필요한 경우 문제를 담당자에게 전달하도록 설계되어 모든 단계에서 고객에게
최상의 지원을 제공할 수 있도록 합니다. 또한 담당자는 고객의 사용 패턴과 선호도에 기반한
맞춤형 추천을 제공하여 사용자 만족도와 충성도를 높일 수 있습니다.
---------------
```

이전보다 훨씬 더 나은 응답이다. LLM을 정의할 뿐만 아니라 C사의 C-폰 시리즈에 대한 고객 서비스를 개선하는 방법도 보여준다.

인간 피드백에 관해서는 **9장 'AI 모델의 역량 강화: RAG 데이터와 인간 피드백의 미세 조정'**에서 좀 더 자세히 살펴볼 것이다. 9장에서는 매일(또는 가능한 한 자주) 생성형 모델

을 미세조정해서 응답을 개선하고 RAG 데이터의 양을 줄이는 방법을 설명한다. 하지만 지금은 인간 피드백 없이 RAG 문서만으로 시스템이 무엇을 할 수 있는지 살펴보자.

등급 5: 전문가 피드백 문서가 없는 RAG

전문가 RAG 플래시카드나 스니펫, 문서가 포함된 RAG 문서가 필요하지 않은 사용자도 있다. 예를 들어 사용자가 소프트웨어 엔지니어라면 굳이 그런 추가 정보가 필요하지 않을 가능성이 크다.

다음은 RAG만 적용해서 생성형 모델을 위한 프롬프트를 설정하는 코드이다. API 비용을 최적화하기 위해 최대 단어 수를 100개로 제한하지만, 필요하다면 더 늘릴 수 있다.

```
if ranking>=5:
    max_words=100 # 제한: 입력에 추가할 데이터의 최대 크기
    rdata=process_query(user_input,max_words)
    print(rdata) # 유지보수나 디버깅을 위해
    if rdata:
        rdata_clean = rdata.replace('\n', ' ').replace('#', '')
        rdata_sentences = rdata_clean.split('. ')
        print(rdata)
    text_input=rdata
    print(text_input)
```

이 텍스트 입력으로 생성형 AI 모델을 실행하면 소프트웨어 엔지니어가 자신의 업무와 연관 지을 수 있는 적절한 응답이 생성된다.

```
GPT-4 Response:
---------------
대규모 언어 모델(LLM)은 일반적인 언어 생성 및 분류와 같은 기타 자연어 처리 작업을 수행할 수
있는 능력으로 잘 알려진 언어 모델의 한 종류입니다. LLM은 통계적 관계를 텍스트 문서로부터
학습하여 이러한 능력을 개발하며, 이 과정에서 자가 지도(self-supervised) 학습과 반지도(semi-
supervised) 학습을 포함한 계산 집약적인 훈련 과정을 거칩니다.
이러한 모델은 입력 텍스트를 받아 다음 토큰 또는 단어를 반복적으로 예측하여 텍스트를
생성하는데, 이는 생성형 AI의 한 형태입니다. LLM은 인공 신경망을 기반으로 합니다. 2024년 3월
기준으로 가장 발전되고 능력 있는 LLM은 디코더-전용 트랜스포머(transformer) 아키텍처를 사용하여
구축되고 있습니다.
---------------
```

오픈AI의 문서(`https://platform.openai.com/docs/models/gpt-4-turbo-and-gpt-4`)에는 GPT-4-turbo의 학습 기준일이 2023년 12월이지만, 위의 응답에는 2024년 3월이 언급되어 있다는 점이 눈에 띈다.

> 프로덕션 환경의 최종 사용자 단계에서는 검색된 데이터나 생성형 AI 모델 때문에 잘못된 응답이 생성될 수 있다. 이는 인간 피드백(HF)의 중요성을 보여준다. 이 경우 검색 문서나 생성형 AI 모델에서 오류를 수정해야 할 것이다. 하지만 지금 예에서는 HF가 선택사항이 아니라 필수임을 보여주기 위해 오류(2024년 3월 언급)를 남겨두었다.

이러한 시간적 RAG 증강은 RAG 기반 생성형 AI의 필요성을 분명히 보여준다. 하지만 이런 유형의 출력이 충분한지, 아니면 기업 내부와 같은 폐쇄된 환경에서 필요에 따라 좀 더 커스텀해야 할지는 사용자가 결정해야 한다.

잠시 후에 평가기의 작동 방식과 구현('평가기'절, 노트북 섹션 3)을 살펴보기 위해, 이제부터는 평가 등급이 5라고 가정한다(`ranking=5`). 먼저 사용자 입력과 검색된 문서를 기반으로 내용을 생성할 수 있도록 생성형 AI 환경을 설치해 보자.

생성형 AI 환경 설치(섹션 2.4, 2.5)

> 노트북의 섹션 2.4에서는 사용자 입력과 검색된 문서를 표시한 후 그 문서로 사용자 입력을 증강한다. 실질적인 환경 설치는 섹션 2.5에서 진행된다.

이 환경 설치 작업은 한 번만 실행하면 된다. 이 섹션을 한 번 실행한 후 섹션 2.3으로 돌아가서 시나리오를 바꿔서 다시 실행하는 경우에는 이 섹션을 건너뛰어도 된다. 이 설치 과정을 노트북 맨 처음에 두지 않은 이유는 프로젝트팀이 이 부분을 다른 환경에서(또는 프로덕션 환경의 다른 서버에서) 실행하게 될 수도 있기 때문이다.

검색기의 기능들과 생성기의 기능들은 가능한 한 분리하는 것이 좋다. 이들은 서로 다른 프로그램에 의해, 그리고 아마도 서로 다른 시간에 활성화될 수 있기 때문이다. 이들을 분리하면 한 개발팀은 검색기의 기능들만 구현하고 다른 팀은 생성기의 기능들만 구현하는 식의 병렬 개발이 가능해진다.

먼저 오픈AI 라이브러리를 설치한다.

```
!pip install openai==1.40.3
```

그런 다음 오픈AI의 API 키를 가져온다. API 키는 안전한 위치에 저장해야 한다. 여기서는 구글 드라이브의 한 파일에 저장되어 있다고 가정한다.

```
# API 키
# 키가 파일에 저장되어 있다고 가정한다. (코드에 API 키를 직접 입력해도
# 되지만, 그러면 옆 사람이 키를 볼 수 있음을 주의하자.)
from google.colab import drive
drive.mount('/content/drive')

f = open("drive/MyDrive/files/api_key.txt", "r")
API_KEY=f.readline().strip()
f.close()

# 오픈AI API 키 설정
import os
import openai
os.environ['OPENAI_API_KEY'] =API_KEY
openai.api_key = os.getenv("OPENAI_API_KEY")
```

이제 내용 생성을 위한 모든 준비가 되었다.

내용 생성(섹션 2.6)

내용을 생성하기 위해 먼저 필요한 것들을 가져와서 설정한다. 응답 속도를 측정하기 위해 time 라이브러리를 임포트한다. 대화 모델로는 gpt-4o를 선택한다.

```
import openai
from openai import OpenAI
import time

client = OpenAI()
gptmodel="gpt-4o"
start_time = time.time()  # 요청 전에 타이머를 시작한다.
```

그런 다음 표준적인 GPT-4o 프롬프트를 정의해서 모델이 응답하기에 충분한 정보를 제공한다. 나머지는 모델과 RAG 데이터에 맡긴다.

```python
def call_gpt4_with_full_text(itext):
    # 모든 행을 연결해서 하나의 문자열로 만든다.
    text_input = '\n'.join(itext)
    # 프롬프트: "다음 내용을 요약하거나 자세히 설명하세요."
    prompt = f"Please summarize or elaborate on the following content:\n{text_input}"

try:
    response = client.chat.completions.create(
        model=gptmodel,
        messages=[
            # 시스템 메시지: "당신은 전문적인 자연어 처리 실습 전문가입니다."
            {"role": "system", "content": "You are an expert Natural Language Processing
exercise expert."},
            # 어시스턴트 메시지: "1.입력을 읽고 상세히 답변하세요."
            {"role": "assistant", "content": "1.You can explain read the input and
answer in detail"},
            {"role": "user", "content": prompt}
        ],
        temperature=0.1   # 여기서 온도 매개변수 등 여러 매개변수를
                          # 필요에 따라 설정한다.
    )
    return response.choices[0].message.content.strip()
except Exception as e:
    return str(e)
```

다음은 출력을 적절히 포매팅해서 화면에 표시하는 함수이다.

```python
import textwrap

def print_formatted_response(response):
    # 줄 바꿈 너비를 정의한다.
    wrapper = textwrap.TextWrapper(width=80)  # 80자로 설정. 필요에 따라 변경할 것.
    wrapped_text = wrapper.fill(text=response)
    # 포매팅한 응답을 헤더, 푸터와 함께 출력
```

```
    print("GPT-4 Response:")
    print("---------------")
    print(wrapped_text)
    print("--------------\n")
```

이제 GPT-4 모델을 실행하고 그 응답을 출력한다.

```
# 생성 함수를 호출하고 그 결과를 출력한다.
gpt4_response = call_gpt4_with_full_text(text_input)

print_formatted_response(gpt4_response)
```

'평균 등급 시뮬레이션 시나리오' 절(섹션 2.3)에서처럼 만족스러운 응답이 나온다. 다음은
이번 ranking=5 시나리오의 출력이다.

```
GPT-4 Response:
---------------
### 요약: 대규모 언어 모델(LLM)은 일반적인 언어 생성 및 분류와 같은 기타 자연어 처리 작업을
수행하는 능력으로 알려진 계산 모델입니다. LLM은 계산 집약적인 자기 지도 및 반지도 학습
과정에서 방대한 양의 텍스트로부터 통계적 관계를 학습하여 이러한 능력을 습득합니다. 입력
텍스트를 받아 다음 토큰이나 단어를 반복적으로 예측함으로써 생성형 AI의 한 형태인 텍스트
생성에 사용할 수 있습니다. LLM은 트랜스포머 아키텍처를 사용하는 인공 신경망입니다...
```

응답은 LLM을 적절히 설명하는 것으로 보인다. 하지만 정말로 정확할까? 평가기를 실행해
서 알아보자.

5.2.3 평가기(섹션 3)

응답을 수학적으로 평가하거나 사람이 평가하게 하는 함수의 개수나 유형은 프로젝트의 명
세와 요구에 따라 다양하다. 여기서는 응답 시간과 코사인 유사도 점수라는 두 가지 지표를
이용해서 자동으로 평가하는 함수들을 구현한다. 그런 다음, 사용자 등급 평가와 전문가 평
가라는 두 가지 인적, 대화식 평가 함수도 구현한다.

응답 시간(섹션 3.1)

노트북 섹션 2.6에서는 생성형 AI 모델의 실행 전후에서 응답 시간(response time)을 다음과 같이 계산하고 표시한다.

```
import time
...
start_time = time.time()  # 요청 전에 타이머를 시작한다.
...
response_time = time.time() - start_time  # 응답 시간 측정
print(f"Response Time: {response_time:.2f} seconds")  # 응답 시간 출력
```

따라서 응답 시간을 위한 함수를 따로 구현할 필요는 없다. 그대로 사용하면 된다.

```
print(f"Response Time: {response_time:.2f} seconds")  # 응답 시간을 출력한다.
```

응답 시간에는 인터넷 연결 상태와 오픈AI 서버의 처리 능력도 영향을 미친다. 다음은 필자가 얻은 결과이다.

```
Response Time: 7.88 seconds
```

시간이 좀 걸리는 것처럼 보이지만, 사실 온라인 대화형 에이전트들도 응답하는 데 이 정도의 시간이 걸린다. 이 정도의 성능이 충분한지는 경영진이 결정할 문제다. 이제 코사인 유사도 점수를 살펴보자.

코사인 유사도 점수(섹션 3.2)

코사인 유사도는 두 벡터(영벡터가 아니라고 가정한다) 사이 각도의 코사인을 측정한 것이다. 텍스트 분석에서 보통 이 벡터들은 주어진 텍스트의 **TF-IDF**(Term Frequency–Inverse Document Frequency; **단어 빈도–역문서 빈도**) 표현으로, 문서와 말뭉치를 기준으로 용어의 중요도에 가중치를 부여한 것이다.

GPT-4의 입력인 `text_input`과 모델의 응답인 `gpt4_response`는 TF-IDF에 의해 두 개의 개별적인 '문서(document)'로 취급된다. 코사인 유사도 계산 함수는 `vectorizer`를 이용해서 이 문서들을 벡터로 변환한다(`vectorizer.fit_transform([text1, text2])`).

vectorizer는 입력과 응답 사이에서 용어가 어떻게 공유되고 강조되는지를 반영한 벡터들을 산출한다.

다음은 코사인 유사도를 이용해서 두 문서가 주제와 어휘 면에서 어느 정도나 겹치는지 정량화하는 함수를 정의하고 실행해서 입력과 응답의 유사도를 평가하는 코드이다.

```python
from sklearn.feature_extraction.text import TfidfVectorizer
from sklearn.metrics.pairwise import cosine_similarity

def calculate_cosine_similarity(text1, text2):
    vectorizer = TfidfVectorizer()
    tfidf = vectorizer.fit_transform([text1, text2])
    similarity = cosine_similarity(tfidf[0:1], tfidf[1:2])
    return similarity[0][0]

# 입력과 응답의 유사도를 평가한다.
similarity_score = calculate_cosine_similarity(text_input, gpt4_response)
print(f"Cosine Similarity Score: {similarity_score:.3f}")
```

코사인 유사도 계산 함수는 TfidfVectorizer 타입의 객체 vectorizer를 이용해서 두 문서를 TF-IDF 벡터로 변환한다. 그런 다음 cosine_similarity 함수로 두 벡터의 코사인 유사도를 계산한다. 결과가 1이면 두 벡터가 완전히 동일한 텍스트이고, 0이면 전혀 비슷하지 않은 텍스트들이다. 현재 시나리오에서 이 코드의 출력은 다음과 같다.

```
Cosine Similarity Score: 0.697
```

이 점수는 모델의 입력과 출력이 아주 비슷하다는 뜻이다. 그런데 실제 사용자는 이 응답을 어떻게 평가할까? 한번 알아보자.

인간 사용자 평가(섹션 3.3)

사용자 피드백을 적용하려면 사람이 직접 사용할 수 있는 평가 인터페이스를 만들어야 한다. 이번 장에서 계속 강조했듯이, 이런 사용자 인터페이스와 프로세스는 사용자들과 워크숍을 통해 그들의 요구사항을 충분히 이해한 후에 설계하는 것이 바람직하다. 여기서는 사용자 패널이 시스템을 테스트하는 소프트웨어 개발자 그룹이라고 가정하고, 아주 단순하지만 효과적인 텍스트 기반 사용자 인터페이스를 사용하기로 한다.

다음은 점수 평가와 관련한 매개변수들이다.

```
# 점수 매개변수들
counter=20                    # 피드백 쿼리 개수
score_history=60              # 인간 피드백 총점
score_threshold=4             # 인간 전문가 피드백을 발동할 최소 평점
```

매개변수들의 의미는 다음과 같다.

- counter=20은 사용자들이 이미 입력한 평가의 개수이다.
- score_history=60은 그 20가지 평가의 총점이다.
- score_threshold=4는 전문가 피드백을 요청할 기준이다. 사용자들의 평균 평점(score_history/counter)이 이 값보다 낮으면 전문가 피드백을 요청한다.

이제, GPT-4와 같은 언어 모델이 생성한 응답의 관련성(relevance; 또는 유관성, 유관적합성)와 일관성(coherence)을 이 매개변수들에 기반해서 평가하는 evaluate_response 함수를 살펴보자. 이 함수는 모델이 생성한 텍스트를 사용자에게 제시하고 그것을 1(나쁨)에서 5(우수함)의 척도로 평가하라고 요구한다. 그 범위를 벗어나는 값이 입력되면 다시 요구한다. 이 함수를 여러 번 호출해서 얻은 점수들로 평균 점수 등의 통계치들을 계산할 것이다.

함수의 정의는 다음과 같다. 그냥 1에서 5 사이의 값을 키보드로 입력받는 간단한 함수이다.

```
import numpy as np

def evaluate_response(response):
    print("\nGenerated Response:")
    print(response)
    print("\nPlease evaluate the response based on the following criteria:")
    print("1 - Poor, 2 - Fair, 3 - Good, 4 - Very Good, 5 - Excellent")
    score = input("Enter the relevance and coherence score (1-5): ")
    try:
        score = int(score)
        if 1 <= score <= 5:
            return score
```

```
        else:
            print("Invalid score. Please enter a number between 1 and 5.")
            return evaluate_response(response)  # 유효 범위가 아니면 다시 시도
    except ValueError:
        print("Invalid input. Please enter a numerical value.")
        return evaluate_response(response)  # 수치가 아니면 다시 시도
```

이제 이 함수를 호출한다.

```
score = evaluate_response(gpt4_response)
print("Evaluator Score:", score)
```

함수는 먼저 다음과 같이 모델의 응답을 표시한다.

```
Generated Response:
### 요약:
대규모 언어 모델(LLM)은 일반적인 언어 생성 및 분류와 같은 ...
```

그런 다음 사용자에게 1에서 5 사이의 평가 점수를 입력하려고 요구한다. 다음은 3을 입력한 예이다.

```
Please evaluate the response based on the following criteria:
1 - Poor, 2 - Fair, 3 - Good, 4 - Very Good, 5 - Excellent
Enter the relevance and coherence score (1-5): 3
Evaluator Score: 3
```

그런 다음에는 이 점수를 비롯해 지금까지 입력된 점수들로 평균 점수를 계산한다.

```
counter+=1
score_history+=score
mean_score=round(np.mean(score_history/counter), 2)
if counter>0:
  print("Rankings :", counter)
  print("Score history : ", mean_score)
```

다음은 출력 예이다. 평가가 꽤 낮다.

```
Rankings     : 21
Score history : 3.0
```

평가 회수는 21이고 평균 점수는 3이다. 수학적으로 계산한 코사인 유사도는 비교적 높게 나왔지만, 사람들의 평가는 박하다. 앞에서 전문가 평가 요청을 위한 기준을 4로 설정했음을 기억할 것이다.

```
threshold=4
```

평균 점수가 이 기준보다 낮으므로 전문가에게 도움을 요청하자.

전문가 평가(섹션 3.4)

코사인 유사도와 같은 지표는 유사성을 측정하지만 깊이 있는 정확도는 측정하지 못한다. 시간 성능으로도 응답의 정확도를 판단할 수는 없다. 평가가 너무 낮다면 그 이유는 무엇일까? 사용자가 응답에 만족하지 않기 때문이다!

그럼 전문가 평가를 위한 코드를 살펴보자. 전문가 평가용 사용자 인터페이스를 위한 엄지 올림과 엄지 내림 이미지를 다운로드한다.

```python
from grequests import download

#내려받을 파일의 디렉터리와 파일명을 설정한다.
directory = "commons"
filename = "thumbs_up.png"
download(directory, filename, private_token)

#내려받을 파일의 디렉터리와 파일명을 설정한다.
directory = "commons"
filename = "thumbs_down.png"
download(directory, filename, private_token)
```

전문가 피드백을 발동하는 매개변수는 counter_threshold와 score_threshold다. 사용자 평가 개수가 전문가의 임곗값 카운터인 counter_threshold보다 크고 평가 평균 점수가 임곗값 score_threshold 이하일 때만 전문가 피드백 요청이 발동된다. 다음은 이 변수들을 설정하고 전문가 피드백 요청을 발동할 조건이 충족되는지 확인하는 코드이다.

```
counter_threshold=10
score_threshold=4

if counter>counter_threshold and mean_score<=score_threshold:
    print("Human expert evaluation is required for the feedback loop.")
```

이전에 counter=20으로 설정했고 mean_score가 3.0이었으므로, 전문가 피드백 요청을 발동할 조건이 충족된다.

```
Human expert evaluation is required for the feedback loop.
```

앞에서 언급했듯이 실제 프로젝트에서는 전문가 사용자와 워크숍을 조직해서 이런 인터페이스와 프로세스를 정의해야 한다. 지금은 그냥 이 경우 노트북 환경에서 HTML을 이용해서 엄지 올림과 엄지 내림 아이콘을 표시한다. 전문가가 엄지 내림 아이콘을 클릭하면 피드백을 입력하는 인터페이스가 나타난다. 입력된 피드백은 expert_feedback.txt 파일에 저장된다. 다음은 이를 위한 코드의 주요 부분이다.

```
import base64
from google.colab import output
from IPython.display import display, HTML


def image_to_data_uri(file_path):
    """
    이미지를 데이터 URI 형식으로 변환한다.
    """
    with open(file_path, 'rb') as image_file:
        encoded_string = base64.b64encode(image_file.read()).decode()
        return f'data:image/png;base64,{encoded_string}'

thumbs_up_data_uri = image_to_data_uri('/content/thumbs_up.png')
thumbs_down_data_uri = image_to_data_uri('/content/thumbs_down.png')
```

```
def display_icons():
    # 클릭할 수 있는 이미지들을 포함한 HTML 문서를 정의한다.
    ...

def save_feedback(feedback):
    with open('/content/expert_feedback.txt', 'w') as f:
        f.write(feedback)
    print("Feedback saved successfully.")

# 콜백 함수를 등록한다.
output.register_callback('notebook.save_feedback', save_feedback)
print("Human Expert Adaptive RAG activated")
# 클릭 처리 함수들을 갖춘 아이콘들을 표시한다.
display_icons()
```

코드는 다음 그림과 같은 아이콘들을 표시한다. 전문가 사용자가 엄지 내림 아이콘을 누르면 피드백을 입력하라는 메시지가 표시된다.

Human Expert Adaptive RAG activated

그림 5.3 피드백 아이콘들

전문가가 응답이 부정확하다고 판단한 경우 엄지 내림 아이콘을 클릭하고, 그러면 관리팀이 사용자 패널과 소통하거나 사용자 피드백 인터페이스에 적절한 프롬프트를 추가하는 식으로 전문가 피드백을 처리할 수도 있다. 물론 이는 관리자급에서 결정할 사항이다. 여기서는 전문가가 직접 자신의 의견을 입력하는 방식을 사용한다. 다음은 엄지 내림 아이콘을 눌렀을 때 나타나는 피드백 입력 상자이다.

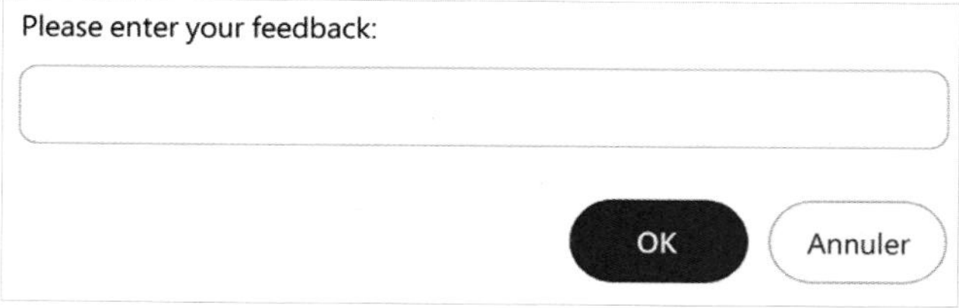

Please enter your feedback:

[   ]

OK   (Annuler)

그림 5.4 피드백 입력 상자

전문가가 입력한 의견은 '/content/expert_feedback.txt'에 저장된다. 다음은 그러한 의견의 예로, 2024년 3월 기준으로 가장 큰 LLM들이 디코더로만 이루어진 트랜스포머 아키텍처에 기반한다는 설명이 오류임을 지적한다.

> 다음 부분에 오류가 있음:
> "As of March 2024,, the largest and most capable LLMs are built with a decoder-only transformer-based architecture."
> 이 내용은 정확하지 않음. Meta의 Llama 모델과 같은 가장 크고 성능이 뛰어난 대규모 언어 모델은 트랜스포머 기반 아키텍처를 사용하지만 "디코더 전용(decoder-only)"이 아님. 이러한 모델은 인코더와 디코더 구성 요소를 모두 포함하는 트랜스포머 아키텍처를 사용함.

이러한 전문가 피드백을 RAG 데이터셋의 개선에 사용함으로써 하나의 주기(cycle)가 완성된다. 이상으로 인간 피드백과 RAG의 상호작용을 상세히 살펴보았다. 이제 여정을 요약하고 다음 단계로 나아가자.

요약

이번 장에서 우리는 현실적인 AI 서비스를 직접 구현하면서 적응형 RAG라는 전환적이고 역동적인 세계를 탐구했다. 이제 지금까지의 여정을 돌아보면 좋을 것이다. 먼저 인간 피드백(HF)이 생성형 AI를 보완할 뿐만 아니라 실제 요구사항에 맞춰진 더 강력한 도구로 만들어 준다는 점을 설명하고, 적응형 RAG 생태계를 소개했다. 그런 다음에는 실습 예제로 들어가서 그러한 생태계를 처음부터 구축했다. 데이터 수집, 처리, 쿼리 구성요소들을 구현해서 RAG 기반 생성형 AI 시스템에 통합했다. 우리의 접근 방식은 단순한 코딩이 아닌, 지속적인 인간 피드백 루프를 통해 AI에 적응성을 더하는 것이었다.

전문가가 제공한 통찰과 사용자 평가들을 통해 GPT-4의 기능을 증강함으로써 인간 피드백이 품질에 중요한 영향을 미칠 수 있음을 실제 예제를 통해서 살펴보았다. 이번 장에서 구현한 시스템은 단지 증강된 입력으로 출력을 생성하는 것에서 그치지 않고, 최종 사용자의 평가를 받아서 개선을 꾀한다. AI 응답을 개선하는 데 있어 인간 개입의 중요성을 강조하기 위해 평가가 낮은 경우에는 전문가 피드백 과정을 발동했다. 이러한 적응형 RAG 프로그램을 처음부터 직접 구축해 나간 덕분에 인간 피드백을 통합해서 AI 시스템을 점차 진화하고 개선해 나가는 방식을 잘 이해할 수 있었을 것이다.

이번 장은 단순한 학습이 아닌, 이론적인 지식을 실용적인 기술로 전환하는 실천이자 성찰, 변환의 과정이었다. 이제 여러분은 RAG 기반 AI를 프로덕션 수준의 규모와 복잡성으로 확장할 준비가 되었다. 다음 장의 주제가 그것이다.

연습문제

다음 질문에 **그렇다** 또는 **아니다**로 답하라.

1. 인간 피드백이 RAG 기반 생성형 AI 시스템을 개선하는 데 필수적인가?

2. 생성형 AI 모델을 재훈련하지 않고도 핵심 데이터를 변경할 수 있는가?

3. 적응형 RAG는 검색을 개선하기 위해 실시간 인간 피드백 루프를 포함하는가?

4. 적응형 RAG의 주요 목적은 모든 인간 입력을 자동화된 응답으로 대체하는 것인가?

5. 적응형 RAG에서 인간 피드백이 검색된 문서의 변경 프로세스를 발동할 수 있는가?

6. C사는 적응형 RAG를 고객 지원 문제에만 사용하는가?

7. 인간 피드백은 AI 응답의 사용자 평가가 높을 때만 사용되는가?

8. 이번 장의 프로그램은 텍스트 기반 검색 출력만 제공하는가?

9. 하이브리드 적응형 RAG 시스템은 피드백에 따라 조정할 수 없는 정적 시스템인가?

10. AI 응답의 관련성을 결정할 때 사용자 등급 점수가 완전히 무시되는가?

참고문헌

- Evgenii Kortukov, Alexander Rubinstein, Elisa Nguyen, Seong Joon Oh, *Studying Large Language Model Behaviors Under Realistic Knowledge Conflicts*: https://arxiv.org/abs/2404.16032
- 오픈AI 모델들: https://platform.openai.com/docs/models

더 읽을거리

이번 장에서 구현한 벡터화 기능과 코사인 유사도에 대해 더 자세히 알아보려면 다음 링크를 참조하자.

- sklearn.feature_extraction의 TfidfVectorizer: https://scikit-learn.org/stable/modules/generated/sklearn.feature_extraction.text.TfidfVectorizer.html
- sklearn.metrics의 cosine_similarity: https://scikit-learn.org/stable/modules/generated/sklearn.metrics.pairwise.cosine_similarity.html

디스코드 커뮤니티

다음은 이 책의 디스코드 공간이다. 원서 저자 및 다른 독자와 토론할 수 있다.

- https://www.packt.link/rag

06

파인콘을 이용한
RAG 은행
고객 데이터 확장

텍스트 기반이든 다중 모달이든, RAG 문서들을 확장(scaling; 규모 확대)하는 것은 단지 더 많은 데이터를 축적하는 것이 아니다. 확장은 애플리케이션의 작동 방식을 근본적으로 바꾼다. 첫째로, 확장은 단순히 더 많은 데이터가 아니라 적절한 양의 데이터를 찾는 것이다. 둘째, 데이터를 추가함에 따라 애플리케이션에 대한 요구사항이 달라질 수 있다. 더 큰 부하를 처리하기 위해 새로운 기능이 필요해지기도 한다. 마지막으로, 확장 시 비용 모니터링과 속도 성능이 프로젝트의 제약 요인이 된다. 이런 여러 문제를 여러분이 잘 헤쳐 나갈 수 있도록, 이번 장에서는 프로젝트에서 직면할 수 있는 실제 확장 과제를 해결하기 위한 최신 AI 활용 기법을 논의한다. 구체적으로, 파인콘Pinecone을 이용해서 패턴 매칭 기반의 추천 시스템을 구축함으로써 은행 고객 이탈 현상(churn)을 최소화할 것이다.

우선 파이프라인의 첫 프로그램을 단계적으로 개발한다. 이 과정에서 캐글Kaggle의 은행 고객 데이터셋을 다운로드하고 **탐색적 데이터 분석**(exploratory data analysis, EDA)을 수행하는 방법을 배운다. 이 기초 단계는 그다음의 처리(processing) 단계를 위한 데이터셋과 RAG 전략의 준비에 매우 중요하다. 파이프라인의 둘째 프로그램에서는 대규모 벡터 검색에 적합한 벡터 데이터베이스인 파인콘과 오픈AI의 `text-embedding-3-small` 모델의 강력한 조합을 소개한다. 여기서는 데이터를 청크로 나누고 임베딩한 후 100만 개 이상의 벡터로 확장할 파인콘 색인에 업서트upsert[25]한다. 이를 통해 만족스러운 속도로 복잡한 검색 쿼리를 수행할 수 있게 된다. 마지막으로, 파이프라인의 셋째 프로그램에서는 파인콘을 이용해서 RAG 쿼리문을 작성하고, 사용자 입력을 증강하고, GPT-4o를 활용하여 AI 기반 추천을 생성하는 방법을 살펴본다. 이 프로그램들의 궁극적인 목표는 개인화되고 통찰력 있는 추천을 고객에게 제공함으로써 은행의 고객 이탈을 줄이는 것이다. 이번 장을 마치면 파인콘과 오픈AI 기술의 위력을 RAG 프로젝트에 적용하는 방법을 잘 이해하게 될 것이다.

요약하면, 이번 장에서 다루는 주제는 다음과 같다.

- RAG 벡터 저장소 확장의 핵심 측면
- 데이터 준비를 위한 EDA
- 파인콘 벡터 저장소를 이용한 확장

---

25 (옮긴이) 업서트는 update와 insert를 조합한 단어로, 기존 레코드가 존재하면 그것을 갱신하고 없으면 새로 삽입하는 데이터베이스 연산을 뜻한다.

- 은행 고객 정보를 위한 청킹 전략
- 오픈AI 임베딩 모델을 사용한 데이터 임베딩
- 데이터 업서트
- RAG를 위한 파인콘 활용
- GPT-4o를 사용한 생성형 AI 기반 추천으로 은행 고객 이탈 감소

그럼 파인콘을 이용한 확장 방법을 정의하는 것으로 이번 장의 여정을 시작하자.

6.1 파인콘을 이용한 확장

이번 장에서는 파인콘의 혁신적인 벡터 데이터베이스 기술과 오픈AI의 강력한 임베딩 기능을 결합해서 데이터 처리 및 쿼리 시스템을 구축한다. 목표는 고객이 은행과의 관계를 지속하도록 장려하는 추천 시스템(recommendation system)을 만드는 것이다. 이 접근 방식을 이해하면 추천이 필요한 모든 영역(레저, 의료, 법률 등)에 적용할 수 있다. 여러분이 관련된 복잡한 프로세스를 이해하고 최적화할 수 있도록 최소한의 구성요소들로 프로그램을 처음부터 구축할 것이다. 이번 장에서는 파인콘 벡터 데이터베이스와 오픈AI LLM 모델을 사용한다.

아키텍처의 선택과 설계는 프로젝트의 구체적인 목표에 따라 달라진다. 이 방법론을 프로젝트의 요구사항에 따라 다른 플랫폼에도 적용할 수 있다. 이번 장에서 소개할 아키텍처는 벡터 저장소와 생성형 AI 모델의 조합을 통해서 운영을 간소화하고 확장성을 촉진하도록 설계된 것이다. 이러한 맥락을 염두에 두고, 파이썬으로 구축할 아키텍처를 살펴보자.

6.1.1 아키텍처

이번 장에서는 2장 '딥 레이크와 오픈AI를 활용한 RAG 임베딩 벡터 저장소'와 3장 '라마 인덱스, 딥 레이크, 오픈AI를 활용한 색인 기반 RAG 구축'에서처럼 벡터 기반 유사도 검색 기능을 구현한다. 이번 장의 추천 시스템은 이전 장들에서 설계한 세 가지 파이프라인의 구조에 기반한다. 그림 6.1에 전체적인 아키텍처가 나와 있다. 필요하다면 이번 장의 코드를 구현하기 전에 해당 장들을 먼저 살펴보기 바란다.

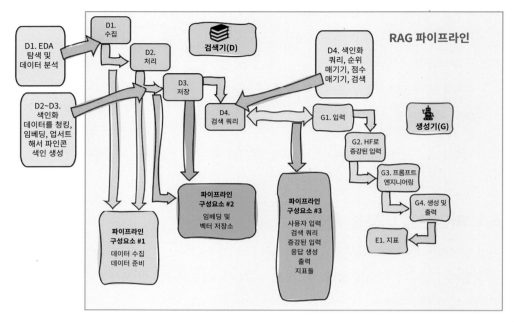

그림 6.1 RAG 기반 생성형 AI 파이프라인의 확장

그림 6.1의 세 파이프라인으로 구축할 확장된 추천 시스템의 주요 특징을 요약하면 다음과 같다.

- **파이프라인 1: 데이터셋 수집과 준비**
  이 파이프라인에서는 표준적인 쿼리들과 k-평균 군집화로 데이터셋에 대한 탐색적 데이터 분석(EDA)을 수행한다.

- **파이프라인 2: 파인콘 색인(벡터 저장소) 확장**
  이 파이프라인에서는 100만 개 이상의 문서를 청크로 나누고 임베딩해서 파인콘 색인에 업서트한다.

- **파이프라인 3: RAG 생성형 AI**
  이 파이프라인에서는 100만 개 이상의 벡터 저장소를 쿼리하고 GPT-4 모델의 입력을 증강하여 표적화된 추천을 생성한다. 이에 의해 완전히 확장된 RAG 시스템이 완성된다.

이번 장의 세 예제 프로그램을 이론적으로 또는 실용적으로 다음과 같이 응용할 수 있다.

- **확장 가능한 서버리스 인프라:** 이번 장에서는 서버 관리와 확장의 복잡성을 제거하는 파인콘의 서버리스 아키텍처를 소개한다. 파인콘을 이용하면 저장소 자원이나 컴퓨터 사용량을 여러분이 직접 관리할 필요가

없다. 파인콘은 클라우드와 리전(예: AWS의 `us-east-1`)으로 구성된 서버리스 색인에 기반한 종량제 방식의 서비스이다. 따라서 확장과 과금이 간단하지만, 비용을 모니터링하고 최소화할 필요가 있다.

- **경량화되고 단순한 개발 환경:** 이번 장의 통합 전략은 외부 라이브러리 사용을 최소화하고 경량의 개발 스택을 유지한다. 오픈AI를 직접 이용해서 임베딩들을 생성한다. 임베딩들의 저장과 쿼리에는 파인콘을 사용한다. 이 덕분에 데이터 처리 파이프라인이 간소화되고 시스템 효율성이 높아진다. 이 접근 방식이 효과적이기는 하지만, 프로젝트에 따라서는 다른 방법(이 책의 다른 장들에서 구현한 것 같은)도 가능하다.

- **최적화된 확장성과 성능:** 파인콘의 벡터 데이터베이스는 대규모 데이터셋을 효과적으로 처리하도록 설계되어 데이터의 양이 증가해도 애플리케이션 성능이 만족스럽게 유지된다. 다른 모든 클라우드 플랫폼과 API처럼 파인콘과 오픈AI로 시스템을 구축할 때는 개인정보보호와 보안 규정을 검토해야 한다. 또한 이번 장의 §6.3 '파이프라인 2: 파인콘 색인(벡터 저장소) 확장' 절에서 보겠지만, 시스템의 성능과 비용을 지속적으로 모니터링해야 한다.

이제 키보드로 가서 은행 고객 이탈에 관한 데이터셋을 수집하고 처리해 보자.

6.2 파이프라인 1: 데이터셋 수집 및 준비

이 섹션에서는 '은행 고객 이탈' 데이터셋(캐글의 `Bank Customer Churn`)을 다루고 분석하는 방법을 설명한다. 환경 설정부터 데이터 처리, ML(machine learning) 기법 적용까지 전 과정을 단계별로 안내할 것이다. 알고리즘을 도구로 사용하기 전에 사람이 직접 데이터셋을 분석해 보는 것이 중요하다. 인간의 창의성이 지닌 유연함 때문에 인간의 통찰은 언제나 중요한 역할을 한다. 다음은 이번 절에서 파이썬으로 구현할 데이터 수집 및 준비 과정의 세 단계이다.

1. **데이터셋 수집과 처리**
   - 캐글 데이터셋 다운로드를 위한 환경 설정 및 인증
   - `Bank Customer Churn` 데이터셋 다운로드 및 압축 해제
   - 불필요한 열을 제거해 데이터셋 단순화

2. **탐색적 데이터 분석**
   - 데이터 구조와 유형 파악을 위한 초기 데이터 검사
   - 고객 불만과 이탈(계좌 해지) 간의 관계 조사

- 연령과 급여 수준이 고객 이탈과 어떤 관련이 있는지 탐색
- 수치형 특징(numerical feature)들 사이의 상관관계를 시각화하는 히트맵 생성

3. **ML 모델 훈련**
- ML을 위한 데이터 준비
- 고객 행동 패턴 발견을 위한 군집화 기법 적용
- 다양한 군집 구성의 효과 평가
- 결론 도출 및 RAG 기반 생성형 AI로 이행

목표는 데이터셋을 분석해서 §6.3 '파이프라인 2: 파인콘 색인(벡터 저장소) 확장'을 위한 데이터를 준비하는 것이다. 이를 위해 데이터셋에 대한 예비 EDA를 수행해야 한다. 이번 장의 예제 노트북들은 예제 코드를 여러분이 직접 따라할 수 있도록 설계되었다. 이를 통해서 데이터 과학의 작업흐름(workflow)에 대한 실용적 경험과 통찰을 얻을 수 있을 것이다. 그럼 데이터셋 수집부터 시작하자. 관련 노트북 파일은 `Chapter06/Pipeline_1_Collecting_and_preparing_the_dataset.ipynb`이고, 절 제목의 괄호는 해당 섹션 번호이다.

6.2.1 데이터셋 수집과 처리(섹션 1)

이번 장의 예제는 캐글의 `BankCustomer Churn` 데이터셋을 사용한다. URL은 다음과 같다.

- https://www.kaggle.com/datasets/radheshyamkollipara/bank-customer-churn

`Customer-Churn-Records.csv` 파일에는 은행의 고객 이탈에 영향을 미칠 수 있는 다양한 측면에 관한 10,000개의 고객 레코드가 들어 있다. 이 데이터셋은 라데쉬얌 콜리파라 Radheshyam Kollipara가 다음과 같은 합당한 지적과 함께 업로드했다.

새로운 고객을 유치하는 것이 기존 고객을 유지하는 것보다 훨씬 비용이 많이 든다는 것은 잘 알려진 사실이다. 고객이 회사를 떠나기로 결정하게 되는 요인을 아는 것이 은행에 유리하다. 이탈 방지를 통해 기업은 최대한 많은 고객을 유지하기 위한 충성도 프로그램과 고객 유지 캠페인을 개발할 수 있다.

캐글의 설명에 따르면 이 데이터셋에는 다음과 같은 열(필드)들이 있다.

- **RowNumber**: 행(레코드) 번호. 출력에는 영향을 미치지 않는다.
- **CustomerId**: 임의의 고객 ID. 역시 고객의 은행 이탈에 영향을 미치지 않는다.
- **Surname**: 고객의 성씨. 은행 이탈 결정에 영향을 미치지 않는다.
- **CreditScore**: 신용점수. 신용점수가 높은 고객일수록 은행을 떠날 가능성이 작으므로 고객 이탈에 영향을 미칠 수 있다.
- **Geography**: 고객의 지리적 위치. 은행 이탈 결정에 영향을 미칠 수 있다.
- **Gender**: 고객의 성별. 이것이 은행 이탈에 어떤 역할을 하는지 살펴보면 흥미로울 것이다.
- **Age**: 나이. 분명히 중요한 요인이다. 나이 든 고객이 젊은 고객보다 은행을 떠날 가능성이 작기 때문이다.
- **Tenure**: 고객이 은행의 고객으로 있었던 햇수(years). 일반적으로 오래된 고객일수록 더 충성도가 높고 은행을 떠날 가능성이 작다.
- **Balance**: 계좌 잔고. 높은 사람이 낮은 사람보다 은행을 떠날 가능성이 작다는 점에서 고객 이탈의 매우 좋은 지표이다.
- **NumOfProducts**: 고객이 은행을 통해 구매한 상품의 수.
- **HasCrCard**: 고객의 신용카드 보유 여부. 신용카드가 있는 사람이 은행을 떠날 가능성이 작으므로 이 필드도 중요하다.
- **IsActiveMember**: 활동적인 고객일수록 은행을 떠날 가능성이 작다.
- **EstimatedSalary**: 고객 급여 추정치. 잔고와 마찬가지로 급여가 낮은 사람이 높은 사람보다 은행을 떠날 가능성이 더 높다.
- **Exited**: 고객의 은행 이탈 여부.
- **Complain**: 고객의 불만 제기 여부.
- **Satisfaction Score**: 불만 해결에 대해 고객이 제공한 만족도 점수.
- **Card Type**: 고객이 보유한 카드 유형.
- **Points Earned**: 신용카드 사용으로 고객이 획득한 포인트.

이제 데이터셋에 어떤 정보가 들어 있는지 알았으니, EDA를 위해 이를 수집하고 처리하는 단계로 넘어가자. 먼저 환경부터 설치한다.

캐글 환경 설치

캐글에서 자동으로 데이터셋을 가져오려면 `https://www.kaggle.com/`에서 캐글에 가입해서 API 키를 생성해야 한다. 이번 장을 작성하는 시점에서 데이터셋 다운로드는 무료이다. 지시에 따라 캐글 API 키를 생성해서 JSON 파일을 내려받기 바란다. [26] 키는 안전한 장소에 보관해야 한다. 여기서는 구글 드라이브의 한 JSON 파일에 저장했다고 가정한다. 다음은 키 파일을 불러오기 위해 구글 드라이브를 노트북 환경에 마운트하는 코드이다.

```
# API 키
# 키가 파일에 저장되어 있다고 가정한다. (코드에 API 키를 직접 입력해도
# 되지만, 그러면 옆 사람이 키를 볼 수 있음을 주의하자.)
from google.colab import drive
drive.mount('/content/drive')
```

다음으로, 캐글 API 키가 담긴 JSON 파일을 읽어서 사용자 이름과 API 키를 읽고, 캐글 인증을 위해 환경 변수들에 설정한다.

```
import os
import json

with open(os.path.expanduser("drive/MyDrive/files/kaggle.json"), "r") as f:
    kaggle_credentials = json.load(f)
kaggle_username = kaggle_credentials["username"]
kaggle_key = kaggle_credentials["key"]

os.environ["KAGGLE_USERNAME"] = kaggle_username
os.environ["KAGGLE_KEY"] = kaggle_key
```

이제 캐글 클라이언트 라이브러리를 설치하고 인증할 준비가 되었다.

```
try:
  import kaggle
except:
  !pip install kaggle
```

```
import kaggle
kaggle.api.authenticate()
```

이게 전부이다! 이렇게 해서 Bank Customer Churn 데이터셋을 수집할 준비가 끝났다.

데이터셋 수집

이제 압축된 데이터셋을 다운로드하고, CSV 파일을 추출해서 판다스 데이터프레임으로 불러온 다음, 사용하지 않을 열들을 제거하고 결과를 표시할 것이다. 먼저 압축된 데이터셋을 다운로드한다.

```
!kaggle datasets download —d radheshyamkollipara/bank—customer—churn
```

출력은 데이터의 출처를 보여준다.

```
Dataset URL: https://www.kaggle.com/datasets/radheshyamkollipara/bank-customer-churn
License(s): other
bank-customer-churn.zip: Skipping, found more recently modified local copy (use --force
to force download)
```

이제 데이터의 압축을 풀어 보자.

```
import zipfile

with zipfile.ZipFile('/content/bank-customer-churn.zip', 'r') as zip_ref:
    zip_ref.extractall('/content/')
print("File Unzipped!")
```

파일의 압축이 해제되었다는 메시지가 출력된다.

```
File Unzipped!
```

이 CSV 파일을 data1이라는 판다스 데이터프레임에 적재한다.

```
import pandas as pd

# CSV 파일을 불러온다.
```

```
file_path = '/content/Customer-Churn-Records.csv'
data1 = pd.read_csv(file_path)
```

이제 다음 네 개의 열을 제거할 것이다.

- RowNumber: 각 레코드에 고유 색인을 생성할 것이므로 이 열은 불필요하다.

- Surname: 이번 장 예제의 시나리오에서는 데이터를 익명화하는 것도 하나의 목표이다. 따라서 고객의 성씨는 제외해야 한다. 대신 불만 제기와 신용카드 사용량(적립 포인트) 같은 고객 프로필과 행동에 초점을 둔다.

- Gender: 2020년대에는 소비자의 인식과 행동이 진화했다. 이 프로젝트에서는 성별 정보를 제외하는 것이 효율적일 뿐만 아니라 더 윤리적이다.

- Geography: 지리적 위치 정보가 유용한 경우도 있을 것이다. 하지만 이번 시나리오에서는 문화적 고정관념에 기반한 과적합을 피하기 위해 이 필드를 제외한다. 하지만 배송 서비스를 위한 거리 계산 같은 요소를 포함해야 하는 경우라면 이런 정보가 필요할 것이다.

```
# 필요하지 않은 열들을 제거해서 데이터프레임을 제 자리에서 갱신한다.
data1.drop(columns=['RowNumber','Surname', 'Gender','Geography'], inplace=True)
data1
```

다음은 마지막 행의 **data1**에 의한 출력의 일부이다. 데이터셋의 전체적인 크기와 구조를 확인할 수 있다.

	CustomerId	CreditScore	Age	Tenure	Balance	NumOfProducts	HasCrCard	IsActiveMember	EstimatedSalary
0	15634602	619	42	2	0.00	1	1	1	101348.88
1	15647311	608	41	1	83807.86	1	0	1	112542.58
2	15619304	502	42	8	159660.80	3	1	0	113931.57
3	15701354	699	39	1	0.00	2	0	0	93826.63
4	15737888	850	43	2	125510.82	1	1	1	79084.10
...	...	...	...	...	...	...	...	...	...
9995	15606229	771	39	5	0.00	2	1	0	96270.64
9996	15569892	516	35	10	57369.61	1	1	1	101699.77
9997	15584532	709	36	7	0.00	1	0	1	42085.58
9998	15682355	772	42	3	75075.31	2	1	0	92888.52
9999	15628319	792	28	4	130142.79	1	1	0	38190.78

0000 rows × 14 columns

그림 6.2 준비된 데이터셋

이 접근 방식의 장점은 파인콘 색인(벡터 저장소)에 삽입될 데이터의 크기를 최적화한다는 것이다. 불필요한 필드를 제거해서 데이터셋을 축소하면 파인콘에 전송, 저장, 처리해야 할 데이터의 양이 줄어들어서 시간과 비용이 감소한다. 규모 확장 시 이처럼 데이터 크기를 줄이면 쿼리 실행이 빨라지고 비용도 줄어든다. 파인콘 사용 비용은 저장된 데이터의 양과 쿼리에 사용되는 계산 자원에 따라 달라진다.

새 판다스 데이터프레임을 CSV 형식의 파일로 안전하게 저장해 두자.

```
data1.to_csv('data1.csv', index=False)
!cp /content/data1.csv /content/drive/MyDrive/files/rag_c6/data1.csv
```

파일 경로는 여러분의 상황에 맞게 변경하기 바란다. 어디든 저장해 두기만 하면 된다. §6.3 '파이프라인 2: 파인콘 색인(벡터 저장소) 확장'에서 이 파일을 사용할 것이다. 벡터 저장소를 구현하기 전에 지금까지 최적화한 데이터셋을 탐색해 보자.

6.2.2 탐색적 데이터 분석(섹션 2)

여기서는 앞에서 준비한 은행 고객 이탈 데이터셋에 대해 탐색적 데이터 분석(EDA)을 수행한다. EDA는 벡터 저장소로 RAG 기법을 적용하기 전에 수행하는 중요한 단계로, 데이터에 내재한 패턴과 추세를 이해하는 데 도움이 된다.

예를 들어 이 예비 분석에서 고객 민원(불만 제기)과 이탈률 사이에 직접적인 상관관계가 있음을, 좀 더 구체적으로는 불만을 제기한 고객이 은행을 떠날 가능성이 더 높다는 점을 알게 될 것이다. 또한, 50세 이상의 고객은 젊은 고객에 비해 이탈할 가능성이 작으며, 흥미롭게도 소득 수준(특히 10만 달러 기준선)은 이탈 결정에 큰 영향을 미치지 않는 것으로 보인다는 통찰도 얻게 될 것이다.

이러한 통찰들을 잘 살펴보면, 기본적인 결론을 도출하는 데에는 복잡한 ML 모델, 특히 딥러닝 모델이 반드시 필요한 것도 아니고 반드시 더 효율적인 것도 아님을 알게 된다. 데이터 내의 관계가 명확하고 패턴이 단순한 시나리오에서는 더 단순한 통계적 방법이나 기본적인 데이터 분석 기법이 더 적절하고 자원 효율적일 수 있다. 예를 들어 k-평균 군집화가 효과적일 수 있는데, 이번 장의 §6.2.3 'ML 모델 훈련하기' 절에서 k-평균 군집화를 구현해 본다.

그렇다고 고급 RAG 기법의 능력을 과소평가하려는 것은 아니다. 고급 RAG 기법이 얼마나 효과적인지는 §6.3 '파이프라인 2: 파인콘 색인(벡터 저장소) 확장'에서 살펴본다. 일반적인 EDA로는 쉽게 드러나지 않는 좀 더 미묘한 패턴과 복잡한 관계를 벡터 저장소 내에서 딥러닝을 활용해서 발견할 수 있음을 알게 될 것이다.

다음은 이 데이터프레임(**data1**)의 열들이다. 눈으로 봐서는 특정한 패턴을 찾기가 그리 쉽지 않다.

```
 #   Column             Non-Null Count   Dtype
---  ------             --------------   -----
 0   CustomerId         10000 non-null   int64
 1   CreditScore        10000 non-null   int64
 2   Age                10000 non-null   int64
 3   Tenure             10000 non-null   int64
 4   Balance            10000 non-null   float64
 5   NumOfProducts      10000 non-null   int64
 6   HasCrCard          10000 non-null   int64
 7   IsActiveMember     10000 non-null   int64
 8   EstimatedSalary    10000 non-null   float64
 9   Exited             10000 non-null   int64
10   Complain           10000 non-null   int64
11   Satisfaction Score 10000 non-null   int64
12   Card Type          10000 non-null   object
13   Point Earned       10000 non-null   int64
```

강조된 `Age`, `EstimatedSalary`, `Complain`은 `Exited`(이탈 여부)와 상관관계가 있을 만한 결정 요인들이다. 그림 6.3처럼 데이터프레임을 테이블 형태로 표시해 보면 추가적인 통찰을 얻을 수 있다. 특히 고객의 불만 제기(`Complain` 열)와 은행 이탈(`Exited` 열)의 관계에 주목하자.

Age	Tenure	Balance	NumOfProducts	HasCrCard	IsActiveMember	EstimatedSalary	Exited	Complain
42	2	0.00	1	1	1	101348.88	1	1
41	1	83807.86	1	0	1	112542.58	0	1
42	8	159660.80	3	1	0	113931.57	1	1
39	1	0.00	2	0	0	93826.63	0	0
43	2	125510.82	1	1	1	79084.10	0	0
...	...	...	...	...	...	...	...	...
39	5	0.00	2	1	0	96270.64	0	0
35	10	57369.61	1	1	1	101699.77	0	0
36	7	0.00	1	0	1	42085.58	1	1
42	3	75075.31	2	1	0	92888.52	1	1
28	4	130142.79	1	1	0	38190.78	0	0

그림 6.3 고객의 불만 제기(Complain)와 은행 이탈(Exited) 간의 강한 상관관계 시각화

데이터프레임으로 표준적인 통계치들을 계산해 보면, 실제로 고객의 불만이 은행 이탈로 이어지는 주요 요인일 가능성이 크다.

```
# 'Exited' 필드가 1인 레코드들과 'Complain' 필드가 1인 레코드들의 수
sum_exited = (data1['Exited'] == 1).sum()
sum_complain = (data1['Complain'] == 1).sum()

# 이탈 대비 불만 비율 계산
if sum_exited > 0:  # 0으로 나누기를 피한다.
    percentage_complain_over_exited = (sum_complain/ sum_exited) * 100
else:
    percentage_complain_over_exited = 0
# 결과 수치들을 출력한다.
print(f"Sum of Exited = {sum_exited}")
print(f"Sum of Complain = {sum_complain}")
print(f"Percentage of complain over exited = {percentage_complain_over_exited:.2f}%")
```

출력을 보면 이탈 대비 불만의 비율이 100.29%로 아주 높다.[27] 이 수치는 불만을 제기한 고객들이 거의 다 실제로 은행을 떠났음을 뜻한다.[28] 은행 업계에서 이는 자연스러운 트렌드이다.

```
Sum of Exited = 2038
Sum of Complain = 2044
Percentage of complain over exited = 100.29%
```

불만을 제기했지만 은행을 떠나지 않은 고객은 6명에 불과하다.

나이(Age) 등 다른 열들과 이탈 여부의 관계는 어떤지 시험해 보자. 구체적인 코드는 노트북 섹션 2(*2.Exploratory Data Analysis (EDA)*)의 셀들을 참고하기 바란다.

- age=50을 기준으로 해서 Age와 Exited의 상관관계를 따져 보면, 50세 이상의 고객들이 은행을 떠날 가능성이 더 낮은 것으로 보인다.

  ```
  Sum of Age 50 and Over among Exited = 634
  Sum of Exited = 2038
  Percentage of Age 50 and Over among Exited = 31.11%
  ```

반대로, 젊은 고객들은 불만이 있을 경우 은행을 떠날 가능성이 더 높은 것으로 나타났다. 연령 기준을 달리해서 좀 더 분석해 봐도 좋을 것이다.

- salary_threshold=100000을 기준으로 한 Salary와 Exited의 관계는 다음 출력에서 볼 수 있듯이 중요한 특성이 아닌 것으로 보인다.

  ```
  Sum of Estimated Salary over 100000 among Exited = 1045
  Sum of Exited = 2038
  Percentage of Estimated Salary over 100000 among Exited = 51.28%
  ```

이러한 추세(trend)를 확인하거나 반박하려면 다른 기준값들로 데이터셋을 탐색해 보면 된다.

다음으로, 판다스 데이터프레임 data1을 기반으로 히트맵heatmap을 생성해 보자.

---

27 (옮긴이) 불만 대비 이탈로 계산하면 약 99.71%이다.

28 (옮긴이) 이 결론은(그리고 아래의 '6명' 언급 역시) 다소 성급하다. 현재의 코드에서 sum_exited와 sum_complain은 독립적임을 주의하자. 좀 더 엄밀한 결론을 위해서는 data1['Exited']와 data1['Complain']가 둘 다 1인 고객, 즉 불만을 제기했으며 은행을 떠난 고객의 수도 고려해야 할 것이다.

```
import seaborn as sns
import matplotlib.pyplot as plt

# 상관관계 히트맵을 위해 수치 열들만 선택한다.
numerical_columns = data1.select_dtypes(include=['float64', 'int64']).columns
# 상관관계 히트맵
plt.figure(figsize=(12, 8))
sns.heatmap(data1[numerical_columns].corr(), annot=True, fmt='.2f', cmap='coolwarm')
plt.title('Correlation Heatmap')
plt.show()
```

출력은 다음과 같다. Complain과 Exited의 상관관계가 가장 높음을 알 수 있다.

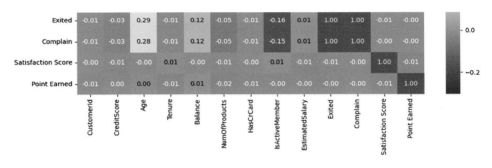

그림 6.4 히트맵의 일부

이 히트맵은 데이터셋에서 각 특성(변수) 쌍의 상관관계를 시각화한다. 히트맵은 각 변수 쌍의 상관계수(correlation coefficient)를 보여주는데, 상관계수의 범위는 −1(가장 강한 음의 상관관계)에서 1(가장 강한 양의 상관관계)이다. 0은 상관관계가 없음을 뜻한다.

이상으로 데이터셋의 여러 특징을 탐색해 보았다. 이제 ML 모델을 만들어서 탐색을 좀 더 심화하자.

6.2.3 ML 모델 훈련(섹션 3)

EDA를 계속 이어서 ML 모델로 데이터셋을 더 깊이 파고들어 보자. 이번 절에서는 데이터셋의 패턴을 탐색하기 위해 k-평균 군집화 같은 군집화 기법을 이용해서 ML 모델을 훈련한다. 분석을 위해 데이터를 준비하고 처리한 다음, 군집화를 적용하고 여러 지표로 결과를 평가할 것이다. 이 접근 방식은 좀 더 복잡한 딥러닝 방법을 직접 사용하지 않고도 통찰을 얻는 데 유용하다.

 k-평균 군집화(k-means clustering)는 각 군집(cluster) 내의 분산(variance)을 최소화함으로써 데이터셋을 k개의 구분되고 겹치지 않는 군집으로 분할하는 비지도 학습(unsupervised learning) 알고리즘이다. 이 알고리즘은 가까운 평균(중심점)을 기준으로 데이터 포인트를 k개의 군집 중 하나에 배정하는 작업을 수렴에 도달할 때까지 반복한다.

그럼 코드를 단계별로 살펴보자.

데이터 준비와 군집화

먼저 data1의 복사본을 만든다. 이렇게 하면 다른 ML 모델을 시도하고 싶을 때 언제라도 data1로 돌아갈 수 있다.

```
# data1을 data2에 복사
data2 = data1.copy()
```

필요한 라이브러리들을 임포트하고, 탐색할 특징(열)들을 설정한다. 앞의 예비 EDA 결과를 바탕으로 'CreditScore', 'Age', 'EstimatedSalary', 'Exited', 'Complain', 'Point Earned'를 선택하기로 한다.

```
# 필요한 라이브러리들을 임포트한다.
import pandas as pd
from sklearn.cluster import KMeans
from sklearn.preprocessing import StandardScaler
from sklearn.metrics import silhouette_score , davies_bouldin_score

# data2는 앞에서 준비한 data1의 복사본이다.
# 탐색할 특징들을 선택한다.
features = data2[['CreditScore', 'Age', 'EstimatedSalary', 'Exited', 'Complain',
                  'Point Earned']]
```

표준 관행에 따라, 먼저 특징들을 적절히 비례해서 정규화한 다음에 ML 모델을 실행한다.

```
# 특징들을 정규화한다.
scaler = StandardScaler()
features_scaled = scaler.fit_transform(features)
```

신용점수(CreditScore), 급여 추정치(EstimatedSalary), 포인트 적립(Point Earned; 신용카드 실적을 반영하는 수치)은 고객의 은행 내 재무 상태를 보여주는 좋은 지표들이다. 연령(Age)은 다른 요인들과 결합하여 고령 고객들이 은행에 남아있게 하는 데 영향을 미칠 수 있다. 하지만 주목할 중요한 점은 불만과 이탈의 강한 양의 상관관계이다. 이는 모든 시장 세그먼트(market segment; 또는 세분시장)에서 불만이 이탈을 고려하게 만드는 요인일 수 있음을 암시한다.

이 특징 집합에 대한 최적의 군집 수를 찾기 위해[29] 군집 수를 2에서 4로 설정해서 군집화하고 그 품질을 평가해 보자.

```
# 여러 군집 개수로 군집화를 시험해 본다.
for n_clusters in range(2, 5):  # 범위는 2 이상, 5 미만
    kmeans = KMeans(n_clusters=n_clusters, n_init=20, random_state=0)
    cluster_labels = kmeans.fit_predict(features_scaled)
    silhouette_avg = silhouette_score(features_scaled, cluster_labels)
    db_index = davies_bouldin_score(features_scaled, cluster_labels)
    print(f'For n_clusters={n_clusters}, the silhouette score is {silhouette_avg:.4f}
and the Davies-Bouldin Index is {db_index:.4f}')
```

이 코드는 각 군집 수(2~4개)로 k-평균 군집화를 수행하고 실루엣 점수(silhouette score)와 데이비스-볼딘 지수(Davies-Bouldin index)라는 두 가지 지표로 군집화의 성능을 평가한다. 출력은 다음과 같다.

```
For n_clusters=2, the silhouette score is 0.6129 and the Davies-Bouldin Index is 0.6144
For n_clusters=3, the silhouette score is 0.3391 and the Davies-Bouldin Index is 1.1511
For n_clusters=4, the silhouette score is 0.3243 and the Davi
```

---

29 (옮긴이) k-평균 군집화 알고리즘에서는 군집 개수 k를 사람이 미리 결정해야 한다. 직관에 의존하는 대신 이런 사전 절차로 결정하는 것이 바람직하다.

실루엣 점수: 이 지표는 평균 군집 내 거리(mean intra-cluster distance; 한 군집 안에서 각 점과 다른 점들의 평균 거리)와 평균 최근접 군집 간 거리(mean nearest cluster distance; 각 점과 가장 가까운 이웃 군집 점들 사이의 평균 거리)를 계산해서 군집화의 품질을 측정한다. 점수는 −1에서 1 사이이다. 점수가 높을수록 군집들이 잘 분리되어 있으며 군집 내부적으로는 응집되어 있는 것이다. 지금 예에서는 군집이 2개일 때의 실루엣 점수가 0.6129로 가장 높다. 3개나 4개일 때보다 2개일 때 군집 분리와 군집 내 응집도가 높다고 해석할 수 있겠다.

데이비스-볼딘 지수: 이 지수는 군집 내 거리와 군집 간 거리의 비율을 비교해서 군집화 품질을 평가한다. 낮을수록 군집화 품질이 좋은 것이다. 이 지수가 낮다는 것은 군집 내 분산이 낮고 군집 간 분리가 더 뚜렷하다는 뜻이다. 지금 예에서는 군집이 2개일 때 데이비스-볼딘 지수가 0.6144로 가장 낮다. 따라서 군집이 2개일 때 자료점(data point)들이 가장 잘 분리되고 응집될 것으로 예상할 수 있다.

군집이 2개인 경우에 실루엣 점수와 데이비스-볼딘 지수 모두 비교적 좋은 군집화 성능을 보여준다. 군집 수가 3개와 4개로 증가하면 두 지표 모두 실루엣 점수는 낮아지고 데이비스-볼딘 지수는 높아지는데, 이는 군집의 구분이 덜 뚜렷하고 응집도가 낮음을 뜻한다.

군집화의 구현과 평가

이 데이터셋과 특징 집합에는 군집 2개가 가장 적합해 보이므로 n_clusters=2로 설정해서 군집화 모델을 실행해 보자.

```
# 선택된 군집 개수로 K-평균 군집화를 수행한다.
kmeans = KMeans(n_clusters=2, n_init=10, random_state=0) # n_init을 명시적으로 10으로 설정
data2['class'] = kmeans.fit_predict(features_scaled)
# 데이터프레임의 처음 몇 행을 출력한다. 군집화 결과는 class 열에 있다.
data2
```

그림 6.5에 이 데이터프레임의 일부가 나와 있다. §6.2.2 '탐색적 데이터 분석'에서처럼 불만 제기와 이탈 간의 상관관계가 확인된다.

Exited	Complain	Satisfaction Score	Card Type	Point Earned	class
1	1	2	DIAMOND	464	0
0	1	3	DIAMOND	456	0
1	1	3	DIAMOND	377	0
0	0	5	GOLD	350	1
0	0	5	GOLD	425	1
...	...	...	...	...	...
0	0	1	DIAMOND	300	1
0	0	5	PLATINUM	771	1
1	1	3	SILVER	564	0
1	1	2	GOLD	339	0
0	0	3	DIAMOND	911	1

그림 6.5 k–평균 군집화 출력의 일부

class == 0은 첫 군집이다. 불만을 제기하고(Complain) 은행을 떠난(Exited) 고객들이 여기에 속한다.

class == 0이면서 Exited == 1인 행들을 세어 보면 불만 제기와 고객 이탈 간의 강한 양의 상관관계를 확인할 수 있다.

```python
# 1. 'class' == 0인 행들의 수
sum_class_0 = (data2['class'] == 0).sum()
# 2. 'class' == 0이고 'Complain' == 1인 행들의 수
sum_class_0_complain_1 = data2[(data2['class'] == 0)
                               & (data2['Complain'] == 1)].shape[0]
# 3. 'class' == 0이고 'Exited' == 1인 행들의 수
sum_class_0_exited_1 = data2[(data2['class'] == 0) & (data2['Exited'] == 1)].shape[0]

# 결과를 출력한다.
print(f"Sum of 'class' == 0: {sum_class_0}")
print(f"Sum of 'class' == 0 and 'Complain' == 1: {sum_class_0_complain_1}")
print(f"Sum of 'class' == 0 and 'Exited' == 1: {sum_class_0_exited_1}")
```

출력은 다음과 같다. 불만 제기와 이탈의 밀접한 관계를 확인할 수 있다.

```
Sum of 'class' == 0: 2039
Sum of 'class' == 0 and 'Complain' == 1: 2036
Sum of 'class' == 0 and 'Exited' == 1: 2037
```

class == 1은 둘째 군집이다. 앞에서처럼 수치들을 계산한다. 앞에서와 거의 동일한 코드
이므로, class == 1이면서 Complain == 1인 행들의 수를 계산하는 코드만 제시하겠다.

```
# 2. 'class' == 1이고'Complain' == 1인 행들의 수
sum_class_1_complain_1 = data2[(data2['class'] == 1)
                               & (data2['Complain'] == 1)].shape[0]
```

출력은 다음과 같다. 이 군집에는 불만을 제기하고 은행을 이탈한 고객이 거의 없다. 이는
앞에서 파악한 상관관계와 일관된 결과이다.

```
Sum of 'class' == 1: 7961
Sum of 'class' == 1 and 'Complain' == 1: 8
Sum of 'class' == 1 and 'Exited' == 1: 1
```

이상에 보았듯이, 고객 유지에 도움이 될 수 있는 특징을 찾는 데에는 고전적인 방법들도
어느 정도는 도움이 된다. 하지만 이것으로 만족하지 말고, 좀 더 현대적이고 심층적인 방
법을 적용해 보기로 하자. 다음 절에서는 오픈AI를 이용해서 고객 레코드들을 벡터로 변환
하고, 데이터셋과 정확히 일치하지는 않는 쿼리문으로 파인콘^{Pinecone} 색인을 검색해서 데이
터셋 안의 좀 더 깊은 패턴을 찾아본다.

6.3 파이프라인 2: 파인콘 색인(벡터 저장소) 확장

이번 절의 목표는 앞에서 준비한 데이터셋으로 파인콘 색인을 구축하고, 이를 레코드
10,000개 규모에서 1,000,000개 규모로 확대하는 것이다. 여기에는 이전 장들에서 얻은 지
식이 쓰이긴 하지만, 이러한 확장(규모 확대)은 기존의 표본 데이터셋들을 관리하는 것과
는 본질적으로 다른 작업이다.

파이프라인 2의 각 프로세스는 겉보기에 단순하다. 데이터를 준비하고, 임베딩하고, 벡터 저장소에 업로드하고, 쿼리로 문서를 검색하는 것일 뿐이다. 이미 2장과 3장에서 이 프로세스들을 논의했다.

딥 레이크 대신 파인콘을 사용한다는 점과 오픈AI 모델을 이전과는 약간 다른 방식으로 사용한다는 점만 제외하면 이 벡터 저장소 단계들은 2, 3, 4장과 사실상 동일한 기능을 수행한다.

1. **데이터 준비:** 데이터셋을 청킹에 적합한 형태로 전처리한다.

2. **청킹과 임베딩:** 준비된 데이터를 청크로 나누고 임베딩한다.

3. **파인콘 색인 생성:** 파인콘 색인(벡터 저장소)을 생성한다.

4. **업서트**^{upsert}: 임베딩된 문서(이 경우 고객 레코드)들을 업로드한다. 각 레코드의 텍스트는 문서의 메타데이터로 포함된다.

5. **파인콘 색인 쿼리:** 마지막으로, 파인콘 색인에서 관련 문서를 검색한다. 검색 결과는 §6.4 '파이프라인 3: RAG 생성형 AI'에서 설명하는 파이프라인 3에 쓰인다.

 필요하다면 제2~4장을 다시 읽으면서 데이터 준비, 청킹, 임베딩, 쿼리 수행을 복습하기 바란다.

벡터 저장소를 다루는 법은 이전에 딥 레이크로 경험해 보았다. 파인콘도 벡터 저장소의 한 종류이므로, 기존 지식을 적용하기가 어렵지 않을 것이다. 진짜로 어려운 것은 규모, 비용, 관련 작업 등 실제 프로젝트에서 숨겨진 난제(challenge)들이다. 그럼 그런 난제들을 짚고 넘어가자.

6.3.1 벡터 저장소 관리의 난제들

프로젝트를 진행할 때 바로 코딩으로 들어가는 경우가 흔하다. 규모가 작을 때는 그렇게 해도 좋지만, 확장을 위해서는 프로젝트 관리와 관련한 사항들을 미리 결정할 필요가 있다. 데이터셋이 작을 때는 잘못된 결정이나 오류가 있더라도 그 영향이 제한적이다. 하지만 확장(scaling)은 다른 문제이다. 확장의 근본 원칙과 위험은, 오류도 기하급수적으로 확장된다는 것이다.

코드를 한 줄이라도 실행하기 전에 직면해야 할 문제점들을 살펴보자. 이 방법론은 어떤 플랫폼이나 모델에도 적용할 수 있다. 하지만 이번 장에서는 플랫폼 관리가 아닌 프로세스에 집중하기 위해 오픈AI와 파인콘으로 플랫폼을 제한한다. 다른 플랫폼들을 사용하는 경우 세심한 위험 관리(risk management)가 요구되지만, 이는 이번 장의 목적이 아니다.

오픈AI 모델들부터 살펴보자.

- **임베딩용 오픈AI 모델:** 오픈AI는 계속해서 임베딩 모델을 개선하고 새로운 모델을 제공한다. 임베딩 전에 https://platform.openai.com/docs/models/embeddings에서 각 모델의 속도, 비용, 입력 제한, API 호출 속도 등의 특성을 잘 살펴보기 바란다.
- **생성용 오픈AI 모델:** 오픈AI는 계속해서 새 모델을 출시하고 구형 모델을 폐기한다. 구글도 마찬가지다. 이런 모델들을 경주용 자동차라고 생각해 보자. 1930년대 차량으로 오늘날의 경주에서 이길 수 있을까? 확장을 위해서는 가장 효율적인 모델이 필요하다. https://platform.openai.com/docs/models에서 속도, 비용, 입력 제한, 출력 크기, API 호출 속도를 확인하자.

확장 시에는 속도와 비용 측면에서 모델의 진화를 지속적으로 고려해야 한다. 기술적 고려 사항뿐만 아니라, 다음과 같은 종량제 과금과 기술적 제약도 수시로 확인할 필요가 있다.

- **과금 관리:** https://platform.openai.com/settings/organization/billing/overview
- **속도 제한 등의 제약:** https://platform.openai.com/settings/organization/limits

그리고 파인콘 계정을 만든 후에는 파인콘의 제약 사항들도 살펴봐야 한다.

- **클라우드와 지역:** 클라우드(AWS, Google 등)와 지역(서버리스 저장소의 위치) 선택은 가격에 영향을 미친다.
- **사용량:** 읽기 단위, 쓰기 단위, 클라우드 백업을 포함한 저장 비용이 포함된다. 자세한 내용은 https://docs.pinecone.io/guides/indexes/back-up-an-index를 참조하자.

다른 클라우드 환경과 마찬가지로 파인콘의 가격과 사용량을 지속적으로 모니터링해야 한다. 각각 `https://www.pinecone.io/pricing/`과 `https://docs.pinecone.io/guides/operations/monitoring`을 참고하기 바란다.

이번 장 예제의 목표는 다른 플랫폼과 프레임워크로도 달성할 수 있다. 어떤 경우이든 가격, 사용량, 속도 성능, 제한과 같은 제약조건을 고려하고 관리해야 한다는 점은 동일하다.

이제 **파이프라인 2**를 구현한다. 이전 장들에서 이미 살펴본 기능들을 넘어서는 난제들에 초점을 두겠다. 해당 노트북 파일은 Chapter06/Pipeline_2_Scaling_a_Pinecone_Index.ipynb이다. 환경 설치부터 살펴보자.

6.3.2 환경 설치

파이프라인 2는 파인콘과 오픈AI만 사용한다. 덕분에 중간 소프트웨어나 플랫폼, 제약 사항이 없다. 관련 API 키들은 안전한 곳에 보관해야 한다. 여기서는 API 키들을 구글 드라이브의 파일에 저장했다고 가정한다.

```
# API 키
# 키가 파일에 저장되어 있다고 가정한다. (코드에 API 키를 직접 입력해도
# 되지만, 그러면 옆 사람이 키를 볼 수 있음을 주의하자.)
from google.colab import drive
drive.mount('/content/drive')
```

이제 오픈AI와 파인콘 라이브러리를 설치한다.

```
!pip install openai==1.40.3
!pip install pinecone-client==5.0.1
```

마지막으로, 파일들에서 API 키를 읽어서 설정한다.

```
f = open("drive/MyDrive/files/pinecone.txt", "r")
PINECONE_API_KEY=f.readline()
f.close()
f = open("drive/MyDrive/files/api_key.txt", "r")
API_KEY=f.readline()
f.close()

# 오픈AI API 키
import os
```

```
import openai
os.environ['OPENAI_API_KEY'] =API_KEY
openai.api_key = os.getenv("OPENAI_API_KEY")
```

이렇게 해서 환경 설치가 끝났다. 앞에서 준비한 은행 고객 이탈 데이터셋(Bank Customer Churn)을 처리하는 단계로 넘어가자.

6.3.3 데이터셋 처리

여기서는 데이터셋을 텍스트 청크들로 분할하기 위한 준비 작업을 다룬다. 이 청크들을 효율적으로 임베딩해서 벡터 저장소에 저장할 것이다. 먼저 이번 장의 §6.2 '파이프라인 1: 데이터셋 수집 및 준비' 절에서 준비하고 저장한 data1.csv 파일의 복사본을 만든다.

```
!cp /content/drive/MyDrive/files/rag_c6/data1.csv /content/data1.csv
```

그런 다음 이 데이터셋 복사본으로 판다스 데이터프레임을 만든다.

```
import pandas as pd
# CSV 파일을 불러온다.
file_path = '/content/data1.csv'
data1 = pd.read_csv(file_path)
```

데이터셋의 10,000행이 모두 적재되었는지 확인하자.

```
# 행 수를 센다.
number_of_lines = len(data1)
print("Number of lines: ",number_of_lines)
```

출력을 보면 모든 행이 적재되었음 알 수 있다.

```
Number of lines:  10000
```

다음 코드는 이 시나리오에서 중요하다. 고객 레코드를 나타내는 각 행은 output_lines 목록의 한 행이 된다.

```
import pandas as pd

# 데이터프레임의 행(고객 레코드)들을 담을 빈 목록.
output_lines = []

# 데이터프레임의 각 행에 대해:
for index, row in data1.iterrows():
    # 행의 열마다 "열 이름: 값" 형태의 문자열 조각을 만든다.
    row_data = [f"{col}: {row[col]}" for col in data1.columns]
    # 문자열 조각들을 모두 연결해서 하나의 문자열 행을 만든다.
    line = ' '.join(row_data)
    # 그 행을 출력 목록에 추가한다.
    output_lines.append(line)

# 이 output_lines를 출력하거나 필요에 따라 더 처리한다.
for line in output_lines[:5]:    # 확인을 위해 처음 다섯 행을 출력한다.
    print(line)
```

출력은 다음과 같다. output_lines 목록의 각 행이 개별 고객 레코드로부터 생성된 텍스트임을 확인할 수 있다.

```
CustomerId: 15634602 CreditScore: 619 Age: 42 Tenure: 2 Balance: 0.0 NumOfProducts:
1 HasCrCard: 1 IsActiveMember: 1 EstimatedSalary: 101348.88 Exited: 1 Complain: 1
Satisfaction Score: 2 Card Type: DIAMOND Point Earned: 464...
```

이렇게 해서 각 고객 레코드의 정보를 담은 사전 청크(pre-chunk; 청킹 전 텍스트)들을 준비했다. 이제 청킹을 위해 output_lines를 lines에 복사한다.

```
lines = output_lines.copy()
```

행들이 온전하게 복사되었는지 확인하자. 데이터 준비 과정이 이보다 훨씬 더 복잡한 실제 프로젝트에서는 처리 도중 행들이 소실되기도 한다.

```
# 행들의 수를 센다.
number_of_lines = len(lines)
print("Number of lines: ",number_of_lines)
```

출력은 10,000개의 행이 존재함을 확인해 준다.

```
Number of lines:  10000
```

이제 데이터를 청킹할 준비가 끝났다.

6.3.4 데이터셋 청킹 및 임베딩

이번 절에서는 lines 목록에 담긴 사전 청크들을 청킹하고 임베딩한다. 지금처럼 정형 데이터(structured data)로 사전 청크 목록을 만드는 것이 항상 가능한 것은 아니지만, 가능한 경우에는 모델의 추적성과 명확성, 쿼리 성능이 향상된다. 청킹 과정은 간단하다.

청킹

사전 청크를 청킹하는 것은 데이터셋 관리에서 중요한 작업이다. 다음은 각 행이 하나의 사전 청크인 목록으로부터 청크들을 생성하는 코드이다.

```
# 청크들을 담을 빈 목록을 초기화한다.
chunks = []

# 각 행을 개별 청크로 간주해서 청크 목록에 추가한다.
for line in lines:
    chunks.append(line)  # 각 행이 하나의 청크가 된다.

# 청크 개수를 출력한다. 기존 행 수와 동일해야 한다.
print(f"Total number of chunks: {len(chunks)}")
```

출력 결과는 처리 과정에서 데이터 손실이 없었음을 보여준다.

```
Total number of chunks: 10000
```

여기서는 각 행을 그대로 청크로 사용했지만, 실제 프로젝트라면 이보다 정교한 방식으로 청킹을 수행해야 할 것이다. 예를 들어 이전 단계에서 놓친 데이터 오류가 행들에 포함되어 있을 수 있으므로 추가적인 품질 관리 및 처리 작업이 필요하다. 또한, 특정 시점에서 임베딩 모델의 입력 제한(계속 늘고 있긴 하다)을 초과하는 청크가 있을 수도 있다.

청킹된 데이터의 구조를 더 잘 이해하기 위해 청크의 길이와 내용을 살펴보자.

```
# 처음 청크 10개의 길이와 내용을 출력한다.
for i in range(3):
    print(len(chunks[i]))
    print(chunks[i])
```

출력은 다음과 같다. 아주 단순한 시각화지만, 사람이 청킹된 데이터를 파악하는 데 도움이 된다.

```
224
CustomerId: 15634602 CreditScore: 619 Age: 42 Tenure: 2 Balance: 0.0 NumOfProducts:
1 HasCrCard: 1 IsActiveMember: 1 EstimatedSalary: 101348.88 Exited: 1 Complain: 1
Satisfaction Score: 2 Card Type: DIAMOND Point Earned: 464...
```

이제 청크들을 임베딩할 차례이다.

임베딩

이번 절의 작업을 위해서는 다양한 문제점을 고려해야 한다. 세심한 테스트와 검토가 필요하다. **확장 작업에서는 생각부터 하고 움직여야 한다**는 점을 알게 될 것이다. 어떤 프로젝트든, 효과적인 응답을 제공하기 위해서는 설계와 테스트에 특정한 양의 데이터가 요구된다. 또한 파이프라인의 각 구성요소가 요구하는 비용과 장단점도 고려해야 한다. 예를 들어 임베딩 모델을 초기화하는 것은 결코 쉬운 일이 아니다!

이번 절을 작성하는 시점에서 오픈AI가 제공하는 임베딩 모델 중 이 예제에 사용할 만한 것은 다음 세 가지이다.

```
import openai
import time

embedding_model="text-embedding-3-small"
# embedding_model="text-embedding-3-large"
# embedding_model="text-embedding-ada-002"
```

여기서는 `text-embedding-3-small`을 사용하지만, 코드의 주석을 해제해서 다른 모델도 시험해 보기 바란다. 다음은 지정된 모델로 임베딩을 수행하는 함수이다.

```python
# 오픈AI 클라이언트를 초기화한다.
client = openai.OpenAI()

def get_embedding(text, model=embedding_model):
    text = text.replace("\n", " ")
    response = client.embeddings.create(input=[text], model=model)
    embedding = response.data[0].embedding
    return embedding
```

선택한 임베딩 모델을 실행하기 전에 https://platform.openai.com/docs/guides/embed dings/embedding-models에서 각 모델의 비용과 특징을 반드시 확인하기 바란다.

이제 청크들을 임베딩해 보자. 임베딩 과정에서는 특히 대규모 데이터셋과 API 속도 제한을 효과적으로 관리하기 위한 전략적 선택이 필요함을 기억하기 바란다. 여기서는 일정 개수의 청크들을 묶어서 배치^{batch} 방식으로 임베딩을 수행한다.

```python
import openai
import time

# 오픈AI 클라이언트를 초기화한다.
client = openai.OpenAI()

# 변수들을 초기화한다.
start_time = time.time()  # 요청 전에 타이머를 시작한다.
chunk_start = 0
chunk_end = 1000
pause_time = 3
embeddings = []
counter = 1
```

`chunk_start = 0`과 `chunk_end = 1000`은 하나의 배치가 청크 1,000개로 이루어짐을 말해준다. `pause_time = 3`은 배치들 사이의 일시 정지 시간인데, 오픈AI API 속도 제한을

피하기 위한 것이다. 임베딩들은 embeddings = []에 저장된다. counter = 1은 배치 카운터이다.

임베딩 코드는 다음과 같은 세 부분으로 나뉜다.

- 모든 청크를 배치 단위로 반복한다.

```python
while chunk_end <= len(chunks):
    # 현재 청크 배치를 선택한다.
    chunks_to_embed = chunks[chunk_start:chunk_end]...
```

- 현재 배치(chunks_to_embed)에 담긴 청크들을 임베딩한다.

```python
for chunk in chunks_to_embed:
    embedding = get_embedding(chunk, model=embedding_model)
    current_embeddings.append(embedding)...
```

- 다음 배치를 위해 시작 청크 색인과 끝 청크 색인을 갱신한다.

```python
# 청크 색인들을 갱신한다.
chunk_start += 1000
chunk_end += 1000
```

그런데 전체 청크 수가 배치 크기의 정수배가 아니라면 배치보다 적은 수의 청크들이 남아 있을 것이다. 다음은 남은 청크들을 처리하는 코드이다.

```python
# 남은 청크들이 있으면 처리한다.
if chunk_end < len(chunks):
    remaining_chunks = chunks[chunk_end:]
    remaining_embeddings = [get_embedding(chunk, model=embedding_model)
                            for chunk in remaining_chunks]
    embeddings.extend(remaining_embeddings)
```

다음은 이상의 임베딩 코드의 출력이다. 배치 번호들과 처리 시간이 표시되었다.

```
All chunks processed.
Batch 1 embedded.
...
Batch 10 embedded.
Response Time: 2689.46  seconds
```

처리에 걸리는 시간은 실행할 때마다 다르겠지만, 2689초는 꽤 길어 보인다. 하지만 확장은 애초에 그런 것이다! 대량의 데이터를 성능 문제없이 매우 짧은 시간에 처리할 수 있으리라고 기대하는 것은 비현실적이다.

모든 것이 잘 진행되었는지 확인하기 위해 임베딩 하나를 출력해 보자.

```
print("First embedding:", embeddings[0])
```

출력은 다음과 같다.

```
First embedding: [-0.024449337273836136, -0.00936567410826683,...
```

텍스트 청크(고객 레코드) 개수와 벡터(임베딩) 개수가 같은지도 확인해 보자.

```
# 청크 개수와 임베딩 개수를 확인한다.
print(f"Number of chunks: {num_chunks}")
print(f"Number of embeddings: {len(embeddings)}")
```

출력을 보면 두 개수가 동일하다. 이제 파인콘으로 넘어갈 준비가 되었다.

```
Number of chunks: 10000
Number of embeddings: 10000
```

이렇게 해서 데이터를 청킹하고 임베딩했다. 그런데 레코드 10,000개는 그리 큰 용량이 아니다. 확장 상황을 시뮬레이션하기 위해 데이터셋을 복제해 보자.

데이터 복제

데이터 복제를 청킹 및 임베딩 이후로 미룬 것은 오픈AI에 임베딩 비용을 지불하지 않고도 대용량을 시뮬레이션하기 위한 것이다. 임베딩 데이터의 비용과 시간 성능은 선형적(데이터양에 정비례)이다. 예를 들어 레코드가 50,000개라면 10,000개일 때보다 대략 다섯 배의 시간과 비용이 요구된다.

데이터 복제를 위한 코드는 간단하다. 먼저 데이터를 복제할 횟수를 결정한다.

```
# 복제 횟수(배율)를 정의한다.
dsize = 5  # 1 이상의 다른 정수들로 실험해 보기 바란다.
total=dsize * len(chunks)
print("Total size", total)
```

이제 청크들과 임베딩들을 복제한다.

```
# 복제된 청크들과 임베딩들을 담을 목록들을 초기화한다.
duplicated_chunks = []
duplicated_embeddings = []

# 원래의 목록들을 훑으면서 각 항목을 복제한다.
for i in range(len(chunks)):
    for _ in range(dsize):
        duplicated_chunks.append(chunks[i])
        duplicated_embeddings.append(embeddings[i])
```

청크 수가 임베딩 수와 일치하는지 확인하자.

```
# 복제된 목록들의 길이를 출력한다.
print(f"Number of duplicated chunks: {len(duplicated_chunks)}")
print(f"Number of duplicated embeddings: {len(duplicated_embeddings)}")
```

출력은 다음과 같다. 데이터가 다섯 배로 늘었음을 확인할 수 있다.

```
Total size 50000
Number of duplicated chunks: 50000
Number of duplicated embeddings: 50000
```

자료점(data point) 50,000개 정도면 벡터 저장소를 채우기에 충분한 양이다. 이제 파인콘 색인을 생성해 보자.

6.3.5 파인콘 색인 생성

우선 할 일은 유효한 파인콘 API 키로 파인콘 인스턴스를 생성하는 것이다. §6.3.2 '환경 설치'에서 API 키를 환경 변수 혹은 PINENCONE_API_KEY 변수에 적절히 설정했다고 가정한다.

```
import os
from pinecone import Pinecone, ServerlessSpec

# 파인콘과 연결한다(§6.3.2에서 PINENCONE_API_KEY를 설정했다고 가정).
pc = Pinecone(api_key=PINENCONE_API_KEY)
```

이제 파인콘 인스턴스인 pc가 생성되었다. 다음으로, 색인 이름과 클라우드, 리전region을 선택한다.

```
from pinecone import ServerlessSpec
index_name = ['bank-index-50000'] # 독자가 원하는 색인 이름으로 변경해도 된다.
cloud = os.environ.get('PINECONE_CLOUD') or 'aws'
region = os.environ.get('PINECONE_REGION') or 'us-east-1'
spec = ServerlessSpec(cloud=cloud, region=region)
```

여기서는 AWS의 'us-east-1' 리전에 있는 서버리스 클라우드 인스턴스(spec)를 사용하기로 한다. 다음은 지정된 'bank-index-50000'이라는 이름의 색인(벡터 저장소의 유형)을 생성하는 코드이다.

```
import time
import pinecone

# 색인이 이미 존재하는지 점검한다(이번이 처음이면 존재하지 않아야 한다).
if index_name not in pc.list_indexes().names():
    # 존재하지 않는다면 생성한다.
    pc.create_index(
        index_name,
        dimension=1536,  # 임베딩 모델의 차원 수
        metric='cosine',
        spec=spec
    )
    # 색인이 초기화되길 기다린다.
    time.sleep(1)
# 인덱스에 연결한다.
index = pc.Index(index_name)
# 색인의 상태 수치들을 출력한다.
index.describe_index_stats()
```

`create_index` 메서드로 색인을 생성할 때 `index_name`과 `spec` 매개변수와 함께 다음 두 매개변수를 지정했다.

- `dimension=1536`은 임베딩 벡터의 길이(차원 수)이다. 선택한 임베딩 모델에 맞게 조정할 수 있다.
- `metric='cosine'`은 임베딩된 벡터 간의 벡터 유사도를 측정하는 데 사용할 지표이다. 유클리드 거리 같은 다른 지표를 선택할 수도 있다. https://www.pinecone.io/learn/vector-similarity/를 참고하자.

색인이 성공적으로 생성되면 다음과 같이 색인의 주요 수치들이 출력된다.

```
{'dimension': 1536,
 'index_fullness': 0.0,
 'namespaces': {},
 'total_vector_count': 0}
```

아직 벡터 저장소를 채우지 않았기 때문에 벡터 수와 색인 점유율이 0이다. 이제 업서트를 수행할 준비가 끝났다.

6.3.6 업서트

이제 할 일은 50,000개의 임베딩 벡터와 관련 메타데이터(청크)를 벡터 저장소에 채우는 것이다. 합성된 데이터를 이용해서 50,000개 벡터 이상의 규모를 체험해 보면 확장 프로세스를 좀 더 확실하게 이해할 수 있을 것이다. 원한다면 이전 절로 돌아가서 데이터를 더 복제해도 좋다. 단, 파인콘 색인의 업서트 시간은 데이터 크기에 비례함을 유념해야 한다. 평가하고자 하는 크기의 대략적인 소요 시간은 간단한 정비례 계산으로 구할 수 있다. 업서트 프로세스를 실행하기 전에 https://www.pinecone.io/pricing/에서 비용을 반드시 확인하기 바란다. [30]

벡터 저장소에 채울 데이터 항목(벡터)들은 다음 세 필드로 구성된다.

- `ids`: 각 벡터의 고유 식별자로, 데이터를 업서트할 때마다 증가하는 카운터이다.
- `embedding`: 생성한 벡터(임베딩된 청크)를 담는다.
- `chunks`: 메타데이터에 해당하는 일반 텍스트 청크들이다.

---

30 업서트를 위한 색인 읽기 및 쓰기 연산 비용(횟수에 비례) 외에 업서트한 데이터의 유지 비용(용량에 비례)도 고려해야 함을 주의하자.

그럼 배치 단위로 데이터를 채우는 코드를 살펴보자. 먼저 다음은 배치 하나를 업서트하는 함수이다.

```python
# 업서트 함수
def upsert_to_pinecone(data, batch_size):
    for i in range(0, len(data), batch_size):
        batch = data[i:i+batch_size]
        index.upsert(vectors=batch)
        # time.sleep(1) # 선택사항: 속도 제한을 피하기 위해 지연을 추가한다.
```

전체 업서트에 걸리는 시간을 측정하기 위해 타이머를 시작한다.

```python
import pinecone
import time
import sys
start_time = time.time()  # 요청 전에 타이머를 시작한다.
```

다음으로, 배치 크기를 계산해서 4MB 미만으로 제한하는 함수를 정의한다. 4MB는 현재 파인콘이 허용하는 업서트 배치 크기의 상한에 가까운 값이다.

```python
# 배치 크기를 계산하는 함수
def get_batch_size(data, limit=4000000):  # 안전을 위해 크기를 4MB 약간 아래로 제한
    total_size = 0
    batch_size = 0
    for item in data:
        item_size = sum([sys.getsizeof(v) for v in item.values()])
        if total_size + item_size > limit:
            break
        total_size += item_size
        batch_size += 1
    return batch_size
```

다음은 이상의 함수들을 이용해서 전체 데이터를 업서트하는 upsert 함수이다.

```python
def batch_upsert(data):
    total = len(data)
    i = 0
```

```
    while i < total:
        batch_size = get_batch_size(data[i:])
        batch = data[i:i + batch_size]
        if batch:
            upsert_to_pinecone(batch,batch_size)
            i += batch_size
            print(f"Upserted {i}/{total} items...")  # 현재 진척 상황 출력
        else:
            break
    print("Upsert complete.")
```

이제 업서트할 데이터를 준비하자. 먼저 각 항목의 고유 ID를 생성한다.

```
# 각 데이터 항목의 ID를 생성한다.
ids = [str(i) for i in range(1, len(duplicated_chunks) + 1)]
```

이제 고유 ID와 메타데이터를 포함한 업서트 데이터를 만든다.

```
# 업서트할 데이터를 준비한다.
data_for_upsert = [
    {"id": str(id), "values": emb, "metadata": {"text": chunk}}
    for id, (chunk, emb) in zip(ids, zip(duplicated_chunks, duplicated_embeddings))
]
```

여기까지 마치면 data_for_upsert는 다음과 같은 필드들로 구성된다.

- "id": str(ids[i])에는 앞에서 생성한 고유 ID들이 담겨 있다.

- "values": emb에는 청크들을 임베딩한 벡터들이 담겨 있다.

- "metadata": {"text": chunk}에는 해당 텍스트 청크들이 담겨 있다.

이제 배치 업서트 프로세스를 실행한다.

```
# 데이터를 배치 단위로 모두 업서트한다.
batch_upsert(data_for_upsert)
```

마지막으로, 응답 시간을 측정하고 출력한다.

```
response_time = time.time() - start_time  # 응답 시간 측정
print(f"Upsertion response time: {response_time:.2f} seconds")  # 응답 시간 출력
```

이상의 코드를 실행하면 배치 처리 진척 상황을 보여주는 메시지들이 출력된다.

```
Upserted 316/50000 items...
Upserted 632/50000 items...
Upserted 948/50000 items...
...
Upserted 49612/50000 items...
Upserted 49928/50000 items...
Upserted 50000/50000 items...
Upsert complete.
Upsertion response time: 560.66 seconds
```

마지막으로 출력된 응답 시간을 보면, 데이터 항목 10,000개당 1분이 조금 안 되는 시간 (56초)이 걸렸다. 더 큰 데이터셋으로 실험해 보면 처리 시간이 데이터 크기에 선형적임을 확인할 수 있을 것이다.

벡터들이 모두 잘 업로드되었는지를 파인콘의 색인 통계치들로 확인해 보자.

```
print("Index stats")
print(index.describe_index_stats(include_metadata=True))
```

출력은 업서트 프로세스가 성공적이었음을 확인해 준다.

```
Index stats
{'dimension': 1536,
 'index_fullness': 0.0,
 'namespaces': {'': {'vector_count': 50000}},
 'total_vector_count': 50000}
```

상황에 따라서는 업로드한 데이터 항목들보다 적은 수의 항목이 저장될 수도 있다. 이는 데이터 내의 중복 때문일 가능성이 높다.

6.3.7 파인콘 색인 쿼리

이제 대규모 파인콘 색인에 대한 쿼리를 수행하고 그 응답 시간을 측정해 보자. 먼저, 다음은 쿼리 결과를 적절한 형식으로 출력하는 함수이다.

```python
# 쿼리 결과들을 메타데이터와 함께 출력한다.
def display_results(query_results):
    for match in query_results['matches']:
        print(f"ID: {match['id']}, Score: {match['score']}")
        if 'metadata' in match and 'text' in match['metadata']:
            print(f"Text: {match['metadata']['text']}")
        else:
            print("No metadata available.")
```

쿼리를 수행하려면 먼저 쿼리문을 임베딩해야 한다. 다음 함수가 그러한 작업을 수행한다. 데이터셋의 청크를 임베딩하는 데 사용한 것과 동일한 임베딩 모델을 사용한다는 점에 주목하자.

```python
embedding_model = "text-embedding-3-small"
def get_embedding(text, model=embedding_model):
    text = text.replace("\n", " ")
    response = client.embeddings.create(input=[text], model=model)
    embedding = response.data[0].embedding
    return embedding
```

이제 파인콘 벡터 저장소를 쿼리하고 응답 시간을 측정할 준비가 끝났다. 먼저 오픈AI 클라이언트와 타이머를 초기화한다.

```python
import openai

# 오픈AI 클라이언트를 초기화한다.
client = openai.OpenAI()
print("Querying vector store")
start_time = time.time()  # 요청 전에 타이머를 시작한다.
```

그런 다음 데이터셋에 존재하지 않는 고객 프로필로 벡터 저장소를 쿼리한다.

```
query_text = "Customer Robertson CreditScore 632Age 21 Tenure 2Balance 0.0NumOfProducts
1HasCrCard 1IsActiveMember 1EstimatedSalary 99000 Exited 1Complain 1Satisfaction Score
2Card Type DIAMONDPoint Earned 399"
```

이 쿼리문을 데이터셋 임베딩에 사용한 것과 동일한 모델로 임베딩해서 벡터를 얻는다.

```
query_embedding = get_embedding(query_text,model=embedding_model)
```

이제 쿼리를 실행하고 결과와 응답 시간을 출력한다.

```
# 메타데이터를 요청한다.
query_results = index.query(vector=query_embedding, top_k=1, include_metadata=True)
# print("raw query_results",query_results)
print("processed query results")
display_results(query_results) #결과를 표시한다.
response_time = time.time() - start_time              # 응답 시간 측정
print(f"Querying response time: {response_time:.2f} seconds")  # 응답 시간 출력
```

출력에는 쿼리 응답과 시간이 표시된다.

```
Querying vector store
Querying vector store
processed query results
ID: 46366, Score: 0.823366046
Text: CustomerId: 15740160 CreditScore: 616 Age: 31 Tenure: 1 Balance: 0.0
NumOfProducts: 2 HasCrCard: 1 IsActiveMember: 1 EstimatedSalary: 54706.75 Exited: 0
Complain: 0 Satisfaction Score: 3 Card Type: DIAMOND Point Earned: 852
Querying response time: 0.74 seconds
```

응답의 품질은 만족스럽다. 주어진 고객과 비슷한 프로필을 가진 고객이 검색되었다는 점에서 그렇다. 시간도 **0.74초**로 매우 훌륭하다. 벡터 수가 예를 들어 1,000,000개 정도라도 응답 시간은 여전히 1초 미만으로 일정할 것이다. 이것이 바로 파인콘 색인의 마법이다!

파인콘의 조직 페이지 https://app.pinecone.io/organizations/로 가서 색인 카드를 클릭하면 통계를 모니터링하고 사용량을 분석하는 등의 작업을 할 수 있는 페이지가 나온다. 그림 6.6은 그 페이지의 일부이다.

그림 6.6 파인콘 콘솔의 색인 정보

이제 이 파이콘 색인을 이용해서 입력을 증강하고 응답을 생성하는 단계로 넘어가자.

6.4 파이프라인 3: RAG 생성형 AI

이번 절에서는 은행 고객들의 충성도를 높이기 위한 맞춤형 마케팅 메시지 작성을 RAG 기반 생성형 AI를 이용해서 자동화한다. 앞의 두 파이프라인으로 준비하고 생성한 데이터와 파인콘 색인를 이용해서 파인콘 벡터 데이터베이스 기반 고급 색인 기능을 시험해 볼 것이다. 좀 더 구체적으로, 시장 세그먼트를 나타내는 목표 벡터를 선택해서 파인콘 색인을 쿼리하고, 그 응답을 처리해서 상위 k개의 유사 벡터를 추출한다. 그런 다음 이 목표 시장 정보로 사용자 입력을 증강한 커스텀 프롬프트를 이용해서 오픈AI에 시장 세그먼트에 대한 추천을 요청한다.

이 파이프라인에 해당하는 노트북 파일은 Chapter06/Pipeline-3_RAG_Generative AI.ipynb이다. 이 노트북의 첫 섹션(*Installing the environment*)은 이번 장 §6.3 '파이프라인 2: 파인콘 색인(벡터 저장소) 확장'에서 설명한 Chapter06/Pipeline_2_Scaling_a_ Pinecone_Index.ipynb의 첫 섹션과 동일하다. 둘째 섹션(*The Pinecone index*)의 코드 역시 Chapter06/Pipeline_2_Scaling_a_Pinecone_Index.ipynb의 코드와 기본적으로 같다. 다른 점은 파인콘 색인을 새로 생성하는 대신 색인이 있는지 확인해서 있으면 연결한다는 것뿐이다.

그럼 RAG 부분으로 바로 넘어가자. 이전처럼 GPT-4o 모델을 사용한다.

6.4.1 GPT-4o를 이용한 RAG

여기서는 파인콘 벡터 저장소를 쿼리하고 사용자 입력을 증강해서 GPT-4o로 응답을 생성한다. 이는 예를 들어 3장 '**라마인덱스, 딥 레이크, 오픈AI를 활용한 색인 기반 RAG 구축**'에서 딥 레이크와 오픈AI 생성형 모델을 사용한 프로세스와 동일하다. 다만, 파인콘의 특성과 이번 장 예제의 시나리오에 따라 다음과 같은 차이점이 있다.

- **목표 벡터**: 사용자 입력이 통상적인 질문(일반 텍스트)이 아니라, 시장 세그먼트의 프로필을 나타내는 목표 벡터(target vector)이다.

- **용법**: GPT-4o를 고전적인 대화 형태(질문과 응답)로 사용하는 것이 아니라, 고객의 프로필에 맞는 제품 및 서비스 관련 이메일 메시지를 생성하게 한다.

- **쿼리 시간**: 애플리케이션을 확장할 때 속도가 매우 중요하다. 1,000,000개 이상의 벡터가 포함된 파인콘 색인에서 쿼리 시간을 측정할 것이다.

데이터셋 쿼리

우선 입력 텍스트를 임베딩하는 함수가 필요하다. 간결함과 호환성을 위해 파이프라인 2(§6.3)의 '임베딩' 절에서 사용한 것과 동일한 임베딩 모델을 사용한다.

```python
import openai
import time

embedding_model= "text-embedding-3-small"
# 오픈AI 클라이언트를 초기화한다.
client = openai.OpenAI()
def get_embedding(text, model=embedding_model):
    text = text.replace("\n", " ")
    response = client.embeddings.create(input=[text], model=model)
    embedding = response.data[0].embedding
    return embedding
```

이제 파인콘 색인을 쿼리할 준비가 되었다.

목표 벡터 쿼리

목표 벡터(target vector)는 마케팅팀이 고객 충성도 향상을 위한 추천 메시지를 생성할 때 초점을 두는 시장 세그먼트를 나타낸다. 시장 세그먼트를 선택하는 방법은 다양하다. 유일한 제약은 상상력과 창의성뿐이라고 할 수 있겠다. 보통은 마케팅팀이 이 파이프라인의 설계 팀에 참여하게 된다. 마케팅팀이 만족할 때까지 다양한 시나리오를 시도하는 워크숍을 조직하면 좋을 것이다. 여러분이 마케팅팀 소속이라면 목표 벡터의 설계를 도와야 한다. 어떤 경우든, 적응형 창의성(adaptive creativity)에 대한 인간의 통찰을 목표 벡터 선택 및 쿼리 작성에 다양한 방식으로 반영하는 것이 중요하다.

여기서는 42세(Age 42) 전후의 고객층을 목표로 한다. 나이가 딱 42세일 필요는 없으며, 특정 연령대를 지정할 필요도 없다. AI가 알아서 처리하도록 하자. 또한, 추정 급여가 10만 달러 이상(EstimatedSalary 101348.88)인 고객을 목표로 삼기로 한다. 그 정도 되어야 이탈 시 은행에 손실이 될 것이기 때문이다. 불만을 제기했고(Complain 1) 은행을 이탈하는 것으로 보이는(Exited 1) 고객들을 선택한다. 이 시나리오에서 Exited 1은 고객이 완전히 이탈한 것이 아니라, 계좌 해지를 요청했지만 아직 해지되지 않은 상태를 의미한다고 가정하자. 또한, 마케팅 부서가 이러한 고객들을 잘대표하는 하나의 고객 프로필을 정의했다고 가정한다.

query_text가 바로 그러한 고객 프로필이다.

```
import time
start_time = time.time()  # 요청 전에 타이머를 시작한다.

# 목표 프로필로부터 목표 벡터를 얻는다.
query_text = "Customer Henderson CreditScore 599 Age 37Tenure 2Balance 0.0NumOfProducts
1HasCrCard 1IsActiveMember 1EstimatedSalary 107000.88Exited 1Complain 1Satisfaction
Score 2Card Type DIAMONDPoint Earned 501"
query_embedding = get_embedding(text,model=embedding_model)
```

목표 프로필을 임베딩해서 목표 벡터를 얻었다. 이제 이 목표 벡터에 부합하는 상위 k개의 고객 프로필을 검색해서 파싱해 보자.

```
# 임베딩을 이용해서 쿼리를 수행한다.
query_results = index.query(
    vector=query_embedding,
    top_k=5,
    include_metadata=True,
)
```

다음은 쿼리 결과와 메타데이터를 출력하는 코드이다.

```
# 쿼리 결과들을 메타데이터와 함께 출력한다.
print("Query Results:")
for match in query_results['matches']:
    print(f"ID: {match['id']}, Score: {match['score']}")
    if 'metadata' in match and 'text' in match['metadata']:
        print(f"Text: {match['metadata']['text']}")
    else:
        print("No metadata available.")

response_time = time.time() - start_time                    # 응답 시간 측정
print(f"Querying response time: {response_time:.2f} seconds")  # 응답 시간 출력
```

검색된 상위 k개 항목의 점수와 내용이 응답 시간과 함께 표시된다.

```
Query Results:
ID: 46366, Score: 0.854999781
Text: CustomerId: 15740160 CreditScore: 616 Age: 31 Tenure: 1 Balance: 0.0
NumOfProducts: 2 HasCrCard: 1 IsActiveMember: 1 EstimatedSalary: 54706.75 Exited: 0
Complain: 0 Satisfaction Score: 3 Card Type: DIAMOND Point Earned: 852
Querying response time: 0.63 seconds
```

이 출력에서 몇 가지 중요한 정보를 얻을 수 있다.

- 목표 벡터와 부합하는 상위 벡터 k개의 **순위**(rank). 순위는 목표 벡터에 따라 오픈AI 생성형 AI 모델이 자동으로 재계산한다.

- 응답의 품질을 반영한 **점수 지표**(score metric)가 제공된다. 출력의 Score: 부분이 그것이다.

- 최상위 순위와 최고 점수를 포함한 **내용**.

이러한 통찰력 있는 정보를 완전히 자동으로 얻을 수 있었음에 주목하자. AI가 업무를 새로운 수준으로 끌어올려 주었다. 하지만 이전 장에서 설명했던 것처럼 인간 피드백을 통해서 출력 결과를 확인할 필요가 있다.

이제 입력을 증강하는 데 사용할 관련 정보를 추출해 보자.

6.4.2 관련 텍스트 추출

다음 코드는 상위 순위 벡터들을 순회하면서 관련 텍스트 메타데이터를 모두 연결해서 하나의 텍스트를 만든다. 이것을 잠시 후에 입력 증강에 사용할 것이다.

```
relevant_texts = [match['metadata']['text']
    for match in query_results['matches']
    if 'metadata' in match and 'text' in match['metadata']]

# 목록의 모든 항목을 지정된 구분자(이를테면 새 줄 문자 또는 빈칸)으로 연결해서
# 하나의 문자열을 만든다.
combined_text = '\n'.join(relevant_texts)  # 가독성을 위해 새 줄(줄 바꿈) 문자를 구분자로
사용한다.
print(combined_text)
```

`combined_text`, 즉 입력 증강에 사용할 관련 텍스트의 내용은 다음과 같다.

```
CustomerId: 15740160 CreditScore: 616 Age: 31 Tenure: 1 Balance: 0.0 NumOfProducts:
2 HasCrCard: 1 IsActiveMember: 1 EstimatedSalary: 54706.75 Exited: 0 Complain: 0
Satisfaction Score: 3 Card Type: DIAMOND Point Earned: 852
```

이제 AI 생성 전에 프롬프트를 증강할 준비가 끝났다.

6.4.3 입력 증강과 프롬프트 엔지니어링

세 가지 텍스트를 추가하여 프롬프트를 엔지니어링한다.

- query_prompt: 생성형 AI 모델을 위한 지시사항
- query_text: 마케팅팀이 선택한 목표 벡터의 원본 목표 프로필
- combined_context: 쿼리로 선택한 유사 벡터들의 메타데이터 텍스트를 모두 연결한 텍스트

다음 코드는 이 세 텍스트를 준비하고 연결해서 itext에 넣는다.

```
# 관련 텍스트들을 새 줄 문자로 연결해서 하나의 문자열을 만든다.
combined_context = "\n".join(relevant_texts)
# 프롬프트: "나이, 신용점수 등 흥미로운 정보가 담긴 고객 은행 기록과 비슷한 고객들이 있습니다.
이들의 은행에 잡아두기 위해, 새로운 혜택들을 제안하는 이메일을 각 고객 ID에 대한 필드들에 기반해서
작성하세요. 관련 URL을 포함해야 합니다."
query_prompt="I have this customer bank record with interesting information on age,
credit score and more and similar customers. What could I suggest to keep them in my bank
in an email with an url to get new advantages based on the fields for each Customer ID:"
itext=query_prompt+ query_text+combined_context
# 증강된 입력
print("Prompt for the Generative AI model:", itext)
```

출력은 다음과 같다. 이것을 생성형 AI 모델의 입력으로 사용할 것이다.

```
Prompt for GPT-4: I have this customer bank record with interesting information on age,
credit score and more and similar customers. What could I suggest to keep them in my
bank in an email with an url to get new advantages based on the fields for each Customer
ID:...
```

이제 생성형 AI 모델에게 응답 생성을 요청할 준비가 끝났다.

6.4.4 증강 생성

여기서는 앞에서 증강한 입력을 오픈AI의 생성형 AI 모델에 전달한다. 파인콘 색인과 목표 벡터를 이용해서 파악한 시장 세그먼트에 속한 고객들에게 보낼 맞춤형 이메일을 생성하는 것이 목표이다.

먼저 오픈AI 클라이언트를 생성하고, GPT-4o를 생성형 AI 모델로 선택한다.

```
from openai import OpenAI
client = OpenAI()
gpt_model = "gpt-4o
```

그런 다음 시간 측정을 위해 타이머를 시작한다.

```
import time
start_time = time.time()  # 요청 전에 타이머를 시작한다.
```

이 시나리오에서는 한 번에 하나의 요청만 보내므로 응답 시간이 비교적 일정해야 한다. 이제 모델에게 응답 생성을 요청하자.

```
response = client.chat.completions.create(
  model=gpt_model,
  messages=[
```

시스템 메시지는 일반적인 지시사항이다.

```
  {
      # 시스템 메시지: "당신은 이 텍스트를 바탕으로 매력적인 이메일을 작성할 능력을 갖춘 커뮤니티
  관리자입니다. 성을 사용하지 말고 '소중한 고객님께'라고만 작성하세요."
      "role": "system",
      "content": "You are the community manager can write engaging email based on the
  text you have. Do not use a surname but simply Dear Valued Customer instead."
  },
```

사용자 메시지에는 앞에서 만든 text 프롬프트가 포함된다.

```
  {
      "role": "user",
      "content": itext
  }
  ],
```

다음으로, 모델 매개변수들을 설정해서 응답 생성을 요청한다.

```
  temperature=0,
  max_tokens=300,
  top_p=1,
  frequency_penalty=0,
  presence_penalty=0
)
```

이 수치들은 무작위성이 낮지만 '창의적인' 출력을 얻기 위한 것이다.

- temperature=0: 무작위성이 낮은 응답을 원한다.

- max_tokens=300: 응답 길이를 300 토큰으로 제한한다.

- top_p=1: 모든 가능한 토큰을 고려하게 해서 완전한 다양성을 요구한다.

- frequency_penalty=0: 빈번한 단어 반복에 대한 페널티를 두지 않는다. 응답이 열린 상태를 유지하는 데 도움이 된다.

- presence_penalty=0: 새로운 주제 도입에 대한 페널티를 두지 않는다. 주어진 프롬프트에 대해 새로운 아이디어들을 떠올리게 하는 데 도움이 된다.

모델의 응답을 표시해 보자.

```
print(response.choices[0].message.content)
```

개인 맞춤형 자문을 비롯해 다섯 가지 혜택을 제시하는 이메일 메시지가 출력되었다. 주어진 시장 세그먼트의 고객들을 잘 반영하는 만족스러운 응답으로 보인다.

제목: 귀하를 위한 특별 혜택이 저희 은행에 기다리고 있습니다!

고객님께,

이 이메일이 고객님께 잘 전달되기를 바랍니다. 저희 은행은 고객님의 금융 경험을 향상시키고 최상의 서비스를 제공하기 위해 끊임없이 노력하고 있습니다. 저희는 고객님께서 DIAMOND 카드를 소지하신 소중한 고객님이심을 확인했으며, 고객님만을 위한 특별한 혜택을 제공해 드리고자 합니다!

고객님의 프로필을 바탕으로, 고객님의 금융 경험을 향상시킬 수 있는 몇 가지 기회를 확인했습니다:

1. **맞춤형 재무 상담**: 저희 재무 상담사는 고객님의 재정을 최대한 활용할 수 있도록 도와드립니다. 미래 계획이든 현재 자산 관리든, 저희가 도와드리겠습니다.

2. **독점적인 리워드 및 혜택**: DIAMOND 카드 소지자로서, 고객님은 특별 리워드 및 혜택을 받으실 수 있습니다. 더 많은 포인트를 적립하고 다양한 상품과 서비스에 대한 독점 할인을 누리세요.

3. **향상된 신용 옵션**: 현재 신용점수를 바탕으로 더 나은 신용 옵션을 받으실 수 있습니다. 저희는 고객님의 재정 상태를 개선할 수 있는 이러한 기회를 탐색하도록 도와드릴 수 있습니다.

4. **무료 재정 건전성 검진**: 저희는 재정적 웰빙의 중요성을 잘 알고 있습니다. 고객님께서 올바른 방향으로 가고 있는지 확인하기 위해 무료 재정 건전성 검진을 예약하세요.

5. **로열티 프로그램**: 저희 로열티 프로그램에 참여하고 모든 거래에 대해 더 많은 포인트를

고객이 은행을 떠나지 않도록 설득하고 은행에 대한 충성도를 높이는 것이 마케팅의 목표임을 생각하면 충분히 좋은 이메일이라고 할 수 있겠다. 이제 응답을 얻는 데 걸린 시간을 표시해 보자.

```
response_time = time.time() - start_time  # 응답 시간 측정
print(f"Querying response time: {response_time:.2f} seconds")  # 응답 시간 출력
```

응답 시간이 표시된다.

```
Querying response time: 2.83 seconds
```

이렇게 해서 목표 벡터에 기반한 맞춤형 응답을 성공적으로 생성했다. 어떤 분야이든, 실제 프로젝트에서도 이 정도 접근 방식으로 충분한 경우가 적지 않을 것이다. 그럼 이번 장에서 구축한 RAG 기반 생성형 추천 시스템을 요약하고 여정의 다음 단계로 넘어가자.

요약

이번 장에서는 파인콘 색인과 오픈AI 모델을 활용해서 은행 고객 이탈을 줄이기 위한 확장된 RAG 기반 생성형 AI 추천 시스템을 개발했다. 캐글 데이터셋을 이용해서 고객 불만족과 계좌 해지로 이어지는 요인들을 파악하고 해결하는 과정을 살펴보았다. 이번 장의 접근 방식은 다음 세 가지 핵심 파이프라인으로 구성된다.

파이프라인 1에서는 데이터를 수집하고 처리했다. 특히, 불필요한 필드(열)들을 제거해서 데이터셋을 간소화함으로써 데이터 복잡성과 저장 비용을 둘 다 줄였다. 탐색적 데이터 분석(EDA)을 통해 고객 불만과 계좌 해지 간의 강한 양의 상관관계를 발견했고, k-평균 군집화 모델로 이를 검증했다. **파이프라인 2**에서는 개인화된 추천을 생성하기 위한 RAG 기반 시스템을 준비했다. 오픈AI 모델로 데이터 청크를 처리한 후 이를 파인콘 색인에 임베딩했다. 파인콘의 일관된 업서트 기능 덕분에 데이터의 양과 관계없이 효율적인 처리가 가능했다. 마지막으로 **파이프라인 3**에서는 파인콘 색인에 저장된 100만 개 이상의 벡터를 활

용해서 특정 시장 세그먼트에 속한 고객들의 충성도를 높이고 이탈률을 낮추기 위한 맞춤형 혜택 제안 이메일을 생성했다. 적절한 정보로 쿼리문을 증강한 덕분에 GPT-4가 설득력 있는 권장 및 제안 문구를 만들어 낼 수 있었다.

이 시스템이 주요 시장 세그먼트를 대표하는 목표 벡터를 성공적으로 적용함으로써 효과적인 고객 유지 전략을 수립할 수 있는 잠재력을 갖추었음을 예제 시나리오를 통해서 확인할 수 있었다. 하지만 이것이 끝은 아니다. 다음 장에서 구현할 다중 모달 지식 베이스로 파인콘 색인을 확장하면 추천의 품질을 더욱 개선할 수 있다.

연습문제

다음 질문에 **그렇다** 또는 **아니다**로 답하라.

1. 분석을 위해 내려받고 처리하는 캐글 데이터셋은 현실적이고 실용적인 데이터인 경우가 많은가?

2. 파인콘은 AI 애플리케이션을 위한 대규모 벡터 저장을 효율적으로 관리할 수 있는가?

3. k-평균 군집화로 고객 불만과 이탈 같은 특성 간의 관계를 검증할 수 있는가?

4. 데이터베이스에서 백만 개 이상의 벡터를 활용하면 고객 상호작용의 개인화가 어려워지는가?

5. 비즈니스 애플리케이션에서 생성형 AI를 사용하는 주된 목적이 의사결정 과정의 자동화와 개선인가?

6. 경량 개발 환경이 프로타입 작성과 애플리케이션 개발 속도를 높이는 데 도움이 되는가?

7. 파인콘의 아키텍처는 인간의 수동 개입 없이도 데이터 부하 증가에 따라 자동으로 확장되는가?

8. 생성형 AI는 주로 사용자 데이터를 기반으로 동적 콘텐츠와 추천을 생성하는 데 사용되는가?

9. 파인콘과 오픈AI 같은 AI 기술의 통합에 인간의 수작업 설정 및 유지보수가 상당히 많이 필요한가?

10. 벡터 데이터베이스와 AI를 사용하는 프로젝트는 복잡한 쿼리와 대규모 데이터셋을 효과적으로 처리할 수 있어야 하는가?

참고문헌

- **파인콘 문서:** https://docs.pinecone.io/guides/get-started/quickstart
- **오픈AI의 임베딩 모델과 생성형 모델:** https://platform.openai.com/docs/models

더 읽을거리

- Han, Y., Liu, C., & Wang, P. (2023). *A comprehensive survey on vector database: Storage and retrieval technique, challenge.*

디스코드 커뮤니티

다음은 이 책의 디스코드 공간이다. 원서 저자 및 다른 독자와 토론할 수 있다.

- https://www.packt.link/rag

실전!
RAG 기반
생성형 AI 개발

라마인덱스,
딥 레이크, 파인콘으로
나만의 검색 증강 생성
파이프라인 만들기

07

위키백과 API와
라마인덱스를 활용한
확장 가능한 지식 그래프 기반
RAG 구축

대규모 데이터셋은 관리하기가 어렵다. 순식간에 난제가 된다. 실제 프로젝트에서는 AI 자체보다 데이터 관리가 더 큰 골칫거리이다! 프로젝트 관리자, 컨설턴트, 개발자는 RAG 기반 생성형 AI 애플리케이션은 고사하고, 일반적인 프로젝트를 실행하는 데 필요한 데이터를 확보하는 데도 늘 고전한다. 데이터는 대개 비정형(unstructured)이다. 고통스러운 의사결정 과정을 거쳐 체계화해야 정형 데이터가 된다. 위키백과^{Wikipedia}는 대체로 신뢰할 만한 데이터라도 규모가 확대됨에 따라 때로는 부정확한 정보가 생긴다는 점을 잘 보여주는 예이다. 실제 프로젝트도 위키백과처럼 발전하는 경우가 많다. 기업에 데이터가 계속 쌓이면서 데이터베이스 관리자, 프로젝트 관리자, 사용자들이 어려움을 겪게 된다.

주된 문제점 하나는 방대한 양의 데이터가 서로 어떻게 연결되는지 파악하기가 쉽지 않다는 것인데, 서로 다른 유형의 데이터 간 관계를 효과적으로 시각화하는 수단으로 지식 그래프(knowledge graph)가 있다. 이번 장에서는 먼저 RAG 기반 생성형 AI를 위한 지식 기반 생태계의 아키텍처를 정의한다. 이 생태계는 데이터 수집, 벡터 저장소 구축, 지식 그래프 색인 기반 RAG 프로그램 실행이라는 세 가지 파이프라인으로 구성된다. §7.1 '파이프라인 1: 문서 수집 및 준비'에서는 위키백과 API를 이용해서 자동으로 위키백과 문서를 조회하고 수집하는 프로그램을 작성한다. 이 프로그램은 특정 주제를 선택하면 메타데이터를 검색해서 적절한 위키백과 문서들을 수집하고 처리한다. 이 시스템은 원하는 주제를 자유롭게 선택할 수 있을 정도로 유연하다. 예를 들어 새 직장을 위해 실력을 키우고 싶은 학생이 일종의 마케팅 지식 베이스(knowledge base)로 사용할 수도 있을 것이다. 다음으로 §7.2 '파이프라인 2: 딥 레이크 벡터 저장소 생성 및 데이터 채우기'에서는 딥 레이크에 내장된 자동 청킹 기능과 오픈AI의 임베딩 기능을 활용해서 벡터 저장소에 데이터를 채운다. 준비된 데이터셋을 살펴보면서 이 기술들의 놀라운 위력을 몸소 느껴볼 것이다.

마지막으로 §7.3 '파이프라인 3: 지식 그래프 색인 기반 RAG'에서는 지식 그래프 색인에 기반한 RAG를 구축한다. 이 파이프라인은 라마인덱스를 이용해서 자동으로 지식 그래프 색인을 생성한다. 색인 기능이 데이터를 처리해서 데이터에 포함된 의미론적 관계를 보여주는 그래프를 생성하는 과정을 흥미진진하게 지켜보게 될 것이다. 그런 다음 라마인덱스의 내장 오픈AI 기능으로 그래프에 쿼리해서 사용자 입력을 자동으로 증강하고 응답을 생성한다. 또한 재순위화 방법을 살펴보고, 시스템의 성능을 평가하는 지표를 계산하고 표시한다.

이번 장에서 다루는 주제는 다음과 같다.

- 지식 그래프의 정의

- 요약과 내용 준비를 위한 위키백과 API 구현

- 윤리적인 방식으로 위키백과 출처 인용 표시

- 위키백과 데이터로 딥 레이크 벡터 저장소 채우기

- 라마인덱스로 지식 그래프 색인 구축

- 라마인덱스 지식 그래프 시각화

- 지식 그래프와의 상호작용

- 지식 그래프로 검색 응답 생성

- 더 나은 출력을 선택하기 위한 검색 응답 순서 재순위화

- 출력 평가를 위한 지표 측정

그럼 지식 기반 의미 검색(knowledge-based semantic search)을 위한 RAG 아키텍처를 정의하는 것으로 이번 장의 여정을 시작하자.

7.1 지식 그래프 기반 의미 검색을 위한 RAG 아키텍처

앞에서 언급했듯이 이번 장에서는 그래프 기반 RAG 프로그램을 구축한다. 그래프를 통해서 RAG 데이터셋에 있는 문서들 사이의 관계를 시각적으로 매핑할 수 있다. 이번 장의 §7.3 '파이프라인 3: 지식 그래프 색인 기반 RAG'에서 보겠지만, 라마인덱스는 그런 그래프를 자동으로 생성하는 기능을 제공한다. 이번 장의 프로그램은 임의의 위키백과 주제 (topic)에 대응하는 방식으로 설계된다(그림 7.1).

그래프 기반 의미 검색을 위한 RAG
Wikipedia 주제에서 지식 그래프 대화형 라마인덱스까지

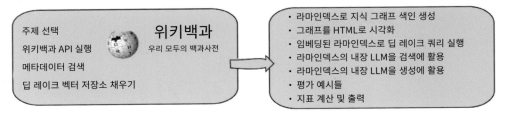

그림 7.1 위키백과의 특정 주제에서 그래프 기반 벡터 저장소 색인과의 상호작용까지

이번 장의 시나리오에서는 '마케팅'을 주된 주제로 사용한다. 우선 지식 그래프를 통해 다양한 마케팅 개념 간의 복잡한 관계를 시각적으로 매핑할 수 있는 마케팅 에이전시^{marketing}^{agency}를 구현할 것이다. 이 프로세스를 이해한 후에는 여러분이 원하는 주제를 선택해서 같은 방식으로 탐색해 보기 바란다. 정리하자면, 이번 장의 세 파이프라인으로 해야 할 일은 다음과 같다.

- **마케팅**과 관련한 위키백과 주제를 하나 선택한다. 나중에 독자가 원하는 다른 주제를 선택해서 이번 장의 생태계를 좀 더 탐색해 봐도 좋을 것이다.
- 위키백과 API를 이용해서 위키백과 말뭉치(corpus)를 생성한다.
- 각 페이지의 인용 정보(citation)를 추출해서 저장한다.
- 각 페이지의 URL들을 추출해서 저장한다.
- 그 URL들의 페이지 내용을 조회해서 딥 레이크 벡터 저장소에 업서트한다.
- 라마인덱스로 지식 베이스 색인을 구축한다.
- 사용자 입력 프롬프트를 정의한다.
- 지식 베이스 색인을 쿼리한다.
- 오픈AI의 임베딩 모델에 기반한 라마인덱스의 내장 LLM 기능을 이용해서, 지식 그래프에 임베딩된 데이터를 바탕으로 응답을 생성한다.
- 트랜스포머 기반 언어 모델로 LLM의 응답을 평가한다.
- 사람의 피드백 점수로 LLM의 응답을 평가한다.
- 주요 기능에 대한 시간 지표들을 계산한다. 필요하다면 다른 방식의 지표들로 확장할 수 있다.
- 계산된 지표들을 표시한다.

이상의 작업을 수행하기 위해, 이전 장들에서 구축한 구성요소들을 활용해서 그림 7.2와 같은 세 파이프라인을 구현한다.

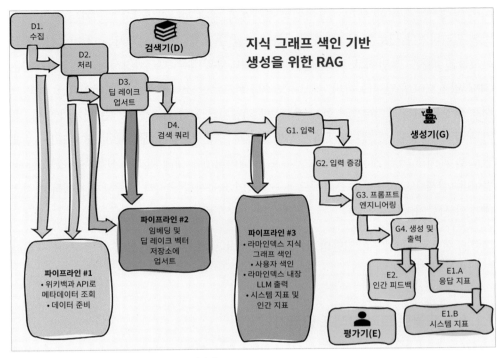

그림 7.2 색인 기반 RAG를 위한 지식 그래프 생태계

- **파이프라인 1: 문서 수집 및 준비**는 위키백과 API를 사용하여 위키백과 페이지의 링크와 모든 페이지의 메타데이터(요약, URL, 인용)를 검색하는 위키백과 프로그램을 구축한다. 그런 다음 URL을 적재하고 파싱하여 업서트할 데이터를 준비한다.

- **파이프라인 2: 딥 레이크 벡터 저장소 생성 및 채우기**는 파이프라인 1에서 준비한 위키백과 페이지 파싱 결과들을 딥 레이크 벡터 저장소에 임베딩하고 업서트한다.

- **파이프라인 3: 지식 그래프 색인 기반 RAG**는 임베딩들과 라마인덱스를 이용해서 지식 그래프 색인을 구축하고 표시한다. 그런 다음 지식 베이스 색인을 쿼리하고 라마인덱스의 내장 LLM이 갱신된 데이터셋을 기반으로 응답을 생성하게 한다.

 이번 장의 시나리오에서는 단순한 입력 증강에 머무르지 않고 오픈AI의 임베딩 모델을 더욱더 적극적으로 활용하는 증강 검색 시스템을 직접 구현한다. 이 구현은 LLM으로 실시간 데이터 검색을 개선할 수 있는 다양한 방법을 보여준다. 정해진 규칙은 없다. 잘 작동하고 유용한 결과를 얻을 수 있다면 어떤 방법이라도 사용할 수 있다!

이번 장에서는 구현할 세 파이프라인의 생태계와 예제 시나리오에서 관리자는 벡터 저장소를 쿼리하거나 새로운 위키백과 문서를 추가할 수 있다. 이 아키텍처는 다수의 위키백과 문서들을 배치batch 단위로 처리해서 벡터 데이터셋을 채우므로 확장성이 좋다. 시스템은 GPU 없이 CPU로만 작동하며, 메모리도 최소한으로만 소비한다. 단, 라마인덱스 지식 그래프 색인을 전체 데이터셋과 함께 메모리에 적재하므로 이 접근 방식에는 한계가 있다. 벡터 저장소가 커진다면 데이터셋의 일부만 적재하도록 시스템을 개선해야 한다. 또는, 주제별로 딥 레이크 벡터 저장소를 만들어서 여러 데이터셋에 대해 쿼리를 실행하는 것도 한 방법이다. 실제 프로젝트라면 프로젝트의 구체적인 요구사항에 따라 신중하게 계획하고 결정해야 할 사항이다.

그럼 구현으로 들어가자. 일단의 노드 쌍들로부터 트리 구조(그래프의 한 종류)를 생성하는 방법부터 살펴보겠다.

7.1.1 노드들로 트리 그래프 만들기

그래프는 하나 이상의 노드node들이 간선(edge)으로 연결된 자료 구조이다. 노드를 정점(vertex)이라고 부르고 간선을 호(arc)라고 부르기도 한다. 노드는 하나의 객체를 나타내고, 간선은 두 개체의 관계 또는 연결성을 나타낸다. 예를 들어 이번 장의 예제에서 노드들은 다양한 마케팅 전략을 나타내고 간선은 그런 전략들이 어떻게 연관되는지를 나타낸다. 이런 마케팅 전략 그래프는 서로 다른 마케팅 전술이 전체 비즈니스 목표를 달성하기 위해 어떻게 함께 작동하는지를 신규 고객이 파악하는 데 도움이 된다. 그러면 의사소통이 명확해져서 전략 기획을 더욱 효과적으로 수립할 수 있다. 이번 장의 파이프라인들을 구축하기 전에 실험 삼아 일단의 노드들을 트리 형태의 그래프로 변환해 보자. 이것은 파이프라인의 일부가 아니라 실험일 뿐이다.

관련 노트북 파일은 `Chapter07/Tree-2-Graph.ipynb`이다. 이 노트북의 프로그램은 파이썬의 NetworkX 라이브러리와 Matplotlib 라이브러리를 이용해서 트리 구조에 담긴 관계들을 시각적으로 표현한다. 프로그램은 주어진 노드들 사이의 '친구(friend)' 관계를 파악해서 유향 그래프(directed graph)의 한 종류인 트리를 생성하고, 사용자가 지정한 특성들로 그래프를 화면에 표시한다.

프로그램은 먼저 다음과 같은 주요 함수들을 정의한다.

- build_tree_from_pairs(pairs): 노드 쌍들로부터 유향 그래프(트리)를 생성한다. 노드들의 관계에 따라서는 트리의 루트 노드를 식별할 수도 있다.
- check_relationships(pairs, friends): 각 노드 쌍의 친구 관계 상태를 확인하고 출력한다.
- draw_tree(G, layout_choice, root, friends): matplotlib을 이용해서 트리를 시각화한다. 친구 관계 상태에 따라 간선을 다른 스타일로 표시한다. 노드 위치 지정을 위한 다양한 레이아웃 옵션을 제공한다.

그런 다음 이 함수들을 이용해서 일단의 노드 쌍들로부터 트리를 생성하고 표시한다.

- 노드 쌍과 친구 관계 데이터를 정의한다.
- 노드 쌍들로 트리를 만든다.
- 친구 관계 데이터와 대조해서 친구 관계를 파악한다.
- 지정된 레이아웃에 따라 트리를 시각화한다. 친구 관계에 따라 간선에 다른 스타일을 적용한다.

그럼 코드를 구체적으로 살펴보자. 먼저 노드 쌍들과 노드들 사이의 친구 관계를 정의한다.

```
# 노드 쌍들과 친구 관계
pairs = [('a', 'b'), ('b', 'e'), ('e', 'm'), ('m', 'p'), ('a', 'z'), ('b', 'q')]
friends = {('a', 'b'), ('b', 'e'), ('e', 'm'), ('m', 'p')}
```

pairs 목록을 보면 ('a', 'z')가 있다. 그런데 friends 목록에는 ('a', 'z')가 없다. 이는 a와 z가 친구 사이가 아님을 뜻한다. 마찬가지 이유로 ('b', 'q')도 친구 사이가 아니다. 여기서는 친구 관계를 예로 들었지만, 동일한 고객 연령대나 유사한 직업, 같은 국가 등 원하는 어떤 개념으로 이런 관계로 표현할 수 있다. 예를 들어 소셜 미디어의 상호 팔로잉 관계나 같은 국가에 사는 친구 관계 등 필요한 어떤 관계도 friends 목록과 같은 형태로 나타낼 수 있다.

이제 프로그램은 앞에서 정의한 함수들을 호출해서 트리를 구축하고 친구 관계들을 확인해서 출력한다.

```
# 트리를 만든다.
tree, root = build_tree_from_pairs(pairs)
# 관계를 확인하고 출력한다.
check_relationships(pairs, friends)
```

출력은 어떤 쌍이 친구이고 어떤 쌍이 아닌지를 보여준다.

```
Pair ('a', 'b'): friend
Pair ('b', 'e'): friend
Pair ('e', 'm'): friend
Pair ('m', 'p'): friend
Pair ('a', 'z'): not friend
Pair ('b', 'q'): not friend
```

이러한 관계 정보는 유사도 검색에 유용할 수 있다. 마지막으로 프로그램은 'spring' 레이아웃을 선택해서 트리 구조를 화면에 표시한다.

```
# 트리를 그린다.
layout_choice = 'spring'  # 다른 레이아웃도 시험해 보길 바란다.
draw_tree(tree, layout_choice=layout_choice, root=root, friends=friends)
```

'spring' 레이아웃은 이름 그대로 '스프링(용수철)' 방식이다. 노드를 움직이면 노드들 사이의 간선이 마치 용수철처럼 늘어났다 줄어든다. 스프링 간선들은 노드들이 겹치지 않도록 서로 밀어내는 효과도 낸다. draw_tree 함수의 정의를 보면 그 밖에 여러 레이아웃 옵션이 있으니 실험해 보기 바란다. 또한 색상과 선의 스타일도 수정할 수 있다.

다음은 앞의 코드가 출력한 그래프이다. 친구 관계인 쌍은 실선으로, 친구가 아닌 쌍은 점선으로 표시되었다.

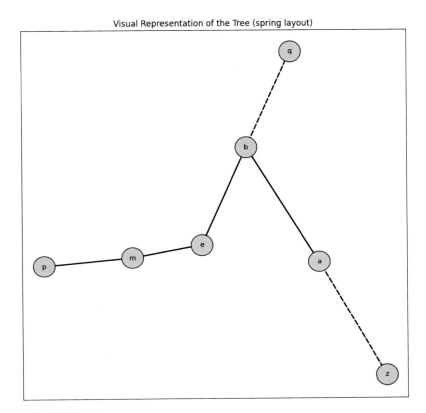

그림 7.3 '스프링' 레이아웃의 예

노드 쌍과 친구 관계를 더 추가해서 그래프를 생성해 보기 바란다. 수백 개의 노드로 이런 작업을 수행한다고 상상하면 이번 장에서 라마인덱스의 지식 그래프 색인으로 구축할 자동화 기능의 가치를 짐작할 수 있을 것이다.

이제 파이프라인들을 본격적으로 구현해 보자. 시작은 문서 수집 및 준비이다.

7.2 파이프라인 1: 문서 수집 및 준비

파이프라인 1은 작업에 필요한 메타데이터를 위키백과에서 가져오고, 실제 위키백과 문서를 조회해서 정제한 다음 딥 레이크 벡터 저장소에 업서트할 수 있는 형태로 취합한다. 그림 7.4는 이 과정을 도식화한 것이다.

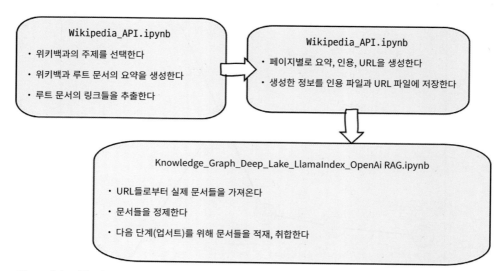

파이프라인 1: 문서 수집 및 준비

Wikipedia_API.ipynb
- 위키백과의 주제를 선택한다
- 위키백과 루트 문서의 요약을 생성한다
- 루트 문서의 링크들을 추출한다

Wikipedia_API.ipynb
- 페이지별로 요약, 인용, URL을 생성한다
- 생성한 정보를 인용 파일과 URL 파일에 저장한다

Knowledge_Graph_Deep_Lake_LlamaIndex_OpenAi RAG.ipynb
- URL들로부터 실제 문서들을 가져온다
- 문서들을 정제한다
- 다음 단계(업서트)를 위해 문서들을 적재, 취합한다

그림 7.4 파이프라인 1의 작업흐름

파이프라인 1에 연관된 노트북은 다음 두 가지이다.

- `Wikipedia_API.ipynb`: 선택한 주제의 루트 페이지에 링크된 페이지들의 URL과 인용 정보를 위키백과 API를 이용해서 수집한다. 앞에서 언급했듯이 이번 장의 시나리오에서 주제는 '마케팅'이다.
- `Knowledge_Graph_Deep_Lake_LlamaIndex_OpenAI_RAG.ipynb`: 여기에는 세 파이프라인 모두의 코드가 들어 있다. 파이프라인 1에서는 `Wikipedia_API` 노트북에서 제공한 URL들로 문서들을 조회해서 이후의 업서트 작업에 맞게 정제, 취합한다.

그럼 위키백과 API를 이용해서 위키백과 문서들을 검색하고 추출하는 방법부터 살펴보자.

7.2.1 위키백과 데이터 및 메타데이터 검색

이번 절에서는 원서 깃허브 저장소의 `Chapter07/Wikipedia_API.ipynb`를 설명한다. 이 노트북의 프로그램은 위키백과 API를 이용해서 특정 주제에 대한 정보를 검색하고, 검색된 텍스트를 토큰화하고 위키백과 문서의 인용을 관리한다.

먼저, 위키백과 API에 접근하기 위한 WIkipedia-API 라이브러리를 설치한다.

```
try:
    import wikipediaapi
except:
    !pip install Wikipedia-API==0.6.0
    import wikipediaapi
```

다음으로, NLTK 토크나이저를 이용해서 요약문의 토큰 수를 세는 함수를 정의한다.

```
import nltk
from nltk.tokenize import word_tokenize

# 토큰화에 필요한 NLTK 자원을 다운로드한다.
nltk.download('punkt')

def nb_tokens(text):
    # 문장부호들을 포함한 좀 더 정교한 토큰화를 수행한다.
    tokens = word_tokenize(text)
    return len(tokens)
```

이 함수는 주어진 텍스트 문자열에 NLTK 라이브러리의 토크나이저를 적용한다. 이 토크나이저는 문장부호를 포함해 정교한 방식으로 토큰들을 추출해서 돌려준다. 함수는 그 토큰들의 개수를 돌려준다. 이제 위키백과에 접근해 보자. 위키백과 API를 사용하려면 다음과 같이 원하는 언어와 사용자 에이전트 문자열을 지정해서 위키백과 API 인스턴스를 생성해야 한다.

```
# 언어와 사용자 에이전트를 지정해서 위키백과 API 인스턴스를 생성한다.
wiki = wikipediaapi.Wikipedia(
    language='en',
    user_agent='Knowledge/1.0 ([USER AGENT EMAIL)'
)
```

언어로는 'en'을 지정했다. 사용자 에이전트 문자열은 여러분의 상황에 맞게 설정하기 바란다. 연락 가능한 이메일 주소를 사용자 에이전트 문자열에 포함하면 좋을 것이다. 이제 우리가 관심을 두는 위키백과 문서들의 주제와 출력 파일명을 설정한다.

```
topic="Marketing"      # 주제
filename="Marketing"   # 출력들을 저장할 파일명에 사용할 접두사
maxl=100
```

세 매개변수를 좀 더 설명하면 다음과 같다.

- topic: 검색 프로세스의 주제

- filename: 파일 저장 시 파일명의 접두사로 사용할 주제 이름(topic과는 다를 수 있음)

- maxl: 검색할 URL 링크 최대 개수

다음으로, 주어진 주제의 루트 페이지를 검색해서 존재 여부를 확인하고, 존재하는 경우 요약(summary)을 출력한다.

```
import textwrap # 텍스트를 일정 너비로 줄을 바꾸는 데 사용한다.
page=wiki.page(topic)

if page.exists()==True:
  print("Page - Exists: %s" % page.exists())
  summary=page.summary
  # 토큰 개수를 얻는다.
  nbt=nb_tokens(summary)
  print("Number of tokens: ",nbt)
  # textwrap을 이용해서 요약문을 특정 너비(이를테면 60자)에 맞게 줄을 바꾼다.
  wrapped_text = textwrap.fill(summary, width=60)
  # 줄 바꿈 된 텍스트를 출력한다.
  print(wrapped_text)
else:
  print("Page does not exist")
```

출력은 다음과 같다. 해당 주제의 페이지가 존재한다는 점과 토큰 수, 요약문이 출력되었다.

```
Page - Exists: True
Number of tokens:  229
Marketing is the act of satisfying and retaining customers.
It is one of the primary components of business management
```

```
and commerce. Marketing is typically conducted by the
seller, typically a retailer or manufacturer ...
```

이러한 출력은 본격적인 검색 과정으로 들어가기 전에 작업이 제대로 진행되고 있는지를 확인해 준다.

- Page - Exists: True는 해당 주제의 루트가 존재함을 말해준다. 존재하지 않으면 "Page does not exist"가 표시된다.
- Number of tokens: 229는 토큰 수이다. 프로젝트 관리의 측면에서, 우리가 검색할 콘텐츠의 크기를 가늠할 수 있게 한다.
- summary=page.summary의 출력은 해당 페이지의 요약문이다.

루트 페이지가 존재하며, 요약문으로 볼 때 우리가 원하는 마케팅에 관한 페이지인 것도 확실하다. 더 나아가기 전에, 마지막으로 한 가지 더 확인해 보자.

```
print(page.fullurl)
```

출력의 URL을 보면 이것이 실제로 마케팅에 관한 위키백과 페이지임을 알 수 있다.

```
https://en.wikipedia.org/wiki/Marketing
```

이제 이 페이지에 있는 링크들을 추출해서 요약문을 얻을 준비가 되었다.

```
# 페이지의 모든 링크를 얻는다.
links = page.links
# 각 링크의 URL과 요약문을 출력한다.
urls = []
counter=0
for link in links:
try:
    counter+=1
    print(f"Link {counter}: {link}")
    summary = wiki.page(link).summary
    print(f"Link: {link}")
    print(wiki.page(link).fullurl)
```

```
        urls.append(wiki.page(link).fullurl)
        print(f"Summary: {summary}")
        if counter>=maxl:
          break
except page.exists()==False:
        # 존재하지 않는 페이지는 무시한다.
        pass


print(counter)
print(urls)
```

이 코드는 페이지의 링크들을 앞에서 maxl로 설정한 최대 개수까지만 처리한다. 즉, 페이지의 링크들이 최대 개수보다 적으면 모든 링크를 처리하고, 최대 개수보다 많으면 최대 개수까지만 처리한다. 출력을 보면 다음 단계로 넘어가서 파일들을 생성할 준비가 되었는지 확인할 수 있다. 다음은 출력의 처음 부분이다.

```
Link 1: 24-hour news cycle
Link: 24-hour news cycle
https://en.wikipedia.org/wiki/24-hour_news_cycle
Summary: The 24-hour news cycle (or 24/7 news cycle) is 24-hour investigation and
reporting of news, concomitant with fast-paced lifestyles...
```

필요한 정보를 얻었으며 요약도 적절하다는 점을 확인했다.

- Link 1: 링크 카운터

- Link: 주제 메인 페이지에서 조회한 실제 페이지의 제목과 링크

- Summary: 링크된 페이지의 요약문

다음 단계는 루트 페이지에 링크된 각 페이지를 조회해서 요약문을 얻어서 해당 URL과 함께 하나의 텍스트 파일에 저장하는 것이다.

```
from datetime import datetime
# 페이지의 모든 링크를 얻는다.
links = page.links
```

```
# 출력을 저장할 파일을 준비한다.
fname = filename+"_citations.txt"
with open(fname, "w") as file:
    # 위키백과 인용 헤더를 작성한다.
    file.write(f"Citation. In Wikipedia, The Free Encyclopedia. Pages retrieved from the
following Wikipedia contributors on {datetime.now()}\n")
    file.write("Root page: " + page.fullurl + "\n")
    counter = 0
    urls = []
    ...
```

이 코드는 파일을 쓰기 모드로 연 후 이 파일에 담긴 내용의 출처를 말해주는 위키백과 인용 문구를 파일에 기록한다. 여기에는 문서를 조회한 날짜 및 시간도 포함된다. 지금 예의 경우 인용 문구는 다음과 같다.[31] 그런 다음에는 마지막 단계에 필요한 전체 URL 목록을 담을 urls를 초기화한다. 잠시 후의 루프에서 이 목록에 링크들을 하나씩 추가할 것이다.

```
Citation. In Wikipedia, The Free Encyclopedia. Pages retrieved from the following
Wikipedia contributors on 2024-07-05 09:48:07.967944
```

출력 파일명은 Marketing_citations.txt이다. 이 파일을 원서 깃허브 저장소의 Chapter07/citations 디렉터리에 올려 두었다.

위키백과의 인용 규약을 준수하기 위한 적절한 인용 문구를 파일에 기록한 다음, 루트 페이지에서 링크된 각 문서의 요약문과 URL을 기록한다. 그런 다음 모든 링크 URL들을 기록해서 파일을 완성한다.

```
urls.append(page.fullurl)
# 루트 페이지의 각 링크에 대해:
for link in links:
    try:
        counter += 1
        page_detail = wiki.page(link)
        summary = page_detail.summary
```

---

31 (옮긴이) 참고로 한국어 위키백과 문서의 인용 문구는 'https://ko.wikipedia.org/wiki/특수:이문서인용'에서 확인할 수 있다. APA, MLA 등 다양한 인용 양식을 제공한다. 영어 문서는 https://en.wikipedia.org/wiki/Special:CiteThisPage에 있다.

```python
# URL와 요약문 등 링크의 세부사항을 저장한다.
file.write(f"Link {counter}: {link}\n")
file.write(f"Link: {link}\n")
file.write(f"{page_detail.fullurl}\n")
urls.append(page_detail.fullurl)
file.write(f"Summary: {summary}\n")

# 과도한 스크래핑을 피하기 위해 최대 링크 수를 제한한다.
if counter >= maxl:
    break
except wiki.exceptions.PageError:
    # 존재하지 않은 페이지는 무시한다.
    continue

# 마지막으로 전체 링크 수와 URL들을 파일에 저장한다.
file.write(f"Total links processed: {counter}\n")
file.write("URLs:\n")
file.write("\n".join(urls))
```

수집된 링크 URL들을 출력해 보자.

```python
urls
```

주제와 유관한 URL들이 수집되었음을 확인할 수 있다.

```
['https://en.wikipedia.org/wiki/Marketing',
 'https://en.wikipedia.org/wiki/24-hour_news_cycle',
 'https://en.wikipedia.org/wiki/Account-based_marketing',
 ...
```

다음으로, 이 URL들을 개별 파일에 저장한다. 이전에 정의한 접두사를 파일명에 사용했음을 주목하자.

```python
# URL들을 파일에 저장한다.
ufname = filename+"_urls.txt"
with open(ufname, 'w') as file:
```

```
    for url in urls:
        file.write(url + '\n')
print("URLs have been written to urls.txt")
```

지금 예에서 파일명은 `Marketing_urls.txt`이다. 이 파일 역시 원서 깃허브 저장소의 `Chapter07/citations` 디렉터리에 올려 두었다.

이제 업서트^{upsert}를 위해 데이터를 준비하는 단계로 넘어가자.

7.2.2 업서트를 위한 데이터 준비

`Wikipedia_API.ipynb` 노트북에서 위키백과 API를 이용해서 만든 파일들은 `Chapter07/` `Knowledge_Graph_Deep_Lake_LlamaIndex_OpenAI_RAG.ipynb` 노트북에서 쓰인다. 이 노트북의 *Installing the environment* 섹션은 2장 '딥 레이크와 오픈AI를 활용한 RAG 임베딩 벡터 저장소'와 3장 '라마인덱스, 딥 레이크, 오픈AI를 활용한 색인 기반 RAG 구축'의 해당 섹션과 거의 같으므로 설명은 생략하고, `Wikipedia_API.ipynb` 노트북에서 생성한 URL 목록을 처리하는 부분에 집중하겠다.

노트북의 *Scenario* 섹션으로 넘어가서, 이제부터 진행할 작업흐름(workflow)을 정의하는 주요 매개변수들을 설정한다.

```
# 파일 관리를 위한 파일명 접두사
graph_name="Marketing"

# 벡터 저장소 및 데이터셋 경로
db="hub://denis76/marketing01"
vector_store_path = db
dataset_path = db
# True면 데이터를 업서트한다. False면 업서트를 생략하고 연결 단계로 넘어간다.
pop_vs=True
# pop_vs==True일 때 overwrite=True면 데이터셋을 덮어쓰고 False면 추가한다.
ow=True
```

다음은 이 노트북에서 구현하는 세 파이프라인의 작동 방식을 결정하는 매개변수들이다.

- graph_name="Marketing": 읽고 쓸 파일들의 접두사(주제)

- db="hub://denis76/marketing01": 딥 레이크 벡터 저장소의 이름. 독자의 환경에 맞게 변경할 것

- vector_store_path = db: 벡터 저장소 경로

- dataset_path = db: 벡터 저장소의 데이터셋 경로

- pop_vs=True: True면 데이터 삽입을 활성화, False면 비활성화

- ow=True: True면 기존 데이터셋을 덮어쓰고 False면 추가

이제 노트북의 *Pipeline 1: Collecting and preparing the documents* 섹션으로 넘어가자. 여기서는 앞에서 생성한 URL 목록을 원서 깃허브 저장소에서 다운로드한다.

```
# URL 목록을 담은 파일을 내려받는다.
if pop_vs==True:
  directory = "Chapter07/citations"
  file_name = graph_name+"_urls.txt"
  download(directory,file_name)
```

그런 다음에는 파일에서 URL들을 읽어서 **urls**라는 파이썬 목록(list) 객체에 저장한다.

```
# 파일에서 URL들을 읽어들인다.
import requests
from bs4 import BeautifulSoup
import re
import os

if pop_vs==True:
  directory = "Chapter07/citations"
  file_name = graph_name+"_urls.txt"

  with open(file_name, 'r') as file:
      urls = [line.strip() for line in file]

  # URL들을 출력한다.
  print("Read URLs:")
  for url in urls:
      print(url)
```

이제 URL 목록이 준비되었다. 남은 일은 업서트 작업을 위해 데이터를 정제하고 준비하는 것이다. 그런데 *Pipeline 1: Collecting and preparing the documents* 섹션의 나머지 코드는 3장의 `Deep_Lake_LlamaIndex_OpenAI_RAG.ipynb` 노트북과 사실상 동일하므로(3장에서는 웹페이지의 URL들을 코드 자체에서 일일이 설정했다는 점이 다를 뿐이다) 설명은 생략하겠다. 그럼 준비된 데이터로 벡터 저장소를 채우는 부분으로 넘어가자.

7.3 파이프라인 2: 딥 레이크 벡터 저장소 생성 및 채우기

`Knowledge_Graph_Deep_Lake_LlamaIndex_OpenAI_RAG.ipynb`의 이 섹션은 3장 **파이프라인 2**(`Chapter03/Deep_Lake_LlamaIndex_OpenAI_RAG.ipynb`)의 해당 코드를 재활용한 것이다. 이는 파이프라인을 여러 구성요소로 나누어서 구현하면 다른 애플리케이션에 빠르게 재활용하고 적용할 수 있음을 잘 보여준다. 또한 이 부분의 코드는 액티브루프 딥 레이크에 기본적인 청크 분할, 임베딩, 업서트 함수들이 내장되어 있는 덕분에 여기서 업서트하는 위키백과 문서와 같은 다양한 비정형 데이터를 매끄럽게 통합할 수 있다는 점도 잘 보여준다.

`pop_vs`와 `ow`에 따라 선택적으로 업서트를 진행한다는 점만 빼면 이전과 동일한 코드이므로 코드는 생략하기로 하겠다. 다음은 `display_record(record_number)` 호출의 출력인데, ID와 파일 정보, 수집된 데이터, 텍스트, 임베딩된 벡터 같은 메타데이터가 표시되었다. 지금까지의 과정이 잘 진행되었음을 알 수 있다.

```
ID:
['a61734be-fe23-421e-9a8b-db6593c48e08']
Metadata:
file_path: /content/data/24-hour_news_cycle.txt
file_name: 24-hour_news_cycle.txt
file_type: text/plain
file_size: 2763
creation_date: 2024-07-05
last_modified_date: 2024-07-05
...
Text:
```

```
['24hour investigation and reporting of news concomitant with fastpaced lifestyles
This article is about the fastpaced cycle of news media in technologically advanced
societies.
Embedding:
[-0.00040736704249866307, 0.009565318934619427, 0.015906672924757004,
-0.009085721336305141, ...]
```

이렇게 해서 **파이프라인** 2를 3장의 기존 코드를 재활용해서 수월하게 구축했다. 그럼 이를 바탕으로 지식 그래프 색인(knowledge graph index)을 만들어 보자.

7.4 파이프라인 3: 지식 그래프 색인 기반 RAG

이제 지식 그래프 색인 기반 RAG 파이프라인을 만들고 상호작용할 차례이다. 다음 그림에서 보듯이 해야 할 일이 많다(그림 7.5).

파이프라인 3: 지식 그래프 색인 기반 오픈AI RAG
Knowledge_Graph_Deep_Lake_LlamaIndex_OpenAI_RAG.ipynb

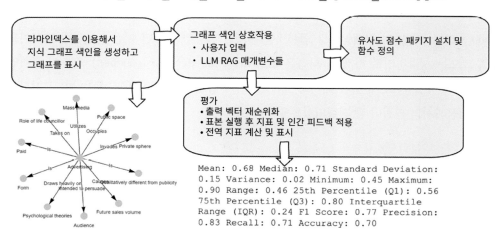

그림 7.5 처음부터 지식 그래프 색인 RAG 구축하기

이번 절에서 할 일은 다음과 같다.

- 지식 그래프 색인 생성

- 그래프 표시

- 사용자 프롬프트 정의

- 라마인덱스에 내장된 LLM 모델의 초매개변수 정의

- 유사도 점수 패키지 설치

- 유사도 점수 함수 정의

- 유사도 함수 간의 표본 비교 실행

- LLM 응답의 출력 벡터 재순위화

- 평가용 표본 실행 후 지표와 인간 피드백 점수 적용

- 지표 계산 및 표시

그럼 지식 그래프 색인 생성에서 시작해서 이 단계들을 차례로 살펴보자.

7.4.1 지식 그래프 색인 생성

여기서는 `llama_index.core` 모듈의 `KnowledgeGraphIndex` 클래스를 이용해서 문서 집합
으로부터 하나의 지식 그래프 색인을 생성한다. 성능 평가를 위해 색인 생성 시간도 측정할
것이다.

먼저 `time.time()`으로 시작 시간을 기록한다. 색인 생성에 상당한 시간이 소요되므로 시
간 측정이 중요하다.

```
from llama_index.core import KnowledgeGraphIndex
import time
# 타이머 시작
start_time = time.time()
```

다음으로, `from_documents` 메서드를 이용해서 임베딩이 포함된 `KnowledgeGraphIndex`
객체를 생성한다. 이 메서드의 주요 매개변수는 다음과 같다.

- `documents`는 색인화할 문서 집합이다.

- `max_triplets_per_chunk`는 청크당 세값쌍(triplet) 최대 개수이다. 메모리 사용량과 처리 시간을 최적
  화하기 위해 2로 설정한다.

- `include_embeddings`는 임베딩 포함 여부이다. 임베딩을 포함해야 하므로 True로 설정한다.

그래프 색인 생성은 단 몇 줄의 코드로 충분하다.

```
# 임베딩을 포함한 그래프 색인 생성
graph_index = KnowledgeGraphIndex.from_documents(
    documents,
    max_triplets_per_chunk=2,
    include_embeddings=True,
)
```

이제 타이머를 멈추고 생성에 걸린 시간을 측정한다.

```
# 타이머 중지
end_time = time.time()
# 실행 시간을 계산하고 출력한다.
elapsed_time = end_time - start_time
print(f"Index creation time: {elapsed_time:.4f} seconds")
print(type(graph_index))
```

출력에 시간이 표시된다.

```
Index creation time: 371.9844 seconds
```

그래프 색인의 타입도 출력해 보자.

```
print(type(graph_index))
```

지식 그래프 색인을 위한 클래스임을 확인할 수 있다.

```
<class 'llama_index.core.indices.knowledge_graph.base.KnowledgeGraphIndex'>
```

이제 유사 결과 개수, 응답 온도, 출력 길이 등의 매개변수들을 지정해서 지식 그래프 색인에 대한 쿼리 엔진을 생성한다.

```
# similarity_top_k 매개변수에 설정할 값
k=3
# temperature 매개변수에 설정할 값
temp=0.1
```

```
# num_output 매개변수에 설정할 값
mt=1024


graph_query_engine = graph_index.as_query_engine(
    similarity_top_k=k, temperature=temp, num_output=mt)
```

`as_query_engine` 메서드의 매개변수들은 쿼리 엔진의 동작 방식을 결정한다.

- `similarity_top_k`는 고려할 최상위 유사 결과의 수이다. 여기서는 k=3으로 설정했다.

- `temperature`는 쿼리 엔진의 응답 생성의 무작위성을 제어하는 '온도'이다. 값이 낮을수록 더 정확하고 높을수록 더 창의적이다. temp=0.1로 설정했다.

- `num_output`은 최대 출력 토큰 개수이다. 이에 따라 응답의 길이가 결정된다. mt=1024로 설정했다.

이렇게 해서 그래프 색인과 쿼리 엔진이 준비되었다. 이제 그래프를 표시해 보자..

7.4.2 그래프 표시

다음 코드는 대화식(interactive) 네트워크 시각화를 위한 파이썬 라이브러리인 `pyvis.network`를 이용해서 그래프 인스턴스 `g`를 생성하고 노드와 간선의 표시 방식을 설정한다. 이번 장 §7.1.1 '노드들로 트리 그래프 만들기'에서 한 것과 비슷한 방식이다.

```
## 그래프 인스턴스 생성
from pyvis.network import Network


g = graph_index.get_networkx_graph()
net = Network(notebook=True, cdn_resources="in_line", directed=True)
net.from_nx(g)


# 노드와 간선의 색상 및 크기를 설정한다.
for node in net.nodes:
    node['color'] = 'lightgray'
    node['size'] = 10


for edge in net.edges:
    edge['color'] = 'black'
    edge['width'] = 1
```

이제 유향 그래프가 만들어졌다. 나중에 사용하기 위해 그래프를 HTML 파일로 저장하고 파일명을 출력한다.

```
fgraph="Knowledge_graph_"+ graph_name + ".html"
net.write_html(fgraph)
print(fgraph)
```

graph_name은 §7.2.2 '업서트를 위한 데이터 준비' 처음 부분(노트북 *Scenario* 섹션)에서 정의했다. 이제 노트북에서 HTML 형식의 그래프를 표시한다.

```
from IPython.display import HTML

# 파일에서 HTML 문서를 불러온다.
with open(fgraph, 'r') as file:
    html_content = file.read()
# HTML을 노트북에 표시한다.
display(HTML(html_content))
```

이 코드를 실행하면 노트북에 그림 7.6과 같은 그래프가 나타날 것이다. 마우스를 이용해서 노드들을 움직일 수 있다.

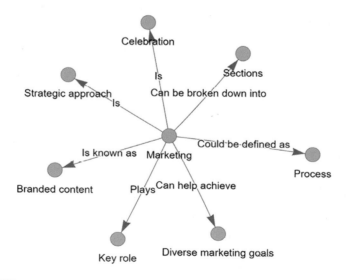

그림 7.6 지식 그래프

이제 지식 그래프 색인과 상호작용할 준비가 되었다.

7.4.3 지식 그래프 색인과 상호작용

이제 지식 그래프 색인에 대해 쿼리를 실행한다. 3장의 §3.2.4 '파이프라인 3: 색인 기반 RAG' 절과 기본적으로 같은 방식이므로 중요한 부분만 요약하겠다.

- execute_query 함수는 response = graph_query_engine.query(user_input)로 쿼리를 실행한다. 경과 시간도 측정한다.
- 쿼리에 사용할 질문은 user_query="What is the primary goal of marketing for the consumer market?"("소비자 시장을 위한 마케팅의 일차적인 목표는 무언인가?")이다.
- response = execute_query(user_query)로 모델에 응답 생성을 요청한다.

출력은 다음과 같다. 위키백과 데이터로 생성된 벡터 중 가장 유관한 벡터들에 기반한 응답이 실행 시간과 함께 표시된다.

```
Query execution time: 2.4789 seconds
The primary goal of marketing for the consumer market is to effectively target
consumers, understand their behavior, preferences, and needs, and ultimately influence
their purchasing decisions.
```

이제 유사도 점수를 위한 패키지들을 설치하고, 유사도 계산을 위한 함수들을 정의한다.

7.4.4 유사도 점수 패키지 설치 및 함수 정의

여기서는 허깅 페이스의 Sentence Transformers 라이브러리[32]를 사용한다. 허깅 페이스의 일부 기능은 접근 토큰을 요구한다. 허깅 페이스 접근 토큰 같은 비밀값(secret)을 파일에 저장하는 대신 구글 코랩의 **보안 비밀** 탭에 저장하면 편하다. 허깅 페이스 토큰을 HF_TOKEN이라는 이름으로 저장해 두었다고 가정할 때 다음은 그 토큰을 조회하는 코드이다.

```
from google.colab import userdata
userdata.get('HF_TOKEN')
```

---

32 (옮긴이) 허깅 페이스 페이지는 https://huggingface.co/sentence-transformers이다.

다행히 2024년 8월 기준으로 허깅 페이스의 Sentence Transformers 라이브러리에는 토큰이 필요하지 않으므로 위의 코드는 필수가 아니다. 먼저 Sentence Transformers를 설치하자.

```
!pip install sentence-transformers==3.0.1
```

그런 다음 임베딩을 이용해서 코사인 유사도를 계산하는 함수를 정의한다.

```
from sklearn.metrics.pairwise import cosine_similarity
from sentence_transformers import SentenceTransformer

model = SentenceTransformer('all-MiniLM-L6-v2')

def calculate_cosine_similarity_with_embeddings(text1, text2):
    embeddings1 = model.encode(text1)
    embeddings2 = model.encode(text2)
    similarity = cosine_similarity([embeddings1], [embeddings2])
    return similarity[0][0]
```

그 밖에 필요한 라이브러리들도 임포트한다.

```
import time
import textwrap
import sys
import io
```

이제 유사도 함수를 이용해서 재순위화(re-ranking)를 수행해 보자.

7.4.5 재순위화

재순위화는 쿼리 응답의 상위 결과들을 재정렬함으로써 초기 결과와는 다른, 어쩌면 더 나은 결과를 선택하는 작업이다. 먼저, 앞에서와는 다른 질문으로 쿼리를 수행해 보자.

```
# 사용자 쿼리문: "마케팅 이론과 자주 연관되는 전문가는 누구인가요?"
user_query="Which experts are often associated with marketing theory?"
```

```
# 타이머 시작
start_time = time.time()
response = execute_query(user_query)
# 타이머 중지
end_time = time.time()

# 쿼리에 걸린 시간을 계산하고 출력한다.
elapsed_time = end_time - start_time
print(f"Query execution time: {elapsed_time:.4f} seconds")

# 재순위화된 최고 결과를 출력한다.
print(textwrap.fill(str(response), 100))
```

그런 다음 응답의 원본 노드들을 훑으면서 순위를 재정렬한다. 간결함을 위해 노드 정보를
출력하는 부분은 생략했다.

```
best_rank=""
best_score=0
best_text=""

# response.source_nodes에 그래프 원본 노드들이 들어 있다고 가정한다.
for idx, node_with_score in enumerate(response.source_nodes):
    node = node_with_score.node

    ...

    text1=node.text

    similarity_score3=calculate_cosine_similarity_with_embeddings(text1, text2)

    if similarity_score3>best_score:
      best_score=similarity_score3
      best_rank=idx + 1
      best_text=node.text
      ...

print(f"Best Rank: {best_rank}")
print(f"Best Score: {best_score}")
print(textwrap.fill(str(best_text), 100))
```

- for idx, node_with_score in enumerate(response.source_nodes): 응답의 모든 노드를 차례로 훑는 루프이다.

- similarity_score3=calculate_cosine_similarity_with_embeddings(text1, text2): 사용자 쿼리문과 응답에서 검색된 노드의 텍스트 간 유사도 점수를 계산한다.

- best_score=similarity_score3: 발견된 최고 유사도 점수를 저장한다.

- print(textwrap.fill(str(best_text), 100)): 재순위화된 최상의 결과를 출력한다.

"마케팅 이론과 자주 연관되는 전문가는 누구인가요?"라는 질문(user_query)에 대한 초기 응답은 다음과 같다.

심리학자, 문화인류학자, 그리고 시장 조사원들은 종종 마케팅 이론과 연관됩니다.

나쁘지 않은 응답이지만 너무 일반적이다. 재순위화를 거치면 엔진은 지식 그래프를 좀 더 깊게 탐색해서 실제 마케팅 전문가들의 이름을 언급한다.

```
Best Rank: 2
Best Score: 0.5217772722244263
[...In 1380 the German textile manufacturer Johann Fugger travelled from Augsburg to
Graben in order to gather information on the international textile industry... During
this period Daniel Defoe a London merchant published information on trade and economic
resources of England and Scotland...]
```

재순위화된 응답은 더 길다. 그리고 라마인덱스의 LLM 쿼리 엔진이 제공한 요약 대신 원본 문서 내용을 포함한다. LLM의 관점에서는 쿼리 엔진의 원래 응답이 더 낫다. 하지만 최종 사용자가 무엇을 선호할지 예측하기는 어렵다. 짧은 답변을 선호하는 사용자도 있고 긴 문서를 선호하는 사용자도 있다. 재순위화 방법은 이 밖에도 프롬프트 수정, 문서 추가 및 삭제 등 다양하다. 9장 'AI 모델의 역량 강화: RAG 데이터와 인간 피드백의 미세조정'에서 다루겠지만 LLM을 미세조정하는 것도 한 방법이다. 또한, 5장 '전문가의 피드백을 이용한 RAG 성능 향상'에서처럼 인간 피드백을 도입할 수도 있다. 수학적 지표만으로는 응답의 정확성(소설 쓰기, 긴 답변과 짧은 입력의 비교, 기타 복잡한 응답)을 파악하기 어려운 경우가 많기 때문이다. 다양한 방법을 시도해 보기 바란다.

이제 몇 가지 예시로 지식 그래프 색인을 시험해 볼 것이다. 그전에 예시 실행의 결과를 평가할 지표들부터 살펴보자.

7.4.6 예시 지표들

먼저 예시 실행의 점수를 기록하는 데 사용할 변수들을 초기화한다. rscores에는 인간 피드백 점수들을, scores에는 유사도 함수 점수들을 담을 것이다.

```
# 인간 피드백 점수들을 담을 배열을 초기화한다.
rscores =[]
# 유사도 함수 점수들을 담을 배열을 초기화한다.
scores=[]
```

실행할 예시(example)의 개수는 프로젝트의 필요에 따라 다르다. 여기서는 10개를 사용한다. 10개의 예시는 모두 구조가 같다. 각 예시는 다음과 같은 요소들로 구성된다.

- user_query: 쿼리 엔진에 대한 입력 텍스트
- elapsed_time: 시스템 응답 시간 측정 결과
- response: execute_query(user_query)로 생성한 응답

사용자 쿼리문을 설정하고 응답을 생성하는 코드는 앞에서와 동일하므로 생략한다. 다음은 출력의 예이다.

```
Query execution time: 1.9648 seconds
심리학자, 문화인류학자, 그리고 시장 조사원들은 종종 마케팅 이론과 연관됩니다.
```

이제 각 예시 응답에 대해 유사도를 측정하고, 인간 피드백 점수도 구한다.

```
text1=str(response)
text2=user_query
similarity_score3=calculate_cosine_similarity_with_embeddings(text1, text2)
print(f"Cosine Similarity Score with sentence transformer: {similarity_score3:.3f}")
scores.append(similarity_score3)
human_feedback=0.75
rscores.append(human_feedback)
```

이 코드의 주요 부분은 다음과 같다.

- text1은 쿼리 엔진의 응답이다.

- text2는 사용자 쿼리문이다.

- similarity_score3은 코사인 유사도 점수이다.

- scores.append(similarity_score3)는 유사도 점수를 scores에 추가한다.

- human_feedback은 인간의 유사도 평가 점수이다. 이렇게 하는 대신 **5장 '전문가의 피드백을 이용한 RAG 성능 향상'**에서처럼 파일에서 이 점수를 읽어들일 수도 있고, 인간의 피드백 점수 대신 인간의 텍스트 응답을 실측값(ground truth)으로 사용해서 유사도 점수를 다시 계산할 수도 있겠다.

- rscores.append(human_feedback)은 인간 피드백 점수를 rscores에 추가한다.

그럼 10가지 예시 중 몇 개를 살펴보자. 쿼리문과 응답, 점수들과 함께 필자의 논평도 곁들였다.

 LLM은 확률적 알고리즘이다. 따라서 응답과 점수는 실행할 때마다 달라질 수 있다.

- 예시 1:

  ○ **사용자 쿼리문:** Which experts are often associated with marketing theory?(마케팅 이론과 자주 연관되는 전문가는 누구인가?)

  ○ **응답:** 심리학자, 문화인류학자 및 기타 행동과학 전문가들이 마케팅 이론과 자주 연관된다.

  ○ **코사인 유사도 점수:** 0.809

  ○ **인간 피드백:** 0.75

  ○ **논평:** 나쁘지 않은 응답이지만, 프롬프트가 모호해서 전문가들을 일반적으로만 언급했을 뿐 구체적인 전문가 이름은 거론하지 않았다.

- 예시 3:

  ○ **사용자 쿼리문:** What is the difference between B2B and B2C?(B2B와 B2C의 차이는 무엇인가?)

  ○ **응답:** B2B 기업은 다른 기업에 제품과 서비스를 판매하고, B2C 기업은 소비자에게 직접 판매한다.

  ○ **코사인 유사도 점수:** 0.760

○ 인간 피드백: 0.8

○ 논평: 정확한 응답이지만, 구체적인 예를 들어주면 좋아하는 사용자들도 있다.

■ 예시 7:

○ 사용자 쿼리문: What commodity programs does the Agricultural Marketing Service(AMS) maintain?(농산물 마케팅 서비스(AMS)는 어떤 상품 프로그램을 유지하는가?)

• 응답: 농산물 마케팅 서비스(Agricultural Marketing Service, AMS)는 면화와 담배, 유제품, 과일과 채소, 축산과 종자, 가금류 등 5개 상품 영역에서 프로그램을 운영한다.

• 코사인 유사도 점수: 0.904

• 인간 피드백: 0.9

• 논평: 정확한 응답이다. 게다가, 루트 페이지가 아니라 거기에서 링크된 페이지에 있는 정보를 담았다는 점에서 흥미로운 응답이기도 하다. 이 예시에서는 루트 페이지에 직접 링크된 페이지들만 수집했지만, 필요하다면 그 페이지들의 링크들을 따라가는 식으로 여러 단계 더 내려가서 페이지들을 수집할 수도 있다. 하지만 그러면 주제와 무관한 데이터 때문에 우리가 찾고자 하는 주요 정보가 희석될 수 있다는 점도 주의해야 한다. 데이터 탐색의 깊이와 범위는 프로젝트의 요구에 따라 달라진다.

이제 코사인 유사도 점수와 인간 피드백 점수에 대한 지표들을 계산해 보자.

지표 계산 및 표시

이 시점에서 scores에는 예시들의 코사인 유사도 점수가 들어 있다.

```
print(len(scores), scores)
```

출력은 다음과 같다. 10개의 점수가 표시되었다.

```
10 [0.808918, 0.720165, 0.7599532, 0.8513956, 0.5457667, 0.6963912, 0.9036964,
0.44829217, 0.59976315, 0.47448665]
```

프로젝트의 필요에 따라서는 더 많은 예시를 시험하고 평가해야 할 것이다. 같은 예시들에 대한 인간 피드백 점수들은 rscores에 들어 있다.

```
print(len(rscores), rscores)
```

10개의 인간 피드백 점수가 표시된다.

```
10 [0.75, 0.5, 0.8, 0.9, 0.65, 0.8, 0.9, 0.2, 0.2, 0.9]
```

이 점수들에 몇 가지 통계적 지표를 적용해서 응답들을 평가해 보자.

```
mean_score = np.mean(scores)
median_score = np.median(scores)
std_deviation = np.std(scores)
variance = np.var(scores)
min_score = np.min(scores)
max_score = np.max(scores)
range_score = max_score - min_score
percentile_25 = np.percentile(scores, 25)
percentile_75 = np.percentile(scores, 75)
iqr = percentile_75 - percentile_25
```

이 지표들로부터 다양한 통찰을 얻을 수 있을 것이다. 지표들을 소개하면 다음과 같다.

- mean_score(평균 점수)와 median_score(중앙값 점수)는 전형적인 점수가 어떤지 알려주는 **중심 추세**(central trend) 지표들이다.

- std_deviation(표준편차), variance(분산) 등은 점수들이 얼마나 퍼져 있는지를 말해주는 **변동성**(variability) 지표들이다. 이 지표들은 데이터의 일관성 또는 다양성을 나타낸다.

- min_score(최소 점수)와 max_score(최고 점수)는 데이터셋의 상, 하한을 말해주는 **극값**(extreme)들이다.

- percentile_25(제1사분위수), percentile_75(제3사분위수), iqr(사분위수 범위) 등은 값의 범위에 걸쳐 점수가 어떻게 분포되어 있는지에 대한 통찰을 제공하는 **분포**(distribution) 지표들이다.

이 지표들을 코사인 유사도 점수와 인간 피드백 점수로 계산한 구체적인 지표 수치와 함께 좀 더 구체적으로 살펴보자.

1. **평균**(산술평균)
    - **정의:** 모든 점수의 합을 점수의 개수로 나눈 값
    - **의미:** 데이터의 중심적인 값으로서, 전형적인 점수가 어떤지 알려준다.

○ **계산**: 평균 = $\dfrac{\Sigma 점수들}{점수\ 개수}$

○ **출력**: Mean: 0.68

2. **중앙값**(median)

○ **정의**: 점수를 작은 것부터 큰 것까지 정렬했을 때 가운데에 있는 값

○ **의미**: 평균처럼 데이터셋의 중심적인 값이되, 평균보다 극단값(이상치)의 영향을 덜 받는다.

○ **출력**: Median: 0.71

3. **표준편차**(standard deviation)

○ **정의**: 편차(점수와 평균의 차이)들의 평균의 제곱근

○ **의미**: 점수들이 평균을 중심으로 얼마나 퍼져 있는지 보여준다. 값이 클수록 변동성이 크다.

○ **계산**: 표준편차 = $\sqrt{\dfrac{\Sigma(점수-평균)^2}{점수\ 개수}}$

○ **출력**: Standard Deviation: 0.15

4. **분산**(variance)

○ **정의**: 표준편차의 제곱

○ **의미**: 점수들의 퍼짐 정도를 측정한 값으로, 점수들이 대체로 평균에서 얼마나 벗어나 있는지를 말해준다.

○ **출력**: Variance: 0.02

5. **최솟값**(minimum)

○ **정의**: 데이터셋의 가장 작은 점수

○ **의미**: 가장 작은 값을 알려준다.

○ **출력**: Minimum: 0.45

6. **최댓값**(maximum)

○ **정의**: 데이터셋의 가장 큰 점수

○ **의미**: 가장 큰 값을 알려준다.

○ **출력**: Maximum: 0.90

7. **범위**(range)

  ○ **정의:** 최댓값과 최솟값의 차이

  ○ **목적:** 가장 작은 값에서 가장 큰 값까지, 데이터셋의 점수들이 차지한 범위를 말해 준다.

  ○ **계산: 범위 = 최댓값 − 최솟값**

  ○ **출력:** Range: 0.46

8. **제1사분위수**(Q1)

  ○ **정의:** 전체 점수의 25% 지점에 해당하는 점수. 25번째 백분위수(25th percentile)라고도 한다.

  ○ **의미:** 데이터의 1/4은 제1사분위수보다 작다.

  ○ **출력:** 25th Percentile (Q1): 0.56

9. **제3사분위수**(Q3)

  ○ **정의:** 전체 점수의 75% 지점에 해당하는 점수. 75번째 백분위수(75th percentile)라고도 한다.

  ○ **의미:** 데이터의 3/4는 제3사분위수보다 작다.

  ○ **출력:** 75th Percentile (Q3): 0.80

10. **사분위수 범위**(IQR):

  ○ **정의:** 제1사분위수에서 제3사분위수까지의 범위

  ○ **의미:** 데이터의 가운데 50%에 해당한다. 이 부분의 점수들을 살펴보면 데이터가 어느 정도나 퍼져 있는지를 극단값의 영향을 덜 받고 파악할 수 있다.

  ○ **계산:** $IQR = Q3 - Q1$

  ○ **출력:** Interquartile Range (IQR): 0.24

이상으로 지식 그래프 기반 RAG 시스템을 구축하고 상호작용해 보았으며, 몇 가지 예시를 실행하고 지표를 측정해서 평가했다. 지금까지의 여정을 정리해 보자.

요약

이번 장에서는 위키백과 API와 라마인덱스를 이용해서 확장 가능한 지식 그래프 기반 RAG 시스템을 만드는 과정을 단계별로 설명했다. 이번 장에서 개발한 기법과 도구는 데이터 관

리와 마케팅 분야를 비롯해 조직화되고 접근 가능한 데이터 검색이 필요한 모든 분야에 적용할 수 있다.

이번 장의 여정은 데이터 수집을 위한 **파이프라인 1**로 시작했다. 이 파이프라인은 위키백과 콘텐츠 검색을 자동화하는 데 중점을 두었다. 특정한 주제(마케팅)에 관한 위키백과 페이지의 메타데이터와 URL을 위키백과 API를 이용해서 수집하는 프로그램을 만들었다. **파이프라인 2**에서는 딥 레이크 벡터 저장소를 생성하고, **파이프라인 1**에서 가져온 데이터를 임베딩해서 벡터 저장소에 채웠다. 파이프라인 2는 방대한 양의 데이터를 구조화된 벡터 저장소에 쉽게 통합하여 추가 처리와 검색이 가능하게 만드는 방법을 보여줬다. 마지막으로 **파이프라인 3**에서는 지식 그래프 색인 기반 RAG를 도입했다. 라마인덱스를 사용하여 임베딩된 데이터로부터 지식 그래프 색인을 자동으로 구축했다. 이 색인은 서로 다른 정보 조각들 사이의 관계를 시각적으로 매핑해서 데이터의 의미론적 개요를 제공했다. 그런 다음 라마인덱스의 내장 LLM 모델을 이용해서 지식 그래프를 검색하고 최적의 응답을 생성했다. 또한 시스템의 성능을 평가하기 위한 지표들을 구현했다. 이런 지표들은 정확하고 효율적인 데이터 검색을 보장하는 데 도움이 된다.

이러한 여정에서 우리는 위키백과 데이터를 최소한의 인간 개입으로 수집, 임베딩, 검색할 수 있는 포괄적이고 자동화된 RAG 기반 지식 그래프 시스템을 구축했다. 이 여정은 데이터 관리와 검색을 위한 효율적인 파이프라인을 만드는 데 여러 AI 도구와 모델을 결합하는 힘과 잠재력을 보여줬다. 이제 실제 프로젝트에서 지식 그래프 기반 RAG 시스템을 구현할 준비가 됐다. 다음 장에서는 잠깐만 참고할 데이터를 위한 동적 RAG를 구현하는 방법을 배울 것이다.

연습문제

다음 질문에 **그렇다** 또는 **아니다**로 답하라.

1. 이번 장의 내용이 위키백과 API와 라마인덱스를 이용해서 확장 가능한 지식 그래프 기반 RAG 시스템을 구축하는 데 중점을 두었는가?

2. 이번 장에서 논의한 주요 용례는 의료 데이터 관리와 관련한 것인가?

3. **파이프라인** 1에서 API를 이용해서 위키백과에서 문서를 수집하고 준비했는가?

4. **파이프라인** 2에서 딥 레이크를 관계형 데이터베이스(relational database)를 만드는 데 사용했는가?

5. **파이프라인** 3은 지식 그래프 색인을 구축하기 위해 라마인덱스를 사용했는가?

6. 예제 시스템은 마케팅과 같은 정해진 주제 한 가지만 다룰 수 있도록 유연성 없이 설계되었는가?

7. 위키백과 페이지에서 URL과 메타데이터를 검색하는 방법을 이번 장에서 설명했는가?

8. 이번 장에서 설명한 파이프라인들을 실행하는 데 GPU가 필요한가?

9. 지식 그래프 색인이 데이터 조각들 간의 관계를 시각적으로 매핑하는가?

10. 지식 그래프 색인을 검색할 때 매 단계에 사람의 개입이 필요한가?

참고문헌

▪ 위키백과 API GitHub 저장소: https://github.com/martin-majlis/Wikipedia-API

▪ *PyVis*, 파이썬 대화형 네트워크 시각화 라이브러리: https://pyvis.readthedocs.io/en/latest/

더 읽을거리

▪ Hogan, A., Blomqvist, E., Cochez, M. 외, *Knowledge Graphs*, arXiv:2003.02320

디스코드 커뮤니티

다음은 이 책의 디스코드 공간이다. 원서 저자 및 다른 독자와 토론할 수 있다.

▪ https://www.packt.link/rag

08

크로마와
허깅 페이스 라마를 이용한
동적 RAG

이번 장에서는 실용주의적인 관점에서 동적 RAG(dynamic RAG)를 살펴본다. 오늘날 빠르게 변화하는 환경에서 신속하고 정보에 기반한 의사결정 능력이 그 어느 때보다 중요해졌다. 의료, 과학 연구, 고객 서비스 관리 등 다양한 분야의 의사결정자가 짧은 기간 동안만 유효한 실시간 데이터를 요구하는 경우가 점점 많아지고 있다. 예를 들어 회의를 위해서는 철저히 준비된, 하지만 일시적인(temporary) 데이터가 요구되기도 한다. 이에 따라 데이터 영속성(data permanence)에 관한 개념이 변화하고 있다. 모든 정보를 무기한 저장할 필요는 없다. 오히려 일일 브리핑이나 중요 회의와 같은 특정 시점의 특정 요구에 맞춘 정확하고 관련성 높은 데이터 활용에 초점을 맞추는 경우가 많다.

이번 장에서는 임시 크로마^{Chroma} [33] 컬렉션의 임베딩과 생성을 통해 이러한 데이터를 처리하는 혁신적이고 효율적인 접근 방식을 소개한다. 매일 아침 그날의 회의에 필요한 데이터만을 포함하는 새로운 컬렉션을 구성함으로써 장기적인 데이터 축적과 관리 부담을 효과적으로 피할 수 있다. 환자 치료를 논의하는 의료팀을 위한 의료 보고서나 즉각적인 문제 해결을 위한 서비스팀의 고객 상호작용 기록, 또는 연구자들의 일상적인 실험 결정을 위한 최신 과학 연구 데이터 등이 이런 일시적 데이터에 포함된다. 이번 장에서는 자연과학이나 물리학 데이터셋을 사용하여 일일 회의에서 동적이고 효율적인 의사결정을 지원하는 파이썬 프로그램을 구축한다. 이 접근 방식은 현대 데이터 관리의 유연성과 효율성을 잘 보여준다. 이번 장의 시나리오에서 팀은 사용자가 웹 검색이나 온라인 AI 보조자와의 상호작용 없이 관련 과학 정보를 얻을 수 있는 AI 어시스턴트 시스템을 만들고자 한다. 단, 누구나 부담 없이 사용할 수 있도록 오픈소스 자원만으로 시스템을 구축한다는 제약이 있다. 그래서 크로마와 허깅 페이스^{Hugging Face}의 자원들을 사용하기로 한다.

다가오는 회의의 구체적인 의제에 맞춰 매일 새로 컴파일되는 데이터셋을 처리해야 한다는 시나리오 하에서 첫 단계는 임시 크로마 컬렉션을 만드는 것이다. 이를 위해 물리학, 화학, 생물학 관련 크라우드소싱 과학 질문 수천 개를 포함하는 SciQ 데이터셋을 허깅 페이스에서 다운로드한다. 그런 다음에는 그날 필요한 관련 데이터를 임베딩하여 모든 논의 사항이 최신의 가장 관련성 높은 데이터로 뒷받침되도록 보장한다.

---

33 (옮긴이) 크로마는 LLM 기반 애플리케이션을 위해 설계된 오픈소스 데이터베이스이다(https://www.trychroma.com/ 참고). ChromaDB라는 이름도 종종 쓰이는데, 실제로 파이썬 패키지명은 chromadb이다.

사용자는 회의 전에 쿼리를 실행해서 모델의 응답이 정확한지, 그리고 당일 목표와 잘 부합하는지 확인할 수 있다. 회의 진행 중에 사용자가 질문을 입력하면 시스템은 실시간 데이터 검색 결과를 라마^{Llama} 모델로 요약해서 동적으로 플래시카드^{flashcard}를 생성한다. 이 플래시카드는 사용자에게 신속하고 정확한 응답을 제공한다. 이 덕분에 사용자들은 정보에 근거해서 생산적으로 회의를 진행하게 된다. 이번 장을 통해서 여러분은 다양한 분야에 적용할 수 있는 오픈소스 무료 동적 RAG를 구현하는 기술을 습득하게 될 것이다.

요약하면, 이번 장에서 다룰 주제는 다음과 같다.

- 동적 RAG의 아키텍처
- 동적 RAG를 위한 데이터셋 준비
- 크로마 컬렉션 생성
- 크로마 컬렉션의 데이터 임베딩 및 업서트
- 컬렉션에 대한 배치(일괄식) 쿼리
- 사용자 요청을 통한 컬렉션 쿼리
- 쿼리 출력을 통한 입력 증강
- 메타의 라마 모델을 위한 허깅 페이스 프레임워크 구성
- 증강된 입력에 기반한 응답 생성

그럼 동적 RAG의 아키텍처부터 살펴보자.

8.1 동적 RAG의 아키텍처

매일 정보가 변화하는 동적 환경을 상상해 보자. 매일 아침 여러분은 전 세계에서 10,000개 이상의 질문과 검증된 답변을 새로 수집한다. 장기 저장소(long-term storage)나 복잡한 인프라 없이도 회의 중에 그런 정보에 빠르고 효과적으로 접근하게 만드는 것은 그리 쉽지 않은 일이다.

이번 장에서 소개하는 동적 RAG 접근 방식에서는 데이터를 영속적으로 저장하는 부담 없이 최신 정보를 좀 더 가볍고 빠르게 제공할 수 있다. 시간이 조금 지나면 무관해지지만 당장의 의사결정에는 아주 중요한 데이터가 요구되는 용례에는 이런 접근 방식이 아주 적합하다.

이번 장에서는 자연과학 데이터셋에 이러한 동적 RAG 접근 방식을 적용한다. 하지만 다음 분야들을 비롯해 다른 여러 분야의 데이터셋에도 이 접근 방식을 적용할 수 있다.

- **고객 지원:** 매일 업데이트되는 FAQ를 실시간으로 접근해 고객 문의에 신속히 응답할 수 있다.
- **의료:** 의료팀은 회의 중에 최신 연구와 환자 데이터를 활용해 복잡한 건강 관련 질문에 답할 수 있다.
- **금융:** 재무 분석가들은 최신 시장 데이터를 조회해 투자와 전략에 대한 정보에 기반한 결정을 내릴 수 있다.
- **교육:** 교육자들은 최신 교육 자료와 연구에 접근해 질문에 답하고 학습을 향상할 수 있다.
- **기술 지원:** IT 팀은 업데이트된 기술 문서를 활용해 문제를 해결하고 사용자를 효과적으로 안내할 수 있다.
- **영업과 마케팅:** 팀은 최신 제품 정보와 시장 트렌드에 빠르게 접근해 고객 문의에 답하고 전략을 수립할 수 있다.

이번 장에서 살펴볼 것은 동적 RAG 생태계의 한 유형이다. 이 생태계를 여러분의 프로젝트에 맞게 다양한 방식으로 적용해도 좋다. 상상력을 마음껏 발휘하기 바란다. 그럼 동적 RAG 구성요소가 **1장 'RAG(검색 증강 생성)가 필요한 이유'의 §1.4 'RAG 생태계'**에서 설명한 생태계에 어떻게 들어맞는지 살펴보자.

이번 장에서는 일일 회의(daily meeting) 같은 실시간 의사결정 상황에서 동적 정보의 통합과 사용을 간소화하는 시스템을 구현한다. 다음은 혁신적인 동적 RAG 접근 방식을 구현한 이 예제 시스템의 구성요소들과 해당 생태계 단계들이다(그림 8.1 참고).

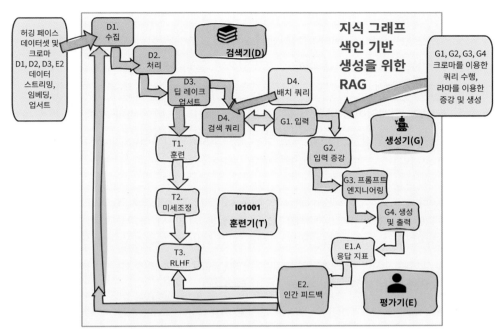

그림 8.1 동적 RAG 시스템

- **임시 크로마 컬렉션 생성(D1, D2, D3, E2):** 매일 아침 그날의 회의를 위한 임시 크로마 컬렉션을 준비한다. 이 컬렉션은 그날의 즉각적인 요구를 위한 것이므로 회의 후 저장하지 않고 폐기한다. 따라서 장기적으로 시스템에 데이터가 쌓이지 않는다.

- **관련 데이터 임베딩(D1, D2, D3, E2):** 임시 컬렉션은 고객 지원 상호작용, 의료 보고서, 과학적 사실 등의 중요 데이터를 임베딩한다. 이 임베딩 과정은 회의 안건에 맞춰 콘텐츠를 특화해서 모든 관련 정보를 회의 참가자들이 바로 활용할 수 있게 하는 효과를 낸다. 데이터에는 문서의 인간 피드백과 다른 생성형 AI 시스템의 출력이 포함될 수 있다.

- **회의 전 데이터 검증(D4):** 회의 시작 전, 임시 크로마 컬렉션에 대해 다수의 쿼리문을 하나의 배치로 묶어 일괄 실행해서 데이터가 정확하고 회의 목표에 적절히 부합하는지 확인한다. 이는 정보에 근거한 원활한 토론을 촉진한다.

- **실시간 쿼리 처리(G1, G2, G3, G4):** 이 시스템은 회의 중에 참가자들이 즉석에서 쿼리를 실행하는 기능도 제공한다. 시스템은 주어진 질문에 맞는 정보를 검색해서 증강한 입력을 라마 모델에 넣어서 동적으로 플래시카드를 생성한다. 이 플래시카드는 회의 중 간결하고 정확한 응답을 제공하는 데 활용되어 토론의 효율성과 생산성을 높인다.

이번 장에서 사용할 크로마는 임베딩된 벡터들을 컬렉션에 저장해서 관리, 검색하도록 설계된 오픈소스 AI 네이티브 벡터 데이터베이스이다. 크로마는 이번 장의 예제와 비슷한 시스템을 시작하는 데 필요한 모든 것을 갖추고 있으며, 클라우드에 의존하지 않고 지역 컴퓨터에서 실행할 수 있다. 크로마는 또한 LLM을 활용하는 애플리케이션에 매우 적합하다. 이 덕분에 크로마는 임시적이고 비용 효율적인 실시간 RAG 시스템의 바탕 저장소로 사용하기에 안성맞춤이다. 크로마로 구현한 이번 장의 동적 RAG 아키텍처는 혁신적이고 실용적이다. 빠르게 변화하는 이 세상에서 고려할 핵심 사항은 다음과 같다.

- **효율성(efficiency)과 비용 효과성(cost-effectiveness)**: 임시 저장소로 크로마를, 응답 생성에 라마를 사용하는 덕분에 시스템이 가볍고, 지속적인 저장 비용이 발생하지 않는다. 데이터가 자주 갱신되고 장기 저장이 불필요한 환경에 이상적이다. 가벼운 시스템을 원하는 의사결정자들에게 설득력이 크다.
- **유연성**: 시스템의 일시적 특성으로 매일 새로운 데이터를 통합할 수 있어 항상 최신 정보를 이용할 수 있다. 정보가 빠르게 변하는 빠른 템포의 환경에서 특히 가치가 있다.
- **확장성(scalability; 규모가변성)**: 이 접근 방식은 다른 유사 데이터셋으로도 확장된다(해당 데이터셋이 임베딩과 쿼리가 가능하다고 할 때). 따라서 이번 장 예제의 도메인 외에도 다양한 도메인에 적용할 수 있다. 확장은 단순히 데이터의 양을 늘리는 것뿐만 아니라 프레임워크를 광범위한 도메인과 상황에 적용하는 능력도 포함한다.
- **사용자 친화성**: 시스템 설계가 간단해서, 사용자의 기술적 지식이 깊지 않아도 신뢰할 만한 답변을 빠르게 얻을 수 있다. 이런 단순성은 사용자 참여와 만족도를 높이는 데 도움이 된다. 비용 효율적이고 투명하며 가벼운 AI로 사용자를 만족시키면 RAG 기반 생성형 AI에 대한 관심이 분명히 높아질 것이다.

이제 동적 RAG 프로그램을 만들어보자.

8.2 환경 설치

이 환경은 지역 컴퓨터나 무료 구글 코랩 계정에서 실행할 수 있는 오픈소스 소프트웨어와 공개 자원에 중점을 둔 것이다. 구체적으로, 이번 장의 예제는 크로마와 허깅 페이스의 공개 자원들을 적극적으로 활용한다. 파이썬 코드는 이전 장들처럼 구글 코랩에서 노트북 형태로 실행한다고 가정한 것이다.

먼저 허깅 페이스 라이브러리를 설치한다.

8.2.1 허깅 페이스 설치

이번 장 예제는 허깅 페이스의 오픈소스 자원들, 특히 라마 모델용 데이터셋들을 사용한다. 이들을 다운로드하려면 https://huggingface.co/에 가입해서 API 토큰을 만들어야 한다. 그 토큰을 구글 드라이브의 파일에 저장해도 되고, 코드에서 직접 설정해도 된다. 독자의 상황에 맞게 다음 두 코드 조각 중 하나만 실행하기 바란다. §7.4.4에서처럼 구글 코랩의 **보안 비밀** 탭에 저장한 값을 사용할 수도 있다.

```
#1. 허깅 페이스 API 토큰을 구글 드라이브의 파일에 저장한 경우
# (아래 #2 코드는 주석 처리할 것)
from google.colab import drive
drive.mount('/content/drive')
f = open("drive/MyDrive/files/hf_token.txt", "r")
access_token=f.readline().strip()
f.close()

#2. 허깅 페이스 API 토큰을 직접 설정하는 경우
# (위의 #1 코드는 주석 처리할 것)
access_token =[YOUR HF_TOKEN]

# 이제 토큰을 환경 변수에 설정한다(두 방식 공통).
import os
os.environ['HF_TOKEN'] = access_token
```

허깅 페이스 API 토큰은 반드시 안전한 곳에 보관해야 한다는 점을 기억하기 바란다. 이제 적절한 환경 변수에 토큰이 설정되었다. 다음으로 허깅 페이스의 데이터셋들을 손쉽게 다루는 데 필요한 datasets 라이브러리를 설치한다.

```
!pip install datasets==2.20.0
```

그런데 이 라이브러리의 일부 의존요소가 구글 코랩에 미리 설치된 더 최신 버전의 해당 의존요소와 충돌할 수 있다. PyArrow 라이브러리가 대표적인 예이다. 허깅 페이스가 해당 패키지를 업데이트하면 이런 충돌이 사라질 것이다. 하지만 다른 충돌이 발생할 수도 있다. 데이터셋 다운로드가 불가능할 정도의 충돌이라면 구글 코랩의 해당 패키지를 제거하고 PyArrow를 다시 설치해야 한다. 하지만 그러면 또 다른 의존성 문제가 발생할 수 있다. **2장 '딥 레이크와 오픈AI를 활용한 RAG 임베딩 벡터 저장소'**의 §2.4.1 '환경 설정' 절에서 설명했듯이 이런 의존성 관리는 우리가 받아들이고 해결해야 할 도전 과제에 해당한다.

이제 허깅 페이스의 Transformers 패키지를 설치하자.

```
!pip install transformers==4.41.2
```

그리고 Accelerate 라이브러리도 설치한다. 이 라이브러리는 파이토치^{PyTorch} 패키지를 GPU에서 실행하는(이는 이번 장 예제 노트북에 강력히 권장되는 사항이다) 데 필요하다. 혼합 정밀도와 처리 시간 가속 같은 장점도 제공한다.

```
!pip install accelerate==0.31.0
```

마지막으로, 라마 모델 중 하나인 `meta-llama/Llama-2-7b-chat-hf`로 토크나이저를 생성한다.[34] 이 모델을 응답 생성(대화 완성)에도 사용할 것이다. 라마는 메타 AI(예전의 페이스북 AI)가 개발한 트랜스포머 기반 언어 모델 시리즈이다. 허깅 페이스 라이브러리는 라마 계열 모델들에 손쉽게 접근하는 인터페이스를 제공한다.

```
from transformers import AutoTokenizer
import tranformers
import torch
model = "meta-llama/Llama-2-7b-chat-hf"
tokenizer = AutoTokenizer.from_pretrained(model)
```

이제 이 모델에 접근하기 위한 트랜스포머 파이프라인 객체를 생성한다.

```
pipeline = transformers.pipeline(
    "text-generation",
    model=model,
    torch_dtype=torch.float16,
    device_map="auto",
)
```

---

[34] (옮긴이) 모델과 토크나이저를 준비하는 과정에서 14GB 이상의 파일들을 내려받게 됨을 유의하기 바란다.

이 파이프라인을 자세히 살펴보자.

- transformers.pipeline은 텍스트 생성을 위한 파이프라인을 만드는 함수이다. 이 파이프라인은 동적 RAG 생태계에서 피해야 할 많은 복잡성을 추상화한다.

- transformers.pipeline 함수의 첫 인수는 파이프라인의 작업 유형을 결정한다. 이 예에서는 텍스트 생성을 위해 "text-generation"을 지정했다.

- model 매개변수는 파이프라인이 사용할 모델이다. 앞에서 설정한 라마 모델을 지정했다.

- torch_dtype=torch.float16은 파이토치 텐서의 데이터 타입을 float16으로 설정한다. 이 타입은 메모리 사용량을 줄이고 특히 반정밀도(half-precision) 연산을 지원하는 GPU에서 연산 속도를 높이는 데 도움이 된다. 반정밀도 연산은 표준 32비트 정밀도의 절반인 16비트를 사용하므로 가볍고 빠르다. 따라서 우리가 구현하려는 동적 RAG에 아주 적합하다.

- device_map="auto"는 모델을 실행할 최적의 장치(CPU, GPU, 다중 GPU 등)를 파이프라인이 자동으로 결정하게 한다. 이 매개변수는 성능을 최적화하고 모델의 계층을 사용 가능한 장치(예: GPU)에 가장 효율적인 방식으로 자동 분산하는 데 특히 중요하다. 다수의 GPU를 사용할 수 있는 경우 파이프라인은 부하를 적절히 분산해서 병렬 처리를 극대화한다. GPU를 사용할 수 있는 환경이라면 파이프라인의 실행 속도가 좀 더 빨라질 것이다.

이제 허깅 페이스가 준비되었다. 다음은 크로마이다.

8.2.2 크로마 설치

먼저 오픈소스 벡터 데이터베이스인 크로마를 설치한다.

```
!pip install chromadb==0.5.3
```

설치 과정에서 출력되는 메시지들을 살펴보면 ONNX(Open Neural Network Exchange) 패키지가 함께 설치됨을 알 수 있다.

```
Successfully installed asgiref-3...onnxruntime-1.18.0...
```

ONNX(https://onnxruntime.ai/)는 크로마와 완전히 통합되어 있다는 점에서 이번 장 동적 RAG 시나리오의 핵심 구성요소이다. ONNX는 모델을 하나의 생태계에 종속되게 하지 않고 서로 다른 프레임워크와 하드웨어에서 사용할 수 있게 해주는 표준 **머신러닝**(ML; 기계학습) 모델 표현 형식이다.

이번 장에서는 ONNX 지원 모델들을 실행하기 위한 성능 중심 엔진인 ONNX 런타임^{ONNX} Runtime을 사용한다. 이 런타임은 ML 모델을 위한 크로스 플랫폼 가속기 역할을 하며, 하드웨어별 라이브러리와 통합할 수 있는 유연한 인터페이스를 제공한다. 이를 통해 다양한 하드웨어 구성(CPU, GPU 및 기타 가속기)에 맞게 모델을 최적화할 수 있다. 허깅 페이스 라이브러리와 마찬가지로, GPU를 사용할 수 있는 독자라면 속도를 위해 GPU를 활성화하는 것이 바람직하다. 또한, 예제 시스템은 ONNX 런타임 설치 패키지에 포함된 모델 하나를 사용한다.

이렇게 해서 ONNX 런타임을 비롯해 예제에 필요한 허깅 페이스와 크로마 자원들을 설치했다. 허깅 페이스 프레임워크는 사전 훈련된 모델의 접근과 배포에서부터 생태계 내에서의 훈련과 미세조정까지 모델 수명 주기 전반에 쓰인다. ONNX 런타임도 다양한 기능을 제공하는데, 특히 훈련 후 단계에서 모델의 호환성을 보장하고 다양한 하드웨어와 소프트웨어 설정에서 모델을 효율적으로 실행하는 부분에서 위력을 발휘한다. 하나의 모델을 허깅 페이스의 도구들을 이용해서 개발하고 미세조정한 후, ONNX 런타임을 이용해서 ONNX 형식으로 변환함으로써 광범위하고 최적화된 방식으로 배포할 수 있다.

아직 설치할 것이 더 있다. 벡터 저장소 쿼리로 얻은 응답과 원래의 완성(completion)[35] 텍스트 사이의 유사도를 계산하기 위해 spaCy 패키지의 모델을 사용할 것이다. 다음은 일반적인 NLP 작업을 위해 중간 크기의 영어 모델을 설치하는 명령이다.

```
!python -m spacy download en_core_web_md
```

en_core_web_md는 웹의 영어 문서들로 훈련된 모델인데, 동적 RAG에 필요한 속도와 정확도의 균형이 맞는 모델이라서 선택했다. 이 모델은 텍스트 유사도를 계산하는 데 효율적이다. 패키지가 설치되면 노트북 세션을 다시 시작해야 할 수 있다.

이렇게 해서 동적 RAG에 필요한 자원들이 갖추어졌다. 모두 오픈소스 방식의, 최적화되고 비용 효과적인 자원들이다. 그럼 예제 프로그램의 실질적인 코드로 들어가기 전에 전체 세션의 시간 측정을 준비하자.

---

35 (옮긴이) LLM을 세상에 알린 챗GPT의 영향 때문에 사용자와 LLM의 상호작용을 흔히 '대화(chat)'에 비유하곤 한다. 사용자의 입력에 대해 모델이 응답을 생성하면 한 조각의 대화가 완성된다. 오픈AI API의 openai.chatCompletion 등은 이러한 비유를 반영한 것이다.

8.3 세션 시간 활성화

이 시나리오와 같은 실제 동적 RAG 프로젝트에서는 시간이 핵심이다! 예를 들어 일일 의사 결정 회의가 오전 10시라고 하자. 회의 목표에 필요한 데이터를 수집하려면(온라인 방식이든, 회사 고유의 데이터 배치 방식이든) RAG 준비팀이 오전 8시에 작업을 시작해야 할 수도 있다.

먼저 GPU가 사용 가능하다면 활성화하자. 구글 코랩이라면 **런타임 | 런타임 유형 변경** 메뉴를 선택해서 사용 가능한 GPU를 선택하면 된다. GPU를 사용할 수 없는 환경이라면 CPU를 사용할 수밖에 없다. 시간이 더 걸리겠지만 실행은 된다. 어떤 경우이든, 이번 장의 절들을 읽어 나가면서 노트북의 코드 셀들을 차례로 실행하기 바란다.

먼저, 환경이 설치된 후부터 노트북의 끝까지 세션 시간을 측정하기 위해 타이머를 시작한다.

```
# 요청 전에 타이머를 시작한다.
session_start_time = time.time()
```

노트북의 마지막 셀(Total session time)에서 타이머를 중지하고 세션 전체 시간을 계산해서 출력할 것이다. **런타임** 메뉴의 **모두 실행**을 선택해서 노트북의 모든 셀을 차례로 실행한 후 마지막 셀을 보면 세션 시간을 확인할 수 있다. 이 시간은 회의 준비에 필요한 시간을 추정하는 데 유용하다. 일일 회의까지 남은 시간에 따라 데이터, 쿼리문, 모델 관련 매개변수를 적절히 조정하면 좋을 것이다.

이러한 '즉석(on-the-fly)' 동적 RAG 접근 방식에 능숙해진다면 여러분의 팀은 빠르게 변하는 세상에서 귀중한 자산으로 자리 잡을 것이다. 이제 작업을 본격적으로 시작할 때가 되었다. 먼저 필요한 데이터셋을 내려받아서 데이터를 준비한다.

8.4 데이터셋 다운로드 및 준비

예제에서 사용할 데이터셋은 Welbl, Liu, Gardner(2017)가 만든 SciQ 데이터셋이다. 이 데이터셋은 크라우드소싱(crowdsourcing)을 통해 고품질의 과학 분야 객관식 문제를 생성하는 방식으로 만들어졌다. SciQ 데이터셋은 과학 시험을 위한 NLP 모델 학습에 도움이 되도록 제작된 13,679개의 객관식 문제로 구성된다. 생성 과정은 관련 지문 선택과 그럴듯한 오답이 포함된 문제 생성이라는 두 단계로 이루어진다.

이 예제에서는 크로마 컬렉션을 통한 문제 증강 생성이라는 시나리오에 맞게 question 필드(질문), correct_answer 필드(정답), support 필드(지문)를 사용한다. 데이터셋에는 오답이 포함된 distractor 필드도 있지만, 예제에 필요하지 않으므로 제거한다.

준비된 데이터셋을 검색 시스템에 통합해서 특정 과학 주제나 문제 형식에 기반해서 질문을 증강하는 데 사용할 것이다. 증강한 쿼리문은 이후 라마 모델로 응답을 생성하는 데 쓰인다. RAG 입력 증강에서 응답 생성(대화 완성)까지의 과정은 실시간으로 처리된다. 즉, 사용자는 일반적인 AI 챗봇을 사용하듯이 이 동적 RAG 시스템을 사용할 수 있다. 다음은 허깅 페이스에 호스팅된 SciQ 데이터셋을 가져오는 코드이다.

```
# 필요한 라이브러리들을 임포트한다.
from datasets import load_dataset
import pandas as pd

# 허깅 페이스의 SciQ 데이터셋을 불러온다.
dataset = load_dataset("sciq", split="train")
```

이 데이터셋에서 'support' 필드와 'correct_answer' 필드가 비어 있지 않은 레코드들만 추출한다.

```
# support 필드와 correct_answer 필드가 있는 레코드들만 선택한다.
filtered_dataset = dataset.filter(lambda x: x["support"] != ""
                                  and x["correct_answer"] != "")
```

선택된 행들의 개수를 확인해 보자.

```
# 지문(support)이 있는 질문의 수를 출력한다.
print("Number of questions with support: ", len(filtered_dataset))
```

출력을 보면 10,481개의 문서가 있음을 알 수 있다.

```
Number of questions with support:  10481
```

다음으로, 예제에 필요한 열들에만 집중하기 위해 데이터프레임을 정리하자. 다음과 같이 오답 필드들을 제거한다.

```
# 준비된 데이터셋을 판다스 데이터프레임으로 변환한다.

# 제거할 필드(열)들
columns_to_drop = ['distractor3', 'distractor1', 'distractor2']

# 해당 필드들을 데이터프레임에서 제거한다.
df.drop(columns=columns_to_drop, inplace=True)
```

다음으로, 정답(correct_answer 필드)과 지문(support 필드)을 합친다.

```
# correct_answer와 support를 합쳐서 completion이라는 필드를 만든다.
df['completion'] = df['correct_answer'] + " because " + df['support']

# completion 필드에 NaN 값이 없도록 한다.
df.dropna(subset=['completion'], inplace=True)
df
```

다음은 정답과 지문을 합쳐서 만든 completion 필드의 예이다. 정답과 지문 사이에 because라는 단어를 끼워 넣었음을 주목하자. 결과적으로, 정답은 이것이고 그 이유는 이러저러하다는 형태의 텍스트가 만들어졌다.[36]

> aerobic because "Cardio" has become slang for aerobic exercise that raises your heart rate for an extended amount of time. Cardio can include biking, running, or swimming. Can you guess one of the main organs of the cardiovascular system? Yes, your heart.

이 데이터프레임의 형태(shape)도 확인하고 넘어가자.

```
df.shape
```

---

[36] (옮긴이) 한국어 환경에서 응용한다면 df['completion'] = "정답: " + df['correct_answer'] + ", 근거: " + df['support'] 식으로 구성할 수도 있을 것이다.

출력에서 보듯이, 초기의 행들과 네 개의 필드가 모두 온전히 유지되었다.

```
(10481, 4)
```

다음 코드는 필드 이름들을 출력한다.

```
print(df.columns)
```

예제에 사용할 네 개의 필드를 확인할 수 있다.

```
Index(['question', 'correct_answer', 'support', 'completion'], dtype='object')
```

이제 데이터를 임베딩하고 업서트할 준비가 되었다.

8.5 크로마 컬렉션에 데이터 임베딩 및 업서트

먼저 크로마 클라이언트 객체를 생성하고 컬렉션 이름을 정의한다.

```
# 크로마 라이브러리를 임포트하고 클라이언트 객체를 생성한다.
# 기본 크로마 클라이언트는 단명(ephemeral) 객체이다. 이는 해당
# 데이터베이스가 디스크에 저장되지 않는다는 뜻이다.
import chromadb
client = chromadb.Client()

collection_name="sciq_supports6"
```

컬렉션을 생성하고 데이터를 업서트하기 전에 우리가 사용할 컬렉션이 존재하는지 확인해야 한다.

```
# 모든 컬렉션의 목록을 얻는다.
collections = client.list_collections()

# 특정 컬렉션이 존재하는지 확인한다.
collection_exists = any(collection.name == collection_name
                        for collection in collections)
print("Collection exists:", collection_exists)
```

이 코드는 지정된 이름의 컬렉션이 존재하면 True를, 존재하지 않으면 False를 출력한다. 다음은 존재하지 않는 경우의 출력이다.

```
Collection exists: False
```

컬렉션이 존재하지 않는다면 앞에서 정의한 collection_name으로 새로운 컬렉션을 생성한다.

```python
# 지문들을 저장할 새 크로마 컬렉션을 생성한다. 임베딩 함수는 따로
# 지정하지 않는다(기본 함수를 사용한다).
if collection_exists!=True:
  collection = client.create_collection(collection_name)
else:
  print("Collection ", collection_name," exists:", collection_exists)
```

생성된 컬렉션의 구조를 살펴보자. 다음 코드는 컬렉션의 딕셔너리^{dictionary}(사전) 객체를 얻고 그 객체의 각 키를 출력한다.

```python
# 딕셔너리의 구조 출력
results = collection.get()
for result in results:
    print(result)  # 각 항목의 딕셔너리를 출력한다.
```

컬렉션이 다음과 같은 필드들로 구성됨을 알 수 있다.

```
ids
embeddings
metadatas
documents
uris
data
included
```

이 예제의 시나리오에서 중요한 필드는 다음 세 가지이다.

- ids: 컬렉션의 각 항목에 대한 고유 식별자를 나타낸다.

- embeddings: 문서의 임베딩 벡터들이다.

- documents: 문서들을 담는다. 이 예제의 경우 정답과 지문을 합친 completion 필드가 곧 하나의 문서이다.

이제 모델을 선택하자. 동적 RAG 환경을 위해서는 경량의 빠른 LLM 모델이 필요하다.

8.5.1 모델 선택

모델을 특별히 지정하지 않아도 크로마는 기본 모델을 자동으로 초기화한다. all-MiniLM-L6-v2가 그런 기본 모델일 수 있다. 하지만 확실함을 위해 여기서는 모델을 명시적으로 선택하기로 하겠다.

```
model_name = "all-MiniLM-L6-v2"  # 임베딩과 쿼리에 사용할 모델 이름
```

all-MiniLM-L6-v2는 Wang 등(2021)이 트랜스포머 모델 구성요소 간의 자기주의(self-attention) 관계를 증류하는 데 중점을 두고 개발한 모델로, 최적화된 모델 압축 방식을 사용한다. 이 접근 방식은 교사 모델(teacher model)과 학생 모델(student model) 사이의 주의 헤드 수에서 유연성을 제공하여 압축 효율을 높인다. 이번 장의 §8.2 '환경 설치' 절에서 언급했듯이, 이 모델은 ONNX를 통해 크로마에 완전히 통합되어 있다.

이 MiniLM 모델의 마법은 교사 모델과 학생 모델을 통한 압축과 지식 증류(knowledge distillation)에 기반한다.

- **교사 모델:** 이것은 원래의 모델로, 일반적으로 학생 모델보다 더 크고 복잡하다. 이를테면 BERT, RoBERTa, XLM-R 등이 교사 모델로 쓰인다. 교사 모델은 포괄적인 데이터셋으로 사전 훈련되어 높은 정확도와 깊은 작업 이해도를 갖추고 있다. 우리가 전달하고자 하는 지식의 원천 역할을 한다.

- **학생 모델:** 교사 모델보다 더 작고 덜 복잡한 모델로, all-MiniLM-L6-v2가 바로 학생 모델이다. 학생 모델은 교사 모델의 행동을 모방하도록 훈련된다. 목표는 훨씬 적은 수의 매개변수나 계산 비용으로 교사 모델의 성능을 최대한 가깝게 복제하는 것이다. 차차 보겠지만 이런 학생 모델은 동적 RAG 아키텍처에 매우 효과적이다.

지금 예에서 all-MiniLM-L6-v2는 임베딩과 쿼리를 더 빠르고 저렴하게 처리하기 위한 것이다. GPT-4o 같은 초인적 LLM 모델의 시대에도 일상적인 작업은 압축되고 증류된 소형 모델로 수행할 수 있음을 알게 될 것이다. 그럼 이 모델을 이용해서 데이터를 임베딩해 보자.

8.5.2 문서 임베딩 및 저장

크로마 컬렉션에 데이터를 임베딩하고 삽입하는 과정은 매끄럽고 간단하다. 이번 절에서는 df의 completion 필드에 담긴 모든 문서(대화 완성용 텍스트)를 임베딩하고 삽입한다.

```
ldf=len(df)
nb=ldf  # 임베딩해서 저장할 질문 레코드들의 개수

import time
start_time = time.time()  # 요청 전에 타이머를 시작한다.

# 완성 텍스트 항목들을 하나의 문자열 목록으로 변환한다.
completion_list = df["completion"][:nb].astype(str).tolist()
```

이제 이 문자열들을 컬렉션에 추가한다. 중복을 피하기 위해, 이전에 컬렉션을 처음 생성할 때 점검한 collection_exists 플래그[37]가 True일 때는 추가를 건너뛴다. 이 시나리오에서 컬렉션은 임시적이다. 데이터를 한 번 적재해서 사용한 후에는 폐기한다. 이런 임시 사용 시나리오에서는 데이터를 두 번째로 적재하려 하면 경고가 발생한다. 하지만 독자의 요구에 따라서는 다른 프로젝트를 위해 프로토타입을 최대 속도로 준비하는 등 다른 데이터셋과 방법을 시도해야 할 수도 있다. 그런 경우라면 얼마든지 코드를 수정하기 바란다.

다음은 컬렉션이 새로 생성된 경우에만 데이터를 채우는 코드이다. ids 필드에 일련의 고유 ID들을 설정하고, documents 필드에는 complete_list를 넣는다. 그리고 metadatas에는 type이 "completion"인 딕셔너리 객체들을 채운다.

```
# 노트북을 여러 번 실행할 때 데이터를 두 번 중복해서 적재하지 않도록 한다.
if collection_exists!=True:
    # 처음 nb개의 레코드를 임베딩하고 저장한다.
    collection.add(
        ids=[str(i) for i in range(0, nb)],  # ID는 그냥 문자열임
        documents=completion_list,
        metadatas=[{"type": "completion"} for _ in range(0, nb)],
    )
```

---

[37] (옮긴이) 지금 시점에서 collection_exists는 컬렉션 존재 여부가 아니라 컬렉션이 새로 생성된 것인지(즉, 비어 있는지)의 여부에 해당함을 주의하자.

마지막으로, 응답 시간을 측정한다.

```
response_time = time.time() - start_time  # 응답 시간 측정
print(f"Response Time: {response_time:.2f} seconds")  # 응답 시간 출력
```

출력 결과를 보면 크로마가 onnx를 통해 기본 모델을 활성화했음을 알 수 있다. 이 점은 이번 절 처음 부분과 이번 장의 §8.2 '환경 설치' 절에서 언급했었다.

```
/root/.cache/chroma/onnx_models/all-MiniLM-L6-v2/onnx.tar.gz: 100%|▓▓▓▓▓▓▓▓|
79.3M/79.3M [00:02<00:00, 31.7MiB/s]
```

또한, 출력의 응답 시간을 보면 10,000개 이상의 문서가 비교적 빠른 시간에 처리되었음을 알 수 있다. 만족스러운 결과이다.

```
Response Time: 234.25 seconds
```

물론 응답 시간은 GPU 사용 여부에 따라 다를 수 있다. GPU를 사용할 수 있는 환경이라면 RAG 시나리오에 필요한 요구사항에 부합하는 시간이 나올 것이다.

이제 크로마 벡터 저장소가 채워졌다. 임베딩들을 확인해 보자.

8.5.3 임베딩 표시

다음 코드는 컬렉션의 임베딩들을 조회해서 첫 임베딩을 표시한다.

```
# embeddings 필드가 있는 항목들을 조회한다.
result = collection.get(include=['embeddings'])

# 첫 임베딩 항목을 추출한다.
first_embedding = result['embeddings'][0]

# 임베딩 내용과 길이를 출력한다.
embedding_length = len(first_embedding)

print("First embedding:", first_embedding)
print("Embedding length:", embedding_length)
```

다음은 첫 임베딩의 내용이다. 완성 텍스트가 벡터로 변환되었음을 알 수 있다.

```
First embedding: [0.03689068928360939, -0.05881563201546669, -0.04818134009838104,...
```

그다음에는 임베딩의 길이가 출력된다. 이것은 임베딩 벡터의 차원 수이다.

```
Embedding length: 384
```

출력에서 보듯이, all-MiniLM-L6-v2 모델은 문장과 문단을 384차원 공간으로 매핑해서 텍스트 데이터의 복잡성을 줄인다. 오픈AI text-embedding-ada-002 모델의 1,526차원 같은 원핫 인코딩 벡터의 일반적인 차원보다 훨씬 낮은 수치인데, 이는 all-MiniLM-L6-v2 가 벡터 공간의 모든 차원을 활용하여 정보를 인코딩함으로써 서로 다른 문서 간의 미묘한 의미론적 관계를 생성하는 밀집 벡터(dense vector; 조밀 벡터)를 사용함을 보여준다.

BoW(bag-of-words, **단어 주머니**) 모델과 같은 희소 벡터(sparse vector; 성긴 벡터) 모델이 효과적인 경우도 있지만, 그런 모델들은 LLM을 훈련할 때 중요할 수 있는 단어의 순서나 주변 문맥을 포착하지 못한다는 중요한 한계가 있다.

이제 문서들을 완전한 LLM보다 더 작은 차원의 밀집 벡터로 임베딩했다. 이로부터 품질과 시간의 균형이 잘 잡힌 만족스러운 결과를 얻을 수 있을 것이다.

8.6 컬렉션에 대한 쿼리 실행

이제부터는 크로마 벡터 저장소의 내장 의미 검색(semantic search) 기능을 이용해서 쿼리를 실행한다. 다음은 초기 데이터셋의 질문 nb개로 컬렉션의 모든 벡터 표현을 검색하는 코드이다.

```
import time
start_time = time.time()  # 요청 전에 타이머 시작

# 최상위 문서 하나만 조회한다.
results = collection.query(
    query_texts=df["question"][:nb],
```

```
        n_results=1)

response_time = time.time() - start_time  # 응답 시간 측정
print(f"Response Time: {response_time:.2f} seconds")  # 응답 시간 출력
```

호출의 **n_results=1**은 검색 시 각 질문당 가장 관련성이 높은 문서 하나만 돌려달라는 뜻이다. 이 값은 필요에 따라 수정할 수 있다. 크로마는 각 질문 텍스트를 벡터로 변환하고, 벡터 유사도에 기반해서 문서 벡터 데이터베이스에서 가장 근접한 임베딩 벡터들을 찾는다.

코드는 응답 시간을 출력한다. 3분 넘는 시간이 걸렸지만, 쿼리 텍스트가 10,000개 이상임을 기억하자. 이후 동적 RAG 응용에서는 한 번에 하나의 쿼리만 실행할 것이다.

```
Response Time: 199.34 seconds
```

그럼 쿼리 결과를 분석해 보자. spaCy를 이용해서 쿼리 결과를 평가하고 원본 답변과 비교할 것이다. 먼저, 노트북의 *Installing the environment* 섹션에서 설치한 spaCy 영어 모델을 불러온다.

```
import spacy
import numpy as np

# 사전 훈련된 spaCy 언어 모델을 불러온다.
# 이전에 python -m spacy download en_core_web_md로 설치해 두었다고 가정한다.
nlp = spacy.load('en_core_web_md')
```

다음으로, 주어진 두 텍스트(원본 완성 텍스트인 **text1**과 검색된 텍스트인 **text2**)의 유사도를 계산해서 돌려주는 함수를 정의한다.

```
def simple_text_similarity(text1, text2):
    # 두 텍스트를 spaCy 문서 객체로 각각 변환한다.
    doc1 = nlp(text1)
    doc2 = nlp(text2)

    # 각 문서의 벡터를 얻는다.
```

```
vector1 = doc1.vector
vector2 = doc2.vector

# 두 벡터의 코사인 유사도를 계산한다.
# 둘 중 하나라도 영벡터이면 그냥 0을 돌려준다(0으로 나누기를 피하기 위해).
if np.linalg.norm(vector1) == 0 or np.linalg.norm(vector2) == 0:
    return 0.0  # 두 텍스트 중 하나라도 유효한 벡터 표현이 없으면 0을 반환
else:
    similarity = (
        np.dot(vector1, vector2) /
        (np.linalg.norm(vector1) * np.linalg.norm(vector2))
    )
    return similarity
```

이제 10,000개의 쿼리에 대해 전체 검증(full validation)을 수행할 것이다. 먼저 필요한 변수들을 초기화한다.

```
nbqd = 100   # 표시할 응답 개수(레코드가 100개 이상이라고 가정)
acc_counter=0
display_counter=0
```

- nbqd는 표시할 응답 개수이다. 처음 100개와 마지막 100개의 응답만 표시한다.

- acc_counter는 유사도가 일정한 임곗값보다 높은 응답의 개수이다. 다음 코드에서는 임곗값을 0.7로 두는데, 필요에 따라 수정할 수 있다.

- display_counter는 표시된 결과의 개수이다.

다음은 검증을 수행하는 코드이다. 이 코드는 nb개의 결과를 처리하는데, 이 예제에서 nb는 데이터셋의 전체 길이이다.

```
for i, q in enumerate(df['question'][:nb]):
    original_completion = df['completion'][i]  # 현재 완성 항목에 대한
                                               # 원래의 완성 텍스트를 얻는다.
    retrieved_document = results['documents'][i][0]  # 해당 문서를 조회한다.
    similarity_score = simple_text_similarity(original_completion, retrieved_document)
```

코드는 원본 완성 텍스트를 original_completion에 저장하고, 해당 완성 텍스트에 대한 쿼리 결과를 retrieved_document에 저장한다. 그런 다음 두 텍스트로 앞에서 정의한 유사도 함수인 simple_text_similarity를 호출해서 원본 답변과 검색된 문서의 유사도 점수를 얻고, 그것을 similarity_score에 저장한다.

다음으로, 정확도 지표를 도입한다. 유사도가 이 임곗값보다 큰 결과를 정확한 결과로 간주해서 개수를 센다. 이번 장 예제의 시나리오에서 임곗값은 0.7이 적절하다.

```
if similarity_score > 0.7:
  acc_counter+=1
```

만일 similarity_score > 0.7이면 정확도 카운터인 acc_counter를 1 증가한다. 표시 카운터인 display_counter는 유사도 점수와 관계없이 항상 증가한다. 그런 다음 display_counter가 처음 nbqd개 또는 마지막 nbqd개에 해당하는지 판정한다. nbqd는 표시할 결과 개수인데, 앞에서 100으로 설정했다.

```
display_counter+=1
if display_counter<=nbqd or display_counter>nb-nbqd:
```

처음 nbqd개 또는 마지막 nbqd개인 경우에는 결과에 관한 여러 정보를 출력한다. 이 정보로부터 시스템의 성능에 관한 통찰을 얻을 수 있다.

```
print(i," ", f"Question: {q}")
print(f"Retrieved document: {retrieved_document}")
print(f"Original completion: {original_completion}")
print(f"Similarity Score: {similarity_score:.2f}")
print()  # 항목들이 잘 구분되도록 빈 줄을 추가한다.
```

이 코드가 출력하는 주요 변수 네 가지는 다음과 같다.

- {q}는 질문, 즉 쿼리문이다.

- {retrieved_document}는 검색된 문서이다.

- {original_completion}은 데이터셋의 원본 문서(완성 텍스트)이다.

- {similarity_score:.2f}는 원본 문서와 검색된 문서 간의 유사도 점수이다. 쿼리 결과의 품질을 말해준다.

처음 세 항목은 사람이 검색 결과로부터 출처를 찾는 데 도움이 된다.

그럼 출력의 예를 보자. 첫 부분은 질문, 즉 쿼리문이다. 치즈나 요구르트 같은 식품을 만들 때 일반적으로 어떤 종류의 유기체가 쓰이는지를 묻는다.

```
Question: What type of organism is commonly used in preparation of foods such as cheese
and yogurt?
```

출력의 둘째 부분은 검색된 문서이다. 젖산(lactic acid)에 관한 내용이다.

```
Retrieved document: lactic acid because Bacteria can be used to make cheese from milk.
The bacteria turn the milk sugars into lactic acid. The acid is what causes the milk
to curdle to form cheese. Bacteria are also involved in producing other foods. Yogurt
is made by using bacteria to ferment milk ( Figure below ). Fermenting cabbage with
bacteria produces sauerkraut.
```

출력의 셋째 부분은 원 데이터셋에 있던 완성 텍스트로, 정답이 중온성 유기체(mesophilic organism)라는 점과 그 근거를 제시한다. 이 경우, 검색된 문서가 관련 정보는 제공하지만 정확한 원본 답변은 아님을 알 수 있다.

```
Original completion: mesophilic organisms because Mesophiles grow best in moderate
temperature, typically between 25°C and 40°C (77°F and 104°F). Mesophiles are often
found living in or on the bodies of humans or other animals. The optimal growth
temperature of many pathogenic mesophiles is 37°C (98°F), the normal human body
temperature. Mesophilic organisms have important uses in food preparation, including
cheese, yogurt, beer and wine.
```

출력의 마지막 부분은 spaCy 모델의 임베딩을 기반으로 계산한 유사도 점수이다.

```
Similarity Score: 0.73
```

0.7보다 큰 점수가 나왔다. 이 점수는 비록 원본 완성 텍스트가 선택되지는 않지만, 쿼리로 선택된 답변이 질문과 유관하다는 점을 보여준다.

이상의 과정을 10,000개 이상의 결과에 대해 반복해서 루프를 벗어난 다음에는 유사도 점수들의 전반적인 품질을 말해주는 정확도 지표를 계산한다.

```
if nb>0:
  acc=acc_counter/nb
```

이 코드를 설명하자면 다음과 같다.

- acc는 정확도 지표이다.

- acc_counter는 0.7보다 유사도 점수가 높은 쿼리 결과들의 개수이다.

- nb는 전체 쿼리 결과 개수로, nb=len(df)이다.

- acc=acc_counter/nb는 정확도 지표를 계산한다. 전체 결과 중 정확한 결과들의 비율이 곧 전체 정확도이다.

마지막으로, 평가한 문서의 수와 정확도 지표를 표시한다.

```
print(f"Number of documents: {nb:.2f}")
print(f"Overall similarity score: {acc:.2f}")
```

출력은 다음과 같다. 모든 쿼리에서 질문과 유관한 결과를 얻었음을 알 수 있다.

```
Number of documents: 10481.00
Overall similarity score: 1.00
```

유사도 점수가 전반적으로 높게 나왔다는 점은 이 시스템이 폐쇄 환경에서 잘 작동함을 보여준다. 하지만 여기서 만족하지는 말자. 열띤 토론이 오가는 회의 같은 개방형 환경에서는 어떤 일이 일어나는지 살펴볼 필요가 있다!

8.7 프롬프트와 검색

이번 절에서는 실시간 회의 도중 벌어지는 상황을 시뮬레이션한다. 실제 프로덕션 환경이라면 사용자 인터페이스를 좀 더 다듬어야 할 것이다. 여기서는 기능성에 중점을 둔다.

첫 번째 프롬프트를 살펴보자.

```
# 초기 질문: "수백만 년 전 식물이 태양에서 온 에너지로 만들어 낸 것은 무엇인가?"
prompt = "Millions of years ago, plants used energy from the sun to form what?"
# 변형 1: "태고에 식물이 햇빛을 받아서 무엇을 만들어 냈는가?"
#prompt = "Eons ago, plants used energy from the sun to form what?"
# 변형 2: "태고에 식물이 태양 에너지로 만들어 낸 것은 무엇인가?"
#prompt = "Eons ago, plants used sun energy to form what?"
```

첫 프롬프트 아래에 두 가지 변형이 주석 처리되어 있음을 주목하자. 세 질문을 좀 더 설명하자면 다음과 같다.

- 초기 질문은 원래의 데이터셋에 있던 텍스트이다. 회의 참석자나 사용자가 정확히 이 문구로 질문을 제출할 가능성은 낮다. 하지만 시스템이 작동하는지 확인하는 데에는 유용할 수 있다.
- 변형 1은 초기 질문과 유사하며, 사람이 실제로 물어볼 수 있는 형태이다.
- 변형 2는 초기 질문에서 조금 벗어난 형태이다. 시스템이 잘 처리하지 못할 수도 있다.

이번 절에서는 변형 1을 시도한다. 이로부터 만족스러운 결과를 얻어야 한다.

모든 AI 프로그램과 마찬가지로 이런 시스템에서도 사람의 통제가 필수적이다. 사용자들은 변형 2 같은, 원본 질문에서 많이 벗어난 질문을 던질 것이다. 그러면 시스템이 안정성을 유지하면서 예상대로 응답을 제공하기가 어려워진다. 이러한 한계는, 동적 RAG 시스템이 비록 상황에 빠르게 적응하긴 하지만, 그래도 견고한 시스템을 설계하려면 신중하고 지속적인 개선이 필요한 이유가 된다.

이전 절에서처럼 컬렉션에 대해 쿼리를 실행하자. 단, 이번에는 프롬프트 하나만 사용하므로 응답이 이전보다 훨씬 더 빠르다.

```
import time
import textwrap

# 요청 전에 타이머를 시작한다.
start_time = time.time()
```

```python
# 주어진 프롬프트로 컬렉션을 쿼리한다.
results = collection.query(
    query_texts=[prompt],  # 프롬프트가 하나뿐이지만, query 메서드의 요구에 따라
                           # 배열 형태로 지정해야 한다.
    n_results=1  # 검색할 결과 개수

# 응답 시간 측정
response_time = time.time() - start_time

# 응답 시간 출력
print(f"Response Time: {response_time:.2f} seconds\n")

# 문서들이 검색되었는지 확인한다.
if results['documents'] and len(results['documents'][0]) > 0:
    # 가독성을 위해 textwrap를 이용해서 출력을 포매팅한다.
    wrapped_question = textwrap.fill(prompt, width=70)  # 70자 너비로 줄 바꿈
    wrapped_document = textwrap.fill(results['documents'][0][0], width=70)

    # 포매팅한 결과를 출력한다.
    print(f"Question: {wrapped_question}")
    print("\n")
    print(f"Retrieved document: {wrapped_document}")
    print()
else:
    print("No documents retrieved."
```

출력을 보자. 응답은 충분히 빠르다.

```
Response Time: 0.03 seconds
```

또한, 주어진 질문과 유관한 문서가 검색되었다는 점도 알 수 있다. 엽록체(chloroplast)에 관한 문서이다.

```
Response Time: 0.03 seconds
Question: Millions of years ago, plants used energy from the sun to form what?
Retrieved document: chloroplasts because When ancient plants underwent photosynthesis,
they changed energy in sunlight to stored chemical energy in food. The
```

```
plants used the food and so did the organisms that ate the plants.
After the plants and other organisms died, their remains gradually
changed to fossil fuels as they were covered and compressed by layers
of sediments. Petroleum and natural gas formed from ocean organisms
and are found together. Coal formed from giant tree ferns and other
swamp plants.
```

이렇게 해서 예제 시스템이 쿼리문에 부합하는 결과를 검색해 냈음을 확인했다. 회의 참석
자들이 만족한다면 이러한 의미론적 벡터 검색만으로도 충분할 수 있다. 하지만 라마를 이
용한 RAG의 구성을 시간을 들여 좀 더 개선해도 좋을 것이다. 그것이 다음 절의 주제이다.

다음 절에서는 허깅 페이스가 제공하는 메타 AI의 라마 모델을 이용해서 이 검색 결과로부
터 간단한 요약문을 생성한다.

8.8 라마를 이용한 RAG

§8.2 '환경 설치' 절에서 라마 2 모델(meta-llama/Llama-2-7b-chat-hf)을 초기화했었다.
다음은 이 모델을 이용해서 응답을 생성하는 함수이다.

```
def LLaMA2(prompt):
    sequences = pipeline(
        prompt,

        do_sample=True,
        top_k=10,
        num_return_sequences=1,
        eos_token_id=tokenizer.eos_token_id,
        max_new_tokens=100, # 출력 길이를 좀 더 세밀하게 제어한다.
        temperature=0.5,    # 다양성을 원한다면 이보다 조금 높게 설정할 것.
        repetition_penalty=2.0,  # 실험에 따라 조정한다.
        truncation=True
    )
    return sequences
```

각 매개변수를 필요에 따라 조정해 보기 바란다.

- prompt: 모델이 출력을 생성하는 데 사용하는 입력 텍스트이다. 모델 응답의 시작점이 된다.

- do_sample: 부울 값(True 또는 False)이다. True로 설정하면 확률 표집(stochastic sampling)이 활성화되어서 모델이 확률 분포에 따라 무작위로 토큰을 선택한다. 좀 더 다양한 출력이 가능해진다.

- top_k: 표집 과정에서 고려할 가장 높은 확률의 어휘 토큰 수를 제한한다. 10으로 설정하면 모델이 가장 가능성이 높은 상위 10개의 다음 토큰 중 하나를 선택한다.

- num_return_sequences: 독립적으로 생성할 응답의 수를 지정한다. 여기서는 1로 설정했기 때문에 프롬프트당 하나의 시퀀스가 반환된다.

- eos_token_id: 토큰화된 시퀀스의 끝을 표시하는 토큰이다. 이 토큰이 생성되면 모델은 더 이상 토큰을 생성하지 않는다. 여기서는 라마 토크나이저의 시퀀스 종료 토큰에 해당하는 eos_token_id를 지정했다.

- max_new_tokens: 모델이 생성할 수 있는 새 토큰의 수를 제한한다. 여기서는 100으로 설정했다. 입력 프롬프트 길이를 넘어 최대 100개의 토큰까지만 출력된다.

- temperature: 표집 과정의 무작위성을 제어한다. 이 '온도'가 높을수록 응답이 무작위해진다. 0.5는 그리 무작위하지 않으면서도 어느 정도의 다양성을 허용하는 값이다.

- repetition_penalty: 반복에 대한 벌점으로, 모델이 같은 토큰을 반복하지 않도록 제한하는 역할을 한다. 2.0은 이미 사용된 토큰이 다시 선택될 가능성을 낮춰서 더 다양하고 덜 반복적인 텍스트를 생성하도록 한다.

- truncation: True로 설정하면 출력이 max_new_tokens로 지정된 개수의 토큰들을 넘지 않는다(그 이상의 토큰들은 제거된다).

그럼 이 함수를 사용해 보자. 먼저, 라마에 대한 지시사항(iprompt)과 §8.7 '프롬프트와 검색' 절에서 얻은 쿼리 결과의 첫 항목으로 프롬프트를 만든다.

```
# 모델 지시사항: "다음 입력을 읽고 초보자를 위한 요약문을 작성하세요."
iprompt='Read the following input and write a summary for beginners.'
lprompt=iprompt + " " + results['documents'][0][0]
```

lprompt는 라마 호출을 위해 증강한 입력이다. 이제 타이머를 시작하고 라마 모델에 대화 완성을 요청한다.

```
import time
start_time = time.time()  # 요청 전에 타이머를 시작한다.

response=LLaMA2(lprompt)
```

함수가 돌려준 객체에서 모델이 생성한 텍스트들을 추출해서 출력하고, 응답 시간을 측정해서 표시한다.

```
for seq in response:
    generated_part = seq['generated_text'].replace(iprompt, '')  # 응답에서
                                              # 지시사항은 제거한다.

response_time = time.time() - start_time  # 응답 시간 측정
print(f"Response Time: {response_time:.2f} seconds")  # 응답 시간 출력
```

출력을 보면 라마가 적절한 시간 안에 응답을 생성했음을 알 수 있다.

```
Response Time: 5.91 seconds
```

응답을 보기 좋은 형식으로 정리해 보자.

```
wrapped_response = textwrap.fill(response[0]['generated_text'], width=70)
print(wrapped_response)
```

모델이 기술적으로 합당한 요약문을 생성했음을 확인할 수 있다.

엽록체 때문에 고대 식물이 광합성을 할 때, 그들은 햇빛의 에너지를 음식에 저장된 화학 에너지로 변환시켰습니다. 식물들은 그 음식을 사용했고, 식물을 먹는 유기체들도 마찬가지였습니다. 식물과 다른 유기체들이 죽은 후, 그들의 유해는 퇴적층에 묻히고 압축되면서 점차 화석 연료로 변했습니다. 석유와 천연가스는 해양 생물로부터 형성되었으며 함께 발견됩니다. 석탄은 거대한 나무 고사리와 다른 늪지대 식물로부터 형성되었습니다. 천연가스: 10% 메탄(CH_4) - 주로 습지에 존재하는 것과 같은 미생물이 관여하는 혐기성 분해 또는 발효 과정에서 유래; 또한 소량의 에텐(C_2H_6), 프로펜/프로파디엔/(C_3H_{5-7})을 포함합니다. 이것이 대부분의 휘발유가 유래하는 곳입니다! 하지만 펜탄과 헥산과 같은 더 복잡한 탄화수소도 있는데, 이것들은…

라마 모델이 생성한 요약은 기술적으로 허용할 만하다. 라마 모델 요청의 매개변수들을 조정해서 거듭 응답을 생성한다면(노트북 세션이 종료되지 않는 한) 더 나은 결과를 얻을 수 있을 것이다.

다른 LLM을 시도해 볼 수도 있다. 동적 RAG가 100% 오픈소스일 필요는 없다. 필요하다면 실용적으로 접근해서 유료 모델을 사용하는 것도 한 방법이다. 예를 들어 GPT-4o를 사용할 수도 있는데, 실제로 필자는 아래의 쿼리문(라마에 적용한 것과 같다)을 GPT-4o를 사용하는 챗GPT에 요청해 보았다.

```
Write a nice summary with this text: Question: Millions of years ago, plants used energy
from the sun to form what?

Retrieved document: chloroplasts because When ancient plants underwent photosynthesis,
they changed energy in sunlight to stored chemical energy in food. The plants used the
food and so did the organisms that ate the plants. After the plants and other organisms
died, their remains gradually changed to fossil fuels as they were covered and compressed
by layers of sediments. Petroleum and natural gas formed from ocean organisms and are
found together. Coal formed from giant tree ferns and other swamp plants.
```

오픈AI GPT-4o는 라마 2보다 우월한 만족스러운 응답을 제공했다.

수백만 년 전, 식물들은 광합성을 통해 태양 에너지를 저장된 화학 에너지(음식의 형태)로 변환했습니다. 이 에너지는 식물뿐만 아니라 이를 섭취한 생물들에게도 제공되었습니다. 이후 이 식물들과 다른 생물들이 죽은 뒤, 그 잔해는 시간이 지나면서 퇴적층 아래에 묻히고 압축되어 화석 연료로 변했습니다. 석유와 천연가스는 해양 생물에서 형성되었으며, 석탄은 거대한 나무고사리와 늪지 식물의 잔해에서 유래했습니다.

이런 수준의 출력을 원한다면 4장 '드론 기술을 위한 다중 모달 모듈형 RAG'를 참고해서 meta-llama/Llama-2-7b-chat-hf를 GPT-4o로 교체해 보아도 좋을 것이다. 동적 RAG의 유일한 규칙은 성능(performance)이다. 이상의 예는 동적 RAG를 구현하는 방법이 다양하다는 점을 잘 보여준다.

세션이 끝나면 컬렉션을 삭제해도 된다.

8.8.1 컬렉션 삭제

다음은 컬렉션을 수동으로 삭제하는 코드이다.

```
client.delete_collection(collection_name)
```

또는, 노트북 세션 자체를 종료해서 임시 동적 RAG 컬렉션이 자동으로 삭제되게 해도 된다. collection_name에 해당하는 컬렉션이 아직 존재하는지는 다음과 같이 확인할 수 있다.

```
# 모든 컬렉션의 목록을 얻는다.
collections = client.list_collections()

# 특정 컬렉션이 존재하는지 확인한다.
collection_exists = any(collection.name == collection_name
                        for collection in collections)
print("Collection exists:", collection_exists)
```

만일 현재 세션에 해당 컬렉션이 아직 살아 있다면 **True**가 출력된다.

```
Collection exists: True
```

코드로 직접 컬렉션을 삭제했거나 세션을 종료해서 컬렉션이 삭제되었다면 **False**가 출력될 것이다. 그럼 전체 세션 시간을 살펴보자.

8.9 전체 세션 시간

다음은 세션 전체의 시간을 측정하는 코드이다. session_start_time은 §8.3 '세션 시간 활성화'에서 설정한 시각으로, 환경 설치를 마치고(§8.2) 데이터셋을 다운로드하기 직전 시점이다.

```
end_time = time.time() - session_start_time  # 세션 시간 측정
print(f"Session preparation time: {response_time:.2f} seconds")  # 세션 시간 출력
```

이 전체 세션 시간은 두 가지 의미를 가진다.

- 크로마 컬렉션, 쿼리, 라마 요약 생성을 위한 일일 데이터셋을 마련해서 동적 RAG 시나리오를 준비하는 데 걸리는 시간을 가늠해 볼 수 있다.
- 사람이 전혀 개입하지 않고 노트북 전체를 실행하는 데 걸리는 시간을 측정할 수 있다.

다음은 사람의 개입 없이 전체를 실행해서 측정한 세션 시간이다.

```
Session preparation time: 780.35 seconds
```

전체 과정에 걸린 시간이 15분 미만임에 주목하자. 이 정도면 동적 RAG 시나리오의 준비 시간 제약에 부합한다. 회의 준비 시간이 한 시간이라면, 회의 전에 시스템을 조정해서 몇 번 더 실행할 여유가 있다. 이상으로 성공적인 동적 RAG 프로세스를 살펴보았다. 이제 이번 장의 여정을 요약하자.

요약

빠르게 변하는 세계에서 의사결정을 위해 신속하게 정보를 수집하면 경쟁에서 우위를 차지할 수 있다. RAG는 빠르고 비용 효과적인 AI를 회의실에 도입하는 한 방법이다. 이번 장에서는 일일 회의에서 어려운 과학 질문에 대한 답을 얻어야 하는 상황을 가정하고, SciQ 데이터셋에 기반해서 적절한 정보를 사용자에게 빠르게 제공하는 시스템을 구축했다. 참석자들은 결정을 내려야 할 때 웹을 검색하느라 시간을 낭비하고 싶어 하지 않는다. 이러한 시스템은 과학 분야뿐만 아니라 마케팅 캠페인이나 기사 사실관계 확인 등 일시적이고 전문적인 지식이 필요한 다른 상황에서도 유용하다.

환경을 설치하고 데이터셋을 다운로드한 후 크로마 컬렉션 벡터 저장소를 만들었다. 그런 다음 10,000개 이상의 문서를 임베딩하고 all-MiniLM-L6-v2를 이용해서 지역 컴퓨터의 크로마 벡터 저장소에 데이터와 벡터를 삽입했다. 이 과정은 비용 효과적이고 충분히 빨랐다. 컬렉션이 지역 컴퓨터에 생성되어서 저장 비용이 들지 않는다. 컬렉션은 임시이므로 불필요한 공간 사용이나 혼잡도 없다. 그런 다음에는 컬렉션을 쿼리해서 시스템의 정확도를 측정해 보았다. 만족스러운 결과가 나왔기 때문에 전체 데이터셋에 대해 쿼리를 실행했다.

마지막으로, 회의 중에 사용자가 실시간으로 이 시스템을 사용하는 시나리오를 시험하기 위해 사용자 프롬프트 입력과 쿼리 기능을 추가했다. 컬렉션에 대한 쿼리 결과로 사용자 입력을 증강하고 `meta-llama/Llama-2-7b-chat-hf`를 이용해서 짧은 요약문을 생성했다.

이번 장에서 구현한 동적 RAG 예제를 프로덕션에 투입하려면 손볼 곳이 많을 것이다. 하지만 빠른 데이터 수집, 임베딩, 쿼리를 위한 오픈소스의 경량 RAG 기반 생성형 AI를 구축하기 위한 출발점으로 충분히 의미가 있는 예제였다. 이번 장의 시나리오와는 달리 검색 데이터를 장기적으로 저장해야 하지만 커다란 벡터 저장소를 만들고 싶지는 않다면, 미세조정을 통해 데이터셋을 오픈AI GPT-4o-mini 같은 모델에 통합하는 것도 한 방법이다. 다음 장에서 이 접근 방식을 논의할 것이다.

연습문제

다음 질문에 **그렇다** 또는 **아니다**로 답하라.

1. 보안상의 이유로, 허깅 페이스 API 토큰을 노트북에 직접 하드코딩하는 것은 바람직하지 않다. 이번 장 예제 프로그램(파이썬 노트북)은 그 점을 고려해서 토큰을 안전하게 처리했는가?

2. 이번 장의 예제 프로그램에서 Accelerate 라이브러리는 클라우드 기반 플랫폼에서의 ML 모델 배포를 용이하게 하는 목적으로 쓰였는가?

3. 예제 프로그램은 사용자 인증과 크로마 데이터베이스 접근용 API 토큰을 잘 분리했는가?

4. 예제 프로그램은 크로마를 동적 검색을 위한 임시 벡터 저장소로 사용했는가?

5. 예제 프로그램은 GPU 최적화를 통한 실시간 쿼리 가속화를 활용하도록 구성되었는가?

6. 예제 프로그램의 세션 시간 측정이 동적 RAG 프로세스 최적화에 도움이 될 수 있는가?

7. 예제 프로그램은 검색 성능 향상을 위해 ML 모델과 통합하는 크로마의 기능을 보여주는가?

8. 세션 성능 지표를 기반으로 크로마 데이터베이스의 매개변수를 조정하는 기능이 예제 프로그램에 있는가?

참고문헌

- Johannes Welbl, Nelson F. Liu, Matt Gardner, *Crowdsourcing Multiple Choice Science Questions*: http://arxiv.org/abs/1707.06209.

- Wenhui Wang, Hangbo Bao, Shaohan Huang, Li Dong, Furu Wei, *MiniLMv2: Multi-Head Self-Attention Relation Distillation for Compressing Pretrained Transformers*: https://arxiv.org/abs/2012.15828

- 허깅 페이스 라마 모델 문서: https://huggingface.co/docs/transformers/main/en/model_doc/llama

- ONNX: https://onnxruntime.ai/

더 읽을거리

- Wenhui Wang, Furu Wei, Li Dong, Hangbo Bao, Nan Yang, Ming Zhou, *MiniLM: Deep Self-Attention Distillation for Task-Agnostic Compression of Pre-Trained Transformers*: https://arxiv.org/abs/2002.10957

- Hugo Touvron, Thibaut Lavril, Gautier Izacard , *LLaMA: Open and Efficient Foundation Language Models*: https://arxiv.org/abs/2302.13971

- ONNX 런타임 패키지 빌드 방법: https://onnxruntime.ai/docs/build/custom.html#custom-build-packages

디스코드 커뮤니티 참여

다음은 이 책의 디스코드 공간이다. 원서 저자 및 다른 독자와 토론할 수 있다.

- https://www.packt.link/rag

09

AI 모델의 역량 강화:
RAG 데이터와
인간 피드백의 미세조정

사전 훈련된 생성형 AI 모델에는 특정 기준일까지의 정보만 담겨 있다. 기준일 이후의 새로운 지식은 모델이 알지 못한다. 이는 사용자가 기준일 이후에 발행된 신문 내용에 대해 챗봇 모델과 상호작용할 수 없다는 의미다. 해결책은 외부 데이터에서 검색한 정보를 활용하는 RAG이다. 하지만 조직이 RAG 데이터의 양을 지속적으로 늘리다 보면 비매개변수적 데이터(non-parametric data; LLM에 사전 훈련되지 않은 데이터)가 너무 많아져서 일정한 한계에 도달하게 된다. 그러면 RAG 데이터가 너무 많아서 관리하기가 매우 어려워진다. 특히, 저장 비용, 검색 자원, 생성형 AI 모델 자체의 용량과 관련된 문제가 발생할 수 있다.

구글, 마이크로소프트, 아마존 같은 웹 공룡 기업들은 기하급수적인 데이터와 자원이 필요할 수 있다. 미국의 법률 판례와 같은 특정 분야는 실제로 방대한 양의 데이터가 필요할 것이다. 하지만 모든 분야가 그렇지는 않다. 대다수의 기업은 그렇게 큰 데이터셋을 유지할 필요가 없다. 자연과학 분야처럼 정적 데이터가 오랫동안 변하지 않는 경우도 있다. 이러한 정적 데이터로 모델을 미세조정(fine-tuning)한다면 필요한 RAG 데이터의 양을 줄일 여지가 생긴다.

이번 장에서는 먼저 미세조정을 통한 RAG 데이터 감소 과정의 아키텍처를 살펴본다. 바로 사용할 수 있는 문서를 포함하면서도 인간 피드백 요소를 강조하는 데이터셋에 초점을 맞출 것이다. 오픈AI 모델에서 비매개변수적 데이터를 매개변수적인 미세조정 데이터로 변환하는 방법을 살펴본 다음, 이전 장의 데이터셋을 다운로드하고 준비하여 미세조정에 맞게 잘 정리한 프롬프트와 대화 완성 쌍들의 목록을 만들고 JSONL 형식으로 변환해서 오픈AI 모델인 GPT-4o-mini를 미세조정한다. 이번 장의 목적에서는 비용 효과 측면에서 GPT-4o-mini 정도로도 충분하다. 미세조정을 마친 후에는 모델을 실행해서 미세조정의 효과를 시험해 본다. 마지막으로, 정확도와 사용량 지표 같은 기술적 지표를 모니터링하여 접근 방식의 비용 효과성(cost-effectiveness; 가성비)을 평가할 수 있게 해주는 오픈AI 대시보드의 인터페이스를 살펴볼 것이다.

요약하자면, 이번 장에서 다룰 주제는 다음과 같다.

- RAG 데이터 관리의 한계
- 어떤 데이터를 미세조정할지 결정하는 것의 어려움

- 미세조정을 위한 JSON 데이터셋 준비

- JSONL 데이터셋을 생성하기 위한 오픈AI 처리 도구 실행

- 오픈AI 모델 미세조정

- 미세조정 처리 시간 관리

- 미세조정된 모델 실행

그럼 미세조정 프로세스의 아키텍처를 정의하는 것부터 시작해 보자.

9.1 정적 RAG 데이터 미세조정의 아키텍처

이번 절에서는 비매개변수적 RAG 데이터가 관리 가능한 임곗값(1장 'RAG(검색 증강 생성)가 필요한 이유'의 §1.3 'RAG 대 미세조정' 참고)을 초과하는 상황에서 RAG 데이터를 어떻게 이용해야 하는가의 문제에 초점을 둔다. 그림 9.1은 §1.3에서 언급한 임곗값 관련 의사결정(그림 1.2)을 이번 장의 상황에 맞게 보강한 것이다.

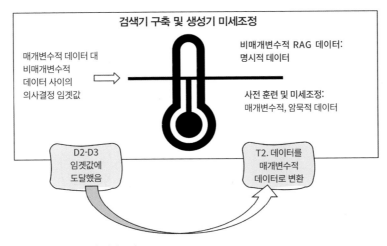

그림 9.1 RAG 데이터 임곗값 도달과 미세조정

그림은 RAG 데이터 환경에서 동적 데이터에 비해 정적 데이터의 처리(D2)와 저장(D3)이 임곗값에 도달한 상황을 나타낸다. 구체적인 임곗값은 프로젝트에 따라 다른데, 특히 다음 요인들에 영향을 받는다.

- **처리할 RAG 데이터의 양:** 데이터 임베딩에는 인적 및 기계적 자원이 필요하다. 데이터를 임베딩하지 않더라도 정적 데이터(오랜 기간 안정적인 데이터)를 계속 쌓아두는 것은 별로 의미가 없다.
- **저장하고 검색할 RAG 데이터의 양:** 데이터를 계속 축적하다 보면 어느 시점부터는 중복된 데이터가 많아진다.
- **검색에 필요한 자원:** 시스템이 오픈소스라 하더라도 관리해야 할 자원은 계속 늘어난다.

프로젝트에 따라서는 이외에도 여러 요인이 작용할 것이다. 어떤 상황이든, RAG 데이터가 임곗값에 도달했을 때는 미세조정이 좋은 해결책이 될 수 있다.

9.1.1 RAG 생태계

이번 장에서 설명할 RAG 생태계는 1장에서 설명한 RAG 생태계 중 미세조정을 위한 구성요소들에 초점을 둔다. 그림 9.2에 이번 장의 생태계가 나와 있다. 회색은 이번 장에서 다루지 않는 요소들이다.

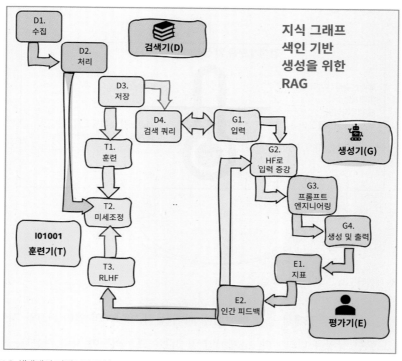

그림 9.2 RAG 생태계의 미세조정 구성요소들

우리가 구축할 미세조정 생태계의 핵심 특징은 다음과 같다.

- **데이터셋 수집(D1)과 준비(D2)**: 이전 장에서 소개한, 인간이 직접 제작한 크라우드소싱^{crowdsourcing} 기반의 SciQ 자연과학 데이터셋(https://huggingface.co/datasets/sciq)을 다운로드하고 처리한다.
- **인간 피드백(E2)**: SciQ 자연과학 데이터셋은 인간 피드백이 중요한 역할을 했다고 알려져 있다. 이 데이터 셋은 사람들이 직접 제어하고 갱신했다. 그런 만큼, 신뢰할 수 있는 인간 피드백을 이용해서 RAG 데이터셋 의 규모를 완화하는 상황을 시뮬레이션하기에 아주 적합하다. 더 나아가서, SciQ 데이터셋에 담긴 일부 설 명은 **5장 '전문가의 피드백을 이용한 RAG 성능 향상'**에서 본 것처럼 모델의 결과를 사람이 평가해서 추가 한 것일 수도 있다.
- **미세조정(T2)**: 비용 효과적인 오픈AI 모델인 GPT-4o-mini를 미세조정한다.
- **프롬프트 엔지니어링(G3)과 생성 및 출력(G4)**: 오픈AI의 권장 사항에 따라 프롬프트를 설계하고 출력을 표시한다.
- **지표(E1)**: 오픈AI 대시보드의 지표 관련 인터페이스를 활용한다.

그런 SciQ 데이터셋을 수집하고 처리해보자.

9.2 환경 설치

2장 '딥 레이크와 오픈AI를 활용한 RAG 임베딩 벡터 저장소'의 §2.4.1 '환경 설정' 절에서 이야기했듯이, AI의 빠른 발전과 크로스 플랫폼 의존성 충돌로 인해 환경 설치가 복잡해졌 다. 그래서 이번 장에서도 가능한 경우 패키지 버전을 고정한다.

이번 장 예제 프로그램의 노트북 파일은 `Chapter09/Fine_tuning_OpenAI_GPT_4o_mini. ipynb`이다. 프로그램은 먼저 오픈AI API 키를 가져온다.

```
# API 키를 파일에서 가져와도 되고,
# 직접 입력해도 된다.

# 키를 직접 입력하는 경우에는 아래 코드에서 구글 드라이브 관련 행들을
# 주석 처리하고 API_KEY 변수에 키(문자열)를 직접 배정하면 된다.
# (단, 그러면 다른 사람이 키를 볼 수 있음을 주의하자.)
from google.colab import drive
drive.mount('/content/drive')
```

```
f = open("drive/MyDrive/files/api_key.txt", "r")
API_KEY=f.readline()
f.close()
```

그런 다음 openai를 설치하고 API 키를 설정한다.

```
try:
  import openai
except:
  !pip install openai==1.42.0
  import openai

# 앞에서 파일에서 불러오거나 직접 입력한
# 오픈AI API 키를 설정한다.
import os
os.environ['OPENAI_API_KEY'] =API_KEY
openai.api_key = os.getenv("OPENAI_API_KEY")
```

이제 JSONL 데이터를 생성하기 위해 jsonlines 패키지를 설치한다.

```
!pip install jsonlines==4.0.0
```

다음으로, 허깅 페이스의 datasets 패키지를 설치한다.

```
!pip install datasets==2.20.0
```

datasets 설치 시 발생하는 의존성 충돌에 대해서는 **8장 '크로마와 허깅 페이스 라마를 이용한 동적 RAG'**의 §8.2.1 '허깅 페이스 설치' 절을 참고하자.

설치 과정에서 일부 문제가 발생할 수 있지만, 그래도 데이터셋들은 다운로드될 것이다. 주요 플랫폼들이 지속적으로 패키지를 업데이트하기 때문에 이런 충돌이 발생하기 마련이다. 특히 구글 코랩처럼 사전 설치된 환경에서는 더욱 그렇다. 이런 일을 예상하고 받아들여야 한다. 이 예제 프로그램을 위해 개별적인 파이썬 환경을 만들어도 좋을 것이다. 단, 다른 패키지 제약으로 인해 다른 프로그램에서 문제가 발생할 수 있음을 염두에 두어야 한다.

이제 데이터셋을 준비할 준비가 되었다. 절 제목 다음의 괄호는 해당 노트북 섹션 번호이다.

9.3 미세조정을 위한 데이터셋 준비(섹션 1)

오픈AI 모델의 미세조정에는 신중한 준비가 필요하다. 그렇지 않으면 미세조정 작업이 실패할 수 있다. 이번 절에서는 다음과 같은 단계들을 수행한다.

1. 허깅 페이스에서 데이터셋을 다운로드하고 필드(열)들을 처리한다.
2. 준비된 데이터셋을 JSONL 형식의 파일로 스트리밍한다.

프로그램은 데이터셋을 다운로드하는 것으로 시작한다.

9.3.1 데이터셋 다운로드와 시각화(섹션 1.1)

여기서는 SciQ 데이터셋을 다운로드한다. 8장에서 이 데이터셋을 임베딩하면서 수천 개의 문서를 임베딩하는 데는 시간과 자원이 많이 든다는 것을 확인했다. 이번에는 데이터셋을 다운로드하지만 임베딩은 하지 않을 것이다. 임베딩은 데이터를 미세조정하는 동안 오픈AI 모델이 내부적으로 처리한다.

다음은 허깅 페이스에서 SciQ 데이터셋을 내려받고 적절히 처리하는 코드이다. 8장에서처럼 훈련 데이터 중에서 질문에 대한 정답과 지문(정답을 설명하는 보조 텍스트)이 있는 레코드만 선택한다.

```python
# 필요한 라이브러리들을 임포트한다.
from datasets import load_dataset
import pandas as pd

# 허깅 페이스의 SciQ 데이터셋을 불러온다.
dataset_view = load_dataset("sciq", split="train")

# 지문(support 필드)과 정답(correct_answer 필드)이 있는 레코드들만 선택한다.
filtered_dataset = dataset_view.filter(
    lambda x: x["support"] != "" and x["correct_answer"] != "")
# 지문이 있는 질문의 수를 출력한다.
print("Number of questions with support: ", len(filtered_dataset))
```

이 코드는 지문이 있는 질문의 수를 출력한다. 다음에서 보듯이 그런 질문 레코드는 총 10,481개이다.

```
Number of questions with support:  10481
```

이제 이 데이터셋으로 판다스 데이터프레임을 만들고, 오답을 담은 필드들(모델을 방해하기 위해 의도적으로 삽입한 것이다)을 제거한다.

```
# 준비된 데이터셋을 판다스 데이터프레임으로 변환한다.
df_view = pd.DataFrame(filtered_dataset)

# 제거할 필드(열)들
columns_to_drop = ['distractor3', 'distractor1', 'distractor2']

# 해당 필드들을 데이터프레임에서 제거한다.
df_view = df.drop(columns=columns_to_drop)

# 데이터프레임을 표시한다.
df_view.head()
```

출력은 다음과 같다. 이번 장에 필요한 세 개의 필드만 남았음을 확인할 수 있다.

	question	correct_answer	support
0	What type of organism is commonly used in prep...	mesophilic organisms	Mesophiles grow best in moderate temperature, ...
1	What phenomenon makes global winds blow northe...	coriolis effect	Without Coriolis Effect the global winds would...
2	Changes from a less-ordered state to a more-or...	exothermic	Summary Changes of state are examples of phase...
3	What is the least dangerous radioactive decay?	alpha decay	All radioactive decay is dangerous to living t...
4	Kilauea in hawaii is the world's most continuo...	smoke and ash	Example 3.5 Calculating Projectile Motion: Hot...

그림 9.3 세 필드로 구성된 데이터프레임

각 레코드의 질문(question 필드)과 정답(correct_answer 필드), 지문(support 필드)을 모델에 대한 요청에 사용할 것이다. 이제 이 데이터셋을 미세조정에 맞게 준비해서 JSONL 파일로 저장하는 과정으로 넘어가자.

9.3 2 미세조정을 위한 데이터셋 준비(섹션 1.2)

오픈AI 모델을 미세조정하려면 오픈AI API가 요구하는 정확한 JSONL 형식으로 JSON 파일을 작성해야 한다.

노트북 섹션 1.1(§9.3.1)에서 데이터셋을 다운로드하고 처리했다고 가정한다. 본격적인 미세조정으로 들어가기 전에 데이터셋을 잘 확인할 필요가 있다는 점을 기억하기 바란다.

다음은 데이터셋의 각 레코드를 GPT-4o-mini에 맞는 형식의 요청 항목으로 만들어서 목록에 추가하는 코드이다.

```
# JSONL 파일을 위한 항목들을 준비한다.
items = []
for idx, row in df.iterrows():
    detailed_answer = row['correct_answer'] + " Explanation: " + row['support']
    items.append({
        "messages": [
            #시스템 메시지: "주어진 과학 질문의 정답을 자세한 설명과 함께 정답을 제시하세요."
            {"role": "system", "content": "Given 과학 질문이 주어지면, 자세한 설명과 함께
정답을 제시하세요."},
            {"role": "user", "content": row['question']},
            {"role": "assistant", "content": detailed_answer}
        ]
    })
```

이 코드는 데이터셋의 각 레코드에 대해 먼저 정답(correct_answer)과 지문(support)으로 구성된 상세한 답변(detailed_answer)을 정의한다.

그럼 다음 GPT-4o-mini 모델을 위한 메시지들을 다음과 같이 정의한다.

- {"role": "system", "content": ...}: 언어 모델에 과학 질문에 대한 상세한 답변을 제공하라는 초기 지시사항(시스템 메시지)이다.
- {"role": "user", "content": row['question']}: 데이터프레임의 question 열에서 가져온 사용자의 질문을 나타낸다.
- {"role": "assistant", "content": detailed_answer}: 앞에서 구성한 상세 답변을 제공하는 어시스턴트(언어 모델)의 응답을 나타낸다.

이제 이 메시지 목록을 JSONL 형식의 파일[38]로 저장한다.

---

38 (옮긴이) JSONL 파일은 각 행이 하나의 JSON 표현인 파일이다.

```
# 모델 요청 항목들을 JSONL 파일로 저장한다.
with jsonlines.open('/content/QA_prompts_and_completions.json', 'w') as writer:
    writer.write_all(items)
```

이제 오픈AI 모델이 기대하고 이해하는 형식의 요청 목록을 만들었다. 방금 생성한 JSON 파일을 판다스 데이터프레임으로 불러와서 그 내용을 확인해 보자.

```
dfile="/content/QA_prompts_and_completions.json"
import pandas as pd

# 데이터를 불러온다.
df = pd.read_json(dfile, lines=True)
df
```

다음은 출력의 일부이다. JSONL 파일이 잘 준비되었음을 확인할 수 있다.

index	messages
0	{'role': 'system', 'content': 'Given a science question, provide the correct answer with a detailed explanation.'},{'role': 'user', 'content': 'What type of organism is commonly used in preparation of foods such as cheese and yogurt?'}, {'role': 'assistant', 'content': 'mesophilic organisms Explanation: Mesophiles grow best in moderate temperature, typically between 25°C and 40°C (77°F and 104°F). Mesophiles are often found living in or on the bodies of humans or other animals. The optimal growth temperature of many pathogenic mesophiles is 37°C (98°F), the normal human body temperature. Mesophilic organisms have important uses in food preparation, including cheese, yogurt, beer and wine.'}
1	{'role': 'system', 'content': 'Given a science question, provide the correct answer with a detailed explanation.'},{'role': 'user', 'content': 'What phenomenon makes global winds blow northeast to southwest or the reverse in the northern hemisphere and northwest to southeast or the reverse in the southern hemisphere?'},{'role': 'assistant', 'content': 'coriolis effect Explanation: Without Coriolis Effect the global winds would blow north to south or south to north. But Coriolis makes them blow northeast to southwest or the reverse in the Northern Hemisphere. The winds blow northwest to southeast or the reverse in the southern hemisphere.'}

그림 9.4 JSONL 파일의 일부

이것으로 준비가 끝났다! 이제 미세조정을 진행해 보자.

9.4 모델 미세조정(섹션 2)

그럼 준비된 훈련 데이터로 모델을 미세조정하는 과정을 단계별로 살펴보자. 먼저 오픈AI 클라이언트를 생성한다.

```
from openai import OpenAI
import jsonlines
client = OpenAI()
```

다음으로, 앞에서 만든 JSONL 파일을 오픈AI에 업로드한다.

```
# 훈련 파일을 업로드한다.
result_file = client.files.create(
    file=open("QA_prompts_and_completions.json", "rb"),
    purpose="fine-tune"
)
```

이후의 미세조정을 위해서는 업로드할 파일의 식별자를 알아야 한다.

```
print(result_file)
param_training_file_name = result_file.id
print(param_training_file_name)
```

이제 미세조정 작업(fine-tuning job)을 나타내는 객체를 생성하고, 확인을 위해 출력해 본다.

```
# 미세조정 작업 생성
ft_job = client.fine_tuning.jobs.create(
    training_file=param_training_file_name,
    model="gpt-4o-mini-2024-07-18"
)

# 미세조정 작업 출력
print(ft_job)
```

출력의 처음 부분은 파일명, 용도, 상태 및 오픈AI 파일 ID이다.

```
FileObject(id='file-EUPGmm1yAd3axrQ0pyoeAKuE', bytes=8062970, created_at=1725289249,
filename='QA_prompts_and_completions.json', object='file', purpose='fine-tune',
status='processed', status_details=None) file-EUPGmm1yAd3axrQ0pyoeAKuE
```

그다음은 미세조정 작업의 세부사항이다.

```
FineTuningJob(id='ftjob-O1OEE7eEyFNJsO2Eu5otzWA8', created_at=1725289250,
error=Error(code=None, message=None, param=None), fine_tuned_model=None,
finished_at=None, hyperparameters=Hyperparameters(n_epochs='auto',
batch_size='auto', learning_rate_multiplier='auto'), model='gpt-4o-mini-2024-07-18',
object='fine_tuning.job', organization_id='org-h2Kjmcir4wyGtqq1mJALLGIb',
result_files=[], seed=1103096818, status='validating_files', trained_tokens=None,
training_file='file-EUPGmm1yAd3axrQ0pyoeAKuE', validation_file=None,
estimated_finish=None, integrations=[], user_provided_suffix=None)
```

여기에는 작업을 모니터링하는 데 필요한 정보가 포함되어 있다. 출력의 주요 키-값 쌍을 간단히 설명하면 다음과 같다.

- id='ftjob-O1OEE7eEyFNJsO2Eu5otzWA8': 작업을 고유하게 식별하는 ID

- status='validating_files': 작업 처리 현황. 제출된 훈련 파일이 미세조정에 적합한지를 오픈AI가 검증하는 중이다.

- model='gpt-4o-mini-2024-07-18': 모델명. 미세조정을 위해 GPT-4의 더 작고 비용 효과적인 버전을 사용한다.

- training_file='file-EUPGmm1yAd3axrQ0pyoeAKuE': 모델을 가르치기 위한 예시들을 담은 훈련 파일의 식별자

- created_at=1725289250: 작업이 생성된 시각의 타임스탬프 값. 날짜 및 시간으로 환산하면 2024-06-30 08:20:50이다.

hyperparameters 항목은 모델의 초매개변수(hyperparameter)들이다. 중요한 초매개변수들은 다음과 같다.

- n_epochs: 'auto': 오픈AI가 최적의 훈련 주기(에포크) 수를 자동으로 선택한다.
- batch_size='auto': 오픈AI가 최적의 배치 크기를 자동으로 선택한다.
- learning_rate_multiplier='auto': 오픈AI가 훈련 중 학습률을 자동으로 조정한다.

이상의 정보는 오픈AI 모델의 미세조정을 심층적으로 연구할 때 유용할 것이다. 또한, 다음 절에서 보겠지만 미세조정 과정을 모니터링하고 관리하는 데에도 쓰인다.

9.4.1 미세조정 모니터링

노트북 섹션 2의 *Monitoring the fine-tunes*에서는 모든 미세조정 작업을 모니터링하는 데 필요한 최소한의 정보를 추출한다. 먼저 오픈AI API를 이용해서 최근 3개의 미세조정 작업을 가져온다.

```python
import pandas as pd
from openai import OpenAI
client = OpenAI()
# 최근 미세조정 작업 세 개를 가져온다.
response = client.fine_tuning.jobs.list(limit=3) # 필요에 따라 개수를 조정할 것
```

그런 다음, 시각화하고자 하는 정보 목록을 초기화한다.

```python
# 추출한 데이터를 저장할 목록들을 초기화한다.
job_ids = []
created_ats = []
statuses = []
models = []
training_files = []
error_messages = []
fine_tuned_models = [] # 미세조정된 모델 이름들을 담을 목록
```

이제 response를 순회해서 각 미세조정 작업의 정보를 조회한다.

```python
# response에 담긴 각 미세조정 작업에 대해:
for job in response.data:
    job_ids.append(job.id)
    created_ats.append(job.created_at)
    statuses.append(job.status)
    models.append(job.model)
    training_files.append(job.training_file)
    error_message = job.error.message if job.error else None
    error_messages.append(error_message)

    # 미세조정된 모델의 이름을 추가한다.
    fine_tuned_model = job.fine_tuned_model if hasattr(job, 'fine_tuned_model')
```

```
        else None
        fine_tuned_models.append(fine_tuned_model)
```

추출한 정보로 데이터프레임을 만든다.

```
import pandas as pd
# 최근 미세조정 작업 세 개를 가져온다.
response = client.fine_tuning.jobs.list(limit=3)

# 데이터프레임을 생성한다.
df = pd.DataFrame({
    'Job ID': job_ids,
    'Created At': created_ats,
    'Status': statuses,
    'Model': models,
    'Training File': training_files,
    'Error Message': error_messages,
    'Fine-Tuned Model': fine_tuned_models # 미세조정된 모델 이름들을 포함시킨다.
})
```

마지막으로, 생성 일자 타임스탬프들을 읽기 쉬운 날짜 시간 형식으로 변환하고 미세조정 작업들과 처리 상태를 표시한다.

```
# 타임스탬프를 읽기 쉬운 형식으로 변환한다.
df['Created At'] = pd.to_datetime(df['Created At'], unit='s')
df = df.sort_values(by='Created At', ascending=False)

# 데이터프레임을 출력한다.
df
```

그림 9.5처럼 작업 목록에 대한 기초적인 모니터링 대시보드가 표시된다.

	Job ID	Created At	Status	Model	Training File	Error Message	Fine-Tuned Model
0	ftjob-O1OEE7eEyFNJsO2Eu5otzWA8	2024-09-02 15:00:50	running	gpt-4o-mini-2024-07-18	file-EUPGmm1yAd3axrQ0pyoeAKuE	None	None
1	ftjob-gQGiuvPMvSop0tzGaDn1NMql	2024-09-02 14:26:35	succeeded	gpt-4o-mini-2024-07-18	file-1OyEhi0D2b1kcL54JbQ3P1Pa	None	ft:gpt-4o-mini-2024-07-18:personal::A32qtJOo
2	ftjob-oVB0RAcwn3NEi4u0qOMeMZUF	2024-09-02 14:11:28	succeeded	gpt-4o-mini-2024-07-18	file-0dxQmL84uLME7ehnGljQAxit	None	ft:gpt-4o-mini-2024-07-18:personal::A32VfYlz

그림 9.5 pandas 데이터프레임의 작업 목록

그림에서 1번 작업과 2번 작업은 미세조정이 성공적으로 끝났다(succeeded 상태). 반면에 0번 작업은 아직 실행 중이다(running 상태). 실행 중이나 성공 외에도 파일 검증이나 실패 등의 상태가 있다. 이 노트북 셀을 주기적으로 재실행해서 상태를 확인하기 바란다.

미세조정 작업이 잘 끝났다면 Fine-Tuned Model 열에 나온 모델(미세조정된 모델) 이름을 지정해서 모델을 실행할 수 있다. 훈련이 진행 중이거나 실패했다면 Fine-Tuned Model 열에는 None이 표시된다. 다음은 가장 최근에 훈련된 모델을 실행하는 코드이다.

```python
import pandas as pd

generation=False  # 미세조정된 모델을 찾으면 True로 설정됨

# `Fine-Tuned Model` 필드가 비어 있지 않은 작업들을 찾는다.
non_empty_models = df[df['Fine-Tuned Model'].notna()
                    & (df['Fine-Tuned Model'] != '')]

if not non_empty_models.empty:
    first_non_empty_model = non_empty_models['Fine-Tuned Model'].iloc[0]
    print("The latest fine-tuned model is:", first_non_empty_model)
    generation=True
else:
    first_non_empty_model='None'
    print("No fine-tuned models found.")

# 'Fine-Tuned Model' 필드가 비어 있지 않은 첫 작업의 모델명을 출력한다.
```

```
first_non_empty_model = (
    df[
        df['Fine-Tuned Model'].notna() &
        (df['Fine-Tuned Model'] != '')
    ]['Fine-Tuned Model'].iloc[0]
)
print("The lastest fine-tuned model is:", first_non_empty_model)
```

이상의 코드는 가장 최근 미세조정된 모델의 이름을 출력한다. 미세조정된 모델이 없으면 그 사실을 알려준다. 다음은 GPT-4o-mini의 미세조정이 성공한 경우이다.

```
The latest fine-tuned model is: ft:gpt-4o-mini-2024-07-18:personal::A32VfYIz
```

미세조정된 모델이 발견되면 generation=True로 설정되며, 그러면 이후 셀들에서 대화 완성을 위해 오픈AI 모델을 호출하게 된다. 모델이 발견되지 않으면 generation=False가 유지되며, 그러면 이후 셀들에서 오픈AI API를 호출하지 않는다(미세조정되지 않은 모델을 쓸데없이 실행하지 않도록). 원한다면 위의 코드를 실행하는 대신, 새로운 셀에서 명시적으로 generation=True로 설정하고 first_non_empty_model에 원하는 모델명을 설정해도 좋다.

미세조정 훈련에는 시간이 좀 걸린다. 가끔 해당 셀(노트북 *Monitoring the fine-tunes* 섹션)을 재실행해서 상태를 확인해 보기 바란다. 또는, 훈련 작업의 이름이나 오류 메시지가 나타날 때까지 작업 상태를 주기적으로 확인하는 코드를 작성해서 실행할 수도 있고, 오픈AI가 훈련 작업 완료를 알리는 이메일을 보낼 때까지 기다릴 수도 있다. 훈련 작업이 실패한 경우에는 훈련 데이터에 뭔가 일치하지 않는 부분이나 누락된 값, 잘못된 레이블 등이 있는지 확인해야 한다. 또한 JSONL 파일에 담긴 JSON 요청들의 필드 이름, 데이터 타입, 구조 등 오픈AI가 지정한 스키마를 준수하는지도 확인할 필요가 있다.

훈련 작업이 완료되면 대화 완성 단계로 넘어간다.

9.5 미세조정된 오픈AI 모델 실행(섹션 3)

이제 미세조정된 오픈AI GPT-4o-mini 모델을 사용할 준비가 되었다. 먼저, 초기 데이터셋에서 가져온 질문을 기반으로 프롬프트를 정의한다.

```
# 프롬프트 정의:
# "북반구에서는 지구의 바람이 북동에서 남서 또는 그 반대로 불고 남반구에서는 북서에서 남동
또는 그 반대로 부는 것은 무슨 현상 때문인가?"
prompt = "What phenomenon makes global winds blow northeast to southwest or the reverse
in the northern hemisphere and northwest to southeast or the reverse in the southern
hemisphere?"
```

목표는 데이터셋이 제대로 학습되었는지, 그리고 훈련 데이터셋에 정의된 대화와 유사한 결과를 모델이 생성하는지 확인하는 것이다. 미세조정된 모델을 실행해 보자.

```
# 앞에서 설정한 first_non_empty_model에 해당하는 모델을 실행한다.
if generation==True:
    response = client.chat.completions.create(
        model=first_non_empty_model,
        temperature=0.0,  # 온도는 다양성을 제어한다. 필요에 따라 조정해 볼 것.
        messages=[
            # 시스템 메시지: "질문이 주어지면, 학생들을 위해 상세한 설명으로 응답하세요."
            {"role": "system", "content": "Given a question, reply with a complete
explanation for students."},
            {"role": "user", "content": prompt}
        ]
    )
else:
    print("Error: Model is None, cannot proceed with the API request.")
```

create() 메서드의 주요 매개변수는 다음과 같다.

- model=first_non_empty_model은 앞에서 미세조정한 모델의 이름이다.

- prompt=prompt는 미리 정의한 프롬프트이다.

- temperature=0.0은 응답의 창의성 혹은 다양성을 제어하는 온도 값이다. 이 엄격한 과학 대화 완성 작업에는 창의성이 필요하지 않으므로 낮은 값으로 설정했다.

요청을 실행한 후 응답을 적절히 표시한다. create()가 돌려준 객체 자체를 표시한 후 응답의 내용을 출력하기로 하자.

먼저, 다음은 응답을 담은 객체 자체를 출력하는 코드이다.

```python
if generation==True:
  print(response)
```

출력에는 응답과 프로세스에 대한 정보가 포함된다.

```
ChatCompletion(id='chatcmpl-A32pvH9wLvNsSRmB1sUjxOW4Z6Xr6',...
```

그런 다음 응답의 텍스트를 추출한다.

```python
if (generation==True):
  # 모델의 응답에 다수의 선택지가 포함될 수 있다. 첫 선택지의 내용을 조회한다.
  response_text = response.choices[0].message.content
  # 응답 메시지를 출력한다.
  print(response_text)
```

다음과 같은 문자열이 출력된다.

```
코리올리 효과 설명: 코리올리 효과는 공기와 물처럼 ...
```

마지막으로, textwrap 모듈을 이용해서 응답 문자열을 보기 좋게 출력한다.

```python
import textwrap
if generation==True:
wrapped_text = textwrap.fill(response_text.strip(), 60)
print(wrapped_text)
```

모델은 코리올리 효과에 관한 응답을 생성했다.

```
코리올리 효과 설명: 코리올리 효과는 공기와 물 같은 움직이는
물체가 지구의 회전에 따라 회전하고 비틀리는 현상입니다. 이
효과는 허리케인과 같은 대규모 기상 시스템의 회전 및 무역풍과
```

해류의 방향에 영향을 미칩니다. 북반구에서는 움직이는 물체가
오른쪽으로 회전하게 되고, 남반구에서는 왼쪽으로 회전합니다.
코리올리 효과는 움직이는 물체의 속도와 지구의 회전 강도에
비례하며, 싱크대에서 흐르는 물과 같은 소규모 움직임에서는
무시할 수 있습니다.

이 응답은 프롬프트에 사용한 원래의 정답 및 지문과 잘 부합한다(그림 9.6).

coriolis effect	Without Coriolis Effect the global winds would blow north to south or south to north. But Coriolis makes them blow northeast to southwest or the reverse in the Northern Hemisphere. The winds blow northwest to southeast or the reverse in the southern hemisphere.

그림 9.6 원래의 정답과 지문

따라서 모델의 응답은 만족스럽다. 하지만 항상 이런 결과가 나오지는 않을 수 있다. 그런 경우 만족스러운 목표에 도달할 때까지 데이터셋을 점진적으로 개선해야 할 것이다(더 나은 데이터 또는 더 많은 데이터 등으로).

미세조정된 모델의 이름을 텍스트 파일이나 여러분이 원하는 장소에 잘 보관해 두기 바란다.[39] 모델명만 있으면 다른 프로그램 또는 이 노트북에서 언제라도 모델을 다시 사용할 수 있다. 기본적인 과정은 다음과 같다.

1. 이 노트북의 *Installing the environment* 섹션을 실행한다.

2. 데이터셋과 프롬프트를 원하는 대로 정의한다.

3. 오픈AI 완성 요청 시 모델명을 지정한다.

4. 요청을 실행하고 응답을 분석한다.

좀 더 세밀한 설정과 조율이 필요하다면 오픈AI의 미세조정 문서(`https://platform.openai.com/docs/guides/fine-tuning/fine-tuning`)를 참고하기 바란다.

---

39 (옮긴이) 미세조정 작업 결과 및 모델명은 잠시 후(§9.6) 소개할 오픈AI 대시보드의 미세조정 인터페이스에서도 확인할 수 있다.

9.6 지표

오픈AI는 훈련 과정과 모델을 분석하기 위한 사용자 인터페이스를 제공한다. `https://platform.openai.com/finetune/`에서 미세조정된 모델과 관련된 평가 지표를 확인할 수 있다.

이 인터페이스는 모든 미세조정 작업을 나열한다(그림 9.7).

그림 9.7 미세조정 작업 목록

원한다면 성공한 작업들이나 실패한 작업들만 볼 수도 있다(각각 Successful, Failed 클릭). 특정 작업을 클릭하면 오른쪽 부분에 그 작업의 세부사항이 나타난다(그림 9.8).

그림 9.8 작업 세부사항

그림 9.8에 나온 세부사항 항목들을 간단히 설명하면 다음과 같다.

- Status: 미세조정 작업의 처리 상태. 이 예에서는 작업이 성공적으로 완료되었다.

- Job ID: 미세조정 작업의 고유 식별자. 쿼리나 지원 목적으로 참조할 수 있다

- Base model: 미세조정의 시작점으로 사용된 사전 훈련 모델. 오픈AI 모델의 한 버전인 gpt-4o-mini를 사용했다.

- Output model: 미세조정 결과로 나온 모델의 식별자. 주어진 훈련 데이터에 기반한 변경 사항과 최적화가 포함된 모델이다.

- Created at: 미세조정 작업이 시작된 날짜와 시간.

- Trained tokens: 훈련 과정에서 처리한 전체 토큰(단어나 문장부호 같은 텍스트 조각) 개수. 이 지표는 훈련의 범위를 가늠하는 데 도움이 된다.

- Epochs: 미세조정 과정에서 훈련 데이터 전체를 처음부터 끝까지 통과시킨 횟수. 이 에포크 수가 많을수록 학습이 더 잘 될 수 있지만, 너무 많으면 과적합이 발생할 수 있다.

- Batch size: 배치 크기, 즉 모델 훈련의 한 반복에 쓰이는 훈련 예시들의 개수. 배치 크기가 작으면 업데이트가 많아져서 더 세밀한 학습이 가능해지지만, 대신 학습 시간이 더 오래 걸릴 수 있다.

- LR multiplier: 학습률(learning rate; 학습 속도) 승수. 기본 모델의 학습률을 미세조정 과정에서 얼마나 조정하는지를 나타낸다. 승수가 작으면 모델 가중치가 작아져서 모델이 보수적으로 갱신된다.

- Seed: 훈련 과정에서 사용된 난수 생성기의 시드(종잣값). 동일한 시드를 제공하면 같은 입력 조건에서 항상 같은 결과가 나온다. 따라서 훈련 과정을 재현할 수 있다.

이상의 정보는 프로젝트의 특정 요구사항을 충족하도록 미세조정 작업을 조정하고 최적화와 커스텀화를 위해 대안적 접근 방식을 탐색하는 데 도움이 된다. 또한 이 인터페이스는 미세조정 과정에 대한 더 깊은 통찰을 얻기 위해 탐색할 수 있는 추가 정보를 포함한다. 작업 상세 정보 부분을 아래로 더 스크롤하면 그림 9.9와 같은 평가 지표 그래프를 볼 수 있다.

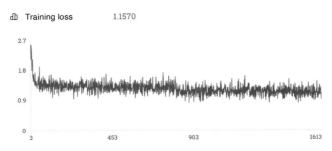

그림 9.9 미세조정된 모델의 평가 지표

훈련 손실값(training loss) 등 오픈AI가 제공하는 여러 정보는 훈련 전략(데이터, 파일, 초매개변수들)을 조정하는 데 도움이 된다.

훈련 손실값은 훈련 도중 머신러닝 모델의 성능을 평가하는 데 사용되는 신뢰할 수 있는 지표이다. 훈련 손실값은 훈련 데이터셋에 대한 모델의 평균 오차를 반영한다. 훈련 손실값이 낮다는 것은 모델이 훈련 데이터에 좀 더 잘 적합하고 있음을 나타낸다. 지금 예에서 훈련 손실값은 1.570인데, 이는 모델이 미세조정 과정에서 학습 데이터를 잘 예측하거나 분류하는 법을 배웠음을 시사한다.

그래프 아래에서 **Metrics** 버튼을 클릭하면 개별 시간 단계의 훈련 손실값을 확인할 수 있다(그림 9.10).

Messages	Metrics	
Time	**Step**	**Training loss**
21시 52분 1초	1613	1.1570
21시 51분 36초	1612	0.9320
21시 51분 31초	1611	1.0838
21시 51분 31초	1610	1.0339
21시 51분 31초	1609	1.2993
21시 51분 31초	1608	1.1136
21시 51분 28초	1607	1.1126
21시 51분 28초	1606	1.2236
21시 51분 28초	1605	1.0821

그림 9.10 시간 단계별 훈련 손실값

또한 비용 관리를 위해 기간별, 모델별 사용량을 확인하는 것도 필수이다. 오픈AI는 `https://platform.openai.com/usage`에서 상세한 인터페이스를 제공한다.

양질의 데이터와 적절한 매개변수로 모델을 훈련한다면 미세조정은 RAG 데이터를 최적화하는 효과적인 방법이 될 수 있다. 이제 이번 장의 여정을 정리하고, 이 책의 마지막 RAG 기반 생성형 AI 구현으로 넘어가자.

요약

일반적으로 RAG에는 지속적인 업데이트가 필요한 동적 데이터를 활용한다. 그런 데이터는 미세조정에 사용하기 어렵다. 하지만 정적이고 오랜 기간 안정적으로 유지되는 데이터도 있다. 그런 데이터는 매개변수적(훈련된 LLM의 가중치에 저장되는) 정보가 될 수 있으며, 미세조정에 적합하다.

이번 장에서는 먼저 어려운 과학 문제들이 포함된 SciQ 데이터셋을 다운로드하고 처리했다. 이 안정적인 데이터는 미세조정에 완벽하게 적합하다. 질문, 답변, 지문(설명)으로 구성된 구조 덕분에 미세조정에 효과적인 데이터가 된다. 이 데이터셋에는 아마도 인간의 피드백이 필요했다고 가정할 수 있다. 심지어는 생성형 AI 모델 출력을 분석해서 얻은 피드백을 포함했을 수도 있다.

준비한 데이터를 오픈AI의 준비 도구 권장 사항에 따라 각 요청이 완성된 대화의 형태인 JSONL 파일로 변환했다. JSONL 구조는 GPT-4o-mini와 같은 대화 완성(사용자의 프롬프트와 어시스턴트의 응답 문구) 모델과 호환되도록 설계되었다. 그런 다음 비용 효과적인 GPT-4o-mini 오픈AI 모델을 미세조정했고, 모델을 실행해서 만족스러운 출력을 얻을 수 있었다. 마지막으로 오픈AI 대시보드의 지표 인터페이스에서 미세조정된 모델의 지표들을 살펴보았다.

이번 장의 여정에서 우리는 미세조정으로 RAG 데이터를 최적화할 수 있다는 결론을 내릴 수 있다. 다음 장인 **10장 '파인콘과 오픈AI를 활용한 동영상 스톡 제작용 RAG 시스템'**에서는 이번 장의 성과를 완전한 형태의 RAG 기반 생성형 AI 생태계로 발전시킨다.

연습문제

다음 질문에 **그렇다** 또는 **아니다**로 답하라.

1. 모든 조직이 대용량 RAG 데이터를 관리해야 하는가?

2. 이번 장에서 GPT-4o-mini 모델이 미세조정 작업에 부적합하다고 설명했는가?

3. 검색 시스템이 없다고 가정할 때 사전 훈련된 모델의 지식 베이스를 컷오프 날짜 이후에 업데이트할 수 있는가?

4. 정적 데이터는 절대 변하지 않아서 업데이트가 필요 없다는 말이 맞는가?

5. 허깅 페이스에서 데이터를 다운로드하는 것이 데이터셋 준비를 위한 유일한 방법인가?

6. 모든 RAG 데이터가 결국에는 훈련된 모델의 매개변수들에 임베딩되는가?

7. 이번 장에서 AI 모델 미세조정에 새로운 데이터만 사용하라고 권장했는가?

8. 오픈AI 지표 인터페이스가 모델 훈련의 학습률 조정에 도움이 되는가?

9. 오픈AI 대시보드로 미세조정 과정을 효과적으로 모니터링할 수 있는가?

10. SciQ와 같은 어려운 과학 데이터셋을 준비할 때 인간의 피드백은 필요하지 않은가?

참고문헌

- **오픈AI 미세조정 문서:** https://platform.openai.com/docs/guides/fine-tuning/

- **오픈AI 비용 정보:** https://openai.com/api/pricing/

더 읽을거리

- Yu Wang 외, *Test of Fine-Tuning GPT by Astrophysical Data*: https://arxiv.org/pdf/2404.10019. 신중한 데이터 준비가 필요한 어려운 과학 데이터의 미세조정에 관한 흥미로운 논문이다.

디스코드 커뮤니티

다음은 이 책의 디스코드 공간이다. 원서 저자 및 다른 독자와 토론할 수 있다.

- https://www.packt.link/rag

10

파인콘과 오픈AI를 활용한
동영상 스톡 제작용
RAG 시스템

인간은 잘 알려진 패턴에서 벗어난 뭔가를 만들어 내는 창의성을 갖추고 있다. 습관을 깨고 모든 일에서 새로운 방식을 고안하는 것은 우리 인간의 고유한 능력이다. 생성형 AI도 점점 더 많은 영역에서 창작물을 만들어 내고 있지만, 실제로 뭔가를 창조하기보다는 기존의 잘 알려진 패턴에 의존해서 인간의 습관을 복제한다고 말해야 정확할 것이다. 따라서 이번 장에 나오는 '창조'나 '창작'이라는 용어는 사실 그냥 '생성'을 의미한다. 작업 자동화에 효율적인 생성형 AI는 인간의 작업을 복제할 수 있는 방법을 찾을 때까지 계속 확장될 것이다. 이러한 자동화 시스템을 프로젝트에 최적으로 활용하기 위해서는 생성형 AI의 작동 방식을 이해해야 한다. 이번 장은 최첨단 인간-AI 에이전트 하이브리드 시대의 RAG 아키텍처를 탐험하는 여정이라 할 수 있다. 이번 장에서는 다운로드 가능한 온라인 동영상 스톡^{stock} [40]을 준비하는 스타트업을 가정하고, 동영상들에 자동으로 해설과 레이블을 배정하는 다수의 AI 에이전트로 이루어진 RAG 시스템을 구축한다.

이번 장의 여정은 **파이프라인 1: 생성기와 해설 작성기**의 생성기(generator) 에이전트로 시작한다. 생성기 에이전트는 오픈AI의 텍스트 기반 동영상 생성$^{text-to-video}$ 모델인 소라^{Sora}를 이용해서 세계 시뮬레이션을 만든다. 이를 통해 아이디어를 동영상으로 변환하는 '구상(ideation)' 과정에 *inVideo* [41] 같은 소라 기반 AI 동영상 애플리케이션이 어떻게 관여하는지 짐작할 수 있을 것이다. 해설 작성기 에이전트는 생성기가 만들어 낸 동영상을 프레임들로 분할해서 오픈AI 컴퓨터비전 모델로 기술적인 해설(technical comment)을 생성한다. 다음으로, **파이프라인 2: 벡터 저장소 관리자**에서는 파인콘^{Pinecone}을 관리하는 벡터 저장소 관리자를 구축한다. 벡터 저장소 관리자는 해설 작성기가 생성한 기술적 동영상 해설을 임베딩해서 벡터화된 해설을 파인콘 벡터 저장소에 업서트한다. 또한, 시스템이 제대로 작동하는지 확인하기 위해 파인콘 벡터 저장소에 쿼리를 실행해 본다. 마지막은 **파이프라인 3: 동영상 전문가**이다. 여기서는 사용자 입력을 처리하고, 벡터 저장소를 쿼리하고, 관련 동영상 프레임을 검색하는 동영상 전문가를 구축한다. 동영상 전문가 에이전트는 쿼리의 원시 출력으로 사용자 입력을 증강해서 전문 오픈AI GPT-4o 모델을 실행한다. 이 모델은 해설을 분석하고 불완전한 부분을 감지해서 해설을 좀 더 효율적으로 재구성하고, 동영상에 부여할 레이블들을 생성한다.

---

40 (옮긴이) 이번 장의 맥락에서 스톡은 특정한 형식의 매체 자원들을 모아서 제공하는 서비스 또는 웹사이트를 뜻한다. 간단히 말하면, 이번 장에서 가정하는 예제 시스템은 셔터스톡(https://www.shutterstock.com/)의 동영상 버전이라고 할 수 있다.

41 (옮긴이) https://invideo.io/를 참고하자.

이번 장을 마치면 원본 동영상을 해설과 레이블이 있는 동영상으로 변환하는 과정을 자동화함으로써 짧은 동영상 스톡을 자동으로 생성하는 방법을 알게 될 것이다. 사용자가 몇 단어만 입력하면 맞춤형 실시간 설명과 레이블이 있는 동영상을 얻을 수 있는 서비스를 제공할 수 있다.

요약하자면, 이번 장에서 다루는 주제는 다음과 같다.

- 생성형 AI 동영상과 해설 설계
- 오픈AI의 비전 분석 모델을 위한 동영상 프레임 분할
- 동영상 임베딩과 파인콘 색인에 벡터 업서트
- 벡터 저장소 쿼리
- 오픈AI GPT-4o를 이용한 동영상 해설 개선 및 수정
- 원본 동영상 자동 레이블링
- 원본 동영상 처리의 최종 결과인, 해설과 레이블이 달린 동영상 표시
- 출력 평가 및 지표 계산 구현

그럼 동영상 제작을 위한 RAG 아키텍처를 정의하는 것으로 이번 장의 여정을 시작하자.

10.1 동영상 제작을 위한 RAG 아키텍처

현실 세계에서 동영상 생성, 코멘트 작성, 레이블링 과정의 자동화는 미디어, 마케팅, 엔터테인먼트, 교육 등 여러 산업에서 매우 중요하다. 기업과 창작자(creator)들은 늘어나는 수요에 맞춰 확장 가능한 콘텐츠를 효율적으로 제작하고 관리하는 방법을 지속적으로 찾고 있다. 이번 장에서는 이러한 요구를 충족시킬 수 있는 실용적인 기술을 습득하게 될 것이다.

이번 장 RAG 동영상 제작 예제의 목표는 동영상 스톡을 위한 시스템을 구축하는 것이다. 이 시스템은 AI가 만들어 낸 원본 동영상(이하 AI 생성 동영상)들에 자동으로 해설과 레이블을 붙이는 AI 에이전트들로 이루어진다. 또한 이 시스템은 사용자 입력에 부합하는 해설이 붙은 동영상 내 특정 프레임을 찾아내서 동적으로 맞춤형 설명을 생성한다. 그림 10.1은 AI 에이전트들이 동영상 제작을 위한 RAG를 처리하는 과정을 도식화한 것이다.

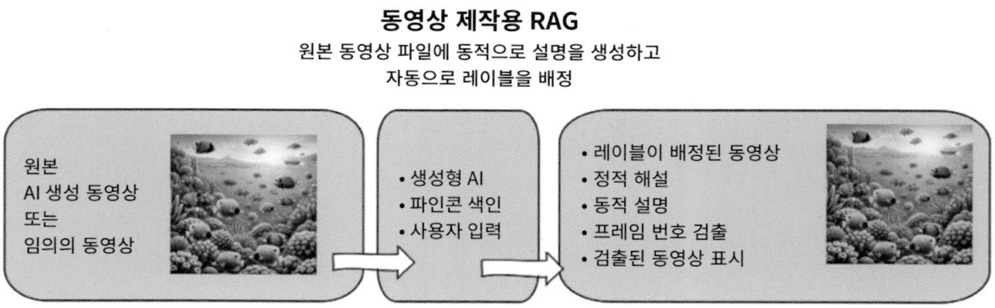

동영상 제작용 RAG
원본 동영상 파일에 동적으로 설명을 생성하고
자동으로 레이블을 배정

원본
AI 생성 동영상
또는
임의의 동영상

• 생성형 AI
• 파인콘 색인
• 사용자 입력

• 레이블이 배정된 동영상
• 정적 해설
• 동적 설명
• 프레임 번호 검출
• 검출된 동영상 표시

그림 10.1 원본 동영상에서 레이블과 해설이 추가된 동영상으로 가는 과정

이 RAG 동영상 제작 파이프라인을 위한 AI 에이전트들은 다음과 같은 작업을 수행한다.

- 자동으로 원본 동영상을 생성하고 다운로드한다.

- 동영상을 프레임 단위로 분할한다.

- 프레임들의 표본을 분석한다.

- 오픈AI LLM 모델을 이용해서 기술적 해설을 생성한다.

- 고유 색인, 해설 내용, 분석된 프레임 번호, 동영상 파일명 등으로 구성된 기술적 해설을 저장한다.

- 파인콘 색인 벡터 저장소에 데이터를 업서트한다.

- 사용자 입력으로 파인콘 벡터 저장소를 검색한다.

- 기술적 해설과 가장 유사한 동영상 내 특정 프레임을 검색한다.

- 검색된 프레임의 기술적 해설로 사용자 입력을 증강한다.

- 오픈AI LLM에 동영상의 기술적 해설을 분석해서 모순과 불완전한 논리를 검출해서 동영상에 대한 개선된 설명을 생성하도록 요청하고, 그것을 관련 프레임 번호 및 동영상 파일명과 함께 출력한다.

- 선택된 동영상을 표시한다.

- 출력을 평가하고 지표를 계산한다.

예제 시스템은 이러한 작업들을 통해서 원본 동영상을 사용자 입력에 기반한 맞춤형 설명과 레이블이 부여된 동영상으로 변환한다. 다음은 사용자 입력의 예이다.

```
# "덩크슛으로 득점하는 농구 선수를 찾아주세요."
 "Find a basketball player that is scoring with a dunk."
```

이에 대해 예제 시스템은 처음에는 레이블이 없던 동영상 안에서 관련 프레임(이미지)을 찾고, 동영상을 선택하여 표시하고, 동적으로 맞춤형 설명을 생성한다. 이런 능력을 갖춘 시스템을 구축하기 위해 그림 10.2와 같이 세 개의 AI 에이전트 파이프라인을 포함한 생태계를 구현한다.

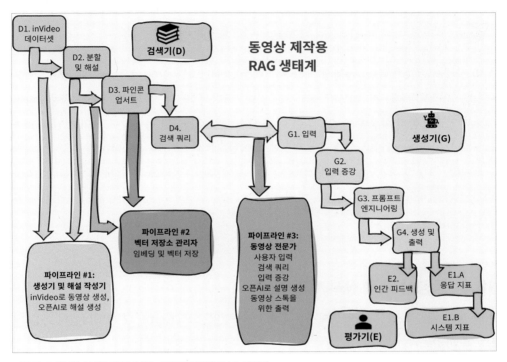

그림 10.2 생성형 AI 에이전트가 있는 동영상 제작용 RAG 생태계

그림 10.2의 주요 구성요소들을 좀 더 소개해 보자.

- **파이프라인 1: 생성기와 해설 작성기**

  생성기(generator)는 오픈AI 소라를 이용해서 동영상을 만든다. **해설 작성기**(commentator)는 주어진 동영상을 프레임으로 분할하고, 오픈AI의 비전 모델 중 하나로 해설을 작성해서 저장한다.

- **파이프라인 2: 벡터 저장소 관리자 벡터 저장소 관리자**(vector store administrator)

  파이프라인은 **파이프라인 1**에서 생성한 해설들을 임베딩해서 파인콘 색인에 업서트한다.

- **파이프라인 3: 동영상 전문가**

    동영상 전문가(video expert) 파이프라인은 사용자 입력을 기반으로 파인콘 벡터 저장소를 검색한다. 검색 결과는 동영상의 프레임 중 주어진 입력과 가장 유사한 프레임이다. 파이프라인은 기술적 해설로 입력을 증강해서 오픈AI GPT-4에게 동영상의 논리적 불완전성을 찾아 지적하고 사용자를 위한 맞춤형 동영상 코멘트와 레이블을 생성하도록 요청한다. 이 파이프라인에는 평가 함수(평가기)와 지표 계산 코드도 있다.

 시간 측정 함수는 앞에서 설명한 생태계의 주요 함수들 여러 곳에 포함되어 있다.

이번 장에서 구축할 RAG 동영상 제작 시스템은 CPU만 사용한다. 또한 한 번에 하나의 동영상을 처리하기 때문에 메모리 소비량도 적다. 따라서 파인콘의 저장 용량을 활용한다면 이론적으로 무한히 확장할 수 있다. 이 예제 시스템은 자동화된 동영상 제작의 개념을 효과적으로 보여준다. 하지만 실제 프로젝트에서 이런 제작 시스템을 구현하려면 많은 노력이 필요하다. 그렇긴 하지만, 필요한 기술은 이미 존재한다는 점과 동영상 제작의 미래는 역사적인 진화를 겪고 있다는 점을 기억하기 바란다. 그럼 코딩으로 들어가서 환경 설정부터 살펴보자.

10.2 동영상 제작 생태계의 환경

이번 장의 예제 동영상 제작 생태계는 원서 깃허브 저장소 **Chapter10** 디렉터리의 다음 네 노트북 파일로 구성된다.

- Videos_dataset_visualization.ipynb

- Pipeline_1_The_Generator_and_the_Commentator.ipynb

- Pipeline_2_The_Vector_Store_Administrator.ipynb

- Pipeline_3_The_Video_Expert.ipynb

네 노트북 모두 *Installing the environment*(환경 설치)라는 제목의 섹션이 있다. 이 섹션들은 다음과 같은 하위 섹션들을 포함한다.

- *Importing modules and libraries*(모듈과 라이브러리 임포트)

- *GitHub*(깃허브)

- *OpenAI*

- *Pinecone*(파인콘)

- *Video download and functions*(동영상 다운로드 함수들)

이 노트북들은 공통의 사전 프로덕션 설치 정책(pre-production installation policy)을 따른다. 이 덕분에 동영상 제작을 위한 RAG 코드를 살펴볼 때 사소한 설치 관련 사항에 주의를 빼앗기지 않고 파이프라인의 실질적인 내용에 집중할 수 있다. 이 설치 정책은 이번 장에서 설명하는 시나리오에만 한정된 것임을 주의하자. 실제 프로젝트에서는 해당 프로덕션 환경의 특성에 맞게 수정해야 할 것이다.

 이번 장의 노트북들은 CPU, 제한된 메모리, 제한된 디스크 공간만 필요로 한다. 따라서 최적화되고 확장 가능한 환경에서 무한히 많은 동영상을 한 번에 하나씩 처리하는 식으로 전체 프로세스를 능률화(streamlining)할 수 있다.

프로젝트에 필요한 모듈과 라이브러리를 가져오는 것부터 시작해 보자.

10.2.1 모듈과 라이브러리 임포트

이번 장의 예제는 사전 프로덕션 전역 환경을 최대한 공통으로 유지하려 한다. 그래서 각 노트북이 실제로 사용하지는 않는 모듈과 라이브러리를 임포트하는 경우도 있다.

```
from IPython.display import HTML # 동영상 표시
import base64 # 동영상을 Base64로 인코딩
from base64 import b64encode # 동영상을 Base64로 인코딩
import os # 운영체제와 상호작용
import subprocess # 외부 명령 실행
import time # 실행 시간 측정
import csv # 해설 저장
import uuid # 고유 ID 생성
import cv2 # 동영상 분할
from PIL import Image # 동영상 표시
import pandas as pd # 해설 표시
import numpy as np # 수치 계산
from io import BytesIO # 메모리 내 이진 데이터 스트림 관리
```

다음은 네 노트북에서 공통으로 임포트하는 모듈과 라이브러리를 정리한 것이다.

표 10.1 동영상 제작 시스템을 위한 모듈과 라이브러리

코드	설명
`from IPython.display import HTML`	동영상 표시용
`import base64`	동영상을 Base64로 인코딩
`from base64 import b64encode`	동영상을 Base64로 인코딩
`import os`	운영체제와 상호작용
`import subprocess`	외부 명령어 실행
`import time`	실행 시간 측정
`import csv`	해설 저장
`import uuid`	고유 ID 생성
`import cv2`	동영상 분할(오픈소스 컴퓨터비전 라이브러리)
`from PIL import Image`	동영상 표시
`import pandas as pd`	해설 표시
`import numpy as np`	수치 계산
`from io import BytesIO`	메모리 내 이진 데이터 스트림 관리

표의 **코드** 열은 모듈이나 라이브러리 이름이고 **설명**은 간단한 용도 및 설명이다. 그럼 깃 허브 관련 코드로 넘어가자.

10.2.2 깃허브

네 가지 노트북 모두 *GitHub* 섹션에서 `download(directory, filename)`라는 함수를 정의 한다. 이 함수의 용도는 원서 깃허브 저장소에서 필요한 파일을 다운로드하는 것이다.

```
def download(directory, filename):
    # 깃허브 저장소 예제 파일들의 기준 URL
    base_url = 'https://raw.githubusercontent.com/Denis2054/RAG-Driven-Generative-
AI/main/'
```

```python
    # 파일 URL을 완성한다.
    file_url = f"{base_url}{directory}/{filename}"

    # curl을 이용해서 해당 파일을 내려받는다.
    try:
        # curl 명령을 준비한다.
        curl_command = f'curl -o {filename} {file_url}'

        # curl 명령을 실행한다.
        subprocess.run(curl_command, check=True, shell=True)
        print(f"Downloaded '{filename}' successfully.")
    except subprocess.CalledProcessError:
        print(f"Failed to download '{filename}'. Check the URL, your internet
connection, and if the token is correct and has appropriate permissions.")
```

이 함수는 두 개의 인수를 받는다.

- directory: 다운로드하려는 파일이 있는 깃허브 저장소 디렉터리

- filename: 다운로드하려는 파일의 이름

10.2.3 오픈AI

LLM이 필요하지 않은 Video_dataset_visualization.ipynb를 제외한 세 개의 파이프라인 노트북은 오픈AI 패키지를 설치한다. API 키는 파일에서 가져와도 되고 직접 입력해도된다(후자의 경우 노출 주의).

```python
# API 키를 파일에서 가져와도 되고,
# 직접 입력해도 된다.

# 키를 직접 입력하는 경우에는 아래 코드에서 구글 드라이브 관련 행들을
# 주석 처리하고 API_KEY 변수에 키(문자열)를 직접 배정하면 된다.
# (단, 그러면 다른 사람이 키를 볼 수 있음을 주의하자.)
from google.colab import drive
drive.mount('/content/drive')
f = open("drive/MyDrive/files/api_key.txt", "r")
API_KEY=f.readline()
Nf.close()
```

이 예제는 독자가 오픈AI(https://www.openai.com)에서 가입해서 API 키를 생성했다고 가정한다. 이제 openai 패키지를 설치하자.

```
try:
    import openai
except:
    !pip install openai==1.45.0
    import openai
```

마지막으로 API 키에 대한 환경 변수를 설정한다.

```
# 앞에서 파일에서 불러오거나 직접 입력한
# 오픈AI API 키를 설정한다.
import os
os.environ['OPENAI_API_KEY'] =API_KEY
openai.api_key = os.getenv("OPENAI_API_KEY")
```

10.2.4 파인콘

파인콘 벡터 저장소가 필요한 Pipeline_2_The_Vector_Store_Administrator.ipynb와 Pipeline_3_The_Video_Expert.ipynb에는 *Pinecone*이라는 제목의 섹션이 있다. 이 섹션에서는 다음과 같이 파인콘 패키지를 설치하고 임포트한다.

```
!pip install pinecone-client==4.1.1
import pinecone
```

그런 다음에는 파일에서 키를 가져온다(직접 입력해도 된다).

```
f = open("drive/MyDrive/files/pinecone.txt", "r")
PINECONE_API_KEY=f.readline()
f.close()
```

프로덕션 환경에서는 환경 변수를 설정하거나 프로젝트에 맞는 적절한 방법으로 API 키를 잘 숨겨야 할 것이다. API 키가 노출되는 일이 없도록 하자.

Pipeline_3_The_Video_Expert.ipynb의 *Evaluator* 섹션에서는 해당 부분에 필요한 또 다른 모듈과 라이브러리를 설치하고 임포트한다.

이로써 네 개의 노트북을 위한 환경을 정의했다. 노트북들의 *Installing the environment* 섹션에는 지금까지 설명한 하위 섹션들이 있다. 이제부터는 동영상 제작 프로그램에 포함된 프로세스들에만 집중하기로 한다. 생성기(generator)와 해설 작성기(commentator)부터 시작하자.

10.3 파이프라인 1: 생성기와 해설 작성기

컴퓨터비전 분야에서는 자동화된 동영상 생성과 분석을 통해 혁명이 일어나고 있다. §10.3.1 'AI 생성 동영상 데이터셋'에서는 소라[sora]를 활용하는 생성형 AI 에이전트를 소개하고, 오픈AI의 소라가 텍스트 기반 동영상 생성(text-to-video) 확산 트랜스포머(diffusion transformer)를 통해 동영상을 생성하는 방식을 살펴볼 것이다. 전문 영화 제작 환경에서는 이런 기술을 이미 예상했고 어느 정도 경험했다. 일반 사용자가 inVideo 같은 도구를 통해 몇 번의 클릭만으로 이런 기술을 활용할 수 있게 된 것은 최근의 혁신이다.

§10.3.2 '생성기와 해설 작성기'에서는 생성기의 범위를 AI 생성 동영상의 수집과 처리로 확장한다. 생성기는 동영상을 프레임 단위로 나누고, 오픈AI LLM에 기반한 해설 작성기와 연동해서 동영상 프레임 샘플에 대한 해설을 생성한다.

이 모든 작업의 출발점은 AI 생성 동영상(AI-generated video) 데이터셋을 만드는 것이다.

10.3.1 AI 생성 동영상 데이터셋

이 프로젝트의 첫 AI 에이전트는 우리가 구현할 동영상 데이터셋을 생성하는 텍스트 기반 동영상 생성 확산 트랜스포머 모델이다. 이번 장의 동영상들은 2024년 2월에 오픈AI가 출시한 텍스트 기반 동영상 생성 AI 모델인 소라로 특별히 생성되었다. 공개된 AI 생성 동영상들이 `https://openai.com/sora/`에 있으니 살펴보기 바란다. 원한다면 inVideo(`https://invideo.io/terms-and-conditions/`)에 가입해서 소라를 이용해 동영상을 직접 생성할 수도 있다. inVideo는 소라를 이용해서 무료로 동영상을 생성하는 서비스를 제공한다. 단, `https://invideo.io/terms-and-conditions/`에서 사용 조건과 저작권 관련 사항을 반드시 확인해야 한다.

 이번 장을 잘 공부한다면 스마트폰, 동영상 스톡, 소셜 미디어 등 다양한 출처의 동영상으로 자신만의 동영상 데이터셋을 만들 수 있게 될 것이다.

AI 생성 동영상은 동영상 데이터셋 제작 속도를 높여준다. 프로젝트에 필요한 동영상을 찾는 데 시간을 들일 필요가 없다. 몇 단어로 표현한 프롬프트만으로도 빠르게 동영상을 얻을 수 있다. AI 생성 동영상은 AI 응용 분야의 미래로 향하는 큰 도약을 의미한다. 소라의 잠재력은 영화 제작, 교육, 마케팅 등 많은 산업에 적용된다. 간단한 텍스트 프롬프트로 섬세한 동영상 콘텐츠를 생성하는 능력은 창의적이고 교육적인 결과물을 위한 새로운 길을 열어준다.

AI 생성 동영상(특히 확산 트랜스포머)은 세계 시뮬레이션(world simulation) 제작 방식을 바꾸었다. 하지만 이는 영화 제작 등 여러 분야에서 인간의 일자리를 위협하는 요인이 될 수도 있다. 또한, 딥페이크와 허위 정보의 위험은 실제로 존재한다. 개인 차원에서 우리는 프로젝트에서 생성형 AI를 구현할 때 윤리적 고려사항을 반드시 염두에 두고 건설적이고 윤리적이며 사실적인 콘텐츠를 만들어야 한다.

이제 확산 트랜스포머가 어떻게 사실적인 콘텐츠를 만드는지 살펴보자.

확산 트랜스포머의 작동 방식

소라를 소개한 논문(Liu 외, 2024)에 따르면 소라의 핵심은 인코더와 디코더 사이에서 작동하는 확산 트랜스포머 모델이다. 이 모델은 사용자의 텍스트 입력을 이용해서 콘텐츠 생성을 특정한 방향으로 이끌고, 그 결과를 인코더가 출력한 패치와 연결한다. 모델은 이런 식으로 잡음 섞인 잠재 표현(latent representation)을 정련(refinement)해서 명확성과 일관성을 높이는 작업을 반복함으로써 사실적인 이미지를 만들어 낸다. 정련된 데이터는 디코더로 전달되어서 고품질의 동영상 프레임을 재구성한다. 관련 기술에는 CLIP 같은 비전 트랜스포머^{vision transformer}와 GPT-4 같은 LLM, 그리고 오픈AI가 자사의 비전 모델 출시에 지속적으로 포함하는 다른 구성요소들이 있다.

그림 10.3에서 보듯이 전체 확산 모델의 핵심 구성요소는 인코더와 디코더이다. 둘 다 트랜스포머 확산 모델의 작업흐름에서 핵심적인 역할을 한다.

- **인코더:** 인코더의 주요 기능은 이미지나 동영상 같은 입력 데이터를 더 낮은 차원의 잠재 공간(latent space)으로 압축하는 것이다. 인코더는 고차원의 시각 데이터를 압축된 표현으로 변환하되, 중요한 정보를 최대한 보존한다. 이를 통해 얻은 저차원 잠재 공간은 고차원 데이터의 압축된 표현으로, 복잡성이 줄었지만 핵심 특징들은 여전히 남아 있다. 예를 들어 고해상도 이미지(1024x1024픽셀, 색상 채널 3개)를 형태와 질감(텍스처) 같은 주요 세부사항이 보존된 1000차원 벡터(성분이 1,000개인 벡터)로 압축할 수 있다. 이런 식으로 원본 이미지를 저차원 벡터로 압축하면 이미지 처리와 조작의 효율성이 높아진다.

- **디코더:** 디코더는 인코더가 생성한 잠재 표현에서 원본 데이터를 재구성(reconstruction)한다. 디코더는 인코더가 한 일을 반대로 수행한다(역연산). 즉, 디코더는 저차원 잠재 공간을 다시 고차원 픽셀 공간으로 변환하고, 이를 통해 이미지나 동영상과 같은 최종 출력을 생성한다.

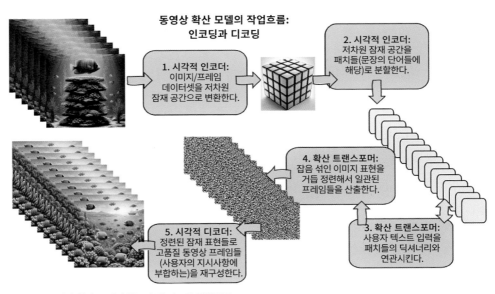

그림 10.3 동영상 확산 모델의 인코딩 및 디코딩 작업흐름

그림 10.3에서 보듯이 확산 트랜스포머 모델의 처리 과정은 다음 다섯 단계로 이루어진다.

1. 시각적 인코더가 이미지 데이터셋을 저차원 잠재 공간으로 변환한다.

2. 시각적 인코더가 저차원 잠재 공간을 패치^{patch}들로 분할한다. 이 맥락에서 패치는 문장을 구성하는 단어에 비유할 수 있다.

3. 확산 트랜스포머가 사용자의 텍스트 입력을 패치들의 딕셔너리^{dictionary}와 연관짓는다.

4. 생성된 잡음 섞인 이미지 표현들을 확산 트랜스포머가 반복적으로 정련해서 일관된 프레임들을 만들어 낸다.

5. 시각적 디코더가 정련된 잠재 표현을 사용자의 지시사항에 부합하는 고품질 동영상 프레임들로 재구성 한다.

이렇게 생성된 동영상 프레임들은 순차적으로 재생하면 움직이는 영상이 된다. 동영상의 1초는 여러 프레임으로 구성되는데, 잠시 후에 AI 생성 동영상을 프레임 단위로 분해하고 각 프레임을 분석할 것이다. 일단 지금은 확산 트랜스포머가 생성한 동영상 데이터셋을 분석 해 보자.

확산 트랜스포머 모델의 동영상 데이터셋 분석

이하의 예제 코드는 Chapter10/Videos_dataset_visualization.ipynb 노트북에 해당한 다. 독자가 앞에서 설명한 대로 환경을 잘 설치했다고 가정하고, 노트북의 *Installing the environment* 섹션은 따로 설명하지 않겠다. 동영상을 내려받고 표시하는 함수들을 살펴 보자.

동영상 다운로드 및 표시 함수

다음은 동영상을 다운로드하고, 화면으로 표시하고, 특정 프레임을 보여주는 함수들이다. 세 함수 모두 filename(동영상 파일명)을 인수로 받는다.

download_video 함수는 원서 깃허브 저장소의 이번 장 디렉터리에서 동영상을 내려받는 다. 이를 위해 §10.2.2에서 설명한 download 함수를 호출한다. 이 함수는 노트북의 *GitHub* 섹션에 정의되어 있다.

```
# 깃허브 저장소에서 파일을 내려받는다.
def download_video(filename):
    # 필요에 따라 기준 디렉터리를 변경할 것
    directory = "Chapter10/videos"
    filename = file_name
    download(directory, filename)
```

다음으로, `display_video(file_name)`는 요청된 파일의 내용을 Base64(이진 데이터를 ASCII 문자열 형식으로 표현하는 인코딩 방식)로 인코딩하고, 그것을 재생할 수 있는 HTML의 video 태그를 출력한다.

```python
def display_video(file_name):
    # 파일을 이진 모드로 연다.
    with open(file_name, 'rb') as file:
        video_data = file.read()

    # 동영상 파일을 Base64로 인코딩한다.
    video_url = b64encode(video_data).decode()

    # 동영상을 내장하는 HTML 문자열을 생성한다.
    html = f'''
<video width="640" height="480" controls>
<source src="data:video/mp4;base64,{video_url}" type="video/mp4">
Your browser does not support the video tag.
</video>
'''

    # 동영상을 표시한다.
    HTML(html)
    # HTML 객체를 돌려준다.
    return HTML(html)
```

마지막으로 `display_video_frame` 함수는 `file_name`, `frame_number`, `size`(표시할 이미지 크기)를 인수로 받아서 동영상의 특정 프레임 하나를 표시한다. 이 함수는 먼저 동영상 파일을 열고 `frame_number`로 지정된 프레임을 추출한다.

```python
def display_video_frame(file_name, frame_number, size):
    # 동영상 파일을 연다.
    cap = cv2.VideoCapture(file_name)

    # frame_number로 지정된 프레임으로 간다.
    cap.set(cv2.CAP_PROP_POS_FRAMES, frame_number)
```

```
# 그 프레임을 읽어 들인다.
success, frame = cap.read()
if not success:
    return "Failed to grab frame"
```

원하는 프레임을 얻은 후에는 프레임 이진 값들의 색상 채널을 BGR(청색, 녹색, 적색)에서 RGB(적색, 녹색, 청색)로 바꾼다. 그런 다음 그 이진 배열을 PIL 이미지 형식(OpenCV가 요구하는 형식이다)으로 변환하고 size 매개변수로 크기를 조정한다.

```
# 색상을 BGR에서 RGB로 변환한다.
frame = cv2.cvtColor(frame, cv2.COLOR_BGR2RGB)

# PIL 이미지로 변환하고 크기를 변경한다.
img = Image.fromarray(frame)
img = img.resize(size, Image.LANCZOS)  # 이미지를 특정 크기로 변경
```

마지막으로 함수는 이미지를 Base64로 인코딩해서 데이터 문자열을 얻고, 그것을 표시하는 HTML img 태그를 생성해서 출력한다.

```
# PIL 이미지를 HTML에 내장할 Base64 문자열로 변환한다.
buffered = BytesIO()
img.save(buffered, format="JPEG")
img_str = base64.b64encode(buffered.getvalue()).decode()
# 이미지 표시용 HTML 문자열을 생성한다.
html_str = f'''
<img src="data:image/jpeg;base64,{img_str}" width="{size[0]}" height="{size[1]}">
'''

# 이미지를 화면에 표시한다.
display(HTML(html_str))
# 필요시 사용할 수 있도록 HTML 객체를 돌려준다.
return HTML(html_str)
```

그럼 이 함수들로 소개 동영상을 화면에 표시해 보자.

예시 동영상(오디오 포함)

다음 코드는 앞에서 정의한 함수들을 이용해서 예시 동영상을 다운로드하고 표시한다. 교수가 학생들에게 AI 관련 강좌를 소개하는 장면을 담은 짤막한 동영상(이하 소개 동영상)을 예시로 사용하겠다.

```
# 파일을 선택한다.
print("Collecting video")
# 다른 동영상을 표시하려면 여기서 파일명을 변경하면 된다.
file_name="AI_Professor_Introduces_New_Course.mp4"
print(f"Video: {file_name}")

# 동영상을 내려받는다.
print("Downloading video: downloading from GitHub")
download_video(file_name)
```

코드를 실행하면 선택한 파일의 이름과 다운로드 진행 상황이 출력된다.

```
Collecting video
Video: AI_Professor_Introduces_New_Course.mp4
Downloading video: downloading from GitHub
Downloaded 'AI_Professor_Introduces_New_Course.mp4' successfully.
```

이제 display_video_frame 함수를 시험해 보자. 원하는 동영상 파일명과 프레임 번호, 이미지 크기를 지정해서 이 함수를 호출하면 해당 프레임이 해당 크기로 표시된다. 다음 코드는 먼저 frame_count(동영상의 총 프레임 수)와 frame_rate(초당 프레임 수), video_duration(동영상 길이)을 계산한다. 그런 다음 frame_number(표시하고자 하는 프레임 번호)가 frame_count를 초과하지는 않는지 확인한 후 display_video_frame을 호출한다.

```
print("Displaying a frame of video: ",file_name)

video_capture = cv2.VideoCapture(file_name)
frame_count = int(video_capture.get(cv2.CAP_PROP_FRAME_COUNT))
print(f'Total number of frames: {frame_count}')

frame_rate = video_capture.get(cv2.CAP_PROP_FPS)
```

```
print(f"Frame rate: {frame_rate}")

video_duration = frame_count / frame_rate
print(f"Video duration: {video_duration:.2f} seconds")

video_capture.release()
print(f'Total number of frames: {frame_count}')

frame_number=5

if frame_number > frame_count and frame_count>0:
  frame_number = 1

display_video_frame(file_name, frame_number, size=(135, 90));
```

여기서는 frame_number를 5로 설정했지만, 다른 값을 선택할 수도 있다. 출력은 동영상 정보와 섬네일을 보여준다.

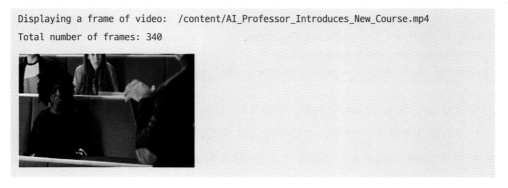

```
Displaying a frame of video:   /content/AI_Professor_Introduces_New_Course.mp4
Total number of frames: 340
```

필요하다면 동영상 전체를 표시할 수도 있다.

```
#print("Displaying video: ",file_name)
display_video(file_name)
```

그림 10.4처럼 동영상을 오디오 트랙과 함께 재생할 수 있는 동영상 컨트롤이 표시될 것이다.

그림 10.4 AI 생성 동영상

원서 깃허브 저장소 이번 장 디렉터리의 /videos 하위 디렉터리에는 다양한 AI 생성 동영상들이 있다. 이 동영상 데이터셋을 다른 장소에 호스팅해서 여러분의 프로젝트에 맞는 규모로 확장하는 데 사용해도 좋다. 이 동영상 파일명들을 lfiles라는 목록에 정의해 두기로 하자.

```
lfiles = [
    "jogging1.mp4",
    "jogging2.mp4",
    "skiing1.mp4",
    ...
    "female_player_after_scoring.mp4",
    "football1.mp4",
    "football2.mp4",
    "hockey1.mp4"
]
```

이제 임의의 동영상을 선택해서 표시해 보자.

AI 생성 동영상 데이터셋의 섬네일과 동영상 표시

'예시 동영상(오디오 포함)' 절에서는 동영상 하나를 내려받아서 표시했다. 이를 일반화해서 이번에는 모든 동영상을 내려받아서 각 섬네일을 표시한다. 그런 다음 그중 한 동영상을 선택해서 재생한다.

먼저, 동영상 데이터셋의 모든 동영상 파일을 내려받는다.

```
for i in range(lf):
    file_name=lfiles[i]
    print("Collecting video",file_name)
    print("Downloading video",file_name)
    download_video(file_name)
```

다운로드된 동영상 파일명이 출력된다.

```
Collecting video jogging1.mp4
Downloading video jogging1.mp4
Downloaded 'jogging1.mp4' successfully.
Collecting video jogging2.mp4...
```

다음으로, 목록의 동영상 개수를 계산한다.

```
lf=len(lfiles)
```

그런 다음 목록을 순회하면서 각 동영상의 정보와 섬네일을 표시한다.

```
for i in range(lf):
    file_name=lfiles[i]
    video_capture.release()
    display_video_frame(file_name, frame_number=5, size=(100, 110))
```

다음은 출력의 일부이다. 파일명, 프레임 수, 프레임률, 재생 시간 등의 동영상 정보와 섬네일이 표시된다.

```
Displaying a frame of video:  skiing1.mp4
Total number of frames: 58
Frame rate: 30.0
Video duration: 1.93 seconds
```

다음으로, 동영상 파일을 하나 선택해서 표시해 보자.

```
file_name="football1.mp4" # 원하는 동영상 파일명을 설정한다.
#print("Displaying video: ",file_name)
display_video(file_name)
```

동영상을 클릭하면 재생된다.

그림 10.5 미식축구 선수 동영상

지금까지 AI로 생성한 예시 동영상들로 이루어진 데이터셋을 준비하고 시각화했다. 이제 생성기와 해설 작성기를 구축하는 단계로 넘어가자.

10.3.2 생성기와 해설 작성기

AI 생성 동영상 데이터셋이 준비되었다. 이제 동영상 스톡 확장 작업을 원활하게 만들어 주는 생성기와 해설 작성기를 구축할 것이다. 생성기와 해설 작성기는 한 번에 동영상 하나씩만 처리하므로, CPU와 제한된 디스크 공간만으로도 무한한 수의 동영상을 처리할 수 있다. 생성기와 해설 작성기는 그림 10.6과 같이 함께 작동한다. 이 AI 에이전트들은 텍스트로부터 원본 동영상을 생성한 다음 프레임으로 분할해서 해설을 작성한다.

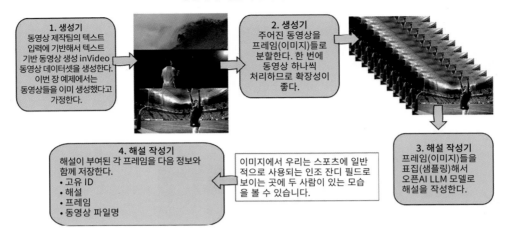

1. 생성기
동영상 제작팀의 텍스트 입력에 기반해서 텍스트 기반 동영상 생성 inVideo 동영상 데이터셋을 생성한다. 이번 장 예제에서는 동영상들을 이미 생성했다고 가정한다.

2. 생성기
주어진 동영상을 프레임(이미지)들로 분할한다. 한 번에 동영상 하나씩 처리하므로 확장성이 좋다.

4. 해설 작성기
해설이 부여된 각 프레임을 다음 정보와 함께 저장한다.
- 고유 ID
- 해설
- 프레임
- 동영상 파일명

이미지에서 우리는 스포츠에 일반적으로 사용되는 인조 잔디 필드로 보이는 곳에 두 사람이 있는 모습을 볼 수 있습니다.

3. 해설 작성기
프레임(이미지)들을 표집(샘플링)해서 오픈AI LLM 모델로 해설을 작성한다.

그림 10.6 생성기와 해설 작성기가 함께 동영상 프레임에 해설을 다는 과정

생성기와 해설 작성기가 각 프레임에 해설을 다는 과정은 크게 다음 네 단계로 구성된다. 이 단계들을 잠시 후 파이썬으로 구현할 것이다.

1. **생성기**가 동영상 제작팀의 텍스트 입력에 기반해서 텍스트 기반 동영상 생성 inVideo 동영상 데이터셋을 생성한다. 이번 장 예제에서는 스포츠를 주제로 한 동영상들을 미리 생성했다고 가정한다. [42]

2. **생성기**가 주어진 동영상을 프레임(이미지)들로 분할한다. 동영상들을 한 번에 하나씩 처리하므로 확장성이 좋다.

3. **해설 작성기**가 프레임들을 표집(샘플링)하고 오픈AI LLM을 이용해서 해설을 작성한다.

4. **해설 작성기**가 해설이 부여된 각 프레임을 다음 정보와 함께 저장한다.

   - 고유 ID

   - 해설

   - 프레임

   - 동영상 파일명

---

42 (옮긴이) 이 책을 번역하는 2025년 1월 현재, 소라를 위한 API는 아직 공개되지 않았다. 따라서 이 단계는 사람이 수동으로 진행하거나, 아니면 API를 제공하는 다른 동영상 생성 서비스(스테이블 비디오 디퓨전 등)를 사용해야 한다. 참고로 오픈AI의 음성합성 API는 공개되어 있는데(https://platform.openai.com/docs/api-reference/audio/createSpeech), 소라 API가 공개된다면 아마 이와 비슷한 모습일 것으로 예상한다.

이제 파이썬으로 생성기와 해설 작성기를 구축할 것이다. 해당 노트북은 Chapter10/ Pipeline_1_The_Generator_and_the_Commentator.ipynb이다. 이 노트북의 *Installing the environment* 섹션에 관해서는 이번 장의 §10.2 '동영상 제작 생태계의 환경'을 보기 바란다. 파이썬으로 동영상의 프레임들에 해설을 다는 과정은 다음과 같이 간단한 세 단계로 구성된다.

1. 동영상 표시

2. 동영상을 프레임들로 분할

3. 프레임들에 해설 부여

이 단계들에 필요한 함수들을 정의한 후, 노트북 *Pipeline-1 Controller* 섹션에서 함수들을 호출할 것이다. 그럼 동영상을 표시하는 함수로 시작하자.

단계 1: 동영상 표시

동영상을 표시하는 display_video(file_name) 함수는 §10.3.1 'AI 생성 동영상 데이터셋' 에서 설명한 것과 같다. 간결함을 위해 HTML 문자열 생성 부분은 생략했다.

이 함수가 호출하는 download 함수는 노트북의 *GitHub* 섹션에 있다. 현재 노트북뿐만 아니라 Chapter10/Pipeline_2_The_Vector_Store_Administrator.ipynb와 Chapter10/ Pipeline_3_The_Video_Expert.ipynb도 이 download 함수를 사용한다.

```
def display_video(file_name):
  # 파일을 이진 모드로 연다.
  with open(file_name, 'rb') as file:
      video_data = file.read()
 ...
  # HTML 객체를 돌려준다.
  return HTML(html)
```

다음으로, 주어진 동영상을 여러 프레임으로 분할하는 함수로 넘어가자.

단계 2: 동영상을 프레임들로 분할

split_file(file_name) 함수는 §10.3.1 'AI 생성 동영상 데이터셋'의 display_video_frame 함수처럼 동영상에서 프레임들을 추출한다. 단, 프레임들을 화면에 표시하는 대신 JPEG 형식의 파일로 저장한다.

```python
def split_file(file_name):
    video_path = file_name
    cap = cv2.VideoCapture(video_path)

    frame_number = 0
    while cap.isOpened():
        ret, frame = cap.read()
        if not ret:
            break

        cv2.imwrite(f"frame_{frame_number}.jpg", frame)
        frame_number += 1
        print(f"Frame {frame_number} saved.")

    cap.release()
```

함수는 동영상을 프레임들로 분할해서 각 프레임을 JPEG 파일로 저장한다. 파일명에 프레임 번호(frame_number)가 포함됨을 기억해 두기 바란다. 여기까지가 생성기의 작업이다. 이제 해설 작성기로 넘어가자.

단계 3. 프레임에 대한 해설 생성

생성기는 텍스트로부터 동영상을 생성하고 프레임들로 분할해서 각 프레임을 형식의 파일로 저장했다. 해설 작성기는 그 프레임들에 관한 해설을 생성해서 저장한다. 이를 위한 함수는 다음 세 가지이다.

- generate_openai_comments(filename)은 오픈AI의 이미지 분석용 컴퓨터비전 모델인 GPT-4 Vision(GPT-4V)을 이용해서 프레임을 분석하고, 프레임을 설명하는 해설이 포함된 응답을 생성한다.
- generate_comment(response_data)는 그 응답에서 해설을 추출한다.
- save_comment(comment, frame_number, file_name)은 해설을 저장한다.

먼저 GPT-4V 모델의 응답에서 해설을 추출하는 함수를 만들어 보자.

```python
def generate_comment(response_data):
    """GPT-4V의 응답에서 관련 정보를 추출한다."""
    try:
        caption = response_data.choices[0].message.content
        return caption
    except (KeyError, AttributeError):
        print("Error extracting caption from response.")
        return "No caption available."
```

다음으로, 추출한 해설을 동영상 파일과 같은 이름의 CSV 파일에 저장하는 함수를 정의한다.

```python
def save_comment(comment, frame_number, file_name):
    """해설을 판다스 데이터프레임으로 바로 불러올 수 있는 CSV 형식의 파일로 저장한다."""
    # 주어진 파일명에 .csv를 덧붙여서 CVS 파일명을 만든다.
    path = f"{file_name}.csv"
    # 파일 존재 여부에 따라 파일 헤더 기록 여부를 결정한다.
    write_header = not os.path.exists(path)

    with open(path, 'a', newline='') as f:
        writer = csv.writer(f, delimiter=',', quotechar='"', quoting=csv.QUOTE_MINIMAL)
        if write_header: # 파일을 새로 만드는 경우에만 헤더를 기록한다.
            writer.writerow(['ID', 'FrameNumber', 'Comment', 'FileName'])

    # 각 해설을 고유하게 식별하는 UUID를 생성한다.
        unique_id = str(uuid.uuid4())
        # 데이터를 기록한다.
        writer.writerow([unique_id, frame_number, comment, file_name])
```

목표는 해설을 파인콘에 직접 업서트할 수 있는 형식으로 저장하는 것이다.

- ID: str(uuid.uuid4())로 생성된 고유한 문자열 ID

- FrameNumber: 해설이 달린 JPEG의 프레임 번호

- Comment: 오픈AI GPT-4V 모델이 생성한 해설

- FileName: 동영상 파일명

해설 작성기의 주요 기능은 GPT-4V 모델로 해설을 생성하는 것이다. 그런데 동영상의 모든 프레임에 해설을 부여할 필요는 없으므로 일부 프레임만 선택해서 해설을 생성한다. 그럼 오픈AI 모델로 응답을 생성한 후 앞의 두 함수를 이용해서 해설을 추출하고 CSV 파일에 저장하는 generate_openai_comments() 함수를 보자. 이 함수는 먼저 생성기가 동영상을 분할해서 만든 프레임들의 수를 파악한다.

```python
def generate_openai_comments(filename):
    video_folder = "/content"  # 이미지 프레임들이 담긴 폴더명(필요에 따라 적절히 수정)
    total_frames = len([file for file in os.listdir(video_folder)
                        if file.endswith('.jpg')])
```

그런 다음 표집 빈도(sampling frequency)를 설정하고 표집 카운터를 초기화한다. 표집 빈도가 3이라는 것은 프레임 세 개마다 하나씩 표집한다는 뜻이다. 필요에 따라 변경하기 바란다.

```python
nb=3      # 표집 빈도
counter=0 # 표집 카운터
```

이제 프레임들을 훑으면서 표집 빈도에 따라 프레임을 선택해서 해설을 생성한다.

```python
for frame_number in range(total_frames):
    counter+=1 # 표집 카운터 증가
    if counter==nb and counter<total_frames:
        counter=0
        print(f"Analyzing frame {frame_number}...")
        image_path = os.path.join(video_folder, f"frame_{frame_number}.jpg")
        try:
            with open(image_path, "rb") as image_file:
                image_data = image_file.read()

                response = openai.ChatCompletion.create(
                    model="gpt-4-vision-preview",
```

선택(표집)된 프레임에 대해, "이 이미지에서 무슨 일이 일어나고 있나요?"라는 뜻의 프롬프트를 해당 이미지 데이터 함께 GPT-4V 모델에 보낸다.

```
        messages=[
          {
            "role": "user",
            "content": [
              # 프롬프트: "이 이미지에서 무슨 일이 일어나고 있나요?"
              {"type": "text", "text": "What is happening in this image?"},
              {
                "type": "image",
                "image_url": (
                  "data:image/jpeg;base64,"
                  f"{base64.b64encode(image_data).decode('utf-8')}"
                ),
              },
            ],
          }
        ],
        max_tokens=150,
      )
```

모델의 응답이 반환되면 generate_comment를 호출해서 프레임에 대한 해설을 추출하고,
save_comment 함수를 호출해서 해설을 파일로 저장한다.

```
        comment = generate_comment(response)
        save_comment(comment, frame_number, filename)

    except FileNotFoundError:
      print(f"Error: Frame {frame_number} not found.")
    except Exception as e:
      print(f"Unexpected error: {e}")
```

마지막으로, 다음은 CSV 파일의 해설들을 판다스 데이터프레임에 담아서 돌려주는 함수이다. [43]

```
# 파일에 담긴 동영상 해설들을 판다스 데이터프레임으로 적재해서 표시한다.
```

---

43 (옮긴이) display_comments라는 파일명과는 달리 화면에 해설들을 표시하지는 않음을 주의하자.

```
def display_comments(file_name):
    # 주어진 동영상 파일명에 확장자 .csv를 붙인 것이 해설 CSV 파일명이다.
    path = f"{file_name}.csv"
    df = pd.read_csv(path)
    return df
```

이 함수는 해설들이 담긴 데이터프레임을 반환한다. 이제 파이프라인 1에 필요한 함수들이 갖추어졌다. 그럼 준비된 생성기와 해설 작성기를 제어하는 파이프라인 1 제어기(노트북 *Pipeline 1 controller* 섹션)로 넘어가자.

파이프라인 1 제어기

파이프라인 1 제어기는 앞에서 설명한 생성기와 해설 작성기의 세 단계를 실행한다. **단계 1**에서 할 작업은 동영상 선택과 다운로드, 화면 표시이다. 자동화된 파이프라인이라면 이 작업들을 분리해서 처리할 수도 있다. 예를 들어 동영상 목록을 순회하면서 각각을 자동으로 선택해서 적절한 함수들을 호출하는 스크립트를 만들어도 좋을 것이다. 하지만 여기서는 파이프라인의 작동 방식을 명확하게 설명하기 위해 동영상을 한 번에 하나씩 선택해서 다운로드하고 표시한다.

```
session_time = time.time()  # 세션 시간 측정용 타이머를 시작한다.

# 단계 1: 동영상 표시
# 파일을 선택한다.
print("Step 1: Collecting video")
# 다른 동영상을 표시하려면 여기서 파일명을 변경하면 된다.
file_name = "skiing1.mp4"
print(f"Video: {file_name}")

# 동영상을 내려받는다.
print("Step 1:downloading from GitHub")
directory = "Chapter10/videos"
download(directory,file_name)

# 동영상을 표시한다.
print("Step 1:displaying video")
display_video(file_name)
```

단계 2에서는 동영상을 프레임들로 분할한다.

```
# 단계 2: 동영상 분할
print("Step 2: Splitting the video into frames")
split_file(file_name)
```

단계 3에서는 분할된 프레임 중 일부에 대해 해설을 생성한다.

```
# 단계 3: 동영상 프레임들에 대한 해설 생성
print("Step 3: Commenting on the frames")
start_time = time.time()  # 요청 전에 타이머를 시작한다.
generate_openai_comments(file_name)
response_time = time.time() - start_time  # 응답 시간을 측정한다.
```

세션 시간과는 별도로 응답 시간을 측정한다는 점도 유념하자. 다음으로, 제어기는 동영상 프레임 수와 해설, 응답 생성 시간, 세션 시간(전체 처리 시간)을 출력한다.

```
# 프레임 수
video_folder = "/content"  # 이미지 프레임들이 담긴 폴더명
total_frames = len([file for file in os.listdir(video_folder)
                    if file.endswith('.jpg')])
print(total_frames)

# 해설들을 표시한다.
print("Commenting video: displaying comments")
display_comments(file_name)

total_time = time.time() - session_time  # 전체 세션 시간을 측정한다.

print(f"Response Time: {response_time:.2f} seconds")  # 응답 시간 출력
print(f"Total Time: {total_time:.2f} seconds")        # 세션 시간 출력
```

이렇게 해서 동영상 콘텐츠 하나를 생성하는 작업이 끝났다. 프로젝트에 따라서는 일부 동영상 또는 모든 동영상에 대해 동적 RAG를 도입할 수도 있을 것이다. 그런 경우 **5장 '전문가의 피드백을 이용한 RAG 성능 향상'**에서 설명한 프로세스를 적절한 코사인 유사도 품질 관리 지표와 함께 해설 작성기의 출력에 적용하면 된다. 코사인 유사도 품질 관리 지표는 이번 장의 **파이프라인 3: 동영상 전문가** 절에서 설명할 것이다.

마지막으로, 필요하다면 파이프라인 1 제어기에서 해설과 프레임을 다른 폴더에 보관할 수 있다.

해설 파일 보관

앞에서 저장한 해설 파일을 다른 폴더에 보관(복사본 저장)해 두려면 save=True로 설정한다. 마찬가지로, 프레임 파일들을 보관하려면 save_frames=True로 설정한다. 파이프라인을 실행해서 출력만 보고 싶다면 두 값을 모두 False로 설정하면 된다. 여기서는 보관 기능을 시험하기 위해 둘 다 True로 설정한다.

```
# 해설 파일과 프레임 파일들의 보관 여부를 결정하는 플래그들
save=True        # True일 때만 해설들을 보관한다.
save_frames=True # True일 때만 프레임들을 보관한다.
```

앞에서 해설들을 CSV 형식의 파일로 저장했음을 기억할 것이다. 파일명은 동영상 파일명에 .CSV 확장자를 붙인 것이다(아래 cpath). 이 파일을 여기서는 구글 드라이브의 한 폴더에 저장한다고 가정한다. 필요에 따라 폴더명을 변경하기 바란다.

```
# 해설 보관
if save==True:  # 해설 파일 보관 여부를 확인한다.
    # 동영상 파일명에 .csv를 붙여서 해설 파일명을 만든다.
    cpath = f"{file_name}.csv"
    if os.path.exists(cpath): # 파이썬 os.path 모듈로 파일 존재 여부 확인
        !cp {cpath} /content/drive/MyDrive/files/comments/{cpath}
        print(f"File {cpath} copied successfully.")
    else:
        print(f"No such file: {cpath}")
```

파일이 잘 복사된 경우 다음과 같은 메시지가 출력된다.

```
File alpinist1.mp4.csv copied successfully.
```

프레임 파일들은 동영상 파일명에서 확장자를 제거한 이름의 하위 폴더에 저장한다. 아래 코드에서 root_name = root_name + extension.strip('.')가 하위 폴더명을 만드는 코드이다.

```
# 프레임 파일들의 복사본을 다른 폴더에 저장한다.
import shutil
if save_frames==True:
    # 동영상 파일명에서 확장자를 제거해서 하위 폴더명을 만든다.
    root_name, extension = os.path.splitext(file_name)
    # 확장자의 마침표를 제거한다.
    root_name = root_name + extension.strip('.')
    # 필요에 따라 경로명을 조정할 것
    target_directory = f'/content/drive/MyDrive/files/comments/{root_name}'
    # 해당 폴더를 생성한다(이미 생성되어 있으면 무시됨).
    os.makedirs(target_directory, exist_ok=True)
    # 프레임 JPEG 파일들이 현재 디렉터리에 있다고 가정한다.
    # 필요에 따라 경로를 변경하기 바란다.

    # 원본 디렉터리의 모든 JPEG 파일을 훑는다.
    for file in os.listdir(source_directory):
        if file.endswith('.jpg'):
            shutil.copy(os.path.join(source_directory, file), target_directory)
```

이 코드를 실행하면 원본 디렉터리(지금 예에서는 노트북 파일이 있는 현재 디렉터리)의 모든 프레임 파일이 대상 폴더에 복사된다. 다수의 동영상에 대해 이 파이프라인을 반복해서 실행하는 경우, 한 동영상을 처리한 후 다음 동영상으로 넘어가기 전에 원본 디렉터리의 관련 파일들을 모두 삭제해야 한다.

파일 삭제

파일을 삭제하려면 delf=True로 설정하면 된다.

```
delf=False  # 현재 세션에서 만들어진 파일들의 삭제 여부

if delf==True:
    !rm -f *.mp4 # 동영상 파일들
    !rm -f *.jpg # 프레임 파일들
    !rm -f *.csv # 해설 파일
```

이렇게 해서 파이프라인 1을 완성했다. 이제 디스크 공간과 CPU만 있다면 얼마든지 많은 동영상을 한 번에 하나씩 처리하고 확장할 수 있다!

10.4 파이프라인 2: 벡터 저장소 관리자

벡터 저장소 관리자 AI 에이전트는 6장 '**파인콘을 이용한 RAG 은행 고객 데이터 확장**'에서 구현한 작업들을 수행한다. 단, RAG를 위해 업서트하는 모든 데이터가 AI가 생성한 것이라는 점이 6장과 다르다. 파이프라인 2에 해당하는 노트북은 `Chapter10/Pipeline_2_The_Vector_Store_Administrator.ipynb`이다. 파이프라인 2는 파이프라인 1의 생성기 및 해설 작성기가 준비한 파일들에 기반해서 하나의 벡터 저장소 관리자(vector store administrator)를 구축한다. 그림 10.7은 벡터 저장소 관리자의 작업흐름이다.

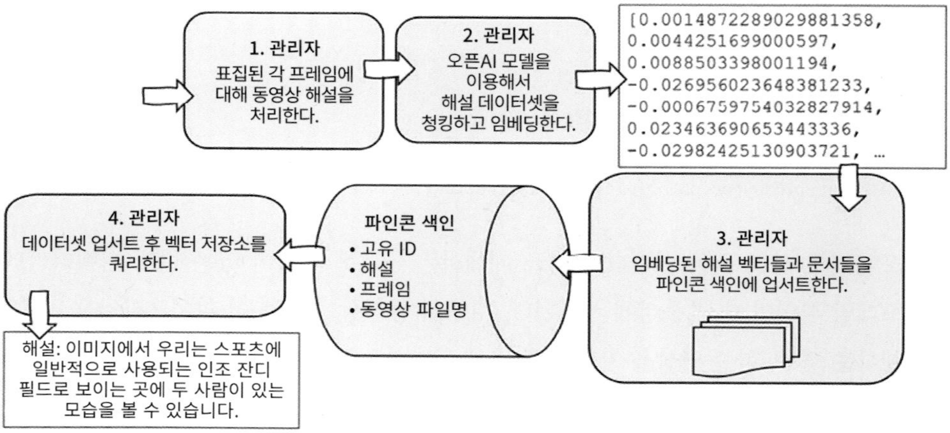

벡터 저장소 관리자 작업 흐름

그림 10.7 동영상 프레임 해설의 처리부터 쿼리까지의 벡터 저장소 관리자 작업흐름

1. **동영상 해설 처리**: 벡터 저장소 관리자는 해설들을 불러와서 6장의 '파이프라인 2: 파인 색인(벡터 저장소) 확장' 절에서처럼 청킹한다. 이 파이프라인은 동영상을 한 번에 하나씩 처리하며 처리를 마친 파일들을 세션 끝에서 삭제하므로 동영상이 아무리 많아도 디스크 공간이 일정하게 유지된다. 덕분에 동영상 처리를 더 큰 규모로 확장하기 쉽다.

2. **데이터셋 청킹과 임베딩**: 데이터셋의 필드(열) 이름 (`'ID'`, `'FrameNumber'`, `'Comment'`, `'FileName'`)은 §10.3 '파이프라인 1: 생성기와 해설 작성기'에서 준비해 두었다. 여기서는 6장의 §6.3.4 '데이터셋 청킹 및 임베딩'에서와 동일한 방식으로 데이터셋을 청킹하고 임베딩한다.

3. **파인콘 색인**: 6장의 §6.3.5 '파인콘 색인 생성'과 §6.3.6 '업서트'에서처럼 파인콘 색인을 생성하고 데이터를 업서트한다.

4. **데이터셋 업서트 후 벡터 저장소 쿼리**: 벡터 저장소 쿼리 역시 6장에서와 같은 방식으로 수행한다. 단, 이 번 장에서는 파인콘 벡터 저장소와는 별도의 파일 시스템을 함께 사용하는 하이브리드 검색 방식을 이용 해서 동영상과 동영상 프레임을 저장한다.

단계 1(노트북 *Step 1: Processing the video comments* 섹션)에서 단계 3(노트북 *Step 3: The Pinecone index* 섹션)까지는 6장을 잘 공부한 독자라면 충분히 이해할 수 있을 것이므로 따로 설명하지 않겠다. 파인콘 색인에 대한 하이브리드 쿼리를 수행하는 단계 4(노트북 *Step 4: Querying vector store after upserting the dataset* 섹션)에 집중하자.

10.4.1 파인콘 색인 쿼리

단계 4에서는 사용자 입력과 부합하는 해설이 달린 동영상 프레임을 찾는다. 찾아낸 프레임의 정보로부터 그 프레임이 속한 동영상의 파일명과 프레임 번호를 알아낼 수 있으며, 따라서 동영상의 해당 프레임을 화면에 표시할 수 있다. 이처럼 파인콘 색인에 담긴 데이터만 사용하는 것이 아니라 그 데이터를 이용해서 색인 바깥에 있는 미디어 파일도 참조한다는 점에서 이 동영상 벡터 저장소 관리자를 하이브리드^{hybrid}(혼합, 혼성) 방식이라고 부른다.

물론 **4장 '드론 기술을 위한 다중 모달 모듈형 RAG'**에서 보았듯이 벡터 저장소 자체에 이미지 파일을 저장하는 것도 가능하지만, 여기서는 동영상 파일과 프레임 파일들을 벡터 저장소 바깥의 장소에 저장한다. 이 예제에서는 파일들이 깃허브 저장소에 있다고 가정한다. 실제 프로덕션 환경이라면 프로젝트의 요구에 맞는 다른 임의의 저장 시스템을 사용해야 할 것이다. 동영상 파일 같이 덩치 큰 파일은 파인콘이 아닌 다른 저장 시스템에 저장하는 것이 비용 면에서 효율적일 수 있다. 이미지를 벡터 저장소에 저장할지 별도의 장소에 저장할지는 프로젝트의 요구사항에 따라 결정하면 된다.

먼저, 처리할 상위 k개 결과의 수를 정의한다.

```
k=1 # 결과 개수
```

다음으로, 쿼리할 프롬프트를 정의한다. "덩크슛으로 득점하는 농구 선수를 찾아주세요"라는 뜻의 다소 어려운 프롬프트를 예시로 사용하겠다.

```
# 프롬프트: "덩크슛으로 득점하는 농구 선수를 찾아주세요."
query_text = "Find a basketball player that is scoring with a dunk."
```

전체 동영상 데이터셋에서 농구 선수가 슬램덩크를 시도하는 장면이 담긴 프레임은 몇 개 되지 않는다. 과연 이 예제 시스템이 그 프레임들을 찾아낼 수 있을까? 한번 알아보자.

먼저 벡터 저장소의 데이터 형식과 일치하도록 쿼리문을 임베딩한다.

```
import time
# 요청 전에 타이머를 시작한다.
start_time = time.time()

# 목표 벡터
#query_text = "Find a basketball player that is scoring with a dunk."
query_embedding = get_embedding(query_text, model=embedding_model)
```
그런 다음 쿼리문과 데이터셋 간의 유사도에 기반한 벡터 검색을 실행한다.
```
# 임베딩을 이용해서 쿼리를 수행한다.
query_results = index.query(vector=query_embedding, top_k=k,
                            include_metadata=True)  # 메타데이터를 요청한다.

# 쿼리 결과와 메타데이터를 출력한다.
print("Query Results:")
for match in query_results['matches']:
    print(f"ID: {match['id']}, Score: {match['score']}")

    # 메타데이터가 있으면 출력한다.
    if 'metadata' in match:
        metadata = match['metadata']
        text = metadata.get('text', "No text metadata available.")
        frame_number = metadata.get('frame_number', "No frame number available.")
        file_name = metadata.get('file_name', "No file name available.")
```

마지막으로, 응답 내용과 응답 시간을 출력한다.

```
        print(f"Text: {text}")
        print(f"Frame Number: {frame_number}")
        print(f"File Name: {file_name}")
    else:
        print("No metadata available.")
```

```
# 응답 시간을 측정한다.
response_time = time.time() - start_time

print(f"Querying response time: {response_time:.2f} seconds")  # 응답 시간 출력
```

다음은 출력의 첫 부분이다. 검색된 해설의 ID와 점수가 표시되었다.

```
Query Results:
ID: f104138b-0be8-4f4c-bf99-86d0eb34f7ee, Score: 0.866656184
```

그다음 부분은 오픈AI LLM(해설 작성기 에이전트)이 생성한 해설이다.

```
Text: 이 이미지에는 농구에서 덩크슛을 하는 것처럼 보이는 사람이 있습니다. 이 사람은
공중에 떠 있으며, 한 팔을 농구 골대를 향해 위쪽으로 뻗어 농구공을 잡고 골대에 넣으려
하고 있습니다. 이미지에 "덩크"라는 단어가 겹쳐져 있어 진행 중인 동작을 확인시켜
줍니다. 배경에는 맑은 하늘과 현대적인 건물이 보이는데, 이는 도시 환경의 야외 농구
코트일 가능성을 시사합니다. 선수는 운동복과 농구화를 신고 있는데, 이는 농구에 적합한
복장입니다. 역동적인 자세와 배경은 농구 덩크슛의 전형적인 운동적이고 강력한 움직임을
나타냅니다.
```

마지막으로, 해설이 달린 프레임의 번호와 동영상 파일명, 쿼리 수행에 걸린 시간이 출력
된다.

```
Frame Number: 191
File Name: basketball3.mp4
Querying response time: 0.57 seconds
```

동영상 파일명을 알아냈으므로 해당 동영상을 다운로드하고 화면에 표시할 수 있다. 먼저
동영상을 다운로드한다.

```
print(file_name)
    # 깃허브 저장소에서 파일을 내려받는다.
directory = "Chapter10/videos"
filename = file_name
download(directory,file_name)
```

그런 다음 Base64 인코딩과 HTML video 태그를 이용해서 동영상을 화면에 표시한다.

```
def display_video(file_name):
    # 파일을 이진 모드로 연다.
    with open(file_name, 'rb') as file:
        video_data = file.read()

    # 동영상 파일을 Base64로 인코딩한다.
    video_url = b64encode(video_data).decode()

    # 동영상을 내장하는 HTML 문자열을 생성한다.
    html = f'''
<video width="640" height="480" controls>
<source src="data:video/mp4;base64,{video_url}" type="video/mp4">
Your browser does not support the video tag.
</video>
'''

    # 동영상을 표시한다.
    HTML(html)
    # HTML 객체를 돌려준다.
    return HTML(html)

display_video(file_name)
```

모든 것이 잘 진행되었다면 그림 10.10처럼 덩크슛하는 농구 선수가 나오는 동영상을 볼
수 있을 것이다.

그림 10.8 동영상 출력

검색된 해설의 프레임 번호를 이용하면 해당 장면(프레임 이미지)을 직접 표시할 수 있다.

```python
file_name_root = file_name.split('.')[0]
...
from IPython.display import Image, display
# 디렉터리와 파일명을 설정한다.
directory = '/content/'  # 필요에 따라 조정할 것
file_path = os.path.join(directory, frame)

# 파일 존재 여부 및 파일 크기를 확인한다.
if os.path.exists(file_path):
    file_size = os.path.getsize(file_path)
    print(f"File '{frame}' exists. Size: {file_size} bytes.")

    # 너무 작은 파일은 프레임 이미지 파일이 아닐 수 있다. 여기서는
    # 1000바이트를 넘는 파일만 프레임 이미지로 간주해서 표시한다.
    logical_size = 1000  # 필요에 따라 조정할 것

    if file_size > logical_size:
        print("The file size is greater than the logical value.")
        display(Image(filename=file_path))
    else:
        print("The file size is less than or equal to the logical value.")
else:
    print(f"File '{frame}' does not exist in the specified directory.")
```

출력(그림 10.9)을 보면 벡터 저장소 관리자가 사용자 입력에 부합하는 프레임을 찾아냈음을 확인할 수 있다.

그림 10.9 사용자 입력에 부합하는 동영상 프레임

 이 예제에서는 디스크 공간 절약을 위해 basketball3.mp4의 프레임만 GitHub 저장소에 저장했다. 물론 실제 프로덕션 환경에서는 필요한 모든 프레임을 저장하고 검색할 수 있다.

이 예제 시스템의 AI 에이전트들은 하나의 팀을 이루어서 동영상을 생성하고(생성기), 동영상 프레임에 해설을 달고(해설 작성기), 임베딩된 해설을 벡터 저장소에 업서트하고(벡터 저장소 관리자), 검색 프로세스를 준비한다(벡터 저장소 관리자). 또한 이 예제 시스템은 오픈AI LLM(해설 작성기)으로 자연어 해설을 생성해서 검색 프로세스의 입력과 출력을 증강하는 능력도 갖추고 있다. 이러한 접근 방식을 스포츠뿐만 아니라 소방, 의료 영상, 마케팅 등 여러 분야에 적용할 수 있을 것이다.

이 시스템에서 무엇을 더 기대할 수 있을까? 동영상 전문가 AI 에이전트가 답해줄 것이다.

10.5 파이프라인 3: 동영상 전문가

오픈AI GPT-4 기반 동영상 전문가(video expert)의 역할은 해설 작성기 오픈AI LLM 에이전트가 작성한 해설을 분석해서 인지 부조화(cognitive dissonance) 요소들(서로 모순되는 요소들)을 찾아내고, 해설을 다시 작성하고, 레이블을 부여하는 것이다. 동영상 전문가의 작업흐름이 그림 10.11에 나와 있다. 이 작업흐름에는 **7장 '위키백과 API와 라마인덱스를 활용한 확장 가능한 지식 그래프 기반 RAG 구축'**의 '지표 계산 및 표시' 절에 나온 코드도 포함된다.

해설 작성기는 그저 주어진 프레임을 설명할 뿐이지만, 동영상 전문가는 한 걸음 더 나아가서 그 설명이 논리적으로 말이 되는지 확인한다. 또한 동영상에 적절한 레이블도 배정한다. 이 레이블은 추후 응용에서 데이터셋의 동영상들을 분류하는 데 도움이 된다.

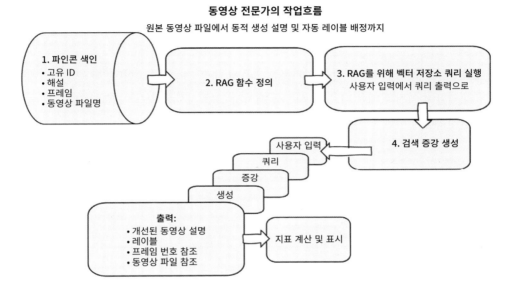

동영상 전문가의 작업흐름
원본 동영상 파일에서 동적 생성 설명 및 자동 레이블 배정까지

그림 10.10 자동화된 동적 설명과 레이블링을 위한 동영상 전문가의 작업흐름

1. 파인콘 색인 단계(노트북 *Step 1* 섹션)에서는 이번 장의 §10.4 '파이프라인 2: 벡터 저장소 관리자'에서 설명한 대로 파인콘 색인에 연결한다. 이번에는 데이터를 업서트하지 않고 벡터 저장소에 연결만 한다.

2. RAG 함수 정의 단계(노트북 *Step 2* 섹션)에서는 RAG를 위한 함수들을 정의한다. 이번 장의 파이프라인 1(§10.3)과 파이프라인 2(§10.4)에서 정의한 일부 함수도 재활용한다.

3. 벡터 저장소 검색 단계(노트북 *Step 3* 섹션)에서는 파인콘 색인에 대해 쿼리를 수행한다. 그냥 파이프라인 2에서 설명한 대로 파인콘 색인을 검색하는 것일 뿐이다.

4. 검색 증강 생성 단계(노트북 *Step 4* 섹션)에서 비로소 동영상 전문가 GPT-4o의 주요 역할이 결정된다. 여기서 동영상 전문가 AI 에이전트는 벡터 저장소 쿼리 결과를 분석해서 개선한다. 또한 이 단계에는 평가와 지표 함수도 포함된다.

이번 장에서 예로 드는 동영상 제작 시나리오를 실제로 구현하는 방법은 프로젝트마다 다양하겠지만, 어떤 경우이든 동영상 전문가가 중요한 역할을 한다. 파이프라인 3에 해당하는 노트북은 Chapter10/Pipeline_3_The_Video_Expert.ipynb이다. 노트북 처음 부분은 이미 익숙한 코드일 것이므로 생략하고, *Step 2: Defining the RAG functions* 섹션의 *Augmented Retrieval Generation*에 있는 get_openai_response 함수의 주요 부분을 살펴보자.

이 함수는 파이프라인 1의 해설 작성기처럼 오픈AI GPT-4o를 호출한다. 하지만 이번에는 LLM의 역할이 이전과 매우 다르다. 시스템 메시지(모델 지시사항)를 이전과는 다르게 설정했음을 주목하기 바란다.

```
"role": "system",
"content": "You will be provided with comments of an image frame taken from a video.
Analyze the text and 1. Point out the cognitive dissonances 2. Rewrite the comment in
a logical engaging style. 3. Provide a label for this image such as Label: basketball,
football, soccer or other label."
```

GPT-4o에 제공할 지시문을 좀 더 자세히 설명하면 다음과 같다.

- You will be provided with comments of an image frame taken from a video(동영상에서 추출한 이미지 프레임에 관한 해설을 제공하겠습니다): LLM에게 AI가 생성한 해설을 분석하도록 지시한다. 해설 작성기는 중립을 유지해서 그저 보이는 대로 프레임을 설명할 뿐이다. 하지만 동영상 전문가 에이전트의 역할은 다르다. 그 해설을 분석하고 개선해야 한다.

- 1. Point out the cognitive dissonances(1. 인지 부조화들을 지적하세요): AI가 생성한 동영상 제작 방식에서 발생할 수 있는 모순이나 불일치(동영상의 논리적 결함)를 찾도록 모델에 지시한다.

- 2. Rewrite the comment in a logical engaging style(2. 논리적이고 매력적인 스타일로 해설을 다시 작성하세요): 동영상 전문가 에이전트에게 기술적인 해설(technical comment)을 좀 더 논리적인 설명(description)으로 다시 쓰도록 지시한다.

- 3. Provide a label for this image such as Label: basketball, football, soccer or other label(3. 농구, 미식축구, 축구 등 이미지에 맞는 레이블을 제시하세요): 모델에게 추후 사용을 위한 레이블을 제시하도록 지시한다. 노트북의 *Step 3 : Querying the vector store* 섹션에서는 파이프라인 2에서 해설을 작성했던 덩크슛 동영상에 관한 쿼리문과 출력(해당 동영상과 프레임을 포함한)을 재현할 것이다 GitHub의 '단계 3: 벡터 저장소 검색'은 '파이프라인 2'에서 설명한 덩크슛을 하는 농구 선수에 대한 쿼리문과 출력을 재현하며, 해당 동영상과 프레임도 포함한다. 출력은 다음과 같다.

```
ID=f104138b-0be8-4f4c-bf99-86d0eb34f7ee
score=0.866193652
text=이 이미지에는 농구에서 덩크슛을 하는 것처럼 보이는 사람이 있습니다. 이 사람은
공중에 떠 있으며, 한 팔을 농구 골대를 향해 위쪽으로 뻗어 농구공을 잡고 골대에 넣으려
하고 있습니다. 이미지에 "덩크"라는 단어가 겹쳐져 있어 진행 중인 동작을 확인시켜
줍니다. 배경에는 맑은 하늘과 현대적인 건물이 보이는데, 이는 도시 환경의 야외 농구
코트일 가능성을 시사합니다. 선수는 운동복과 농구화를 신고 있는데, 이는 농구에 적합한
복장입니다. 역동적인 자세와 배경은 농구 덩크슛의 전형적인 운동적이고 강력한 움직임을
나타냅니다.
frame_number=191
file_name=basketball3.mp4
```

text=의 텍스트는 모델이 생성한 해설인데, 받아들일 만한 품질이다. 하지만 GPT-4o의
견해도 들어보자. 노트북의 *Step 4: Retrieval Augmented Generation* 섹션에서는 이 해설
을 프롬프트로 사용한다.

```
prompt = text
```

그런 다음 이 프롬프트로 동영상 전문가 에이전트를 호출해서 전문적인 의견을 구한다.

```
response_content = get_openai_response(prompt)
print(response_content)
```

다음과 같이 동영상 전문가의 견해가 출력된다.

```
1. 인지 부조화:
   - 덩크 동작에 대한 중복 설명이 있다.
   - "이미지에 '덩크'라는 단어가 중첩되어 있다"는 언급은 불필요하며 설명의 흐름을
방해한다.
   - 맑은 하늘과 현대식 건물에 대한 배경 설명은 다소 불필요하며 더 간결하게 통합할 수
있다.
2. 수정된 설명:
   한 농구 선수가 강력한 덩크슛을 시도하는 순간이 포착되었다. 한 팔을 골대를 향해 뻗고
농구공을 꽉 쥔 채, 선수의 역동적인 자세가 그 순간의 강렬함을 보여준다. 맑은 하늘과
현대식 건물을 배경으로 한 야외 코트는 도시적인 분위기를 강조한다. 운동복과 농구화를
착용한 선수는 이 스포츠의 에너지와 기량을 잘 보여준다.
3. 레이블: 농구
```

이 응답은 구조가 잘 잡혀 있고 받아들일 만하다. 생성형 AI 에이전트의 확률적이고 '창의적'인 특성으로 인해 실행할 때마다 출력이 달라질 수 있다.

Step 4 섹션 다음의 *Evaluator*(평가기) 섹션에서는 조금 전에 살펴본 농구 해설 개선 요청과 동일한 프로세스를 통해서 예시 요청 10개를 실행한다. 각 예시에는 다음이 포함된다.

- 사용자 프롬프트
- 벡터 저장소 쿼리로 얻은 해설
- GPT-4o 모델이 개선한 해설

또한 이 섹션에서는 각 예시를 7장 '**위키백과 API와 라마인덱스를 활용한 확장 가능한 지식 그래프 기반 RAG 구축**'의 §7.4.6 '예시 지표들'에서와 동일한 방식으로 평가한다. 단, 이번에는 인간 평가자가 점수(0 또는 1)를 제시하는 것이 아니라 설명을 제시한다. 사람이 제시한 설명이 실측자료(ground truth)로서의 기대 출력(expected output)이 된다.

평가를 시작하기 전에 파이프라인은 쿼리로 생성된 원래 응답을 추적하기 위한 점수 데이터를 만든다.

먼저, 인간 평가자가 제시한 설명을 설정한다.

```
# 인간 피드백 플래시카드 해설
text1 = "이 이미지는 경기장에서 축구 선수들이 드리블을 하고 공을 패스하는 모습을 보여줍니다."
```

다음으로, 동영상 전문가의 응답 중 재작성된 설명을 추출한다.

```
# 재작성된 설명을 추출한다.
text2 = extract_rewritten_comment(response_content)
```

이제 인간의 설명(기준으로 삼을 실측자료)과 LLM의 설명을 출력한다.

```
print(f"Human Feedback Comment: {text1}")
print(f"Rewritten Comment: {text2}")
```

그런 다음 인간 설명과 LLM 해설의 코사인 유사도 점수를 계산해서 scores 목록에 추가한다.

```
similarity_score3=calculate_cosine_similarity_with_embeddings(text1, text2)
print(f"Cosine Similarity Score with sentence transformer: {similarity_score3:.3f}")
scores.append(similarity_score3)
```

벡터 저장소 쿼리 결과에 대한 원래의 점수는 rscores에 추가한다.

```
rscores.append(score)
```

출력은 인간 피드백과 GPT-4o(동영상 전문가)가 재작성한 설명, 그리고 유사도 점수를 보여준다.

```
Human Feedback Comment: 이 이미지는 경기장에서 축구 선수들이 드리블을 하고 공을 패스하는
모습을 보여줍니다.
Rewritten Comment: "한 무리의 사람들이 잔디밭에서 가벼운 축구 경기를 즐기고 있습니다.
한 선수는 공을 드리블하고 있고, 다른 선수들은 수비를 하거나 패스를 기다리고 있습니다.
이들은 운동복을 입고 있어, 친구나 지인들 사이에서 이루어지는 레크리에이션 경기임을
보여줍니다. 흥미롭게도, 이미지에 'female'이라는 겹쳐진 텍스트가 보이는데, 이는 이미지에
묘사된 활동과는 무관해 보입니다."
Cosine Similarity Score with sentence transformer: 0.621
```

노트북에는 이런 식으로 10개의 예시에 대해 점수를 측정하는 셀들이 있다(노트북 *Examples* 섹션). 여기서는 예시를 열 개만 사용하지만, 실제 프로젝트라면 시스템을 제대로 평가하는 데 필요한 만큼의 예시들로 이루어진 데이터셋을 적용해야 할 것이다. 예시들을 평가해서 점수를 수집한 후에는 7장 §7.4.6 '예시 지표들'의 '지표 계산 및 표시' 절에서처럼 지표들을 계산한다. [44]

시스템의 성능을 분석하는 데 유용한 지표는 다양하다. 세션 전체에 걸린 시간에서도 통찰을 얻을 수 있을 것이다. 일단은 평균 점수부터 보자. 다음은 필자가 얻은 수치인데, 시스템에 개선의 여지가 있음을 말해준다.

```
Mean: 0.65
```

---

[44] (옮긴이) 파이프라인 3 노트북의 *Metrics calculation and display* 섹션에서는 7장의 기본적인 통계치들(평균, 중앙값, 분산 등)뿐만 아니라 F1 점수(정확도와 재현율에 기반한 품질 지표)나 혼동행렬(confusion matrix; 또는 오차행렬) 등 좀 더 본격적인 통계적 지표들도 계산한다. 통계학에 관한 지식이 있다면 이 지표들도 대단히 유용할 것이다.

일부 요청과 응답은 현재의 LLM 모델이 제대로 처리하기에 좀 까다로웠던 것 같다. 다음은 몇 가지 시스템 개선 방안이다.

- 동영상의 품질과 내용을 확인한다.
- 5장 '**전문가의 피드백을 이용한 RAG 성능 향상**'에서처럼 해설을 사람이 확인하고 수정한다.
- 9장 '**AI 모델의 역량 강화: RAG 데이터와 인간 피드백의 미세조정**'에서처럼 예시 이미지들과 해설 텍스트를 이용해서 모델을 미세조정한다.
- 그 밖에 동영상 제작팀이 제시하는 다른 건설적인 아이디어를 설계에 반영한다.

이번 장의 예제 시스템은 실제 프로덕션 환경에서 RAG 기반 생성형 AI 시스템이 매우 효과적일 수 있다는 점과, 그러려면 설계에서 운영까지의 과정에서 인간의 노력이 많이 필요하다는 점을 동시에 보여주었다. AI 기술이 엄청나게 발전하긴 했지만, 설계, 개발, 운영 구현을 위해서는 여전히 사람이 필요하다.

요약

이번 장에서는 동영상을 생성하고, 해설을 달고, 레이블을 지정하는 간소화된 프로세스를 구축하면서 인간과 AI 에이전트가 공존하는 하이브리드 시대를 탐구했다. 최첨단 생성형 AI 모델을 통합하여 원본 동영상 입력을 구조화되고, 그것을 유익하며 접근하기 쉬운 동영상 콘텐츠로 변환하는 자동화 파이프라인을 구축하는 방법을 살펴보았다.

이번 장의 여정은 **파이프라인 1(§10.3)**의 **생성기** 에이전트로 시작했다. 이 에이전트는 텍스트 아이디어를 바탕으로 동영상 콘텐츠를 생성하는 작업을 맡았다. 파이프라인 1을 통해서 아이디어 제시와 설명적 증강 생성 에이전트를 매끄럽게 통합한다면 동영상 생성 프로세스를 수월하게 확장할 수 있음을 짐작할 수 있었을 것이다. **파이프라인 2(§10.4)**는 파이프라인 1에서 생성한 해설과 메타데이터를 잘 구성해서 검색 가능한 벡터 저장소에 임베딩하는 데 초점을 두었다. 이 파이프라인에서는 GPU 없이 CPU만으로 최소한의 기계 자원을 사용하여 확장 가능한 동영상 콘텐츠 라이브러리를 구축하는 최적화 프로세스를 강조했다. 마지막으로 **파이프라인 3(§10.5)**에서는 사용자 입력을 바탕으로 동영상 콘텐츠를 개선하고 레이블을 지정하도록 설계된 전문가 AI 에이전트인 동영상 전문가를 소개했다. 또한 평가 방법과 지표 계산도 구현했다.

이번 장에서 우리는 최소한의 인간 개입으로 동영상을 생성하고 설명을 달고 레이블을 지정할 수 있는 포괄적이고 자동화된 RAG 기반 생성형 AI 시스템을 구축했다. 이 여정을 통해서 여러 AI 에이전트와 모델을 결합하여 효율적인 동영상 콘텐츠 생성 파이프라인을 만드는 접근 방식의 위력과 잠재력을 실감할 수 있었을 것이다.

이번 장에서 살펴본 기술과 도구를 이용하면 반복적인 작업을 자동화하고 콘텐츠 품질을 높이며 정보 검색을 더 효율적으로 만들 수 있다. 이러한 능력은 다양한 산업 분야에서 혁신으로 이어질 것이다. 이번 장은 상세한 기술적 로드맵을 제공했을 뿐 아니라, 현대적인 콘텐츠 생성과 관리에서 AI의 혁신적인 영향을 강조했다. 이제 여러분은 실제 프로젝트에서 RAG 기반 생성형 AI를 구현할 준비가 되었다.

연습문제

다음 질문에 **그렇다** 또는 **아니다**로 답하라.

1. AI가 자동으로 동영상에 해설을 달고 레이블을 지정할 수 있는가?

2. 동영상 처리에 동영상을 프레임 단위로 분할하는 작업이 포함되는가?

3. 이번 장의 예제 시스템으로 200분짜리 영화를 만들 수 있는가?

4. 이번 장의 예제 시스템에 GPU가 필요한가?

5. 예제 시스템이 동영상 콘텐츠의 임베딩 벡터들을 디스크에 저장하는가?

6. 예제 시스템이 데이터 검색을 위해 데이터베이스 쿼리를 실행하는가?

7. 예제 시스템에 이미지를 표시하는 기능이 있는가?

8. 예제 시스템과 같은 시스템에서 파일 존재 여부와 크기를 확인하는 함수를 따로 정의해 두는 것이 유용한가?

9. 예제 시스템은 다중 모달 데이터에 초점을 두는가?

10. 예제 시스템은 실제 현업의 AI 응용 사례를 염두에 둔 것인가?

참고문헌

- 소라 동영상 생성 모델 소개 및 시험 사용:

  - *Video generation models as world simulators*: https://openai.com/index/video-generation-models-as-world-simulators/

  - invidio AI : https://ai.invideo.io

- Yixin Liu, Kai Zhang, Yuan Li 외, *Sora: A Review on Background, Technology, Limitations, and Opportunities of Large Vision Models*: https://arxiv.org/pdf/2402.17177

더 읽을거리

- 오픈AI 챗GPT: https://openai.com/chatgpt/

- 오픈AI 연구 소개: https://openai.com/research/

- 파인콘: https://docs.pinecone.io/home

디스코드 커뮤니티

다음은 이 책의 디스코드 공간이다. 원서 저자 및 다른 독자와 토론할 수 있다.

- https://www.packt.link/rag

A

연습문제 해답

이 부록은 각 장의 끝부분에서 제시한 모든 질문의 답을 제공한다. 여러분의 답과 비교해서 핵심 개념을 제대로 이해했는지 확인해 보기 바란다.

1장. RAG(검색 증강 생성)가 필요한 이유

01. RAG는 생성형 AI 모델의 정확도를 높이기 위해 설계되었는가?

그렇다. RAG는 관련 데이터를 검색해서 생성형 AI의 출력을 개선한다.

02. 단순 RAG 구성은 복잡한 데이터 임베딩에 의존하는가?

아니다. 단순 RAG는 고급 임베딩 없이 기본적인 키워드 검색만 사용한다.

03. 미세조정이 RAG를 사용하는 것보다 항상 더 나은 선택인가?

아니다. RAG는 동적인 실시간 데이터를 처리하는 데 더 적합하다.

04. RAG는 응답을 향상하기 위해 외부 소스에서 실시간으로 데이터를 검색하는가?

그렇다. RAG는 쿼리 처리 중에 외부 출처에서 데이터를 가져온다.

05. RAG는 텍스트 기반 데이터에만 적용할 수 있는가?

아니다. RAG는 텍스트, 이미지, 오디오 데이터에도 적용할 수 있다.

06. RAG의 검색 프로세스는 사용자나 자동화된 입력에 의해 시작되는가?

그렇다. RAG의 검색 프로세스는 일반적으로 사용자나 자동화 시스템의 쿼리에 의해 촉발된다.

07. 코사인 유사도와 TF-IDF는 모두 고급 RAG 구성에 쓰이는 지표들인가?

그렇다. 두 지표 모두 쿼리문과 문서의 관련성을 평가하는 데 쓰인다.

08. RAG 생태계의 구성요소는 데이터 수집과 생성 두 가지뿐인가?

아니다. 저장, 검색, 평가, 훈련도 포함된다.

09. 고급 RAG 구성은 이미지와 오디오 같은 다중 모달 데이터를 처리할 수 있는가?

그렇다. 고급 RAG는 정형 및 비정형 다중 모달 데이터 처리를 지원한다.

10. 인간 피드백은 RAG 시스템 평가와 무관한가?

아니다. 인간 피드백은 RAG 시스템의 정확도와 관련성을 개선하는 데 매우 중요하다.

2장. 딥 레이크와 오픈AI를 활용한 RAG 임베딩 벡터 저장소

01. 임베딩은 RAG의 더 빠른 검색을 위해 텍스트를 고차원 벡터로 변환하는가?

그렇다. 임베딩은 텍스트의 의미를 담은 벡터를 생성한다.

02. 상세한 의미 기반 검색에서 키워드 검색이 임베딩보다 더 효과적인가?

아니다. 임베딩이 고정된 키워드 검색보다 문맥을 더 잘 인식한다.

03. RAG 파이프라인을 독립적인 구성요소들로 분리하는 것이 권장되는가?

그렇다. 이를 통해 병렬 개발이 가능해지고, 유지보수도 쉬워진다.

04. RAG 파이프라인의 주요 구성요소는 단 두 가지인가?

아니다. 파이프라인은 데이터 수집, 임베딩, 생성이라는 세 가지 구성요소로 이루어져 있다.

05. 액티브루프 딥 레이크는 임베딩과 벡터 저장 모두를 처리할 수 있는가?

그렇다. 딥 레이크는 빠른 검색을 위해 임베딩을 효율적으로 저장한다.

06. 이번 장에서 오픈AI의 `text-embedding-3-small` 모델을 이용해서 임베딩을 생성했는가?

그렇다. 이 모델은 상세도와 계산 효율성의 균형을 위해 선택되었다.

07. RAG 기반 시스템에서 데이터 임베딩을 확인하고 직접 추적할 수 있는가?

그렇다. 매개변수 모델과 달리 RAG의 임베딩은 원본(출처)까지 추적할 수 있다.

08. RAG 파이프라인을 별도의 구성요소로 분리하지 않아도 원활하게 실행할 수 있는가?

아니다(어느 정도는). RAG 파이프라인을 구성요소로 분리하면 전문화, 확장성, 보안이 향상되어 시스템이 원활하게 실행된다. 더 단순한 RAG 시스템은 명시적인 구성요소 분리 없이도 효과적으로 작동할 수 있지만, 최적의 설정은 아닐 수 있다.

09. 임베딩과 저장을 위해 큰 텍스트를 작은 조각으로 나누는 것이 필요한가?

그렇다. 청킹은 임베딩을 최적화하고 쿼리의 효율성을 높인다.

10. 검색된 정보의 관련성을 평가하는 데 코사인 유사도 지표가 쓰이는가?

그렇다. 코사인 유사도는 검색된 데이터가 쿼리문과 얼마나 부합하는지 측정하는 데 도움이 된다.

3장. 라마인덱스, 딥 레이크, 오픈AI를 활용한 색인 기반 RAG 구축

01. 색인은 RAG 기반 생성형 AI의 정확도와 속도를 높이는가?

그렇다. 색인을 사용하면 검색이 더 빠르고 정확해진다.

02. 색인을 통해 RAG 출력 결과의 추적성을 확보할 수 있는가?

그렇다. 색인을 통해 정확한 데이터 출처를 추적할 수 있다.

03. 대규모 데이터셋에서 색인 기반 검색이 벡터 기반 검색보다 느린가?

아니다. 색인 기반 검색이 더 빠르며 대용량 데이터셋에 최적화되어 있다.

04. 라마인덱스는 딥 레이크 및 오픈AI와 이음매 없이 매끄럽게 통합되는가?

그렇다. 라마인덱스, 딥 레이크, 오픈AI는 서로 잘 연동된다.

05. 트리, 목록, 벡터, 키워드 색인이 유일한 색인 유형인가?

아니다. 그것들이 흔히 쓰이긴 하지만 다른 유형도 존재한다.

06. 키워드 색인은 데이터 검색 시 의미론적 이해를 활용하는가?

아니다. 의미가 아닌 키워드를 기반으로 검색한다.

07. 라마인덱스는 청킹과 임베딩을 자동으로 처리할 수 있는가?

그렇다. 라마인덱스는 더 쉬운 데이터 관리를 위해 이러한 과정을 자동화한다.

08. 메타데이터를 개선하는 것이 RAG로 생성된 출력의 추적성 확보에 매우 중요한가?

그렇다. 메타데이터는 생성된 콘텐츠의 출처를 추적하는 데 도움이 된다.

09. 실시간 업데이트를 색인 기반 검색 시스템에 쉽게 적용할 수 있는가?

아니다. 색인은 업데이트 시 재색인화가 필요하다. 하지만 최신 색인 시스템 중에는 실시간 또는 준실시간 업데이트를 더 효율적으로 처리하도록 설계된 것들도 있다.

10. 이번 장에서 쿼리 정확도를 평가하는 데 사용된 지표는 코사인 유사도인가?

그렇다. 코사인 유사도는 쿼리 결과의 관련성을 평가하는 데 도움이 된다.

4장. 드론 기술을 위한 다중 모달 모듈형 RAG

01. 다중 모달 모듈형 RAG는 텍스트와 이미지와 같은 다양한 유형의 데이터를 처리하는가?

그렇다. 텍스트와 이미지 같은 여러 데이터 유형을 처리한다.

02. 드론은 농업 모니터링과 항공 사진 촬영에만 사용되는가?

아니다. 구조, 교통, 기반 시설 점검에도 사용된다.

03. 이번 장의 예제에서 딥 레이크 VisDrone 데이터셋을 텍스트 데이터에만 사용했는가?

아니다. 텍스트뿐만 아니라 레이블이 붙은 드론 이미지에도 사용한다.

04. 트럭이나 보행자와 같은 객체를 식별하기 위해 드론 이미지에 경계 상자를 추가할 수 있는가?

그렇다. 이미지 내 객체를 표시하기 위해 경계 상자가 사용된다.

05. 모듈형 시스템은 쿼리 응답을 위해 텍스트와 이미지 데이터를 모두 검색하는가?

그렇다. 텍스트와 이미지 데이터셋 모두에서 응답을 검색하고 생성한다.

06. 다중 모달 VisDrone 데이터셋을 쿼리하려면 벡터 색인을 꼭 구축해야 하는가?

그렇다. 효율적인 다중 모달 데이터 검색을 위해 벡터 색인을 생성한다.

07. 검색된 이미지를 레이블이나 경계 상자를 추가하지 않고 처리하는가?

아니다. 이미지는 레이블과 경계 상자와 함께 처리된다.

08. 다중 모달 모듈형 RAG 성능 지표는 텍스트 응답만을 기반으로 하는가?

아니다. 이미지 분석의 정확도도 평가한다.

09. 이번 장에서 설명한 것과 같은 다중 모달 시스템은 드론 관련 데이터만 처리할 수 있는가?

아니다. 다른 산업과 도메인에도 적용할 수 있다.

10. 다중 모달 RAG에서 이미지를 평가하는 것이 텍스트를 평가하는 것만큼 쉬운가?

아니다. 이미지 평가는 더 복잡하며, 특화된 평가 지표가 필요하다.

5장. 전문가의 피드백을 이용한 RAG 성능 향상

01. 인간 피드백이 RAG 기반 생성형 AI 시스템을 개선하는 데 필수적인가?

그렇다. 인간 피드백은 AI 응답의 품질을 직접적으로 개선한다.

02. 생성형 AI 모델을 재훈련하지 않고도 핵심 데이터를 변경할 수 있는가?

아니다. 모델의 핵심 데이터는 재훈련되지 않는 한 고정되어 있다.

03. 적응형 RAG는 검색을 개선하기 위해 실시간 인간 피드백 루프를 포함하는가?

그렇다. 적응형 RAG는 검색 결과를 개선하기 위해 인간 피드백을 활용한다.

04. 적응형 RAG의 주요 목적은 모든 인간 입력을 자동화된 응답으로 대체하는 것인가?

아니다. 자동화와 인간 피드백을 조화롭게 혼합하는 것이 목표이다.

05. 적응형 RAG에서 인간 피드백이 검색된 문서의 변경 프로세스를 발동할 수 있는가?

그렇다. 피드백을 통해 더 나은 응답을 위한 검색 문서 업데이트가 가능하다.

06. C사는 적응형 RAG를 고객 지원 문제에만 사용하는가?

아니다. 직원들에게 AI 개념을 설명하는 데에도 사용한다.

07. 인간 피드백은 AI 응답의 사용자 평가가 높을 때만 사용되는가?

아니다. 응답 평가가 낮을 때 피드백이 자주 사용된다.

08. 이번 장의 프로그램은 텍스트 기반 검색 출력만 제공하는가?

아니다. 텍스트와 전문가 피드백을 모두 활용해 응답한다.

09. 하이브리드 적응형 RAG 시스템은 피드백에 따라 조정할 수 없는 정적 시스템인가?

아니다. 피드백과 순위에 따라 동적으로 조정된다.

10. AI 응답의 관련성을 결정할 때 사용자 등급 점수가 완전히 무시되는가?

아니다. 사용자 등급 점수는 시스템 조정에 직접 영향을 미친다.

6장. 파인콘을 이용한 RAG 은행 고객 데이터 확장

01. 분석을 위해 내려받고 처리하는 캐글 데이터셋은 현실적이고 실용적인 데이터인 경우가 많은가?

그렇다. 캐글 데이터셋은 실제 데이터 분석과 모델링에 활용된다.

02. 파인콘은 AI 애플리케이션을 위한 대규모 벡터 저장을 효율적으로 관리할 수 있는가?

그렇다. 파인콘은 대규모 벡터 저장에 최적화되어 있어 복잡한 AI 작업에 적합하다.

03. k-평균 군집화로 고객 불만과 이탈 같은 특성 간의 관계를 검증할 수 있는가?

그렇다. k-평균 군집화는 데이터셋의 패턴을 식별하고 검증하는 데 유용하다.

04. 데이터베이스에서 백만 개 이상의 벡터를 활용하면 고객 상호작용의 개인화가 어려워지는가?

아니다. 대용량 벡터 처리는 오히려 더 개인화되고 타기팅[45]된 고객 상호작용이 가능하게 한다.

05. 비즈니스 애플리케이션에서 생성형 AI를 사용하는 주된 목적이 의사결정 과정의 자동화와 개선인가?

그렇다. 생성형 AI는 다양한 비즈니스 애플리케이션에서 의사결정을 자동화하고 개선하는 것을 목표로 한다.

06. 경량 개발 환경이 프로타입 작성과 애플리케이션 개발 속도를 높이는 데 도움이 되는가?

그렇다. 개발 프로세스가 간소화되어서 애플리케이션의 테스트와 배포가 더 쉽고 빨라진다.

07. 파인콘의 아키텍처는 인간의 수동 개입 없이도 데이터 부하 증가에 따라 자동으로 확장되는가?

그렇다. 파인콘의 서버리스 아키텍처는 대용량 데이터를 효율적으로 처리하기 위한 자동 확장(automatic scaling)을 지원한다.

08. 생성형 AI는 주로 사용자 데이터를 기반으로 동적 콘텐츠와 추천을 생성하는 데 쓰이는가?

그렇다. 생성형 AI는 주로 맞춤형 콘텐츠와 추천을 동적으로 생성하는 데 사용된다.

09. 파인콘과 오픈AI 같은 AI 기술의 통합에 인간의 수작업 설정 및 유지보수가 상당히 많이 필요한가?

아니다. 이러한 기술들은 자동화를 통해 구성과 유지보수에 필요한 수작업을 최소화하도록 설계되었다.

10. 벡터 데이터베이스와 AI를 사용하는 프로젝트는 복잡한 쿼리와 대규모 데이터셋을 효과적으로 처리할 수 있어야 하는가?

그렇다. 벡터 데이터베이스와 AI의 조합은 복잡한 쿼리와 대규모 데이터셋 관리에 특히 적합하다.

---

45 (옮긴이) 흔히 타겟팅 혹은 타게팅이라고 부르지만, 외래어 표기법에 따르면 타기팅이 올바른 표기이다.

7장. 위키백과 API와 라마인덱스를 활용한 확장 가능한 지식 그래프 기반 RAG 구축

01. 이번 장은 위키백과 API와 라마인덱스를 이용해서 확장 가능한 지식 그래프 기반 RAG 시스템을 구축하는 데 중점을 두었는가?

그렇다. 그런 도구들을 이용해서 지식 그래프 기반 RAG 시스템을 만드는 방법을 자세히 설명했다.

02. 이번 장에서 논의한 주요 용례는 의료 데이터 관리와 관련한 것인가?

아니다. 주요 용례는 마케팅 및 기타 영역과 관련이 있다.

03. 파이프라인 1에서 API를 이용해서 위키백과에서 문서를 수집하고 준비했는가?

그렇다. 파이프라인 1은 위키백과 API를 이용하여 문서 수집과 준비를 자동화한다.

04. 파이프라인 2에서 딥 레이크를 관계형 데이터베이스(relational database)를 만드는 데 사용했는가?

아니다. 딥 레이크는 관계형 데이터베이스가 아니라 벡터 저장소를 생성하고 채우는 데 쓰였다.

05. 파이프라인 3은 지식 그래프 색인을 구축하기 위해 라마인덱스를 사용했는가?

그렇다. 파이프라인 3은 라마인덱스를 이용해서 지식 그래프 색인을 자동으로 구축한다.

06. 예제 시스템은 마케팅과 같은 정해진 주제 한 가지만 다룰 수 있도록 유연성 없이 설계되었는가?

아니다. 예제 시스템은 마케팅 외에도 다양한 주제를 다룰 수 있도록 유연하게 설계되었다.

07. 위키백과 페이지에서 URL과 메타데이터를 검색하는 방법을 이번 장에서 설명했는가?

그렇다. 위키백과 API를 이용해서 URL과 메타데이터를 검색하는 과정을 설명했다.

08. 이번 장에서 설명한 파이프라인들을 실행하는 데 GPU가 필요한가?

아니다. 예제의 파이프라인들은 CPU만으로도 효율적으로 실행되도록 설계되었다.

09. 지식 그래프 색인이 데이터 조각들 사이의 관계를 시각적으로 매핑하는가?

그렇다. 지식 그래프 색인은 데이터의 의미론적 관계를 시각적으로 보여준다.

10. 지식 그래프 색인을 검색할 때 매 단계에 사람의 개입이 필요한가?

아니다. 지식 그래프 색인의 쿼리 실행은 자동화되어 있어서 인간의 개입은 최소한으로만 필요하다.

8장. 크로마와 허깅 페이스 라마를 이용한 동적 RAG

01. 보안상의 이유로, 허깅 페이스 API 토큰을 노트북에 직접 하드코딩하는 것은 바람직하지 않다. 이번 장 예제 프로그램(파이썬 노트북)은 그 점을 고려해서 토큰을 안전하게 처리했는가?

그렇다. 예제 프로그램은 API 토큰을 하드코딩하지 않고 구글 드라이브나 수동 입력을 통해 처리하는 방법을 제공한다.

02. 이번 장의 예제 프로그램에서 Accelerate 라이브러리는 클라우드 기반 플랫폼에서의 ML 모델 배포를 용이하게 하는 목적으로 쓰였는가?

아니다. Accelerate 라이브러리는 클라우드 플랫폼이 아니라 지역 컴퓨터에서 GPU나 TPU, CPU 등의 자원으로 모델을 실행하는 데 쓰인다.

03. 예제 프로그램은 사용자 인증과 크로마 데이터베이스 접근용 API 토큰을 잘 분리했는가?

아니다. 예제는 크로마 접근을 위한 API 토큰을 언급할 뿐, 추가적인 인증 메커니즘을 상세히 다루지 않는다.

04. 예제 프로그램은 크로마를 동적 검색을 위한 임시 벡터 저장소로 사용했는가?

그렇다. 예제 프로그램은 데이터 검색의 효율성을 높이기 위해 벡터를 임시로 저장하는 데 크로마를 활용한다.

05. 예제 프로그램은 GPU 최적화를 통한 실시간 쿼리 가속화를 활용하도록 구성되었는가?

그렇다. 예제는 Accelerate 라이브러리를 이용해서 GPU를 활용한다. 이는 동적 검색 환경에서 쿼리 실행을 최적화하는 데 특히나 유용하다.

06. 예제 프로그램의 세션 시간 측정이 동적 RAG 프로세스 최적화에 도움이 될 수 있는가?

그렇다. 측정한 세션 시간은 효율적인 런타임 성능을 보장하기 위해 동적 RAG 프로세스를 최적화하는 데 활용할 수 있는 통찰을 제공한다.

07. 예제 프로그램은 검색 성능 향상을 위해 ML 모델과 통합하는 크로마의 기능을 보여주는가?

그렇다. 예제 프로그램은 크로마와 Llama 모델의 통합을 통해서 고급 머신러닝(ML) 기술이 검색 성능을 얼마나 개선할 수 있는지를 잘 보여준다.

08. 세션 성능 지표를 기반으로 크로마 데이터베이스의 매개변수를 조정하는 기능이 예제 프로그램에 있는가?

그렇다. 예제 프로그램에는 세션 시간과 같은 성능 지표를 기반으로 프로젝트에 따라 시스템 구축 방식을 조정하고 프로세스를 개선할 수 있는 여지를 제공한다.

9장. AI 모델의 역량 강화: RAG 데이터와 인간 피드백의 미세조정

01. 모든 조직이 대용량 RAG 데이터를 관리해야 하는가?

아니다. 소규모 데이터로 충분한 기업도 많다.

02. 이번 장에서 GPT-4o-mini 모델이 미세조정 작업에 부적합하다고 설명했는가?

아니다. GPT-4o-mini는 미세조정 작업에 비용 효과적이라고 설명했다.

03. 검색 시스템이 없다고 가정할 때 사전 훈련된 모델의 지식 베이스를 컷오프 날짜 이후에 업데이트할 수 있는가?

아니다. 사전 훈련된 모델은 정적이다. 새로운 정보는 검색에 의존한다.

04. 정적 데이터는 절대 변하지 않아서 업데이트가 필요 없다는 말이 맞는가?

아니다. 데이터가 비교적 오랜 기간 안정적으로 유지되는 것일 뿐, 영원하지는 않다.

05. 허깅 페이스에서 데이터를 다운로드하는 것이 데이터셋 준비를 위한 유일한 방법인가?

그렇다. 데이터 원본으로서 허깅 페이스를 구체적으로 언급했다.

06. 모든 RAG 데이터가 결국에는 훈련된 모델의 매개변수들에 임베딩되는가?

아니다. 비매개변수적 데이터는 외부에 남아 있다.

07. 이번 장에서 AI 모델 미세조정에 새로운 데이터만 사용하라고 권장했는가?

아니다. 유관한, 그리고 대체로 안정적인 데이터로 미세조정할 것을 제안했다.

08. 오픈AI 지표 인터페이스가 모델 훈련의 학습률 조정에 도움이 되는가?

아니다. 그 인터페이스는 훈련 후에 성능과 비용을 모니터링한다.

09. 오픈AI 대시보드로 미세조정 과정을 효과적으로 모니터링할 수 있는가?

그렇다. 대시보드는 미세조정 작업에 대한 실시간 업데이트를 제공한다.

10. SciQ와 같은 어려운 과학 데이터셋을 준비할 때 인간의 피드백은 필요하지 않은가?

아니다. 데이터의 정확성과 관련성을 위해 인간 피드백이 매우 중요하다.

10장. 파인콘과 오픈AI를 활용한 동영상 스톡 제작용 RAG 시스템

01. AI가 자동으로 동영상에 해설을 달고 레이블을 지정할 수 있는가?

그렇다. 현재 어느 정도까지는 동영상 스톡을 자동으로 생성할 수 있다.

02. 동영상 처리에 동영상을 프레임 단위로 분할하는 작업이 포함되는가?

그렇다. 분석을 위해 동영상을 프레임들로 분할할 수 있다.

03. 이번 장의 예제 시스템으로 200분짜리 영화를 만들 수 있는가?

아니다. 현재로서는 직접 만들 수 없다. 여러 개의 동영상을 만들고 동영상 편집 프로그램으로 이어 붙여야 한다.

04. 이번 장의 예제 시스템에 GPU가 필요한가?

아니다. CPU만 있으면 된다. 처리 시간이 적절하고 대부분 API 호출에 의존하기 때문에 비용 효과적이다.

05. 예제 시스템이 동영상 콘텐츠의 임베딩 벡터들을 디스크에 저장하는가?

아니다. 임베딩 벡터들은 파인콘 벡터 데이터베이스에 업서트된다.

06. 예제 시스템이 데이터 검색을 위해 데이터베이스 쿼리를 실행하는가?

그렇다. 예제 시스템은 데이터 검색을 위해 파인콘 벡터 데이터베이스를 쿼리한다.

07. 예제 시스템에 이미지를 표시하는 기능이 있는가?

그렇다. 예제 시스템에는 이미지를 다운로드한 후 표시하는 코드가 포함되어 있다.

08. 예제 시스템과 같은 시스템에서 파일 존재 여부와 크기를 확인하는 함수를 따로 정의해 두는 것이 유용한가?

그렇다. 존재하지 않거나 비어 있는 파일을 표시하려는 오류를 방지하는 데 도움이 된다.

09. 예제 시스템은 다중 모달 데이터에 초점을 두는가?

그렇다. 모든 파이프라인이 다중 모달 데이터(텍스트, 이미지, 동영상)의 조작과 처리에 중점을 둔다.

10. 예제 시스템은 실제 현업의 AI 응용 사례를 염두에 둔 것인가?

그렇다. 이 파이프라인들은 AI 기반 콘텐츠 관리, 검색, 검색 시스템에 적용 가능한 다중 모달 데이터 검색과 처리를 다룬다.

디스코드 커뮤니티

다음은 이 책의 디스코드 공간이다. 원서 저자 및 다른 독자와 토론할 수 있다.

- https://www.packt.link/rag